Branciforte 1-1

Parliamo italiano!

Suzanne Branciforte

College of the Holy Cross

Anna Grassi

Houghton Mifflin Company   Boston   New York

Director of Modern Language Programs: E. Kristina Baer
Senior Development Editor: Sharon Alexander
Senior Project Editor: Rosemary R. Jaffe
Senior Production/Design Coordinator: Jennifer Waddell
Senior Manufacturing Coordinator: Priscilla J. Bailey
Marketing Manager: Elaine Leary
Editorial Assistant: Adriana Jones

Cover design and image: Harold Burch, Harold Burch Design, NYC

Credits for photographs, realia, and illustrations follow the index at the back of the book.

Printed in the U.S.A.

Library of Congress Catalog Card Number: 97-72447

Student Text ISBN: 0-395-75767-3

Instructor's Annotated Edition ISBN: 0-395-83506-2

1 2 3 4 5 6 7 8 9-DW-01 00 99 98 97

Contents

Parliamo italiano! emphasizes a culture-based, communicative approach to learning Italian. The program is based on the principle that language is culture and culture is language; we cannot learn one without the other. Language is a medium—it is the way in which we express ourselves—and our mode of expression reflects how we view the world. Different cultures perceive the human experience in different ways, and as a result, languages reflect diversity while teaching us about universality.

The overarching organization of this text reflects, therefore, the goal of introducing Italian life and culture in conjunction with the basic components of linguistic expression and language. Each of the twelve units focuses on a situation or theme relevant to daily life, such as working, shopping, or dining, as well as on a specific region of Italy. The units' titles, like the text's title, contain a first-person plural verb (let's . . . !), reflecting the participatory nature of the text's approach and activities. Parliamo italiano! is an invitation to partake in the rewarding experience and fun of learning Italian. Its emphasis is on you, the student, working with your classmates and your instructor in a rich, cooperative learning environment.

THE TEXTBOOK

To use Parliamo italiano! more effectively, read the following description of the text's features and the components designed especially for you.

The Preliminary Unit

A brief preliminary unit presents basic, frequently used language such as greetings, introductions, the alphabet, and the numbers 0–100 so that you can begin communicating in Italian from the outset of the course.

Unit Features

Each of *Parliamo italiano!*'s twelve regular units is divided into four parts, each with its own title and focus that relate to the unit's goals as a whole. For instance, the unit on food introduces you to the different types of meals and various places to eat in Italy: the coffee bar, the informal trattoria, and the restaurant. The pivotal point of each unit part is a conversation, called **Incontro** (*encounter* or *meeting*). The sections of each part build your knowledge about the conversation's topic or situation and encourage you to express yourself in similar circumstances.

Unit opener   Each unit opens with a photograph that depicts the unit's theme and a list of communicative goals. These goals summarize what you can expect to learn in the unit. The name of a specific region in Italy also appears on this page. Throughout the unit, you will become acquainted with this region's customs, geography, and history, as well as with the everyday life of its peoples.

Si dice così   This section introduces thematically related vocabulary. These words and expressions are essential to communicating in Italian, and they are employed throughout the unit. The activities that follow practice the new vocabulary in meaningful and interesting ways.

Incontro   The **Incontro** presents lively exchanges typically heard in natural, spoken Italian. The conversations are structured to reinforce the grammatical points of the section, thus contextualizing the grammar and demonstrating its usefulness in contemporary, everyday speech. Each **Incontro** contains examples of the information you are learning in a particular unit part—practical vocabulary, useful idiomatic expressions, and essential grammatical constructions. The comprehension and communication activities that follow help reinforce these points.

Here are some tips to help you use the **Incontro** effectively.

- Read the scene-setting statement that precedes each conversation, and imagine the context of the exchange that is about to take place.
- If you are asked to take a role and read one of the parts aloud, speak loudly and clearly. Try to focus on the meaning of what you are saying and to use proper intonation as you speak. Don't worry if you make a mistake. Making errors is a natural part of language learning, and we all learn from our mistakes.
- Remember that it is not necessary to understand every single word of the conversation. Just try to grasp the overall meaning of the exchange at first.
- Listen to the conversation on the *Parliamo italiano!* audiocassettes so that you can hear how native Italian speakers pronounce each line.

In altre parole   This section features high-frequency, idiomatic expressions that lend flavor to spoken Italian. The follow-up activities give you the opportunity to employ these useful expressions in many contexts.

Lo sapevi che... ?   These brief cultural or linguistic notes appear periodically throughout the unit to highlight important information related to the material presented.

Punti grammaticali   Each grammar section generally opens with examples to illustrate the use of the structure under study. The grammar explanations are written in clear, concise English so that you can study them at home. Where appropriate, charts or tables emphasize key information. The activities reinforce each grammar presentation and help you solidify your understanding of how to use the basic building blocks of communication.

Immagini e parole   The capstone of each unit, the **Immagini e parole** section, has a colorful magazine-like format. It contains three sections that, as its name implies, focus on representations of Italy in images and words. First, a reading closely tied to each unit's theme gives you the opportunity to build your reading comprehension skills and expand your knowledge of contemporary Italian life and culture. Pre-reading activities prepare you to approach the reading confidently, activating your background knowledge, calling out key vocabulary and ideas, and pointing out reading strategies. A kind of portrait, the **Ritratto** section features an interview with a native Italian speaker, bringing you a personal perspective of Italian life as experienced by diverse individuals in varied walks of life. Both the reading and the **Ritratto** section are followed by activities that check your comprehension and promote interaction with your classmates. They also allow you to express your own ideas orally and in writing.

The final section, **Ciak! Italia,** is integral to a very special component of *Parliamo italiano!*, its custom-shot video filmed on location throughout Italy. The **Ciak! Italia** section provides pre-viewing, viewing, and post-viewing activities to help focus your attention on specific points as you watch each unit's video module.

STUDENT COMPONENTS

Workbook/Laboratory Manual

The *Parliamo italiano!* Workbook/Laboratory Manual is an essential part of the program. Each unit of the Workbook/Laboratory Manual is correlated to the corresponding unit in the textbook. The Workbook section contains a wide array of directed and open-ended writing exercises—sentence completion, multiple choice, fill-in-the-blank, illustration- and realia-based activities, and word puzzles. The activities are designed to reinforce the vocabulary and grammatical structures presented in each unit, and all are contextualized in order to make them meaningful.

The Laboratory Manual section focuses on pronunciation and listening comprehension skills. Each pronunciation explanation is followed by supporting exercises, and each **Incontro** conversation is recorded to provide additional practice of pronunciation and intonation. Other listening activities in diverse formats integrate the language presented in the textbook, building comprehension skills in different contexts. An answer key for all written exercises with discrete answers in the workbook section is provided for self-correction.

Cassette Program

The cassette program is designed to be used in conjunction with the Laboratory Manual section of the *Parliamo italiano!* Workbook/Laboratory Manual. This set of 60-minute audiocassettes contains recordings of the pronunciation sections in the Laboratory Manual, the **Incontro** conversations featured in the textbook, and a variety of listening comprehension activities.

Video

Filmed in Italy, this dynamic 60-minute video, specially designed for use with *Parliamo italiano!,* provides you with a unique vehicle for developing your listening skills and for expanding your cultural awareness and overall familiarity with Italy and its people. The video consists of twelve modules, each of which reinforces the vocabulary, grammatical structures, and communicative goals presented in the corresponding unit of the *Parliamo italiano!* textbook. Each module features a scripted segment that portrays the adventures of a young man and woman who are working on a new and original travel guide of Italy. You see and hear them interact with other native speakers, and, as they travel throughout Italy's cities and regions, you experience each locale with them through stunning on-location footage. Documentary shots of the region close each video module.

CD-ROM

Developed in collaboration with Transparent Language, Inc., this text-specific CD-ROM provides a self-paced, learner-centered interactive environment for further practice of the language and cultural information presented in *Parliamo italiano!* The textbook's vocabulary and grammatical points are used in context throughout, while specially created activities expose you to native-speaker speech, hone your listening and reading skills, and help you improve your pronunciation and intonation.

ACKNOWLEDGMENTS

The authors and publisher thank the following colleagues for the many useful suggestions they offered in their reviews of *Parliamo italiano!* during its various stages of development:

Karen Abbondanza de la Motte, Duke University
Janice M. Aski, University of Wisconsin—Madison
Nadia Bisbocci, University of Oregon
Marguerite Chiarenza, University of British Columbia
Thomas D. Cravens, University of Wisconsin—Madison
Marilina Cirillo Falzarano, Harvard University
Richard B. Hilary, Florida State University
Christine T. Hoppe, University of New Hampshire

Louis Kibler, Wayne State University
Jan Kozma, University of Kansas
Rosemarie LaValva, SUNY at Binghamton
Franco Manca, University of Nevada
Barbara J. Mangione, University of Notre Dame
Rosella Marino, University of Massachusetts—Boston
Annamaria de Nicolais Napolitano, Stanford University
Cinzia Donatelli Noble, Brigham Young University
Frank Nuessel, University of Louisville
Concettina Pizzuti, Northwestern University
David Salgarolo, University of Pittsburgh
Pina Swenson, Cornell University
Massimo Verdicchio, University of Alberta
Fiorenza Weinapple, Princeton University
Angela Zagarella-Chodosh, Portland State University

We dedicate this book to our friends and supporters, without whose help this project would never have come to completion, in particular Theresa Branciforte, Christian Reintjes, and Maximillian Hernandez—*un caro e affettuoso ringraziamento.*

We also wish to acknowledge and thank our teachers, whose examples have guided and inspired us, and our students, who always reminded us of what our goals were.

We are especially grateful to the following people and organizations for their valuable assistance during the development of this project:

Peggy Kidney-Melossi, Marilina Cirillo Falzarano, Brian O'Connor, Thomas Cravens, Carolina Sargian, Dune Produzioni Cinematografiche e Televisive, Vannino Vannini, and the students of Italian at the College of the Holy Cross who class-tested this material.

Suzanne Branciforte
Anna Grassi

Parliamo italiano!

Per cominciare

University students, Bologna

Communicative goals

- Greeting people and saying good-bye
- Introducing yourself
- Asking people their names and where they are from
- Asking people how they are
- Giving and asking for phone numbers

Le presentazioni

Informale

—Ciao, mi chiamo Roberto.
 Come ti chiami tu?
—Mi chiamo Francesca.
—Piacere!
—Piacere!

Formale

—Buongiorno, mi chiamo Antonio
 Martelli. E Lei, come si chiama?
—Buongiorno. Mi chiamo Lidia Segre.
—Tanto piacere.
—Molto lieta.

Si dice così

Ciao	*Hi, bye*	**Come ti chiami?**	*What is your name? (informal)*
Salve	*Hello*	**Come si chiama?**	*What is your name? (formal)*
Buongiorno	*Good morning, good day*		
Buonasera	*Good evening*	**Mi chiamo...**	*My name is...*
Buonanotte	*Good night (for leave-taking)*	**E tu?**	*And you? (informal)*
(Tanto) Piacere	*(So) Nice to meet you*	**E Lei?**	*And you? (formal)*
Molto lieto/lieta	*Very pleased to meet you*		
Scusa	*Excuse me (informal)*		
Scusi	*Excuse me (formal)*		

Lo sapevi che... ?

Italians commonly greet one another by shaking hands. When friends meet, they often kiss each other on both cheeks. The word **ciao** means both *hello* and *goodbye*. It comes from the Venetian dialect for **schiavo**, which literally means *slave* or *I am your servant*.

Ciao! Come ti chiami?   Introduce yourself in Italian to several classmates, shaking hands as you do so. Follow the model.

Esempio: —Ciao! Mi chiamo (Antonella). E tu, come ti chiami?
          —Mi chiamo (Paolo).
          —Piacere!
          —Piacere!

 Buongiorno, professore/professoressa!   With a partner imagine you are meeting your professor at the beginning of the academic year. Using the pairs of names listed below, greet each other as in the example. Be sure to use **Lei** (polite form) to address a professor and **tu** to address a student.

Esempio: —Buongiorno, professoressa!
          —Salve! Come ti chiami?
          —Mi chiamo Renato Dini.
          —Piacere.
          —Molto lieto!

1. Professor Zeri / Paola Ristori
2. Professoressa Barca / Antonio Reti
3. Professoressa Lustro / Nico Calvi
4. Professor Necco / Marta Abate

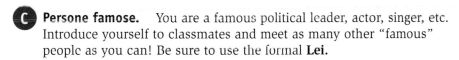

Lo sapevi che...?

Italians generally use the formal form **Lei** with everyone except family, close friends, classmates, and children. The **tu** form denotes familiarity and can also be used to express group solidarity, such as among university colleagues or women.

C **Persone famose.**   You are a famous political leader, actor, singer, etc. Introduce yourself to classmates and meet as many other "famous" people as you can! Be sure to use the formal **Lei.**

Esempio: —Buongiorno! Scusi, come si chiama Lei?
          —Buongiorno, mi chiamo Hillary Clinton. E Lei?
          —Mi chiamo Newt Gingrich. Molto piacere, signora Clinton.

D **Il postino.**   You are the new mail carrier and are introducing yourself to the tenants of a condominium complex.

Esempio: —Buongiorno, sono il postino. Mi chiamo... E Lei, signora?
          —Salve. Mi chiamo Anna Selce. Molto lieta.
          —Tanto piacere, signora!

1. Stefano Ardore
2. Rita Pico
3. Sonia Tessi
4. Marco Lotti
5. Giuseppe Trota
6. Angela Gatto

A discussion *in piazza*

Nomi italiani.   Can you give the English equivalents of these Italian names?

	maschili			*femminili*	
Alberto	Enrico	Luca	Alessandra	Elisabetta	Luisa
Antonio	Giorgio	Marco	Anna	Giovanna	Maria
Andrea	Giacomo	Matteo	Caterina	Giulia	Patrizia
Carlo	Giovanni	Riccardo	Cecilia	Ilaria	Susanna
Claudio	Giuseppe	Stefano	Chiara	Lucia	Teresa

Di dove sei tu? Di dov'è Lei?

—Ciao, mi chiamo Kristi.
—Io mi chiamo Chiara. Di dove sei, Kristi?
—Sono di Los Angeles. Di dove sei tu?
—Sono di Napoli.

—Buongiorno, mi chiamo Paolo Genovesi. Come si chiama Lei?
—Tanto piacere. Io mi chiamo Chiara Fini. Di dov'è Lei?
—Sono di Bologna. E Lei?
—Sono di Palermo.

Si dice così

Di dove sei (tu)?	*Where are you from?* (*informal*)
Di dov'è (Lei)?	*Where are you from?* (*formal*)
Sono di...	*I am from . . .*
Dov'è... ?	*Where is . . . ?*
Ecco...	*Here is . . .*

 Di dove sei?   Ask your classmates where they are from and tell them where you are from.

Esempio: —Di dove sei, Kevin?
          —Sono di San Francisco. E tu?
          —Io sono di Orlando.

 Di dov'è Lei?   At a conference, a number of people are becoming acquainted. With a partner, use polite forms and the cities listed below to create four short exchanges.

Esempio: —Buongiorno! Di dov'è Lei?
          —Sono di Catania. E Lei?
          —Sono di Bari.

1. Roma / Parma
2. Milano / Palermo
3. Pisa / Verona
4. Padova / Firenze

 La presentazione.   On a train in Italy, you strike up a conversation with three other young people. Find out their names and where they are from. Use the model dialogue and choose cities from the map on page 6.

Esempio: —Salve, mi chiamo... E tu, come ti chiami?
          —Mi chiamo... Piacere!
          —Di dove sei?
          —Sono di... E tu?
          —Io sono di...

Lo sapevi che... ?

*I*talian is spoken on five continents. It is an official language in Italy, Switzerland, Ethiopia, Somalia, Libya, and Slovenia, and there are large Italian communities in Canada, the United States, Germany, Australia, Argentina, Brazil, and Venezuela.

 La sfida (*The challenge*).   With a partner, take turns finding the following cities on the map.

Esempio: —Dov'è Genova?   —Ecco Genova!

Napoli, Torino, Milano, Palermo, Ancona, Bari, Bologna, Reggio Calabria, Venezia

 **I saluti**

Informale
—Ciao, Stefano. Come stai?
—Benone! E tu?
—Non c'è male.

Formale
—Buongiorno, signora Paoli. Come sta?
—Bene, grazie. E Lei, professoressa?
—Sto così così, grazie!

Si dice così

Come stai?	*How are you? (informal)*
Come sta?	*How are you? (formal)*
Come va?	*How's it going?*
Sto...	*I'm . . .*
bene	*fine*
benone	*terrific*
benissimo	*very well*
molto bene	*very well*
abbastanza bene	*quite well*
così così	*so-so*
male	*badly*
Non sto bene.	*I'm not well.*
Non c'è male.	*Not too bad.*
Bene, grazie, e tu?	*Fine, thank you, and you? (informal)*
Bene, grazie, e Lei?	*Fine, thank you, and you? (formal)*

A   E tu, come stai?   Ask a few classmates how they are, following the model.

Attività

Esempio: —Ciao, come stai?
—Sto bene/benissimo. / Sto così così. / Non sto bene... E tu?
—Sto..., grazie!

Lo sapevi che... ?

Italians tend to be more formal than Americans, and often use titles in addressing each other. Here are some of the most common courtesy and professional titles and their abbreviations:

signore (Sig.)	*Mr.*
signora (Sig.ra)	*Mrs.*
signorina (Sig.na)	*Miss*
avvocato (Avv.)	*lawyer*
ingegnere (Ing.)	*engineer*
professore/professoressa (Prof./Prof.sa)	*professor*
dottore (Dott.)	*doctor*

Note that masculine titles ending in **-ore** drop the final *e* before a proper name: **signore: signor Bianchi; professore: professor Ricci**. Feminine titles remain unchanged.

Come sta?   Using the following names, greet your partner and ask how he or she is feeling. Be sure to use formal forms.

Esempio: Sig. Tomba / Prof.sa Simonelli
—Buonasera, professoressa Simonelli. Come sta?
—Buonasera, signor Tomba. Sto molto bene. E Lei?
—Bene, grazie.

1. Dott. Rossi / Sig.ra Testi
2. Sig. Biagi / Dott. Bellini
3. Ing. Testori / Sig. Landolfi
4. Prof. Croce / Sig.na Carlini

 Nel campus.   On your way to class, you meet four friends. Greet each one and ask how he/she is. Vary what you say to each person. Use the following expressions:

To greet: Ciao / Salve / Buongiorno
To ask how a person is: Come stai? / Come va?
To answer: Bene / Non c'è male / Così così / Benissimo, grazie, e tu?

Arrivederci

Informale
—Ciao, Anna!
—Ci vediamo, Marco!
—Sì, Anna. A presto!

Formale
—ArrivederLa, signore!
—Arrivederci!
—Alla prossima!

Si dice così

Ciao	*Bye*	**Alla prossima**	*Until next time*
Arrivederci	*Good-bye (informal)*	**Ci vediamo**	*See you*
ArrivederLa	*Good-bye (formal)*	**Addio**	*Farewell*
A presto	*See you soon*		

La festa è finita. Your party is over and it's time to say good-bye to your guests. With a partner, play the parts of host and guest using the phrases provided.

Esempio: Marco / a presto
—Buonanotte, Marco, e grazie!
—Grazie! A presto!

Sig.ra Rosi / arrivederLa
—Buonanotte, signora, e grazie!
—Grazie a Lei! ArrivederLa!

1. Dott.ssa Rossi / ArrivederLa
2. Laura / Ciao
3. Sonia / Ci vediamo
4. Lia / Arrivederci
5. Sig. Manin / A presto
6. Ing. Leoni / ArrivederLa

 All'università. It's the first day of classes and you and your partner meet for the first time outside a classroom. Create a conversation in which you

- greet each other and introduce yourselves
- express pleasure at meeting each other
- ask how the other person is feeling
- say where you are from
- say good-bye

 # L'alfabeto

a	a	h	acca	q	cu	j	i lunga
b	bi	i	i	r	erre	k	cappa
c	ci	l	elle	s	esse	w	doppia vu
d	di	m	emme	t	ti	x	ics
e	e	n	enne	u	u	y	i greca, ipsilon
f	effe	o	o	v	vu		
g	gi	p	pi	z	zeta		

The letters *j, k, w, x,* and *y* are not regularly used in Italian, although they have become part of the alphabet with the influx of foreign words: *jeep, jet, jogging; koala, killer; western, windsurf; taxi, extra; yogurt, yacht.*

 Le sigle. State the following abbreviations in Italian: **Attività**

1. IBM   3. CD   5. UVA   7. VHS   9. SOS
2. TWA   4. SPQR   6. TV   8. BMW   10. KLM

Arch of Constantine, Rome

B **Parole italiane.**   Turn to the Italian-English vocabulary at the end of
your text. Choose five new words and spell them out in Italian to your
partner, who will write them down and then pronounce them. Then
switch roles.

Esempio: —Elle, a, ti, ti, e
                —Latte!   (Latte means *milk*.)

C **Come si scrive** (*How do you spell that*)?   Take turns asking your partner's
name and hometown, and how each is spelled.

Esempio: —Come ti chiami?
                —Mi chiamo Gina Smith.
                —Come si scrive?
                —Gi-i-enne-a Esse-emme-i-ti-acca
                —Di dove sei?
                —Sono di Detroit.
                —Come si scrive?
                —Di-e...

D **Quale città?**   Choose a city from the map on page 6. Slowly spell its
name for your partner, who will try to guess the city after hearing as few
letters as possible.

 # I numeri da 0 a 100

0	**zero**	14	**quattordici**	26	**ventisei**
1	**uno**	15	**quindici**	27	**ventisette**
2	**due**	16	**sedici**	28	**ventotto**
3	**tre**	17	**diciassette**	29	**ventinove**
4	**quattro**	18	**diciotto**	30	**trenta**
5	**cinque**	19	**diciannove**	40	**quaranta**
6	**sei**	20	**venti**	50	**cinquanta**
7	**sette**	21	**ventuno**	60	**sessanta**
8	**otto**	22	**ventidue**	70	**settanta**
9	**nove**	23	**ventitré**	80	**ottanta**
10	**dieci**	24	**ventiquattro**	90	**novanta**
11	**undici**	25	**venticinque**	100	**cento**
12	**dodici**				
13	**tredici**				

1. Numbers in Italian are written as a single word.

2. The numbers **venti, trenta, quaranta,** and so on drop the final vowel before **uno** and **otto,** both of which begin with a vowel: **ven<u>t</u>uno, ven<u>t</u>otto,** etc.

3. In the numbers 23, 33, 43, and so on, **tre** is spelled with an accent: **ventitré.**

 La sfida.   Challenge a neighbor to:

Attività

1. Count in multiples of 2 from 20 to 40
2. Count in multiples of 3 from 30 to 60
3. Count in multiples of 5 from 40 to 80
4. Count backward from 100 to 85
5. Count backward from 50 to 35

Qual è il prefisso per... ?　With a partner, take turns asking the **prefisso** (*area code*) for some Italian cities. Write the numbers your partner tells you, then check the list.

Esempio:　—Qual è il prefisso per Torino?
　　　　　　—Il prefisso è 011 (zero, undici).

Città	Sigla	Prefisso telefonico
Avellino	AV	0825
Bari	BA	080
Bologna	BO	051
Como	CO	031
Firenze	FI	055
Genova	GE	010
Lucca	LU	0583
Milano	MI	02
Napoli	NA	081
Parma	PR	052
Perugia	PG	075
Pisa	PI	050
Roma	Roma	06
Siena	SI	0577
Siracusa	SR	0931
Torino	TO	011
Venezia	VE	041

CARTA TELEFONICA
LIRE 10.000
Validità 31.12.93 La carta non è rimborsabile.
455141038
SIP

 Qual è il tuo numero di telefono?　Ask five classmates for their phone numbers and write down the numbers.

Esempio:　—Qual è il tuo numero di telefono?
　　　　　　—È 24.59.61.7 (ventiquattro, cinquantanove, sessantuno, sette)

Lo sapevi che... ?

Italians normally give their phone numbers in tens. A phone number written 051-224.360 would be stated as **zero cinquantuno**, **ventidue**, **quarantatré**, **sessanta**. When answering the phone, Italians say **Pronto?**

Pronto, centralinista (*Hello, operator*)?   You are calling directory assistance for the following people's telephone numbers. Your partner will consult the page from the Florence phonebook and tell you the numbers.

```
LIGHT SHOP (S.R.L.) Negozio Flos Arteluce --- 28 45 09
     62/r bg. S. Jacopo
LIGHTNING RINGRESSI Anna -------------------- 36 60 32
     66 v. Circondaria ----------------------- 48 08 12
LIGI Anna, 20 v. Lambruschini --------------- 239 63 90
  »  Emilia, 17 v. Guelfa --------------------- 45 11 87
  »  Florido, 4 v. Serre ---------------------- 28 31 40
  »  Francesco, 33 bg. Pinti ------------------ 66 38 53
  »  Leonilda, 17 v. Marsala ------------------ 49 49 24
  »  Settimio, 47 v. Fabroni ------------------ 78 66 92
LIGIA Carlo, 44/1 v. Fedi -------------------- 57 40 20
LIGNITE Varo, 3 v. Cavalcanti ---------------- 248 02 84
  »  Vera, 1 v. Cimabue ----------------------- 68 36 18
LI GOBBI dr. Romano, 28 v. Kiev -------------- 232 13 12
LIGORI Cristina, 111 v. Gelsomino ------------ 41 50 45
LIGORIO Carlo, 210/c v. Giuliani
LIGUORI dr. Alessandro, v. Pianerottolo ------ 69 76 70
     Settignano ----------------------------- 234 15 19
  »  ing. Alfonso, 46 v. Nardi --------------- 31 55 19
  »  Claudio, 14 v. Liguria ----------------- 28 46 30
  »  Giorgio, 54 bg. Ognissanti ------------- 732 03 94
  »  Graziano, 5 v. M. di Nardo ------------- 36 34 95
  »  Isabella, 118 v. Ponte alle Mosse ------ 58 35 85
  »  Liana, 47 v. Cairoli
LIGUORI LIANA E MEDICI PAOLO ---------------- 41 10 21
     Lavanderia 33 v. Giuliani -------------- 57 62 12
LIGUORI Lucio, 44 vl. Matteotti -------------- 67 73 20
  »  Maria, 73 v. G. Lanza ------------------- 67 88 75
  »  gen. Osvaldo, 25 v. Orcagna ------------- 69 11 38
  »  Pietro, 79 v. Pietrafitta --------------- 61 12 30
  »  Rosa Maria, 14 vl. Duse ----------------- 247 96 39
  »  arch. Salvatore, 9 bg. Pinti
```

```
     49 v. Valdichiana ----------------------- 422 31 71
  »  Giuseppina, 11 v. Liguria --------------- 31 83 04
  »  Mattia Maria Dolores, 44 v. Gordigiani -- 33 03 14
LIMONGIELLO Felice, 130 v. Forlanini --------- 41 24 29
  »  Maria Gabriella, Piccolo Antiquariato --- 21 03 38
     24/r v. Faenza
LIMONI GUARINO & FIGLI (S.P.A.)
     Profumeria Dettaglio e Ingrosso --------- 29 20 89
     15/r. v. Ariento
     Profumeria 30/b/c v. Milanesi ----------- 47 39 82

LIMONTA S.P.A.
  ► Vedi spazio nella pagina

LINALDA Profumeria e Bigiotteria ------------- 21 60 83
     29/r. bg. S. Lorenzo -------------------- 61 33 52
LINARES Manola, 5 v. Clasio ------------------ 48 07 09
  »  Sebastiano, 32 v. Vitt. Eman. II -------- 41 97 04
LINARI Ado, Officina Meccanica 31 v. Gore ---- 680 16 69
  »  Adolfo, 2/a v. Ser Lapo Mazzei ---------- 233 71 53
  »  Alberto, 1 vl. Aleardi ------------------ 49 50 28
  »  Aldo, 13 v. Celso ----------------------- 739 88 15
  »  Alessandro, 32 v. S. Aretino ------------ 45 22 05
  »  Andrea, 442 v. Giuliani ----------------- 422 08 15
  »  BARACCA Marta, 11/1 v. Pisacane --------- 437 92 10
  »  BRACCIANTE Anna Maria
     13 v. Matteucci
LINARI CAV.UFF. PIETRO & FIGLI --------------- 422 05 71
     Cicli, Agenzia 62/64/r. v. Vitt. Eman. II - 48 84 76
LINARI CECCHI Grazia, 12 v. Abba ------------- 232 14 12
  »  Daniela, 15 v. M...
```

Esempio: —Per favore, qual è il numero di Vicenzo Limandra?
           —Il numero è...

1. Lucio Liguori   4. Vera Lignite
2. Aldo Linari   5. Emilia Ligi
3. Carlo Ligia

E **Numeri speciali.**   Telecom Italia, the only phone company in Italy, provides many services: weather reports, sports information, the time of day, etc. What number would you call if you wanted

- to find a pharmacy open late at night?
- to hear an interesting recipe?
- a weather forecast?
- to find out what's playing at the movies?
- a sports update?

Say the appropriate numbers in Italian.

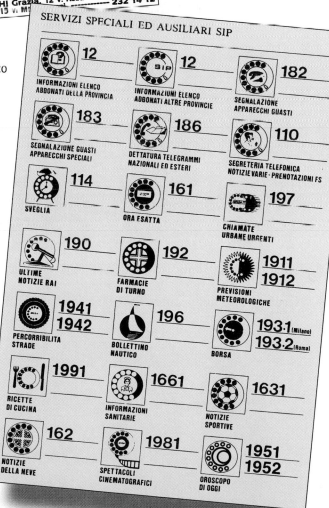

Biglietti da visita (*Business cards*).   Using the following business cards, adopt an identity and introduce yourself to a partner, giving your name, title, city, address, and telephone number.

Esempio: Mi chiamo...
          Sono... (architetto, professoressa ecc.)
          Sono di...
          Abito a (*I live at*)...
          Il numero di telefono è...

DOTT. LUISA MARTINI
MEDICO
VIA CAVOUR 25, 50125 FIRENZE
TEL. 055 215789

Dott. Mario Bianchi
Avvocato
Via Verdi 23, 00187 Roma   *06 7955320*

Professoressa Marcella Costa
Corso Garibaldi 1, 80138 Napoli
081 543621

DOTT. ING. GIOVANNI FERRI
Viale Lazio 4, 20145 Milano   tel. 02 3340195

 Due conversazioni.   What do you think the people in the drawings are saying to each other? With a partner, create a dialogue for each scene using words and expressions you have learned in this chapter. Then act out both dialogues.

Visitare:
Siamo a Roma!

Castel Sant'Angelo and the
Tiber River, Rome

Communicative goals

- Addressing different people
- Asking what and where things are
- Telling someone your age
- Describing states of being
- Negating

LAZIO
Roma

La geografia

A.1 Si dice così

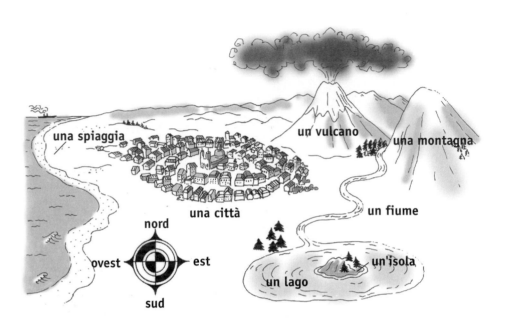

una spiaggia
un vulcano
una montagna
una città
un fiume
nord
ovest · est
sud
un'isola
un lago

Parole utili

un paese	country/ small town	una pianura	plain/valley
un mare	sea	uno stivale	boot
un colle/ una collina	hill	al nord	in the north
una catena di montagne	a chain of mountains	al sud	in the south
una penisola	peninsula	dov'è?	where is?
		ecco	here is
		c'è, ci sono	there is, there are

Lo sapevi che... ?

Words that are spelled almost identically and have the same meaning in different languages are called *cognates*. Can you supply the English equivalents of the following geographic terms in Italian? **una regione, una nazione, una capitale, uno stato, una repubblica, un vulcano, una città**

Attività

A **Che cos'è?** Match the location in the first column with the geographic term in the second column. Consult the map of Italy above.

1. Italia   a. lago
2. Como   b. vulcano
3. Ionio   c. nazione
4. Etna   d. isola
5. Lazio   e. città
6. Arno   f. regione
7. Siena   g. mare
8. Capri   h. fiume

B **Non è vero** (*Right*)? With a partner, take turns reading the following statements and saying whether or not they are true. Correct each other's statements if necessary, following the models. Consult the map.

Esempio: —Venezia è al nord d'Italia, non è vero?
           —Sì, è vero.

           —Milano è in Sicilia, non è vero?
           —No, non è vero; Milano è in Lombardia.

1. Torino è al sud d'Italia, non è vero?
2. Palermo è la capitale d'Italia, non è vero?
3. Torino è in Umbria, non è vero?
4. La Toscana è una città, non è vero?
5. La Calabria è al nord d'Italia, non è vero?
6. La Sicilia è un'isola, non è vero?

Direzioni da Roma (*Directions from Rome*).   You and a friend are in Rome, looking at a map of Italy and discussing where to travel next. Suggest a destination. When your partner asks where it is, tell him/her the direction from Rome, following the model.

Esempio: —Andiamo (*Let's go*) a Napoli!
　　　　　—Dov'è Napoli?
　　　　　—È al sud di Roma.

1. Orvieto　　　　3. Torino　　5. Milano　　7. Ancona
2. Reggio Calabria　4. Foggia　　6. Siena　　8. Salerno

 Salve, sono di...   Choose a city from the map of Italy, then introduce yourself to a neighbor and say that you are from that city. When he/she asks where it is, point it out on the map and explain where it is. Then ask his/her name and city of origin.

Esempio: —Ciao, mi chiamo ... e sono di Cagliari.
　　　　　—Dov'è Cagliari?
　　　　　—Ecco Cagliari, è in Sardegna! E tu, come ti chiami? Di dove sei?

A.2 Incontro

Roma, Città Eterna.   *Antonella è italiana e abita a Roma. Kristi è una studentessa americana. Visita Roma per la prima volta.*

KRISTI:　　È vero che ci sono sette colli a Roma?
ANTONELLA:　Sì, esatto. I sette colli di Roma.
KRISTI:　　Come si chiamano?
ANTONELLA:　Boh, non so se ricordo tutti° i nomi ... il Gianicolo, il　　*all*
　　　　　　Palatino, il Campidoglio...
KRISTI:　　E c'è anche un'isola a Roma, no?
ANTONELLA:　Sì! È l'isola Tiberina.
KRISTI:　　Dov'è?
ANTONELLA:　In mezzo al fiume° che passa per Roma.　　*in the middle of the river*
KRISTI:　　Come si chiama il fiume?
ANTONELLA:　Il Tevere. Ma, Kristi, quante domande!°　　*so many questions!*
KRISTI:　　È la prima volta che visito Roma, e sono curiosa!
ANTONELLA:　Brava! Allora, andiamo al Pincio ... da lì c'è un bel
　　　　　　panorama di Roma! È una bella introduzione alla 'Città
　　　　　　Eterna'!

Lo sapevi che... ?

here are two independent countries located within Italy: the Republic of
San Marino and the Vatican. The Vatican, located in the heart of Rome,
has its own postal system and issues its own stamps.

A **Comprensione.**   Indicate whether the following statements are true
(**è vero**) or false (**non è vero**):

Attività

1. Kristi è italiana. *f*
2. Kristi è una studentessa. *t*
3. Antonella è un'amica italiana
   di Kristi. *t*
4. Kristi visita Roma per la prima
   volta. *t*

5. Il fiume di Roma si chiama
   Tevere. *t*
6. Ci sono cinque colli a Roma. *f*
7. Dal Pincio c'è un bel
   panorama della città. *t*

B **Visitare Roma.**   Fill in the blanks with terms from the **Incontro.**

Ci sono __sette__ colli a Roma. Il __Gianicolo__ e il __Palatino__
sono due colli della città. A Roma c'è un __fiume__ che passa per la
città: si chiama __Tevere__. In mezzo al fiume c'è un' __isola__
che si chiama Isola Tiberina. Sull'isola c'è un ospedale, una chiesa
(*church*) e un bar!

C **Lezione di geografia.**   Test your partner's knowledge of geography. Take
turns asking and answering questions about the geographic features
listed, following the model.

Esempio: un fiume a Roma
          —Come si chiama un fiume a Roma?
          —Un fiume a Roma si chiama Tevere.

1. un'isola negli Stati Uniti
2. un fiume negli Stati Uniti
3. un vulcano in Italia
4. un lago in Italia

5. un lago negli Stati Uniti
6. un fiume in Italia
7. una città al sud degli Stati Uniti
8. una regione in Italia

The dome of Saint Peter's basilica dominates the Roman skyline.

n altre parole

per la prima volta	*for the first time*
(non) è vero	*it's (not) true*
esatto	*exactly*
bravo/a!	*good for you! well done!*

D La risposta giusta.   Find a sentence in the right-hand column that is a logical response to each statement on the left.

c 1. Quante domande, Giovanni!

e 2. Il Vaticano non è una parte dell'Italia, vero?

d 3. Ecco il Tevere!

a 4. Ricordo tutti i colli di Roma: il Campidoglio, l'Aventino…

b 5. Serena è di Firenze.

a. Bravo! Hai una memoria fantastica!

b. Non è vero! È americana!

c. Sono curioso perché sono a New York per la prima volta.

d. Esatto! È il fiume che passa per Roma.

e. Brava! È uno stato indipendente.

 Bravo/a!   With another student, take turns reading the sentences and responding, as appropriate, **Bravo/a!, Esatto!,** or **Non è vero!**

1. Le Alpi sono una catena di montagne.
2. L'Italia è un'isola.
3. Venezia è una città sull'Oceano Atlantico.
4. Il Veneto, le Marche e la Lombardia sono regioni d'Italia.
5. Il fiume di Firenze si chiama Arno.
6. Ci sono sette colli a Roma.
7. Il Vesuvio è un lago.
8. L'Italia ha la forma di uno stivale.

A Roma per la prima volta.   In a taxi from Rome's Leonardo da Vinci airport into the city, you chat with the taxi driver. Create a conversation with another student in which you:

- introduce yourself and say where you are from.
- say that you are in Rome for the first time.
- ask three questions about Rome.
- thank the driver and say good-bye.

A.3   Punti grammaticali

Il sostantivo singolare

maschile	femminile
un vulcano	una collina
un amico	un'isola
uno stato	una spiaggia
un fiume	una nazione

1. In Italian, nouns **(sostantivi)** are classified according to gender. Nouns that end in **o** are usually masculine; nouns that end in **a** are usually feminine. Nouns that end in **e** may be masculine or feminine: **un mare** (*m.*), **uno studente** (*m.*), **una chiave** (*key*) (*f.*), **una lezione** (*lesson*) (*f.*).

2. Nouns ending in **-ione** are feminine. Some examples are **regione, stazione, confusione,** and **stagione.** Many of these words are cognates.

3. Nouns that end in a consonant are usually of foreign origin and are masculine: **uno sport, un bar, un computer, un film, un autobus.**

4. Nouns that have a shortened form maintain the gender of the original word.

foto (fotografia) (*f.*)	*photograph* (*photo*)
cinema (cinematografo) (*m.*)	*cinema*
bici (bicicletta) (*f.*)	*bicycle* (*bike*)
auto (automobile) (*f.*)	*automobile* (*auto*)

5. Some words of Greek origin ending in **-ma** are masculine: **tema, problema, panorama, programma, sistema.**

L'articolo indeterminativo

1. The indefinite article **(articolo indeterminativo)** corresponds in English to *a* or *an.*

2. For masculine nouns, the indefinite article is **un**. **Uno** is used for nouns beginning with **s** + a consonant (**s impura**) or **z**.

un libro	*a book*	**un uomo**	*a man*
un paese	*a country*	**un ospedale**	*a hospital*
uno stereo	*a stereo*	**un sole**	*a sun*
uno sbaglio	*a mistake*	**un signore**	*a gentleman*
uno zoo	*a zoo*	**uno zero**	*a zero*

3. For feminine nouns, the indefinite article is **una**. **Una** contracts to **un'** before feminine nouns beginning with a vowel.

una donna	*a woman*	**un'aula**	*a classroom*
una lezione	*a lesson*	**un'estate**	*a summer*
una spiaggia	*a beach*	**un'isola**	*an island*
una zia	*an aunt*	**un'oasi**	*an oasis*

A **Maschile o femminile?**   Give the gender of the nouns in the list below.

Attività

Esempio: mare: maschile
          fotografia: femminile

1. stivale *[un] m*
2. vulcano *[un] m*
3. regione *[una] f*
4. fiume *[un] m*
5. pianura *[una] f*
6. oceano *[un] m*
7. stato *[uno] m*
8. montagna *[una] f*
9. spiaggia *[una] f*
10. professore *[un] m*
11. isola *[un'] f*
12. lago *[un] m*
13. città *[una] f*
14. foto *[una] f*
15. nazione *[una] f*

B **Un articolo.**   Now supply each noun in Activity A with its indefinite article.

Esempio: mare: **un** mare
          fotografia: **una** fotografia

C **Si dice così.**   With a partner, take turns asking and supplying the gender of the following words. Include the indefinite article in your answer.

Esempio: bar   —**Bar** è maschile o femminile?
                —Bar è maschile: si dice (*you say*) **un bar.**

1. programma   4. hotel   7. sport
2. conversazione 5. sistema   8. università
3. città   6. opinione   9. panorama

D **Che cos'è?**   With a partner, take turns asking and answering questions about the following places, as in the model.

Esempio: Torino   —Che cos'è Torino?
                   —È una città.

1. la Sardegna   5. San Marino   8. l'Umbria
2. l'Etna   6. il Tevere   9. il Monte Bianco
3. il Mediterraneo   7. la Germania   10. il Vesuvio
4. Palermo

 # La città

B.1 Si dice così

il monumento	*monument*	**il ponte**	*bridge*
il museo	*museum*	**la torre**	*tower*
le rovine	*ruins*	**la chiesa**	*church*
gli scavi	*excavations*	**la guida turistica**	*guidebook*
la strada	*street*	**il/la turista**	*tourist*
la via	*road*	**sempre**	*always*
la piazza	*square, plaza*	**ora**	*now*
la fontana	*fountain*		

A Una guida turistica.   On the following page from a travel guide to Rome, some of the words are missing. Complete the page with words from the list above.

Attività

> Una visita a Roma:
>
> - il _____ di Villa Borghese con sculture di Bernini e una Madonna di Caravaggio.
> - l'Arco di Costantino, un grandioso _____ romano del periodo imperiale.
> - gli _____ del famosissimo Foro romano con le _____ del tempio di Giove (*Jove*).
> - la _____ del Gesù (*Jesus*), con arte religiosa e un altare in stile barocco.
> - la _____ di Trevi con sculture di divinità marine (*sea gods*).
> - il _____ Sant'Angelo che attraversa (*crosses*) il fiume Tevere.
> - _____ del Corso: strada che porta da Piazza Venezia a Piazza del Popolo.

B Ecco la fontana!   Your guidebook recommends the little-known Piazza Santa Giuseppina, shown in the drawing. When you arrive there with your partner, take turns pointing out interesting features.

Esempio: —Ecco la fontana!

Dov'è il Pantheon?   With a partner, look at the map of Rome and take turns asking each other the locations of the places listed in the left-hand column. Find appropriate answers in the right-hand column.

Esempio: il Pantheon
          —Dov'è il Pantheon?
          —Ecco il Pantheon. È vicino a Piazza Navona.

1. la Fontana di Trevi   a. È in Via del Corso.
2. la basilica di San Pietro b. È vicino (*near*) al Pantheon.
3. Piazza Navona   c. È vicino al fiume.
4. il Palazzo Farnese   d. È vicino a Corso Vittorio Emanuele.
5. Castel Sant'Angelo   e. È in Via della Conciliazione.
6. Piazza del Popolo   f. È vicino a Via del Corso.

B.2 Incontro

Benvenuta a Roma! (*Welcome to Rome!*)   *Antonella e Kristi sono in un caffè vicino alla casa di Antonella. Aspettano° Lorenzo.*

                                         they are waiting for

KRISTI: Oggi° visitiamo Roma! Ci sono tanti monumenti! Da dove cominciamo? *today*

ANTONELLA: Ho un'idea ... andiamo prima al Colosseo.

KRISTI: Va bene! Per me, Roma è il Colosseo!

ANTONELLA: Vicino al Colosseo c'è l'Arco di Costantino e ci sono le rovine del Foro romano.

KRISTI: Non vedo l'ora di essere davanti al Colosseo! Andiamo!° *let's go!*

ANTONELLA: Un momento!° Abbiamo tutta una settimana, no? Oggi è solo lunedì! Oggi pomeriggio° visitiamo Piazza di Spagna e la famosa Scalinata di Trinità dei Monti. Va bene? *just a moment* / *this afternoon*

KRISTI: D'accordo! Grazie, Antonella! Sei una vera amica—visitare Roma con un'amica romana è il massimo!

ANTONELLA: Prego! Figurati! Ah, ecco Lorenzo! Ciao, Lorenzo! Ti presento Kristi, un'amica americana.

LORENZO: Salve, Kristi! Benvenuta a Roma!

ANTONELLA: Lorenzo è una guida eccellente, un bravo cicerone.° Ora andiamo al Colosseo! *tour guide*

KRISTI: Roma è davvero° la Città Eterna! *really*

Lo sapevi che... ?

Rome is called **la Città Eterna** (*the Eternal City*) because it was the capital of the western world in ancient times and the center of Christianity in the West for nearly two thousand years. In Latin it is also referred to as *Caput Mundi,* for "capital of the world."

A Comprensione.   Choose the appropriate words or expressions to complete the following statements.

1. Antonella e Kristi sono in un caffè. Aspettano (Lorenzo / Costantino).
2. A Roma ci sono tanti (monumenti / fiumi).
3. Vicino al Colosseo ci sono le rovine del (cicerone / Foro romano).
4. Antonella e Kristi hanno una (studentessa / settimana) per visitare la città.
5. Oggi pomeriggio le due amiche visitano (Trinità dei Monti / il Pantheon).
6. Lorenzo è un bravo (oratore / cicerone).

Attività

Il cugino romano.   The following sentences, when placed in the correct order, form a conversation between an American student, visiting Rome for the first time, and his Roman cousin. Find the correct order and act out the exchange with another student.

___3___ —Benissimo! Non vedo l'ora di visitare San Pietro.

___6___ —Un momento! Abbiamo tutta la settimana!

___5___ —E Piazza Navona? E il Foro romano?

___7___ —OK. Grazie, Lorenzo. Sei un bravo cicerone.

___2___ —Andiamo prima al Vaticano! *- let's go to Vaticano first.*

___4___ —Poi nel pomeriggio andiamo a Castel Sant'Angelo, vicino al
Vaticano. *- then go...*

___8___ —Prego, Joey. Allora ... andiamo! *— let's go*

___1___ —Visitare Roma con un cugino romano è il massimo! Ma da dove
cominciamo? *- visiting rome w/ roman cousin is the greatest. where should we go?*

 Ti presento...   You are at a café with a friend discussing where to go
today. Another friend passes by. Following the model, introduce your two
friends, who then ask each other some questions.

Esempio: —Dove andiamo oggi?
                —Andiamo a...
                —Ecco... !
                —Ciao... Come stai?...
                —Ti presento il mio amico/la mia amica...
                —Molto piacere! Di dove sei?
                —Sono di...

In altre parole

va bene	*OK, that's fine*
non vedo l'ora di...	*I can't wait to . . .*
d'accordo	*agreed*
è il massimo	*it's the greatest*
prego	*you're welcome*
figurati	*don't mention it*
ti presento...	*let me introduce you to . . .*

D **Cosa dire?**   What would you say in the following situations?

1. You hold a door open for someone and he/she thanks you.
2. You introduce your friend Marco to another friend.
3. You agree to meet a friend at a specified time.
4. A friend thanks you profusely for a small favor.
5. You receive a gift you've always wanted.
6. You want to leave but your friends are reluctant to go.

E **Non vedo l'ora!**   You are looking forward to your upcoming trip to
Rome. List five things you can't wait to see or do, using the model.

Esempio: Non vedo l'ora di vedere (*to see*) San Pietro!
                Altri suggerimenti: mangiare (*to eat*) in un ristorante romano,
                visitare il Pantheon, parlare (*to speak*) italiano ecc.

Da dove cominciamo?   It's your first day in Rome and you and a friend are deciding what to do. Look at the map on page 24. Create a conversation in which you both agree on two places to go in the morning and two in the afternoon. Also discuss where these places are.

Esempio: —A Roma ci sono tanti monumenti. Da dove cominciamo?
—Andiamo prima a... Va bene?
—D'accordo! E poi...
—Oggi pomeriggio andiamo...

B.3   Punti grammaticali

I pronomi soggetto

	singular		plural	
first person	io	*I*	noi	*we*
second person	tu	*you* (*informal*)	voi	*you* (*informal and formal*)
third person	Lei	*you* (*formal*)	loro	*they*
	lui	*he*		
	lei	*she*		

1. There are seven subject pronouns in Italian. Note that there are formal and informal forms for *you*. **Tu** is used to address friends, family, small children, and pets. It is commonly used among young people even when they don't know each other. **Lei** is a formal, polite form used to address people one does not know, older people, and those deserving of respect. **Voi** is commonly used to address groups of people in both formal and informal situations.

2. The subject pronoun **io** is not capitalized unless it begins a sentence.

3. **Lei** is the formal form for both masculine and feminine and is written with the capital **L** to distinguish it from **lei** (*she*).

4. Ordinarily it is not necessary to use a subject pronoun in Italian, since in most cases the verb form indicates the subject. Subject pronouns are used for emphasis.

A **Parlare a...**   Which subject pronoun would you use to speak directly to the following people?

1. your teacher
2. the president of the U.S.
3. two friends of your mother
4. your father
5. your brother
6. two of your friends
7. a salesclerk in a store
8. your aunt and uncle

B **Parlare di...**   Now supply the subject pronoun you would use to talk *about* the people listed above.

Attività

C **Io, tu, lui e lei.**   Which subject pronoun would you use to refer to the following groups of people?

Esempio: io e Valerio   noi

1. tu e io
2. lei e tu
3. io e Lei
4. io e voi
5. tu, Patrizia e Stefano
6. la signorina e il signore

Il verbo *essere*

Io sono uno studente.	*I am a student.*
Anche **tu sei** uno studente?	*Are you also a student?*
Noi siamo di Roma.	*We are from Rome.*
Di dove **siete voi?**	*Where are you from?*

Essere (*to be*) is an irregular verb. That is, it does not follow a predictable pattern. Note that **io** and **loro** have the same form: **sono.** The present indicative forms are as follows:

essere (*to be*)

io	**sono**	*I am*	noi	**siamo**	*we are*
tu	**sei**	*you (informal) are*	voi	**siete**	*you are*
lui/lei	**è**	*he/she is*	loro	**sono**	*they are*
Lei	**è**	*you (formal) are*			

C'è, ci sono

A Napoli **c'è** un vulcano.	*In Naples there is a volcano.*
C'è un problema?	*Is there a problem?*
A Roma **ci sono** sette colli.	*In Rome there are seven hills.*
Ci sono molti monumenti a Roma.	*There are many monuments in Rome.*

C'è and **ci sono** correspond to *there is* and *there are.* **C'è** is used when the noun is singular, **ci sono** when the noun is plural.

Il negativo semplice

Luca **non** è di Roma, è di Orvieto.	*Luca is not from Rome, he's from Orvieto.*
La Calabria **non** è una città, è una regione.	*Calabria is not a city, it is a region.*
—C'è Luisa?	—*Is Luisa there?*
—No, **non** c'è.	—*No, she's not.*

In a negative statement, **non** immediately precedes the conjugated verb.

—Come stai?	—*How are you?*
—**Non** sto bene.	—*I'm not well.*

A Chi sono?   Complete with the correct form of **essere.**

1. Kristi / una turista
2. Antonella e Lorenzo / due amici romani
3. Tu / americano?
4. Noi / studenti universitari
5. Lorenzo / un bravo cicerone
6. Voi / nella classe d'italiano
7. Io / a Roma per la prima volta
8. Kristi e Antonella / in un caffè

B Dove siamo?   Complete with the correct form of **essere.**

1. Io e Marco _____ in classe, Luca _____ a casa.
2. Tu e lei _____ in montagna e io _____ in città.
3. Rita e Sonia _____ americane, non _____ italiane.
4. Tu e il professore _____ in biblioteca.
5. Laura, Stefano e io _____ italiani.

C Sì e no.   Using the elements provided, state what is true and what is not true, as in the model.

Esempio: Kristi: romana / americana
          Kristi è americana; non è romana.

1. Il Colosseo: a Roma / a New York
2. Antonella e Lorenzo: americani / romani
3. Antonella: un'amica di Kristi / una professoressa di Kristi
4. L'Arco di Costantino e il Pantheon: monumenti / isole
5. Io: studente (studentessa) / professore (professoressa)
6. Noi: in una classe di filosofia / in una classe di italiano

D La cartolina (*The postcard*).   Complete the postcard that Kristi is writing to her mother, using a form of **essere, c'è,** or **ci sono:**

Ciao, mamma! Roma _____ fantastica! I monumenti _____ incredibili. A Roma ____ _____ le piazze, le fontane e i musei più belli del mondo! Anche il Vaticano ____ molto interessante: ____ _____ una collezione enorme di arte romana e italiana. Io e Antonella _____ in giro per la città. Un bacio, Kristi

E La geografia locale.   Ask your partner what city or town he or she is from. Then ask if it has the following features.

Esempio: —Di dove sei?
          —Sono di...
          —E a ... c'è una fontana?
          —Sì, c'è una fontana. (No, non c'è una fontana.)

1. un fiume   3. un'università   5. una piazza   7. un lago
2. le rovine   4. montagne   6. sette colli 8. un ponte

L'articolo determinativo singolare

maschile	femminile	
il vulcano	**la** collina	*nouns beginning with a consonant*
l'amico	l'isola	*nouns beginning with a vowel*
lo stato	**la** spiaggia	*nouns beginning with* **s impura** *or* **z**
il fiume	**la** nazione	*nouns ending in* **e**

The definite article (**articolo determinativo**) corresponds to *the* in English, and is used to refer to a specific person, place, or thing. For masculine nouns, the definite article is **il;** for feminine nouns it is **la. Lo** is used for masculine nouns beginning with **z** or **s impura** (**s** + a consonant). **L'** is used for both masculine and feminine nouns beginning with a vowel.

A **L'articolo corretto.**   Supply the singular definite article for the following nouns.

Attività

1. telefono
2. attenzione
3. opera
4. stereo
5. natura
6. università
7. cinema
8. regione
9. zero
10. biologia
11. televisione
12. aeroplano
13. stazione
14. programma
15. museo
16. zoo

B **La Città Eterna.**   Complete the paragraph using definite articles.

_____ stato indipendente a Roma si chiama _____ Vaticano. _____ piazza principale è Piazza San Pietro. Anche _____ chiesa si chiama San Pietro. _____ fiume Tevere passa lì vicino. _____ Colosseo è forse _____ monumento più famoso di Roma. Lì vicino ci sono anche _____ Arco di Costantino e _____ Foro romano. Roma è veramente _____ Città Eterna!

Romulus and Remus, suckled by the she-wolf, symbol of the founding of Rome

—**Hai sete?**	—*Are you thirsty?*
—Si, **ho voglia di** una Cocacola!	—*Yes, I want a coke.*
Piero **ha paura di** Frankenstein.	*Piero is afraid of Frankenstein.*
Abbiamo freddo in inverno e	*We're cold in winter and*
abbiamo caldo in estate.	*hot in summer.*

Attività

A **A ciascuno il suo.**   Replace the subjects of the following sentences with the new subjects in parentheses.

1. Nicola ha una Ferrari Testarossa. (tu e l'amico / io / tu)
2. Ho una lezione oggi. (Noi / la professoressa)
3. Ho un'idea brillante! (tu / Mamma e Papà / Rosaria)
4. Tina e Maria hanno un appartamento al mare. (noi / Sebastiano)
5. Abbiamo bisogno di un dizionario inglese. (Io / Lorenzo e Antonella)

B **Che cosa hai nella tua stanza?**   Take turns asking whether your partner has the following things in his/her room.

Esempio: un fax   —Hai un fax?
                          —Sì, ho un fax. / No, non ho un fax.

1. un telefono	4. un poster	7. una videocassetta
2. un televisore	5. uno stereo	8. un computer
3. un dizionario	6. un'agenda	9. un calendario

C **Le vignette.**   Describe the drawings, inventing a name for each person and telling what he or she is feeling.

Esempio: Giovanna ha...

avere fame / sete

avere paura / sonno

avere freddo / caldo

avere ragione / torto

avere fretta

Che cosa hanno?   Combine each subject in column A with a verb from B and a situation from C to form a complete sentence.

A	B	C
I professori	avere freddo	d'estate
Io e lei	avere fretta	in classe
Tu e Gianni	avere caldo	sempre
Le studentesse	avere paura	d'inverno
Tu	avere ragione	al ristorante
Il bambino	avere torto	del dinosauro viola
	avere fame	

 Quanti anni ha ... secondo te (*in your opinion*)?   With a partner, take turns asking and answering questions about the approximate ages of the following people.

Esempio: —Quanti anni ha Ronald Reagan secondo te?
                —Secondo me ha ottantadue anni!

1. Mick Jagger   4. Sophia Loren   7. Julia Roberts
2. Alberto Tomba   5. Robert De Niro   8. Dan Rather
3. Jody Foster   6. Madonna   9. Fabio

Un gioco: ragione o torto?   Make a list of at least six statements about Italian geography, some true and some false. Read each one to your partner, who will answer that you are right or wrong.

Esempio: —La Sicilia è una penisola.
                —Hai torto; non è una penisola.
                —L'Italia ha venti regioni.
                —Esatto! (Bravo/a!) Hai ragione.

Le preposizioni semplici

La pizzeria è **in** Via della Pigna.	*The pizzeria is in Via della Pigna.* use w/places, countries
Abito **a** Roma.	*I live in Rome.* use w/ cities
Di dove sei?	*Where are you from?*
Parlo **con** Giovanni.	*I am speaking with Giovanni.*
Ci sono molti monumenti **in** Italia.	*There are many monuments in Italy.*
Per me, Roma è il Colosseo.	*For me, Rome is the Colosseum.*

1. In Italian, simple prepositions (**le preposizioni semplici**) are invariable.

Dopo la visita **a** Roma, Laura va **a** Napoli.	*After the visit to Rome, Laura is going to Naples.*
In estate andiamo **in** Italia.	*In the summer we go to Italy.*

2. The most frequently used prepositions are **a, in,** and **di;** other prepositions are **da, per, con, su, tra (fra).**

3. The preposition **a** is used with cities and towns. The preposition **in** is used with larger geographical areas, such as nations, states, large islands, and regions.

—Abiti **a** Berlino?   *Do you live in Berlin?*
—No, abito **a** Roma, **in** Italia.   *I live in Rome, in Italy.*
Vado **in** Francia.   *I am going to France.*
Andiamo **in** Sicilia.   *We are going to Sicily.*

4. Lontano, davanti, vicino, and **dietro** are adverbs that function as prepositions when coupled with **a** and **da.**

lontano da	*far from*	**davanti a**	*in front of*
vicino a	*near*	**dietro a**	*behind*

5. With certain words a simple preposition is used: **in campagna, in macchina** (*car*), **in montagna, in città, in centro, in chiesa, in biblioteca, in ufficio** (*office*), **in albergo, a casa, a scuola.**

A   Dove abita?   State where the following people live.

Esempio: Elisabetta II / Inghilterra
            Abita in Inghilterra.

1. Steven Spielberg / Los Angeles   *a*
2. Jacques Chirac / Parigi   *a*
3. Steffi Graf / Germania   *in*
4. Sophia Loren / Roma   *a*
5. Boris Yeltsin / Russia   *in*
6. Alberto Tomba / Bologna   *a*
7. Issey Miyake / Giappone   *in*
8. Lech Walesa / Polonia   *in*

Attività

B   Le preposizioni mancanti.   Complete the following sentences with the missing simple prepositions:

1. Pesaro è __in__ Italia. Marco abita __a__ Pesaro. Pesaro è _vicino a / lontano da_ Ancona.
2. __Per__ Antonio, Roma è una città fantastica. Antonio abita __a__ Milano.
3. __Tra__ il numero quindici e il numero diciassette c'è il numero sedici.
4. Salerno è _vicino_ __a__ Napoli e Venezia è _lontano_ __da__ Palermo.
5. Filippo è davanti a Marco, cioè Marco è _dietro_ __a__ Filippo.
6. È il massimo visitare Roma __con__ un'amica romana!
7. Visito l'Italia __per__ la prima volta.
8. Mi chiamo Brian. Sono __di__ Los Angeles.

 **La data**

il giorno	*day*	**ieri**	*yesterday*
la settimana	*week*	**l'altro ieri**	*day before yesterday*
lunedì	*Monday*	**dopodomani**	*day after tomorrow*
martedì	*Tuesday*	**il fine settimana**	*weekend*
mercoledì	*Wednesday*	**il mattino/la mattina**	*morning*
giovedì	*Thursday*	**il pomeriggio**	*afternoon*
venerdì	*Friday*	**la sera**	*evening*
sabato	*Saturday*	**la notte**	*night*
domenica	*Sunday*	**il tempo**	*time/weather*
oggi	*today*	**il programma**	*plan/program*
domani	*tomorrow*	**ultimo/a**	*last*

La data

Oggi è il 24 settembre.	*Today is September 24.*
Il mio compleanno è il 17 luglio.	*My birthday is July 17.*
Ho lezione d'italiano il lunedì,	*I have Italian class Mondays,*
il mercoledì e il venerdì.	*Wednesdays, and Fridays.*
Vado in chiesa la domenica.	*I go to church every Sunday.*

1. In Italian, the date is expressed with the definite article **il: il 14 giugno, il 9 marzo, l'8 maggio.**

2. The definite article or the preposition **di** is used with the day of the week or the time of day to indicate that an action is habitual.

il sabato	*every Saturday/on Saturdays*
la domenica	*every Sunday/on Sundays*
la sera	*every evening*
di giovedì	*every Thursday/on Thursdays*
di lunedì	*every Monday/on Mondays*
di mattino	*every morning*

A La settimana. Complete the following sentences using words from the list above.

Attività

1. I sette giorni della settimana sono...
2. I giorni del fine settimana sono...
3. Abbiamo la lezione d'italiano il...
4. Oggi è... Domani è... Dopodomani è...
5. La data di oggi è... La data di domani è...
6. La data del mio compleanno (*my birthday*) è...

Il giorno.   In what part of the day do you . . .

1. eat breakfast?
2. finish school?
3. do your homework?
4. practice a sport?
5. go to bed?

C Qual è la data?   Ask another student the dates of the following events.

Esempio: —Qual è la data di Natale?
—Natale è il 25 dicembre.

1. del compleanno di Cristoforo Colombo
2. della festa dell'Indipendenza degli Stati Uniti
3. della festa della mamma
4. di San Valentino
5. di Halloween
6. del primo (*first*) giorno di scuola
7. dell'ultimo (*last*) giorno di scuola

D Le attività di Kristi.   Look at Kristi's datebook below. Then take turns reading the incorrect statements below and making the appropriate corrections.

1. Mercoledì Kristi visita il Colosseo.
2. Domenica Kristi parte per la Spagna.
3. Lunedì Kristi va a San Pietro.
4. Martedì Kristi incontra Lorenzo.
5. Giovedì Kristi è libera.
6. Mercoledì Kristi mangia a casa di Lorenzo.
7. Sabato Kristi vede il Pantheon.

GIUGNO

lunedì **28** s. Ireneo

martedì **29** ss. Pietro e Paolo   *visitare il Colosseo*

mercoledì **30** ss. Protomartiri   *incontrare Antonella*

LUGLIO

giovedì **1** s. Oliverio   *vedere il Pantheon*

venerdì **2** ss. Proces. e Martin.   *visita a San Pietro*

sabato **3** s. Tommaso   *mangiare a casa di Lorenzo*

domenica **4** s. Elisabetta Port.   *libero*   *partenza per gli U.S.A.*

Lo sapevi che... ?

In Italy, people say **buongiorno** to greet one another until early afternoon. Beginning around 1 P.M., and throughout the afternoon and evening, **buonasera** is used. **Buonanotte** is the final salutation of the evening, used when parting for the night or just before going to bed.

D.2 Incontro

Tre monete nella fontana.   *Kristi e Antonella sono a casa di Antonella.*

KRISTI:	Antonella, che giorno è oggi?
ANTONELLA:	Oggi è lunedì! Perché?
KRISTI:	Tra sei giorni, il 4 luglio, ritorno a Boston. E ci sono tanti monumenti da vedere...
ANTONELLA:	Con calma, Kristi! C'è tempo! Oggi è lunedì e in Italia i musei sono chiusi.
KRISTI:	Davvero! Allora, prepariamo un programma per la settimana?
ANTONELLA:	Va bene! Oggi e domani giriamo per il centro di Roma.
KRISTI:	Benissimo. E dopodomani?
ANTONELLA:	Andiamo in Via del Babuino—una strada molto bella—che porta a Piazza del Popolo.
KRISTI:	Non dimentichiamo ... venerdì incontriamo Lorenzo!
ANTONELLA:	Ah, sì. Venerdì è il compleanno di Lorenzo.
KRISTI:	Sabato è il 3 luglio! L'ultimo° giorno! Oh no! Una settimana non basta davvero.
ANTONELLA:	Allora, sabato andiamo alla Fontana di Trevi.
KRISTI:	Perché?
ANTONELLA:	Così butti° tre monete° nell'acqua—e sicuramente tu torni ancora a Roma.

last

throw / coins

A **Comprensione: uno, due o tre?**   Complete the following sentences by choosing the correct answer.

Attività

1. Kristi ritorna a casa fra (quattro/cinque/sei) giorni.
2. In Italia i musei sono (chiusi/aperti/gratis) di lunedì.
3. Kristi (incontra/arriva/parte) il 4 luglio.
4. Oggi e domani le due amiche (girano/dimenticano/preparano) per il centro della città.
5. Via del Babuino è una (strada/moneta/vita) molto bella.
6. Secondo Kristi, sette giorni a Roma non (hanno/bastano/sono).
7. Se butti tre (giorni/turisti/monete) nella Fontana di Trevi, torni a Roma.

Trevi Fountain, Rome

Lo sapevi che... ?

La Dolce Vita (1960), a famous film by Italian director Federico Fellini (1920–1993), depicts the high life of the Roman elite and jet set of the late 1950s and early 1960s, centering on the café life of the chic Via Veneto. Fellini coined the word **paparazzo** when he gave this name to the photojournalist in the film who snapped celebrities in compromising poses!

B **Comprensione.**   Answer the following questions.

1. Kristi è in Italia per quanti giorni?
2. Perché è preoccupata Kristi?
3. Che giorno è?
4. Qual è la data di venerdì?
5. Perché Antonella e Kristi incontrano Lorenzo venerdì? È un giorno speciale?
6. Quale monumento visita Kristi sabato? Perché?

C **Il programma di Kristi e Antonella.**   Arrange the following sentences in the correct order, and indicate which day Antonella and Kristi plan to do each thing.

Esempio: Lunedì Kristi e Antonella...

Visitano la Fontana di Trevi.
Incontrano Lorenzo.
Kristi ritorna a Boston.
Girano il centro di Roma.
Camminano in Via del Babuino.
Buttano tre monete nella Fontana di Trevi.

n altre parole

con calma!	*take it easy!*
c'è tempo!	*there's time!*
è aperto, è chiuso	*it's open, it's closed*
lì vicino/qui vicino	*nearby*

D **L'espressione giusta.**   Respond to the following statements using an appropriate expression from **In altre parole.**

1. Qui siamo al Pantheon. Allora dov'è Piazza Navona?
2. Quando visitiamo il Vaticano? Abbiamo solo una settimana!
3. Il museo è aperto di lunedì?
4. Dov'è la pizzeria?
5. Sono in ritardo! Ho fretta!

E **Una settimana a Roma.**   You and a friend are in Rome for a week. Make plans for the entire week, scheduling at least one activity each morning and afternoon. Note that many museums are closed on Mondays, and many outdoor sites such as the Roman Forum are closed on Tuesdays. Use expressions like:

- Oggi è...
- Oggi pomeriggio andiamo a...
- Domani mattina visitiamo...
- Mercoledì mattina giriamo...
- Venerdì sera incontriamo...

D.3 Punti grammaticali

Il presente indicativo dei verbi della prima coniugazione

Lavoro a Roma.	*I work in Rome.*
Il professore **parla** italiano.	*The professor speaks Italian.*
Impariamo italiano.	*We are learning Italian.*
Gianni e Dario **studiano** inglese.	*Gianni and Dario study English.*

1. There are three verb conjugations in Italian, commonly referred to as -**are,** -**ere,** and -**ire** verbs, for the endings of their infinitives. Verbs of the first conjugation end in -**are.** The present tense of -**are** verbs is formed by dropping the infinitive ending and adding the following endings to the stem:

abitare (*to live*)

(io)	abit**o**	(noi)	abit**iamo**
(tu)	abit**i**	(voi)	abit**ate**
(lui/lei/Lei)	abit**a**	(loro)	abit**ano**

2. The present tense in Italian corresponds to English *I live, I am living, I do live*. Remember: subject pronouns need not be used except for emphasis.

3. Verbs ending in **-care** and **-gare** require that an **h** be inserted in the **tu** and **noi** forms to represent the hard **c** or **g** sound.

pagare (*to pay for*)		
(io) pago	(noi) paghiamo	
(tu) paghi	(voi) pagate	
(lui/lei/Lei) paga	(loro) pagano	

cercare (*to look for*)		
(io) cerco	(noi) cerchiamo	
(tu) cerchi	(voi) cercate	
(lui/lei/Lei) cerca	(loro) cercano	

4. Verbs ending in **-ciare** and **-giare** maintain the soft **c** or **g** sound throughout the conjugation. These verbs do not require an additional **i** in the **tu** and **noi** forms.

mangiare (*to eat*)		
(io) mangio	(noi) mangiamo	
(tu) mangi	(voi) mangiate	
(lui/lei/Lei) mangia	(loro) mangiano	

lasciare (*to leave*)		
(io) lascio	(noi) lasciamo	
(tu) lasci	(voi) lasciate	
(lui/lei/Lei) lascia	(loro) lasciano	

5. Verbs like **studiare** and **sciare** have an **i** in the stem which is pronounced. **Sciare** is a special case because the **i** is stressed in the singular and the **loro** form. The **tu** form therefore retains the stressed **i** of the stem and the **i** of the verb ending. Compare:

studiare (*to study*)		
(io) studio	(noi) studiamo	
(tu) studi	(voi) studiate	
(lui/lei/Lei) studia	(loro) studiano	

sciare (*to ski*)		
(io) scio	(noi) sciiamo	
(tu) scii	(voi) sciate	
(lui/lei/Lei) scia	(loro) sciano	

6. The following is a list of common **-are** verbs, many of which you have already encountered:

abitare	*to reside*	**imparare**	*to learn*
arrivare	*to arrive*	**incontrare**	*to meet*
ascoltare	*to listen to*	**insegnare**	*to teach*
aspettare	*to wait*	**lavorare**	*to work*
ballare	*to dance*	**mangiare**	*to eat*
camminare	*to walk*	**pagare**	*to pay (for)*
cantare	*to sing*	**parlare**	*to speak*
cercare	*to look for*	**sciare**	*to ski*
comprare	*to buy*	**studiare**	*to study*
domandare	*to ask*	**trovare**	*to find*
giocare	*to play*	**visitare**	*to visit*
guardare	*to look at*	**viaggiare**	*to travel*

Note that the verbs **aspettare, pagare, guardare, ascoltare,** and **cercare** do not require a preposition in Italian as they do in English:

Aspetto Gianni.	*I am waiting for Gianni.*
Che cosa **guardi?**	*What are you looking at?*
Ascoltate la radio?	*Are you listening to the radio?*
Cerchiamo una pizzeria.	*We are looking for a pizzeria.*

Attività

A Una giornata a Roma.   Complete the following sentences with the appropriate form of the verb in parentheses.

1. Kristi (aspettare) Antonella davanti al Colosseo.
2. Loro (guardare) il monumento.
3. Kristi (comprare) una guida turistica.
4. Noi (cercare) una buona pizzeria qui vicino.
5. Antonella e Kristi (mangiare) una pizza.
6. "Kristi, (pagare) tu la Cocacola?"
7. Lorenzo (lavorare) al Vaticano ed è un bravo cicerone.
8. Lorenzo, Kristi e Antonella (visitare) i musei al Vaticano.

B Frasi inventate.   Invent as many sentences as you can using a subject from column A, the correct form of a verb from column B, and an expression from column C.

Esempio: **Tu e Pietro insegnate in città.**

A	B	C
Io e Giorgio	viaggiare	la televisione
Tu e Serena	sciare	italiano
Il prof. Tozzi	incontrare Kristi	in discoteca
Antonella e Lorenzo	arrivare	domani
Io	lavorare	sempre
Tu	giocare	in città
Livia	insegnare	a settembre
I due amici	studiare	sulle Alpi
	ballare	in un ristorante
	guardare	a tennis

C Amici americani a Roma.   Complete the following stories by choosing an appropriate verb from the list and supplying its correct form.

aspettare	parlare	arrivare	studiare	abitare	avere
wait	*speak*	*arrive*	*study*	*live*	*have*

1. Greg _aspetta_ un amico, Antonio, che _abita_ a Roma. Quando Greg _arriva_ all'aeroporto, Antonio _ha_ con un cartello (*sign*): "Benvenuto, Greg!" Greg _studia_ l'italiano all'università, così lui _parla_ con Antonio in italiano. Che bello avere un amico a Roma!

cercare	esclamare	trovare	camminare	domandare	guardare
look at	*exclaim*				*look for*

2. Kerry e Giulia _cammin._ nel centro di Roma. Kerry _____ il Colosseo sulla piantina (*map*), ma non lo _____. "Dov'è il Colosseo?" _____ Kerry a Giulia. Insieme loro _____ la piantina. "Ecco il Colosseo!" _____ Kerry.

D **Sì o no?**   Ask whether your partner does the following things.

Esempio: studiare italiano
          —Studi italiano?
          —Sì, studio italiano. (No, non studio italiano.)

1. lavorare dopo le lezioni
2. ballare in discoteca
3. parlare francese
4. abitare in un appartamento
5. giocare a tennis
6. guardare la TV
7. mangiare i broccoli
8. cantare come Pavarotti

E **L'intervista.**   You are going to interview another student. First, prepare a series of questions asking his/her name, age, and hometown, what he/she studies, does on weekends, and does during the summer, etc. Jot down the answers and be ready to present them to the class.

Immagini e parole

La geografia del Bel Paese

Lago di Garda

The rich farmland of the Po River Valley

A **Identificazioni.**   The following reading describes the varied geography of the Italian peninsula. Before reading it, look at the map on page 17 and try to complete the following sentences accurately.

Attività di pre-lettura

1. Tre mari che circondano l'Italia sono...
2. Due grandi catene di montagne in Italia sono...
3. Tre importanti fiumi italiani sono...
4. Due vulcani famosi sono...
5. Tre isole italiane sono...
6. La capitale dell'Italia è..., che si chiama anche la...

B **Parole analoghe.**   Skimming for cognates is a useful strategy when learning to read a foreign language. Without pausing to read, scan the text for cognates. Then explain what each one means in English.

Esempio: **Penisola** in inglese è *peninsula*.

C **Di che cosa parla?**   Skim the following reading. Next to each subject, write the number of the corresponding paragraph.

a. _____ le montagne in Italia   d. _____ la capitale d'Italia

b. _____ i mari italiani   e. _____ le pianure e i fiumi

c. _____ vulcani e isole

L'Italia offre un panorama ricco e vario. La penisola italiana è a forma di stivale. Il Mar Mediterraneo si chiama anche Mar Ligure, Mar Tirreno, Mar Ionio e Mar Adriatico.

A nord ci sono le Alpi, una gigantesca barriera con la più alta montagna d'Europa, il Monte Bianco. La catena degli Appennini è come una spina dorsale° della penisola e si prolunga fino° alla Sicilia. Il Gran Sasso è la montagna più alta degli Appennini.   *spine / extends as far as*

Le grandi pianure italiane si chiamano Pianura Padana o Val Padana (a nord, lungo il Po, il fiume più lungo d'Italia) e la pianura della Puglia, a sud. I fiumi più importanti sono il Po e il Ticino (al nord), l'Arno e il Tevere (al centro) e il Liri (al sud).

In Italia ci sono alcuni vulcani attivi (il Vesuvio, l'Etna, lo Stromboli) e alcune isole: due sono le regioni Sicilia e Sardegna. Poi ci sono isole più piccole, come l'Isola d'Elba, Ischia e Capri, con spiagge incantate° e mare azzurro. Il clima varia molto dal nord al sud.   *enchanted beaches*

Roma è la capitale ed è considerata la culla° della civiltà occidentale° e anche il cuore° del Cattolicesimo. Perciò° è chiamata 'La Città Eterna' o l'Urbe, dal latino, cioè Roma è la città per eccellenza. Secondo la tradizione, Roma fu fondata° da Romolo e Remo, i gemelli° allevati° dalla lupa.°   *cradle / western civilization / heart / thus*

was founded / twins / raised / she-wolf

Conoscete° il detto: 'Tutte le strade portano a Roma'? Allora, quando vi porterà° la vostra strada nel Bel Paese?   *Do you know / will bring you*

A **Comprensione: abbinamenti.**   Find the phrase in the right-hand column that matches each item at the left.   **Attività**

1. Romolo e Remo   a. la montagna più alta degli Appennini
2. Ischia e Capri   b. due gemelli leggendari, fondatori di Roma
3. Pianura Padana   c. un altro nome per Roma
4. le Alpi   d. due piccole isole con spiagge incantate
5. il Gran Sasso   e. la forma della penisola italiana
6. Urbe   f. la zona del fiume Po
7. uno stivale   g. una gigantesca barriera fra l'Italia e il resto d'Europa

B **Un, uno, una o un'.**   Complete the following paragraph with the appropriate indefinite articles.

L'Italia è _____ nazione a forma di _____ stivale. Ci sono venti regioni in Italia. _____ regione si chiama Lazio. _____ città nel Lazio è

Roma. _____ fiume nel Lazio si chiama Tevere. A Roma ci sono sette colli; _____ colle si chiama Palatino. La Sicilia è _____ isola. _____ vulcano in Sicilia si chiama Etna ed è come _____ montagna. La Sicilia ha _____ forma triangolare.

Spunti di conversazione.   With a partner, look at the table of contents, where you will note that each unit of *Parliamo italiano!* focuses on a particular region of Italy. Find each region on the map on page 17. Then compose a few statements about the geography of each region.

Esempio: —Nel Lazio c'è il fiume Tevere.
           —Due città che sono in Lazio sono Viterbo e Frosinone.
           —Il Lazio è sul mare Tirreno.

Ritratto
Marta Gallinari

Buongiorno, signora Gallinari.
Buongiorno. Benvenuta a Roma!

Grazie. Lei è romana?
No, non esattamente. Sono nata° a Civitavecchia, a nord-ovest di Roma, ma abito a Roma da quando mi sono sposata.°

I was born

I was married

Quanti anni ha Lei?
Ho quarantadue anni. Sono sposata e ho due figli:° mio figlio ha nove anni e mia figlia ha dodici anni.

children

Lavora?
Sì, sono un'accompagnatrice turistica.° Organizzo viaggi turistici per conto di° un'agenzia di viaggio.

tour operator
on behalf of

Allora, Lei è una guida?
No, non sono una guida. Preparo il programma di viaggio e curo i particolari.° Controllo l'itinerario turistico, gli orari,° i biglietti,° i ristoranti, l'albergo. Se qualcuno ha un problema, cerco di risolvere il problema.

details / timetables / tickets

Per esempio?
Per un turista vegetariano cambio il menù; per un turista romantico trovo una 'camera con vista'.° Trovo sempre la soluzione: sono contenti i turisti e sono contenta anch'io!

room with a view

A **Comprensione: vero o falso?**   Indicate whether the following statements are true or false.

1. Marta è romana.
2. Civitavecchia è una città a nord-ovest di Roma.
3. Marta ha ventitré anni.
4. Lei abita a Milano.
5. Marta è una guida turistica.
6. Marta aiuta (*helps*) i turisti.
7. Quando i turisti sono contenti, anche Marta è contenta.

B **Scheda.**   Fill out the following profile of the person interviewed:

Nome: _____

Età (*age*): _____

Stato civile: Sposato/a? _____ Figli? _____

Lavoro: _____

Luogo di nascita (*place of birth*): _____

Residenza: Città: _____ Nazione: _____

 A Roma con la guida turistica.   With two other students, create a dialogue based on the following situation:

S1: You are a tour guide in Rome. You have been assigned to show some American students around the city. Introduce yourself, tell them about yourself, and ask what they want to do in Rome (**Che cosa desiderate fare?**).

S2 and S3: You and other American students are touring Rome. A tour guide will show you around and handle problems you might have. Introduce yourself to him/her and say what you want to do while in the **Città Eterna**. (**Desidero visitare.../comprare.../mangiare...**)

D **Tema.**   Write a short paragraph in Italian about one of the following topics.

1. Reread "La geografia del Bel Paese" and use it as a model for a description of your state or region, or of the United States.
2. Look at the following brochures for guided tours of Rome. Choose one of the tours and describe it.

Esempio: Prima vediamo la famosa Via Veneto, poi visitiamo...

Attività

ROMA

ESCURSIONI GIORNALIERE IN PULLMANS DI LUSSO
CON ARIA CONDIZIONATA
E GUIDE PARLANTI ITALIANO

vastours
Via Piemonte, 3
Tel. (06) 4814309 (R.
Fax (

Tour 1   **ROMA MONUMENTALE**

Tutte le mattine (in inverno i Mercoledì e le Domeniche la Basilica si visite-
rà dall'esterno)

*Partenze: dagli alberghi alle ore 8.15 circa
dal Terminal Vastours alle 9.15 circa*

Via Veneto - Via Bissolati - **Palazzo del Quirinale**, residenza del Presidente
della Repubblica Italiana (fermata) - **Fontana di Trevi**, la più famosa del mondo (fermata) - Visita del **Pantheon**, con le tombe di alcuni Re e Regine - **Piazza
Navona** (fermata), con la famosa **Fontana dei Fiumi di Bernini** - Palazzo
di Giustizia - **Castel S. Angelo**, costruito da Adriano - **Basilica e Piazza
S. Pietro** (visita), opera d'arte di Michelangelo.
Ritorno agli alberghi o nelle immediate vicinanze.

Prezzo per persona   Lit. 40.000

(Nelle chiese non sono permessi pantaloncini corti o spalle nude)

Tour 8   **ROMA DI NOTTE
ILLUMINATA**

Tutte le sere
*Partenze: dagli alberghi alle ore 19.30 circa
dal Terminal Vastours alle ore 20.15 circa*

Un'indimenticabile visione notturna della Città Eterna. **Via Veneto**, la strada
della Dolce Vita - Piazza Barberini - **Fontana di Trevi** fermata per ammirare
la fontana più famosa del mondo - Via Nazionale - Quirinale, Piazza Venezia
con la Tomba al Milite Ignoto - **Il Colosseo - Palatino** - Teatro di Marcello
- Campidoglio - Largo Argentina - **Piazza Navona** (fermata) - Corso Vittorio,
Castel S. Angelo - Città del Vaticano e Piazza S. Pietro - Trastevere,
con la vista dell'Isola Tiberina - Sinagoga e quartiere ebraico - Circo Massimo. Ritorno agli alberghi o nelle immediate vicinanze.

Prezzo per persona   Lit. 40.000

Ciak! Italia

A **Destinazione: Italia!**   Before watching the video, plan an itinerary for a
trip around Italy. Look at the map on page 6, and decide which cities or
regions you wish to visit and in what order. Will you travel by plane or by
train **(Viaggi in aereo o in treno)?** While watching the video, list the
cities and regions in the itinerary Gabriella proposes, and Piero's revised
order.

B **Quanti monumenti!**   Before viewing, make a list of Roman monuments and sites that you expect to see in the video. While viewing, add the names of places you see in the video.

C **Che cos'è successo** (*What happened*)?   While viewing the video, choose the correct endings for the following statements.

1. Piero e Gabriella lavorano insieme in...
   a. un museo.   b. una casa editrice.   c. un'agenzia turistica.

2. Vanno a Roma...
   a. in treno.   b. in macchina.   c. in aereo.

3. A Roma Piero...
   a. compra un giornale.   b. legge un giornale.   c. compra una guida turistica.

4. Gabriella compra ... al chiosco.
   a. due aranciate   b. due pizze   c. due bicchieri di acqua minerale

5. Alla fine, Piero e Gabriella...
   a. hanno freddo.   b. visitano il Colosseo.   c. guardano le foto di Roma.

D **Che sete che ho!**   After viewing the segment on Rome, number the following sentences in the correct order and act out the scene with a partner.

_____ Buongiorno.   _____ Due aranciate, per favore.   _____ Seimila lire, prego.

_____ Ecco.   _____ Grazie, buongiorno.   _____ Grazie, arrivederci.

E **La presentazione.**   On your first day at a new job, you are introduced to a colleague. After viewing the video, work in groups of three on a dialogue of introduction, using the following expressions:

Ti presento...   Molto lieto/a.   Diamoci del tu!
Buongiorno!   Io sono...   Piacere!

Studiare: Impariamo l'italiano!

Students on vespas and bicycles, University of Bologna

Communicative goals

- Talking about school
- Using the plural
- Expressing possession
- Expressing likes and dislikes
- Telling time

EMILIA-ROMAGNA
Bologna

 **La lezione**

A.1 Si dice così

la classe	class (students)	**imparare**	to learn
la lezione	class (meeting), lesson	**prendere appunti**	to take notes
il corso	course	**ripassare**	to review
il compito	homework	**interrogare**	to question/to test
la scrivania	desk	**scrivere**	to write
frequentare	to attend a school	**Come si scrive... ?**	How do you spell . . . ?
seguire un corso/	to take a course	**sbagliare**	to make a mistake
una lezione		**corretto, sbagliato**	correct, incorrect
insegnare	to teach		

L'aula

1. il banco	**7.** la penna	**13.** il gesso
2. il quaderno	**8.** lo zaino	**14.** l'orologio
3. il foglio di carta	**9.** lo studente/la studentessa	**15.** la porta
4. il libro	**10.** la professoressa	**16.** la finestra
5. la sedia	**11.** la lavagna	**17.** la cattedra
6. la matita	**12.** la bandiera	**18.** la cartella

A **Qualcosa non va** (*Something is not right*).   Find the word that does not belong.

Attività

1. ballare / frequentare / insegnare / imparare
2. la cattedra / il banco / il fiume / la sedia
3. il gesso / la penna / la matita / la bandiera
4. lo studente / l'orologio / l'insegnante / il professore
5. la porta / la cartella / la lavagna / la finestra
6. il quaderno / la classe / la lezione / il corso

In aula.   With a partner, take turns asking and answering whether the following things are present in your classroom.

Esempio: un orologio
          —C'è un orologio?
          —Sì, c'è un orologio. / No, non c'è un orologio.

1. una bandiera   5. molti libri
2. una cattedra   6. un banco
3. uno stereo   7. due finestre
4. una lavagna   8. un professore

 Studenti e professori.   Prepare a list of activities typical of students while your partner lists activities typical of professors. Then compare your lists.

Esempio: lo studente: frequentare la scuola, scrivere i compiti...
          il professore: insegnare la lezione...

Lo sapevi che... ?

In Italy, there are several kinds of high school: the **liceo classico,** where Greek and Latin are required; the **liceo scientifico,** for natural sciences; the **liceo linguistico,** where students study several modern languages; and the **liceo artistico,** for the arts. Students decide which they want to attend on the basis of interests and aptitude (an aptitude test is administered in the last year of middle school). Students may also opt for a **scuola superiore,** which provides occupational training. For example, a **scuola professionale** trains nurses, electricians, etc., and an **istituto tecnico** trains accountants and the like.

A.2 Incontro

In aula.   *Alberto e Silvia sono studenti in un liceo classico a Parma. Sono in aula prima della° lezione di greco.*   *before*

ALBERTO:	Ciao, Silvia! Che cosa leggi?
SILVIA:	Ciao, Alberto! Leggo il libro di greco.
ALBERTO:	Io odio° il greco! Accidenti, il professore oggi interroga! Tu sei *hate* brava, ma io non sono preparato per la lezione.
SILVIA:	No, non sono così brava come pensi, ma se il professore mi chiede la traduzione ... per lo meno° sono preparata. *at least*
ALBERTO:	(*cerca nello zaino*) Mamma mia! Ma dov'è il libro di greco? Qui non c'è! Accidenti! Non ho il testo, non ho un quaderno, non ho una penna...
SILVIA:	Non hai un quaderno? Ma, Alberto! Ecco! Prendi una penna e un foglio di carta, così prendi appunti.
ALBERTO:	Grazie, Silvia! Sei una vera amica! Aiuto, ecco il professore di greco!

Comprensione: vero o falso. Indicate whether the following statements about the **Incontro** are true or false. Then correct the false statements.

1. Alberto e Silvia sono studenti in un liceo linguistico.
2. Gli studenti del liceo classico imparano il greco.
3. Silvia legge il libro di latino.
4. Silvia è preparata per la lezione.
5. Alberto è preparato per la lezione.
6. Silvia è brava in greco.
7. Silvia non ha una penna per Alberto.
8. Alberto esclama 'Aiuto!' perché arriva la mamma.

 L'orario di Silvia. Read the following questions to your partner, who will answer using Silvia's class schedule. Then check whether the answers are correct.

LICEO CLASSICO "TORQUATO TASSO" Orario settimanale SEZIONE III B						
	Lunedì	**Martedì**	**Mercoledì**	**Giovedì**	**Venerdì**	**Sabato**
8.30–9.30	Italiano	Latino	Scienze	Greco	Italiano	Matematica
9.30–10.30	Italiano	Greco	Inglese	Italiano	Storia	Geografia
10.30–11.30	Latino	Storia	Greco	Storia	Inglese	Ed. fisica
11.30–12.30	Scienze	Filosofia	Filosofia	Ed. fisica	Matematica	Scienze
12.30–13.30	Religione	Fisica	Latino	Matematica	Greco	Filosofia

1. Dove studia Silvia?
2. Quante (*how many*) lezioni d'italiano ha alla settimana?
3. Quando ha la lezione di latino?
4. Quali lezioni ci sono il venerdì?
5. Quali giorni ha la lezione di biologia?
6. Silvia ha lezione il sabato? E la domenica?

 Cosa c'è nello zaino? Make a list of several items that might be in your partner's backpack. Then ask him/her about each item.

Esempio: —Hai una matita nello zaino?
   —Sì, ho una matita. / No, non ho una matita.
   —Hai un libro... ?

 In altre parole

mamma mia!	*wow! gosh! (literally, "my mother!")*
come sei bravo/a!	*you're so good (at something)!*
accidenti!	*darn it!*
essere preparato/a	*to be prepared*
aiuto!	*help!*

D **Esclamazioni!**   What might you say in the following situations? There may be more than one correct answer.

1. A friend tells you she just won a scholarship.
2. Your teacher announces an exam for tomorrow.
3. A friend tells you he got As on all his exams.
4. You discover you haven't prepared the homework for today's class.
5. You realize that you have two final exams on the same day.

 Come sei bravo!   Create a dialogue based on the following suggestions.

Student 1.   On the first day of your Italian class, you forget to bring several necessary items. Introduce yourself to the person next to you and tell him/her your predicament.

Student 2.   You are always 100% prepared for class. On the first day of class, another student tells you that he/she doesn't have several necessary items. Lend them to him/her.

A.3   Punti grammaticali

I verbi della seconda coniugazione

Dove **vivete** voi?	*Where do you live?*
Io vivo a Napoli; Lina **vive** a Pisa.	*I live in Naples; Lina lives in Pisa.*
Scrivete il compito?	*Are you writing the homework?*
No, **leggiamo** un libro.	*No, we are reading a book.*
Chi **risponde** alla domanda?	*Who is answering the question?*
Gli studenti **rispondono.**	*The students are answering.*

1. Verbs of the second conjugation **(la seconda coniugazione)** end in **-ere.** The present indicative of **-ere** verbs is formed by dropping the infinitive stem and adding the following endings:

chiudere (*to close*)

chiud**o**	chiud**iamo**
chiud**i**	chiud**ete**
chiud**e**	chiud**ono**

2. Verbs like **conoscere, leggere,** and **piangere** (*to cry*) are pronounced with a hard consonant only in the **io** and **loro** forms.

leggere (*to read*)

leg**go**	leggiamo
leggi	leggete
legge	leg**go**no

conoscere (*to know*)

conos**co**	conosciamo
conosci	conoscete
conosce	conos**co**no

3. Verbs like **rimanere** and **tenere** have a slightly irregular form: the **io** and **loro** forms have a **g** before the endings.

rimanere (*to remain*)	
riman**go**	rimaniamo
rimani	rimanete
rimane	riman**go**no

tenere (*to keep*)	
ten**go**	teniamo
tieni	tenete
tiene	ten**go**no

4. Other common **-ere** verbs are:

chiedere	*to ask, request*	**ridere**	*to laugh*
correre	*to run*	**rispondere**	*to respond*
crescere	*to grow*	**rompere**	*to break*
decidere	*to decide*	**scendere**	*to descend*
discutere	*to discuss*	**scrivere**	*to write*
dividere	*to divide*	**spendere**	*to spend*
mettere	*to put*	**vedere**	*to see*
prendere	*to take*	**vivere**	*to live*

I verbi della terza coniugazione

—**Capisci** l'italiano?   —*Do you understand Italian?*
—Sì, **capisco** bene l'italiano.   —*Yes, I understand Italian well.*

—**Senti** la musica?   —*Do you hear the music?*
—Sì, **sento** la musica.   —*Yes, I hear the music.*

Partono per Roma.   *They are leaving for Rome.*
Loro **spediscono** una lettera.   *They are sending a letter.*

1. Verbs of the third conjugation (**la terza coniugazione**) end in **-ire** and follow one of the following patterns:

sentire (*to hear, feel*)	
sent**o**	sent**iamo**
sent**i**	sent**ite**
sent**e**	sent**ono**

capire (*to understand*)	
cap**isco**	cap**iamo**
cap**isci**	cap**ite**
cap**isce**	cap**iscono**

NOTE: verbs like **capire** have **-isc-** between the stem and the ending, except in the **noi** and **voi** forms.

2. Some common **-ire** verbs are:

		with -isc-	
aprire	*to open*	**costruire**	*to construct*
dormire	*to sleep*	**finire**	*to finish*
offrire	*to offer*	**guarire**	*to heal, to recover*
partire	*to leave*	**istruire**	*to instruct*
scoprire	*to discover*	**preferire**	*to prefer*
seguire	*to follow*	**pulire**	*to clean*
servire	*to serve*	**spedire**	*to send*

A **Leggi, apri e pulisci.**   Form five sentences by combining a subject from the left-hand column with an object from the right-hand column and using the appropriate form of the verb **leggere.**

Esempio: Tu leggi i compiti.

il professore	l'esame
gli studenti	gli appunti
io e Marco	gli esercizi
voi	il libro
io	il tema

Form five sentences in the same way using the appropriate form of the verb **aprire.**

io	la finestra
tu e Luisa	la porta
tu	il quaderno
io e Gino	il libro
Beppe e Anna	lo zaino

Form five sentences in the same way using the appropriate form of the verb **pulire.**

Enzo	la scrivania
voi	l'aula
io	l'appartamento
Angelo e Nicola	la stanza
noi	la lavagna

B **Alla lezione d'italiano.**   Complete the paragraph with the correct form of the verbs in parentheses.

Quando la professoressa entra nell'aula, tutti (aprire) il libro. Normalmente noi (parlare) in classe e (discutere) di cose interessanti. Poi (leggere) un dialogo o (sentire) una cassetta mentre la professoressa (scrivere) alla lavagna. Quando uno studente non (capire) una cosa (chiedere) aiuto alla professoressa, che (rispondere) sempre gentilmente. A volte noi (vedere) un video comico e tutti (ridere). La lezione (finire) alle undici.

C **Le colonne.**   Form logical sentences using a subject from the first column, a verb from the middle column, and an expression from the third column. Be sure to give the correct form of the verb.

la signora	crescere	la banana nello zaino.
io	spedire	per l'Europa dopo l'esame finale.
i pazienti	prendere	rapidamente.
i bambini	vivere	il cinese e il giapponese.
la studentessa	partire	cento dollari in discoteca.
la classe	guarire	l'autobus per andare a scuola.
voi	capire	una lettera a Martha Stewart.
tu	spendere	con l'aiuto dei dottori.
	mettere	in un appartamento a Melrose Place.

D **Una sorpresa.**   Giulia is describing her day. How would the paragraph change if the subject were **Giulia e Paolo?** If it were **io e Giulia?** Make all the necessary changes.

Oggi rimango a casa e scrivo il compito. Se lavoro almeno sei ore senza interruzione, forse (*perhaps*) finisco il compito prima di cena. Prima però (*but*) pulisco un po' la scrivania, metto in ordine tutti i libri e prendo tutti i documenti necessari dallo scaffale (*bookcase*). Ma ... sento un rumore (*noise*) alla porta. Apro la porta e vedo Gianni. Ciao, Gianni! Benvenuto!

Oggi Giulia e Paolo...

Oggi io e Giulia...

E **Al cinema.**   Describe what is going on at the movie theater in the drawing. You might want to use some of the following expressions:

aprire / chiudere la porta
cominciare / finire il film
vendere il gelato / spendere / decidere di
ridere / dormire / correre / pulire

F **Il tempo libero.**   Find out what your partner does in his/her free time. Ask:

- se legge molto: che cosa?
- se vede molti film: al cinema o in videocassetta?
- se vive da solo, con la famiglia, con amici
- se dorme molto: quante ore ogni giorno?
- se discute di politica o di sport con gli amici
- se preferisce stare a casa o andare ad una festa
- se spende molti soldi durante la settimana: per che cosa?
- se pratica uno sport; se corre regolarmente

L'ora

È mezzogiorno.   È mezzanotte.   Sono le tre   Sono le otto   Sono le undici
e mezzo.   e un quarto.   meno un quarto.

1. In Italian, there are two ways to ask the time: **Che ora è?** and **Che ore sono?**

2. To state the time, use **sono le** + *hour.*

   —Che ore sono?
   —Sono le due.   *It is two o'clock.*   —Sono le sette.   *It's seven o'clock.*

   The article is feminine plural because **le ore** (*hours*) is feminine plural.

   Only for noon, midnight, and one o'clock is the verb singular. No article is used for noon or midnight; the singular article is used for one o'clock.

   È mezzogiorno.   È mezzanotte.   È l'una.

3. To express minutes past the hour, use *the hour* + **e** + *number of minutes.*

Sono le tre **e dieci.**	*It is ten past three.*
Sono le dieci **e venti.**	*It is twenty past ten.*
Sono le nove **e trentacinque.**	*It is nine thirty-five.*

4. To express quarter- and half-hours, use the following expressions:

Sono le quattro **e mezzo.**	*It is four-thirty.*
Sono le cinque **e un quarto.**	*It is a quarter past five.*

   The half-hour may be expressed **e mezzo** or **e mezza.** A quarter-hour requires the indefinite article **un.**

5. Minutes before the hour are expressed using **meno:**

Sono le cinque **meno** dieci.	*It is ten to five.*
Sono le undici **meno** venti.	*It is twenty to eleven.*
È l'una **meno** un quarto.	*It is quarter to one.*

6. To ask what time something happens, use **a che ora** + *a verb.* To state the time when something happens, use the preposition **a:**

A che ora mangi?	*When (at what time) are you eating?*
All'una.	*At one.*
Alle otto di sera, vedo la TV.	*At eight in the evening, I watch TV.*
Arrivo alla lezione **alle** nove.	*I come to class at nine o'clock.*
A mezzanotte, sono stanco.	*At midnight, I'm tired.*

7. The 24-hour clock is used in Italy for train schedules, television and movie schedules, and other official business; a decimal point instead of a colon is used when writing times. For instance, 1:30 P.M. is expressed as 13.30 and 8:45 P.M. as 20.45.

Il treno parte alle quindici e un quarto.	*The train leaves at 3:15 P.M.*
Sono le ventuno meno cinque.	*It's 8:55 P.M.*

8. The expressions **di mattina, di pomeriggio, di sera,** and **di notte** are used to distinguish A.M. and P.M.

Ho lezione alle otto di mattina e alle tre di pomeriggio.	*I have class at eight in the morning and at three in the afternoon.*
Mangio la cena alle otto di sera.	*I eat dinner at eight in the evening.*

 Che ore sono?   Take turns asking and telling the time, using the times listed.

 Attività

Esempio: —Che ore sono? (2.45)

          —Sono le due e quarantacinque/le tre meno un quarto/le tre meno quindici.

1. 8.10	3. 1.15	5. 11.25	7. 12.00 P.M.	9. 2.15
2. 3.30	4. 4.40	6. 5.45	8. 6.30	10. 11.55

 La routine del professor Marchetti.   Say what Professor Marchetti does at the times indicated.

Esempio: mangiare la colazione (7.15)

          Il professor Marchetti mangia la colazione alle sette e un quarto/alle sette e quindici.

1. guardare il telegiornale (7.00)
2. partire da casa (8.00)
3. arrivare in ufficio (8.35)
4. iniziare la lezione (9.05)
5. finire la lezione (10.00)
6. incontrare gli studenti (10.30)
7. mangiare alla mensa (*cafeteria*) (12.00)
8. telefonare a sua moglie (*wife*) (2.15)

 Che cosa guardiamo?   On the TV schedule, find four programs you want to watch. Tell your partner the title of each program, what type of program it is, which channel it is on, and at what time. Use the preposition **su** to express "on (a particular channel)."

Esempio: Su Rete 4 alle 7.40 c'è un telefilm che si chiama *Tre cuori in affitto*.

RAITRE
Tel. 06/36864890

12.40 Dove sono i Pirenei? Talk show
14.00 Tgr - Tg3 Pomeriggio
14.50 Tgr Regione 7 Rubrica
15.15 Tgs Pomeriggio sportivo
16.30 Videosapere - Argo
16.45 Videosapere - Parlato semplice
18.00 Geo - Ali sull'Okavango Doc.
18.30 Tg3 Sport - Insieme
19.00 Tg3 - Tgr - Blob soup Varietà
20.10 Blob. Di tutto di più Varietà

RETE 4
Tel. 02/25125

7.40 Tre cuori in affitto Telefilm
8.00 Manuela Telenovela
     Con Grecia Colmenares
9.05 Guadalupe Telenovela
9.30 Catene d'amore Telenovela
9.55 Buona giornata Varietà
10.00 Grandi magazzini Televendite
11.00 Febbre d'amore Soap
11.25 Tg4 Notiziario
12.00 Rubi Telenovela

ITALIA 1
Tel. 02/25125

16.15 Smile Varietà (17.15 - 18.00)
16.20 Star Trek Telefilm
17.30 Willy, il principe di Bel Air Tf
18.10 Superboy Telefilm
18.50 Primi baci Telefilm
19.30 Studio Aperto-Sport Notiziario
20.00 Karaoke Musicale
20.45 Beverly Hills 90210 Serial
     Con Luke Perry, Jason Priestley
     "Nuovi amori"

Una giornata tipica.   Ask your partner at what time he/she normally does the following things.

Esempio: prendere l'autobus
—A che ora prendi l'autobus di solito (*usually*)?
—Alle otto di mattina. E tu?

prendere un caffè
uscire di casa
arrivare all'università
avere la prima (*first*) lezione

vedere gli amici
studiare
guardare la televisione
dormire

 # La casa dello studente

B.1 Si dice così

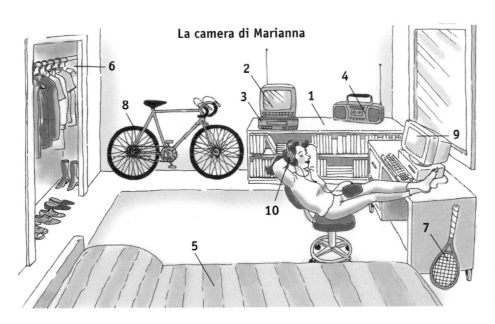

La camera di Marianna

1. lo scaffale
2. la televisione/il televisore
3. il videoregistratore
4. lo stereo
5. il letto

6. l'armadio
7. la racchetta da tennis
8. la bicicletta
9. il computer
10. le cuffiette

Parole utili

la casa dello studente/	*dormitory*	la cassetta	*audiocassette*
il dormitorio		la videocassetta	*videocassette*
la stanza/la camera	*room*	la stampante	*printer*
la biblioteca	*library*	il dischetto	*diskette*
la libreria	*bookstore*	la posta elettronica	*e-mail*
la mensa	*cafeteria*	inviare/ricevere messaggi	*to send/to receive*
la palestra	*gymnasium*		*messages*
il campo sportivo	*playing field*	essere in ritardo/puntuale/	*to be late/on time/*
il vocabolario/	*dictionary*	in anticipo	*early*
il dizionario			

Lo sapevi che... ?

*I*talian university students have already chosen what they will major in when they begin their first year. **Michele si laurea in storia dell'arte** means *Michele is majoring in art history*. Earning a degree usually requires twenty-six exams, which leaves little time for electives!

Attività

A **A che cosa serve?**   Match the objects in the left-hand column with the functions on the right.

1. il letto d
2. la televisione g
3. lo scaffale f
4. la posta elettronica i
5. il dischetto a
6. il dizionario h
7. la stampante b
8. l'armadio e
9. le cuffiette c

a. conservare informazioni per il computer
b. creare una copia dal computer sul foglio di carta
c. ascoltare musica senza disturbare
d. dormire
e. riordinare i vestiti (*clothes*)
f. mettere tutti i libri
g. guardare un programma
h. cercare una parola difficile
i. spedire messaggi con il computer

B **Dove lo fai?**   With a partner, take turns asking where you do the following things. Use the following expressions in your answers: **nello zaino, al campo sportivo, alla mensa, in aula, a casa, nella camera, in biblioteca, in libreria.**

Esempio: prendere appunti
          —Dove prendi appunti?
          —Prendo appunti in aula.

1. avere la lezione
2. studiare
3. comprare i libri
4. giocare a tennis
5. mangiare
6. dormire
7. mettere i quaderni e i libri
8. ascoltare il professore/la professoressa

Cosa c'è nella tua camera?   Ask your partner about the contents of his/her room. Make a list and report to the class.

Esempio: —Cosa c'è nella tua stanza? Hai una bicicletta?
          —No, non ho una bicicletta, ma ho uno stereo...
          —Hai... ?

 Lo studente italiano.   Franco is an Italian exchange student who just arrived from Bologna. Naturally, he has lots of questions. Play the part of Franco while your partner attempts to answer his questions.

1. Vivi in un appartamento o in una casa dello studente?
2. Hai un compagno/una compagna di stanza (*roommate*)? Come si chiama?
3. Mangi alla mensa? Se no, dove?
4. Dove studi? in biblioteca? nella stanza?
5. Lavori? Dove?
6. Hai una televisione a casa? un videoregistratore?

Lo sapevi che... ?

Italian universities do not have campuses. Students attend a particular **facoltà**, a division of the university that is usually housed in its own building. **Facoltà** are often scattered throughout the city. Extracurricular activities are minimal, and sports facilities are extremely limited. For studio art and music, one must attend an art school (**l'Accademia delle Belle Arti**) or music school (**il Conservatorio di musica**) rather than a university.

B.2 Incontro

In ritardo per la lezione.   *Paolo e Anna vivono in una casa dello studente. Studiano all'Università di Bologna.*

PAOLO:	Ciao, Anna! Ma che zaino grandissimo! Che hai dentro?°	*inside*
ANNA:	Tutti i libri di letteratura inglese. Che peso!	
PAOLO:	Per fortuna io studio architettura, quindi° ho molte penne e matite, e tanti quaderni, ma non ho molti libri.	*so, therefore*
ANNA:	Senti, Paolo, la mia macchina° non funziona oggi e ho una lezione alla facoltà di lettere! Sono in ritardo!	*car*
PAOLO:	Non c'è problema! Ho la moto° e la lezione di disegno inizia alle 11.00. Andiamo!	*motorscooter*

Sulla moto di Paolo

PAOLO:	Tu frequenti il quarto anno,° no? Con chi fai la tesi?°	*in your fourth (last) year/ thesis*
ANNA:	Con il professor Martelli.	
PAOLO:	Qual è l'argomento?°	*topic*
ANNA:	La poesia di T. S. Eliot.	
PAOLO:	Che bello!	

ANNA: Quando mi laureo,° vorrei studiare la letteratura americana negli   *I graduate*
         Stati Uniti.
PAOLO: Anch'io vorrei fare un dottorato negli Stati Uniti, magari a
         Harvard.
ANNA: Magari!

Lo sapevi che... ?

I talian students consider it bad luck to wish someone good luck **(buona fortuna!)** on an exam or a paper. Instead they use the expression **In bocca al lupo!** (literally, *In the mouth of the wolf!*). The appropriate response is not **grazie** but **Crepi!** (*May the wolf drop dead!*)

A **Comprensione: Chi lo fa?**   Decide whether each of the following sentences refers to Paolo or Anna.

Attività

1. Ha uno zaino grandissimo.
2. Studia letteratura.
3. Ha molti quaderni e penne ma non ha molti libri.
4. È in ritardo per la lezione alla facoltà di lettere.
5. Ha una motocicletta.
6. Studia disegno.
7. Ha la macchina che non funziona.
8. Frequenta il quarto anno.
9. Scrive una tesi su T. S. Eliot.
10. Ha voglia di studiare negli Stati Uniti.

B **Comprensione: le domande.**   Answer the following questions with complete sentences.

1. Dove vivono Paolo e Anna?
2. Cosa c'è nello zaino di Anna?
3. Cosa studia Paolo?
4. Perché Anna è in ritardo oggi?
5. Come arriva Anna alla facoltà di lettere?
6. Qual è l'argomento della tesi di Anna?

University students in a department library

Metodi di studio.   Ask your partner about his/her study habits, using the following suggestions.

Esempio: —Quando sei in classe ascolti attentamente?
          —Sì, ascolto attentamente. / No, non ascolto attentamente.

Quando sei in classe
    ascoltare attentamente
    prendere appunti
    partecipare alla discussione
Quando scrivi un tema
    leggere prima i libri necessari
    scrivere uno schema (*outline*)
    usare il computer
Quando prepari un esame
    studiare con gli amici
    leggere gli appunti

 In altre parole

che peso!	*how heavy!*
per fortuna	*luckily*
non c'è problema!	*no problem!*
che bello!	*how nice!*
vorrei	*I would like*
magari!	*it would be nice/perhaps/if only!*

D **Esclamazioni!**   What would you say in the following situations?

1. You don't have to rewrite a composition after all.
2. You are offered a free trip to Rome.
3. You have an exam tomorrow and you feel prepared.
4. A friend gives you a gift.
5. You are having trouble lifting your suitcase.
6. Someone asks if you've finished homework that you just began.

E **Magari!**   With a partner, take turns asking the following questions and answering appropriately, using **magari!** and **invece** (*instead*) as in the model.

Esempio: —Vai in Italia domani?
          —Magari! Invece vado alla lezione di biologia.

1. Hai una A in tutti i corsi?
2. Hai una Ferrari Testarossa?
3. Passi le vacanze in Europa?
4. Sei preparato/a per l'esame?
5. Canti come Luciano Pavarotti?
6. Gli studenti mangiano bene alla mensa?

La visita al campus. With a partner, pretend that you are showing an Italian friend around your school. Indicate each building or feature and say a bit about it, answering any questions he/she might have.

Esempio: —Ecco la biblioteca dove studio.
　　　　 —Studi sempre in biblioteca?
　　　　 —No, studio anche in camera.

B.3 Punti grammaticali

Il sostantivo plurale

—Hai un libr**o**?　　　　　　—*Do you have a book?*
—No, ho due libr**i**.　　　　　—*No, I have two books.*

—Lei ha una matit**a**?　　　　—*Do you have a pencil?*
—No, ho tre matit**e**.　　　　 —*No, I have three pencils.*

—C'è un professor**e** in aula?　—*Is there a professor in the classroom?*
—No, ci sono due professor**i**.　—*No, there are two professors.*

1. Most nouns in Italian change their final vowel endings to form the plural. Regular nouns ending in **-o** or **-e** change to **-i.** Those ending in **-a** change to **-e.**

nomi femminili		nomi maschili	
aul**a**	aul**e**	zain**o**	zain**i**
stanz**a**	stanz**e**	quadern**o**	quadern**i**
lezion**e**	lezion**i**	fium**e**	fium**i**

2. Nouns ending in **-ca** change to **-che** and those ending in **-ga** change to **-ghe** in the plural. The **h** is added to represent the hard **c** or **g** sound.

bar**ca** (*boat*)	bar**che**	ri**ga** (*line*)	ri**ghe**
ami**ca** (*friend*)	ami**che**	botte**ga** (*shop*)	botte**ghe**

3. Nouns ending in **-cia** change to **-ce** and those ending in **-gia** change to **-ge** if the **i** is not stressed.

aran**cia** (*orange*)	aran**ce**	spia**ggia**	spia**gge**
provin**cia** (*province*)	provin**ce**	pio**ggia** (*rain*)	pio**gge**

If the **i** is stressed, the **i** is retained, thus nouns ending in **-cia** change to **-cie** and those ending in **-gia** change to **-gie.**

farma**cia** (*pharmacy*)	farma**cie**	aller**gia** (*allergy*)	aller**gie**

4. Nouns ending in **-co** change to **-chi** and those ending in **-go** change to **-ghi** if the word is stressed on the penultimate (next-to-last) syllable.

arco (*arch*)	archi	fungo (*mushroom*)	funghi
tedesco (*German*)	tedeschi	lago	laghi

BUT: amico   amici   greco   greci

Nouns ending in **-co** or **-go** whose stress falls on the antepenultimate (third-to-last) syllable change to **-ci** and **-gi.**

medico   medici   psicologo (*psychologist*)   psicologi

5. Nouns ending in **-io** change to **-i** in the plural if the **i** is not stressed.

orologio   orologi

When the **i** is stressed, it is retained to form the plural.

zio   zii

6. Nouns of Greek origin ending in **-ma** change to **-mi** and those ending in **-ta** change to **-ti** in the plural.

tema	temi	problema	problemi
programma	programmi	poeta	poeti

7. Some nouns are invariable, that is, they do not change, in the plural. Nouns ending in a consonant (usually masculine and of foreign origin), an accented vowel, or **i** do not change in the plural.

il film	i film	il bar	i bar
l'autobus	gli autobus	lo sport	gli sport
la città	le città	il caffè	i caffè
la tesi (*thesis*)	le tesi	l'oasi (*oasis*)	le oasi

A   **Preparatissima!**   Complete each sentence by stating how many of the objects indicated each person has.

Esempio: Francesca è preparata—ha tre penne

1. Piero è preparato—ha (5) quaderno nello zaino.
2. Andrea è puntuale (*punctual*)—ha (15) orologio Swatch.
3. Sandro è studioso—segue (6) lezione.
4. Marta è popolare—ha (20) amico.
5. Vanni è sportivo—ha (4) racchetta da tennis.
6. Lisa ha fame—ha (12) biscotto.

B   **Più di uno.**   With a partner, take turns asking whether you have the following things and answering that you have more than one.

Esempio: bicicletta
        —Hai una bicicletta?
        —Sì, infatti (*indeed*) ho due (cinque / dieci, ecc.) biciclette.

1. cassetta	4. orologio	7. amico	9. computer
2. lezione	5. videoregistratore	8. amica	10. problema
3. matita	6. televisione		

Attività

C **Uno due tre.**   Complete the sentences using the plural forms of the nouns listed.

sport   fiume   facoltà   lago   liceo   giorno   mese   regione   città

Garda, Maggiore e Como sono tre...*laghi*
Il Po, il Tevere e l'Arno sono tre... *fiumi*
Parma, Bologna e Reggio Emilia sono tre...
Lunedì, mercoledì e sabato sono tre...
Aprile, gennaio e settembre sono tre...
Il calcio, il tennis e lo sci sono tre...
Ingegneria, Medicina e Lettere sono tre...
Classico, scientifico e linguistico sono tre...
La Toscana, il Lazio e l'Emilia-Romagna sono tre...

L'articolo determinativo plurale

Guardo **i libri.**	*I am looking at the books.*
Il professore incontra **gli studenti.**	*The professor meets the students.*
Dove sono **gli zaini?**	*Where are the knapsacks?*
Cerco **le matite.**	*I am looking for the pencils.*
Visitano **le università.**	*They are visiting the universities.*
Studiate **le scienze** naturali?	*Are you studying the natural sciences?*

1. The plural forms of the definite article are as follows:

	Singular	Plural
masculine nouns beginning with a consonant	**il** compito	**i** compiti
masculine nouns beginning with a vowel	l'orologio	**gli** orologi
masculine nouns beginning with **z** or **s impura**	**lo** zaino	**gli** zaini
feminine nouns beginning with a consonant	**la** sedia	**le** sedie
feminine nouns beginning with a vowel	l'amica	**le** amiche

2. Some common words are irregular in the plural:

la mano (*hand*)   **le** mani   l'uovo (*egg*)   **le** uova

3. In Italian, the definite article is repeated before each noun in a series.

gli studenti e i professori	*the students and professors*
le penne e le matite	*the pens and pencils*

4. Definite articles are used with courtesy titles such as **signora, signore,** and **signorina,** and with professional titles such as **dottore** and **professore,** when speaking about people but not directly to them.

Il dottor Brancusi è di Roma.	*Doctor Brancusi is from Rome.*
Scusi, dottor Brancusi, è di Roma?	*Doctor Brancusi, are you from Rome?*
La signora Bernardi conosce la professoressa Mancini.	*Signora Bernardi knows Professor Mancini.*
Signora Bernardi, parla inglese?	*Signora Bernardi, do you speak English?*

A **Dal singolare al plurale.**   Change the following nouns to the plural.

1. il liceo	4. il compito	7. la biblioteca	10. il foglio di carta
2. lo zaino	5. l'aula	8. la lezione	11. il film
3. lo sbaglio	6. la classe	9. la sedia	12. il signore

B **Non vedo l'ora!**   Eric will be visiting Italy this spring and is talking about all the things he wants to do. Change the phrases in italics to the plural, as in the example.

Esempio: Visito *il monumento*.
          Visito i monumenti.

1. Non vedo l'ora di visitare *il museo* per vedere *l'opera* di Michelangelo.
2. Prima desidero visitare *la città* del Sud.
3. Poi ho voglia di vedere *il lago* e *la montagna* del Nord.
4. Forse andiamo a vedere *l'isola*.
5. Non vedo l'ora di conoscere *l'italiano*.
6. Porto *il libro* con me perché quando torno all'università ho *l'esame*.

C **Di chi sono?**   Look at the drawings, and then take turns with your partner asking whether certain objects belong to Francesco or Antonella.

Esempio: —Di chi sono i libri?
          —Sono i libri di Francesco.

La stanza di Francesco

La stanza di Antonella

D **Cento tipi di pasta.**   Did you know that in Italian most types of pasta are referred to in the plural, with the definite article? **Gli spaghetti, le lasagne,** etc. are all plural forms. With a partner, list as many types of pasta as you can. Be sure to include the definite articles.

L'università

C.1 Si dice così

la materia	subject	laurearsi/	to graduate/
l'indirizzo di studio	major/concentration	essere laureato/a	to have a degree
il tema	essay	laurearsi in...	to major in . . .
la tesi	thesis	iscriversi all'università	to enroll
l'esame (m.)	exam	cambiare facoltà	to change majors
il voto	grade	dare un esame	to take an exam
lo sbaglio	mistake		

Il libretto (*report card*) di Milena Lonati con voti (*grades*).

La tessera/il tesserino (*identification card*) di Milena Lonati.

Lettere

Economia e Commercio

Architettura

Ingegneria

Medicina

Giurisprudenza/Legge

	Facoltà di Lettere	Facoltà di Scienze naturali e Medicina
1° anno	letteratura italiana filosofia storia moderna storia dell'arte	biologia chimica
2° anno	lettere classiche scienze politiche psicologia	fisica matematica

The Italian department,
University of Bologna

Lo sapevi che... ?

Each **facoltà** contains **dipartimenti** and **istituti**. For instance, the **Facoltà di Lettere** contains the **Dipartimento d'italianistica** (*Department of Italian Studies*) as well as the **Istituto di Storia Medievale** (*Institute of Medieval History*).

A **All'università italiana.**   Choose the word or expression that completes each sentence logically.

Attività

1. Per finire il corso di laurea, uno studente italiano scrive una (tema / tesi).
2. Ogni studente universitario ha una carta d'identità che si chiama il (libretto / tesserino).
3. Ogni studente deve (iscriversi / prendere appunti) ad una facoltà.
4. Se uno studente ha voglia di studiare un'altra materia, (laurea / cambia) facoltà.
5. La lista dei voti si chiama il (tesserino / libretto).
6. Il corso di studio si chiama (l'indirizzo di studio / le materie).

B **Qual è la Facoltà giusta?**   Choose the appropriate **Facoltà** for the following students. Refer to the drawings on page 70.

1. Laura studia anatomia, farmacologia e ortopedia. Frequenta la Facoltà di _____.
2. Ivano studia calcolo, meccanica e tecnica. È alla Facoltà di _____.
3. Stefania studia greco, filologia e archeologia. Segue il corso di laurea in _____.
4. Marco studia economia internazionale, statistica e macroeconomia. Frequenta la Facoltà di _____.
5. Renzo studia letteratura moderna, inglese e poesia contemporanea. È alla Facoltà di _____.
6. Carola studia ingegneria civile, termodinamica e matematica. Segue il corso di laurea in _____.

C **Corsi obbligatori.**   Name at least three courses one takes when studying each of the following fields. See the drawings on page 70.

Esempio: Uno studente alla Facoltà di Lettere segue corsi di...

1. Lettere   3. Medicina
2. Scienze Naturali 4. Ingegneria

D **Quali corsi segui?**   Ask another student what courses he/she is taking this semester **(questo semestre).** Then ask about each course, using adjectives like **facile, difficile, interessante, noioso** (*boring*), or **divertente** (*fun*).

Esempio: —Quali corsi segui questo semestre?
          —Seguo un corso di...
          —È interessante? ... Segui altri corsi?

Lo sapevi che... ?

Most large Italian cities have a public university. The **tasse universitarie** (tuition) are very reasonable, about one thousand dollars a year. There are few private universities in Italy; two of the most famous are the **Università Cattolica** and **La Bocconi,** which specializes in business subjects. Both are located in Milan. University graduates receive the title **dottore** or **dottoressa.** They are frequently addressed by this title, even if they do not have a **dottorato** (Ph.D.).

C.2 Incontro

Il corso di laurea. *Giulia e Beppe sono studenti al primo anno all'Università di Bologna. Sono davanti alla Facoltà di Lettere.*

GIULIA: Ciao, Beppe! Come va?

BEPPE: Salve, Giulia! Benone, e tu?

GIULIA: Non c'è male.

BEPPE: Scusa, Giulia, ma oggi ho fretta! La mia lezione di inglese è alle dieci, tra quindici minuti.

GIULIA: Ah, anch'io studio inglese, ma alla Facoltà di Economia e Commercio.

BEPPE: Economia e Commercio? Ma non studi le lettere classiche?

GIULIA: Purtroppo, no. Ho cambiato° facoltà. Ora studio economia internazionale, ma non mi piace molto.   *I changed*

BEPPE: Mi dispiace! Io invece sono alla Facoltà di Lettere—studio la letteratura americana e canadese. Seguo anche un corso di storia dell'arte—l'arte precolombiana. È affascinante!°   *fascinating*

GIULIA: Che bello! Mi piace tanto la storia dell'arte!

BEPPE: Perché non segui questo corso? È molto interessante!

GIULIA: Seguo già° quattro corsi: oggi ho legge internazionale alle undici, e scienze politiche alle due e mezzo. Che giornata!   *already*

BEPPE: Mamma mia! Senti, Giulia, mi dispiace! Sono in ritardo per la mia lezione! Quando ci vediamo?

GIULIA: Perché non mangiamo un panino° insieme domani a mezzogiorno?   *sandwich*

BEPPE: D'accordo! Dove?

GIULIA: Ci troviamo al bar all'angolo.°   *on the corner*

BEPPE: Benissimo! A domani!

A Comprensione: finire le frasi. Complete the following sentences using information from the **Incontro**.   **Attività**

1. Giulia e Beppe sono davanti alla...
2. Beppe ha fretta perché ha lezione di inglese alle...
3. Anche Giulia studia inglese ma alla...
4. Giulia studia economia...
5. Beppe studia la letteratura...
6. Dice che il corso di arte precolombiana è...
7. Giulia ha lezione di scienze politiche alle...
8. I due amici mangiano un panino insieme a...

B Il programma della settimana. Find out your partner's weekly routine by asking him/her:

■ Quanti corsi segui?
■ Quando hai lezione? A che ora?
■ Lavori anche? Quando?
■ Quando e dove studi?
■ Mangi alla mensa? A che ora?

n altre parole

tra quindici minuti	*in fifteen minutes*
purtroppo	*unfortunately*
che giornata!	*what a day!*
mi dispiace	*I'm sorry*
quando ci vediamo?	*when can we get together/see each other?*
ci troviamo...	*let's meet . . .*

C **Le risposte giuste.** Find an appropriate response in the right-hand column to each question in the left-hand column.

1. Allora, quando ci vediamo? *b*
2. Hai voglia di mangiare un panino alle due? *c*
3. Ho tre lezioni e un appuntamento oggi. *d*
4. Perché non andiamo a ballare stasera? *a*
5. Perché non segui il corso di storia dell'arte? È fantastico! *e*
6. Perché tanta fretta? Hai lezione? *f*

a. Buona idea! Ci troviamo alla discoteca Godzilla.
b. Io sono libero domani mattina. E tu?
c. No, mi dispiace. Ho un appuntamento alle due e mezzo.
d. Povero te! Che giornata!
e. Purtroppo non è possibile. Seguo già quattro corsi.
f. Sì, tra cinque minuti!

D **Che giornata!** Comment on Pietro's activities using either **Che bello!** or **Che giornata!**

1. Lunedì Pietro ha quattro lezioni.
2. Martedì Pietro ha un appuntamento al cinema con un'amica.
3. Mercoledì Pietro ha due esami: in psicologia e in matematica.
4. Giovedì c'è una festa in casa di amici.
5. Venerdì Pietro lavora per sei ore dopo le lezioni.
6. Sabato è il compleanno di Pietro.
7. Pietro passa domenica con la famiglia.

E **Ci troviamo...** On your way to class, you run into a friend from high school you haven't seen for a long time. Greet him/her, then ask what he/she is studying and how it is going. Arrange to meet at the cafeteria at noon so you can talk some more.

C.3 Punti grammaticali

L'aggettivo

Luciano Pavarotti è brav**o**.	*Luciano Pavarotti is great.*
È un tenore famos**o**.	*He is a famous tenor.*
Luisa è simpatic**a**.	*Luisa is nice.*
Scrive con le penne ross**e**.	*He writes with red pens.*
Gli studenti sono giovan**i**.	*The students are young.*

1. Adjectives (**gli aggettivi**) are used to describe people, places, things, and events. In Italian, descriptive adjectives agree in number and gender with the noun they modify. Ordinarily, the adjective follows the noun.

   Luisa è una ragazza **simpatica.**   *Luisa is a nice girl.*
   Claudio ha una macchina **veloce.**   *Claudio has a fast car.*
   Annabella ha gli occhi **azzurri.**   *Annabella has blue eyes.*
   Gilberto è **biondo.**   *Gilberto is blond.*

2. Regular adjectives have four forms, ending in **-o** (*masculine singular*), **-a** (*feminine singular*), **-i** (*masculine plural*), and **-e** (*feminine plural*).

   il professore famos**o**   i professori famos**i**
   la professoressa famos**a**   le professoresse famos**e**

   Some adjectives end in **-e** in both the masculine and feminine forms, and change to **-i** in the plural.

   il ragazzo intelligent**e**   i ragazzi intelligent**i**
   la lezione difficil**e**   le lezioni difficil**i**

3. Adjectives ending in **-co** and **-go** sometimes require an **h** in the plural to represent the hard **c** and **g** sounds.

   Abbiamo amiche simpati**che.**   *We have nice friends.*
   Luciano e Pino sono stan**chi.** *Luciano and Pino are tired.*
   Olga e Rita sono tedes**che.**   *Olga and Rita are German.*

   BUT: Luca e Gherardo sono   *Luca and Gherardo are*
            studenti atlet**ici.**   *athletic students.*

4. Certain common adjectives ordinarily *precede* the nouns they modify.

   Beauty: bello, brutto
   Age: nuovo, vecchio, giovane, antico
   Goodness: bravo, buono, cattivo
   Size: grande, piccolo

   una brutta storia   *a bad story*   un bravo ragazzo   *a good boy*
   una nuova macchina   *a new car*   un vecchio signore   *an old man*
   un piccolo problema   *a small problem*   una grande casa   *a big house*

   Bello, buono, and **grande** vary in form depending on the noun they modify.

5. An adjective's position may be changed for purposes of emphasis. Compare:

   È un problema enorme.   *It is an enormous problem.*
   È un enorme problema per me.   *It is a (really) enormous problem for me.*

   Pino è un bravo ragazzo.   *Pino is a good boy.*
   Pino è un ragazzo bravo.   *Pino is a (really) good boy.*

   Sometimes a shift in position changes an adjective's meaning.

   una cara persona   *a dear person*
   un'automobile cara   *an expensive car*

   un vecchio amico   *an old friend*
   un amico vecchio   *an elderly friend*

I colori

azzurro	*'light blue*	rosso	*red*
blu	*blue*	giallo	*yellow*
verde	*green*	viola	*purple*
bianco	*white*	rosa	*pink*
nero	*black*	marrone	*brown*

Blu, viola, and **rosa** are invariable: **il libro blu, i libri blu.**

Attività

A **Come sei?**   The following descriptive adjectives are cognates. Read the list to be sure you understand their meanings. Find the four adjectives that describe you best and the four least applicable to you. Then describe yourself using the adjectives.

Esempio: —Sono socievole...
         —Non sono nervoso/a...

artistico	pessimista
dinamico	serio
intelligente	timido
paziente	cortese
responsabile	indifferente
sportivo	ottimista
attivo	religioso
idealista	socievole
nervoso	tradizionale

B **Come sono?**   Use at least three adjectives from Activity A or from the list below to describe the following people.

Esempio: Cindy Crawford
         —È ricca, famosa e bella.

alto (*tall*)	Roseanne
allegro (*happy*)	Sophia Loren
ricco (*rich*)	Joe Pesci
divertente (*fun*)	Frankenstein
basso (*short*)	Michael Jordan
triste (*sad*)	Tori Spelling
povero (*poor*)	Oprah Winfrey
noioso (*boring*)	Alberto Tomba
grasso (*fat*)	Danny De Vito
simpatico (*nice*)	Barbara Walters
giovane (*young*)	Jerry Seinfeld
magro (*thin*)	il presidente degli USA
antipatico (*mean/ unlikable*)	
vecchio (*old*)	

C **Diverse nazionalità.**   Identify the nationalities of the following people. Be sure to use the correct form of the adjective.

russo   americano   spagnolo   cinese
francese   tedesco (*German*)   inglese   italiano

Esempio: Bruce Springsteen è americano.

1. Ornella Muti e Valeria Golino
2. Helmut Kohl e Steffi Graf
3. I. M. Pei
4. Brigitte Bardot e Isabelle Adjani

5. Antonio Banderas
6. Tina Turner e Madonna
7. Boris Yeltsin
8. la principessa Diana

D **Indovina chi è.**   Think of a famous person from the realm of sports, politics, or entertainment. Then, in groups of three to five, take turns describing the person you are thinking of to the others, using as many adjectives as possible. Don't say the name! If no one guesses the person's identity, let them take turns asking yes/no questions.

E **Tutt'al contrario!**   Read the following descriptions. Then contradict them by substituting the opposite of each adjective.

1. Filomena è una bella ragazza che viene da una famiglia povera. È una brava studentessa ed è molto intelligente.
2. Guido un'antica Fiat. È una brutta macchina che va bene per i viaggi brevi.
3. La nostra è una vecchia università con una buona biblioteca e un piccolo campo sportivo. Gli studenti sono anziani e pessimisti.

F **La persona ideale.**   With a partner, take turns describing your ideal friend, spouse, and professor, using as many adjectives as possible.

L'amico/amica ideale è...
La moglie/Il marito ideale è...
Il professore/La professoressa ideale è...

Gli aggettivi possessivi

Ho **il mio** motorino.   *I have my moped.*
Conosco **la tua** amica.   *I know your friend.*
Professore, qual è **la Sua** opinione?   *Professor, what is your opinion?*
Paola parla con **i suoi** amici.   *Paola talks with her friends.*
Il professore corregge sempre   *The professor always corrects*
  i nostri compiti.   *our homework.*

1. The possessive adjective (**l'aggettivo possessivo**) precedes the noun it modifies and agrees in number and gender with the object possessed, not with the possessor. The definite article is almost always used with the possessive adjective and thus agrees with it in gender and number.

2. Possessive adjectives have the following forms:

	Singular		Plural	
	masculine	feminine	masculine	feminine
my	il mio	la mia	i miei	le mie
your	il tuo	la tua	i tuoi	le tue
his/hers/its	il suo	la sua	i suoi	le sue
your (formal)	il Suo	la Sua	i Suoi	le Sue
our	il nostro	la nostra	i nostri	le nostre
your	il vostro	la vostra	i vostri	le vostre
their	il loro	la loro	i loro	le loro

3. Note that the third-person singular form may mean *her, his, its,* or *your* (formal).

la macchina di Giorgio	la sua macchina	*his car*
la macchina di Gina	la sua macchina	*her car*
la reputazione della scuola	la sua reputazione	*its reputation*

4. Note that the third-person plural form **loro** is invariable.

5. Possession is also expressed using the preposition **di.**

| la penna di Giovanni | *Giovanni's pen* |
| il libro di Silvia | *Silvia's book* |

Attività

A **Le nostre cose.**   Restate the following phrases using a possessive adjective. Follow the model.

Esempio: il libro del signor Rossi
          il suo libro

1. l'orologio di Giulia
2. lo zaino di Angela Galli
3. gli studenti di Marco Puliti
4. la sedia di Giuseppe
5. le penne di voi
6. le lettere di Marco
7. la lezione di noi
8. i libri di Betta e di Carlo

 Dov'è la penna di Giorgio?   With a partner, take turns asking and answering where the following things are. Follow the model.

Esempio: penna / Giorgio
          —Dov'è la penna di Giorgio?
          —Ecco la sua penna!

1. videocassetta / Roberto De Angelis
2. stanza / Ferdinando
3. compiti / Michela e Lori
4. macchina / Lina e Silvia
5. appunti / Rocco
6. ufficio / Nedda Fiume
7. tesserini / Salvatore e Angela

Dov'è — where is.

Dove sono — where are.

La nostra lezione...   Rewrite each sentence using a possessive adjective as in the model.

Esempio: Noi abbiamo una lezione che è lunga.
          La nostra lezione è lunga.

1. Salvatore ha un amico che discute la tesi.
2. Voi avete i compiti che sono corretti.
3. Ho una televisione che non funziona.
4. Noi abbiamo un'aula che è grande.
5. Tu hai lezioni che cominciano alle otto di mattina.
6. Io ho idee che sono originali.
7. Gino e Beppe hanno una lezione che è difficile.
8. Valentina ha amiche che vivono in Italia.

Che tipo è il tuo migliore amico/la tua migliore amica?   Describe your best friend to your partner. Tell him/her:

- il suo nome
- com'è
- quanti anni ha
- le sue attività preferite
- i suoi libri preferiti
- il suo film preferito

La vita scolastica

D.1 Si dice così

l'asilo/la scuola materna	nursery school	l'intervallo	recess
la scuola elementare	elementary school	la gita	trip
la scuola media	middle school	la pagella	report card
il liceo	high school	il giudizio	evaluation
l'insegnante	teacher	saltare una lezione	to cut a class
il maestro/la maestra	elementary-school teacher	ripetere l'anno	to repeat a grade
l'allievo/a, l'alunno/a	elementary-level student	andare bene/male	to do well/poorly
		pigro/a	lazy
l'anno scolastico	school year	attento/a	attentive
la scuola pubblica	public school	studioso/a	studious
la scuola privata	private school	annoiato/a	bored
		interessato/a	interested

A Definizioni.   Find the word that completes each sentence.

1. Una scuola per i bambini piccoli è...
2. Dopo la scuola elementare, i ragazzi frequentano...
3. Se una scuola non è pubblica, è...
4. L'insegnante in una scuola elementare si chiama...
5. Un alunno che non studia e non scrive i compiti è...
6. Un allievo che ripete un anno due volte...
7. Un alunno che non è interessato a una cosa è...
8. Quando i maestri portano gli allievi al museo, fanno una...

B Il buono e il cattivo.   Indicate whether a good student or a bad student does the following things.

Esempio: saltare la lezione
         Un allievo cattivo salta la lezione.

1. fare i compiti in anticipo   6. avere una pagella eccezionale
2. ripetere l'anno   7. avere paura di portare la
3. arrivare alla lezione in ritardo   pagella alla mamma
4. aspettare l'intervallo   8. essere attento e studioso
5. rispettare (*to respect*) l'insegnante

C Che tipo di studente sei?   Ask your partner what kind of student he/she is, and if he/she arrives in class on time, skips class, is attentive or bored in class, takes notes, does well on exams, etc.

D.2 Incontro

Insegnanti futuri.   *Elisa e Gianni sono alla Facoltà di Magistero all'Università di Bologna. Studiano per diventare° insegnanti.*   *to become*

GIANNI: Ciao, Elisa! Vieni oggi alla presentazione degli insegnanti del Liceo "Marconi"? Discutono sulla situazione nelle scuole.

ELISA: No, purtroppo, non vengo.

GIANNI: Come mai? Due miei amici vengono perché è un argomento interessante.

ELISA: Vedi, ora esco e vado all'asilo nido "Il Cucciolo"° dove lavoro   *puppy*
         ogni° pomeriggio.   *every*

GIANNI: Che peccato! Ti piace lavorare lì?

ELISA: Oh sì, mi piace molto! Mi piacciono i bambini piccoli. È per
         questo° che studio a Magistero. Magari l'anno prossimo insegno   *That's why*
         in una scuola elementare.

GIANNI: Io invece preferisco i ragazzi che hanno tra dodici e quindici anni ... gli anni della scuola media.

ELISA: Beh, non vedo l'ora di essere davanti° a una classe di alunni!   *in front of*

GIANNI: Figurati, i compiti da correggere, gli studenti che saltano le lezioni...

ELISA: Ma ci sono anche le gite scolastiche!

GIANNI: Meno male!

Entrance to a middle school, Milano

A **Comprensione: vero o falso?**   Decide whether each sentence is true or false. Then correct the false statements.

1. Elisa e Gianni desiderano diventare insegnanti.
2. Oggi c'è una presentazione sulla situazione nelle scuole.
3. Elisa va alla presentazione.
4. Elisa lavora ogni mattina all'asilo nido.
5. A Gianni piacciono i bambini piccoli.
6. Elisa preferisce insegnare in un liceo.
7. I ragazzi della scuola media hanno tra dodici e quindici anni.

B **Comprensione: le domande.**   Answer the questions in full sentences, using information from the **Incontro.**

1. Dove studiano Elisa e Gianni?
2. Che tipo di presentazione c'è oggi? Chi la fa?
3. Perché Gianni e i suoi amici hanno voglia di andare alla presentazione?
4. Dove lavora Elisa?
5. In che tipo di scuola desidera insegnare Elisa l'anno prossimo? E Gianni?
6. Quali sono due aspetti negativi della vita di un insegnante? E un aspetto positivo?

C **Che bello! C'è la gita scolastica!**   With a partner, plan a field trip for your Italian class. Discuss these points; then present the plan to the class.

- where to go
- what day of the week to go
- who should go: all the students? the teacher?
- what time to leave/arrive
- what to do
- when to return

In altre parole

come mai?	*how come?*	**figurati!**	*just imagine!*
due miei amici	*two of my friends*	**meno male!**	*thank goodness!*
che peccato!	*too bad!*		

D **Esclamazioni!**   Use an expression from **In altre parole** to comment on the following statements.

1. Non vengo a scuola oggi.
2. Non gioco a tennis oggi. Sto male.
3. Due miei studenti vanno male in matematica, ma non studiano!
4. Che bello! Non c'è l'esame oggi!
5. Scusa, Giulia, ho lezione fra cinque minuti.

E **Due insegnanti.**   You and your partner teach in an elementary school. One of you has very good students; the other has a more problematic group. Talk about your students: what they are like, how old they are, and what they do in class.

Esempio: —I miei studenti sono bravi e studiosi. Sono sempre...
          —Invece i miei studenti sono... Infatti un mio studente...

D.3   Punti grammaticali

I verbi irregolari: *andare, venire, uscire, dare, stare*

Vado a scuola; **vieni** anche tu?	*I am going to school; are you coming too?*
Usciamo venerdì sera.	*We are going out Friday night.*
Date un esame oggi?	*Are you taking an exam today?*
Stanno tutti bene.	*Everybody's fine.*

1. Many Italian verbs do not follow the regular patterns of the first, second, and third conjugations. Here are five of the most common irregular verbs, conjugated in the present indicative.

andare (*to go*)

vado	andiamo
vai	andate
va	vanno

venire (*to come*)

vengo	veniamo
vieni	venite
viene	vengono

uscire (*to go out*)

esco	usciamo
esci	uscite
esce	escono

dare (*to give*)

do	diamo
dai	date
dà	danno

stare (*to be, to stay*)

sto	stiamo
stai	state
sta	stanno

2. The **voi** form is always similar to the infinitive, with a **t** in place of the **r**. Both the **noi** and **voi** forms are regular.

3. The **lei** form of **dare** (**dà**) is written with an accent to distinguish it from the preposition **da**.

A **Vieni o stai qui?** Ask if the following people are coming with you or staying here.

Esempio: Marta
Marta viene con me o sta qui?

tu e Gerardo   Renato   tu
gli allievi   voi   Caterina e Cristina

Attività

B **Escono sempre!** State how often the following people go out and where they go, as in the model.

Esempio: Raffaella / ogni settimana / da una sua amica
Raffaella esce ogni settimana. Va da una sua amica.

1. voi / ogni sabato / al cinema
2. Paola e Fabrizio / il venerdì sera / a ballare
3. io / ogni pomeriggio / in palestra
4. Salvatore / tre volte la settimana / alla lezione di karatè
5. noi / dopo cena / a studiare in biblioteca
6. tu / il mercoledì / al campo sportivo
7. gli studenti / ogni sera / alle feste

C **Le colonne.** Create plausible sentences using a subject from the first column, a verb from the second column, and an expression from the third column. Be sure to use the correct form of the verb.

Io   andare   a scuola tutta la giornata
Cinzia e Antonella   dare   con un suo studente
la professoressa   stare   al cinema per vedere un bel film
i bambini   uscire   una matita alla sua amica
tu   venire   abbastanza bene
voi   in ritardo alla lezione
io e il mio compagno   ogni sabato sera
                              un esame difficile domani
                              in Sicilia per le vacanze

D **A voi la parola.** Ask your partner the following questions. Take note of the answers so you can report to the class.

1. Come stai oggi?
2. Dove vai quando la lezione finisce?
3. Esci stasera? Dove vai?
4. Dove vai durante l'estate? Vai in vacanza?
5. Vai a scuola ogni giorno della settimana? Quando non vai?
6. Stai a casa sabato sera o esci?
7. Dai un esame questa settimana? In quale corso?

Il verbo *piacere*

Mi **piace** la poesia e gli **piace** la prosa.	*I like poetry and he likes prose.*
Ti **piace** leggere?	*Do you like to read?*
Sì, e mi **piace** scrivere!	*Yes, and I like to write!*
Vi **piacciono** i tortellini?	*Do you like tortellini?*
Sì, ci **piacciono** molto!	*Yes, we like them very much!*

1. The verb **piacere** is used to express the idea of *to like*. Its construction resembles that of the English *to be pleasing to*; that is, the noun or action that pleases is the subject, and the person to whom it is pleasing is the indirect object.

Ti piace la poesia di Dante?	*Do you like Dante's poetry?*
	(literally, *Is Dante's poetry pleasing to you?*)
Sì, **mi piace** molto!	*Yes, I like it very much!*
	(literally, *Yes, it is very pleasing to me!*)

2. **Piacere** is almost always used in the third-person singular or plural. **Piace** is used if the subject is singular, **piacciono** if the subject is plural.

Mi **piace** molto la letteratura.	*I really like literature.*
Ti **piacciono** i tuoi corsi?	*Do you like your courses?*

3. If the subject is an infinitive, **piace** is used.

Ti **piace** cantare?	*Do you like to sing?*
No, ma mi **piace** ballare.	*No, but I like to dance.*

4. The person to whom the subject is pleasing is represented by an indirect-object pronoun. The indirect-object pronouns are as follows.

	mi			mi
	ti			ti
	gli			gli
La poesia	le piace.	Le macchine italiane		le piacciono.
	Le			Le
	ci			ci
	vi			vi
	gli			gli

5. Dislike is expressed using **non.**

Non mi piace camminare.	*I don't like to walk.*
Non ti piacciono i tortellini?	*You don't like tortellini?*

6. The verb **dispiacere** means *to be sorry* or *to mind*. It is used mainly in the third-person singular.

—Hai un momento per parlare?	*—Do you have a moment to speak?*
—No, mi **dispiace,** sono occupato.	*—No, I'm sorry, I'm busy.*
Ti **dispiace** chiudere la porta?	*Would you mind closing the door?*

Gli piace la scuola.   Name the school subjects that the following people like, using the information given. Use the indirect-object pronoun.

Esempio: Enrico ama leggere Ovidio e Virgilio.
         Gli piacciono le lettere classiche.

1. Stefania ascolta sempre cassette di Brahms e Vivaldi.
2. Marco legge *Il Principe* di Niccolò Machiavelli. Gli interessano i partiti politici.
3. Antonio ammira molto Sigmund Freud e ama analizzare i sogni.
4. Alessandra ama studiare i grandi monumenti architettonici di Roma.
5. Mara va spesso ai musei per vedere le opere dei grandi pittori come Raffaello e Leonardo da Vinci.

 Preferenze personali.   Find out if your partner likes or dislikes the following things:

Esempio: gli spaghetti
         —Ti piacciono gli spaghetti?
         —Sì, mi piacciono. / No, non mi piacciono.

1. la vostra università
2. gli esami
3. le motociclette
4. le lingue moderne
5. lo sport
6. i compiti
7. la pizza
8. il corso di...
9. i libri di...
10. la musica di...

Ti piace... ?   Ask whether your partner likes to do the following things; then answer the same questions yourself. When possible, explain why.

Esempio: comprare libri
         —Ti piace comprare libri?
         —Sì, mi piace comprare libri perché mi piace leggere.

1. viaggiare
2. andare nei ristoranti eleganti
3. parlare con gli amici
4. andare al cinema
5. studiare italiano
6. passare il tempo libero in palestra
7. lavorare
8. uscire con gli amici

D **Cercasi amici.** Read the personal ads placed by young Italians seeking new friends. Then write a personal ad describing yourself and listing some of your likes and dislikes. Also describe the type of person you are looking for.

Vuoi Corrispondere?

Simonetta Pieroni: Ho 17 anni e desidero corrispondere con ragazze della mia stessa età. Mi piacciono tutti gli sport e mi piace giocare a softball. Segno zodiacale: Capricorno. Prometto di rispondere a tutti. Via F. S. Bianchi 3, 33100 Udine.

Nicola Galuzzo: Cerco amici 14–18 anni per corrispondenza. Mi piacciono la natura e la musica e mi piace collezionare adesivi. Amo lo sport. Via Marconi 21, 71016 San Severo (Foggia).

Cinzia e Rosaria Righi: Siamo due sorelle e desideriamo corrispondere e scambiare cartoline con nuovi amici. Ci piace moltissimo la musica. Ci piacciono i Beatles e andiamo pazze per Eros Ramazotti. Ci piace anche viaggiare. Via Vecchia S. Donato, 55100 Lucca.

Andrea Vico: Sono un ragazzo timido e a volte mi sento solo. Cerco nuovi amici di qualsiasi età. Mi piace leggere i grandi libri, ma mi piacciono anche i fumetti. Prometto di rispondere a tutti. Viale Maria Luigia 31, 43100 Parma.

adesivi *stickers* **andare pazzo** *go crazy* **a volte** *sometimes* **di qualsiasi età** *of any age*
fumetti *comic books*

Immagini e parole
Il sistema scolastico in Italia

A **Parole analoghe.** Find the cognates in each of the following phrases from the reading and supply their English equivalents.

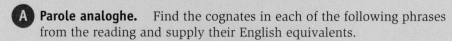
Attività di pre-lettura

1. ... il liceo o un istituto professionale...
2. ... il grande esame nazionale...
3. ... un bambino inizia la sua carriera scolastica...
4. ... il massimo voto è trenta e lode, il minimo...
5. ... la maggior parte degli esami sono orali...
6. ... normalmente ha diciannove anni...

B Di che cosa parla?   Before you begin to read, skim the reading to find the paragraph that discusses each of the following topics.

1. _____ il numero di esami per la laurea
2. _____ l'asilo nido e i bambini piccoli
3. _____ la tesi e la laurea
4. _____ le facoltà dell'università
5. _____ la scuola superiore

Elementary school children in front of Feltrinelli bookstore

In Italia, i bambini piccoli vanno all'asilo. Quando un bambino ha tra tre e cinque anni può frequentare la scuola materna. A sei anni un bambino inizia la sua carriera scolastica nella prima elementare. Molto spesso, gli alunni in Italia vanno a scuola sei giorni alla settimana: vanno anche il sabato mattina! Ci sono cinque anni di scuola elementare, tre anni di scuola media e cinque anni di liceo.

Dopo la scuola media, lo studente passa alla scuola superiore: un liceo, un istituto tecnico o un istituto professionale. Il liceo dura° cinque anni e quando uno studente finisce il liceo, normalmente ha diciannove anni. Il grande esame nazionale alla fine del liceo si chiama la Maturità.   *lasts*

L'università in Italia è divisa° in varie facoltà come le Facoltà di Lettere e Filosofia, Scienze Politiche, Economia e Commercio, Medicina e Giurisprudenza o Legge. Per studiare arte uno studente frequenta l'Accademia delle Belle Arti; per studiare musica uno studente frequenta il Conservatorio.   *divided*

Il corso universitario dura quattro o cinque anni, secondo la facoltà. Ogni corso di laurea ha un certo numero di esami. Ad esempio, per la laurea in letteratura uno studente deve superare° ventisei esami. Il massimo voto è trenta e lode;° il minimo è diciotto. La maggior parte° degli esami sono orali, ma esistono anche esami scritti.   *to pass* *honors / most*

Alla fine degli esami, lo studente scrive una tesi. Dopo la discussione della tesi con i professori, lo studente si laurea, e riceve il tradizionale "bacio sulla fronte."°   *kiss on the forehead*

Comprensione: abbinamenti.   Find the expression in the right-hand list that completes each partial sentence in the left-hand column.

1. I bambini piccoli frequentano...
2. La carriera scolastica inizia con...
3. Gli alunni in Italia vanno a scuola...
4. Dopo la scuola media gli studenti passano...
5. Alla fine del liceo lo studente...
6. Una persona che frequenta il Conservatorio...
7. Per la laurea in letteratura è necessario...
8. Quando finisce tutti gli esami, lo studente...

a. alla scuola superiore.
b. anche il sabato.
c. dà l'esame di Maturità.
d. l'asilo.
e. la prima elementare.
f. scrive una tesi.
g. studia musica.
h. superare ventisei esami.

B **Due mondi a confronto.**   Answer the following questions using information from the reading and your own knowledge.

1. Quanti anni di scuola sono obbligatori in Italia? in America?
2. Come si chiama il grande esame nazionale alla fine del liceo? Negli Stati Uniti gli studenti danno la Maturità o un equivalente?
3. Quanti tipi di liceo ci sono in Italia? in America?
4. Quali sono le facoltà all'università italiana?
5. Tipicamente, quanti esami dà uno studente italiano ogni anno? e uno studente americano? Gli esami sono scritti o orali in America?
6. Generalmente, quanti anni ha uno studente italiano quando finisce la laurea? uno studente americano quando finisce l'università?

 John e Giovanni.   With a partner, take turns describing the educational careers of two hypothetical students, one Italian and one American, from the first years through university.

Esempio: Quando Giovanni ha tre anni frequenta...
          Giovanni decide di frequentare il liceo
          scientifico perché gli piace la tecnologia...

          John inizia la sua carriera scolastica quando ha ... anni...
          Quando ha quindici anni frequenta ... e studia...

Ritratto
Milena Lonati

Ciao! Come ti chiami e quanti anni hai?

Ciao! Io mi chiamo Milena Lonati. Ho ventun anni e studio all'università di Bologna.

In quale facoltà studi?

Sono alla Facoltà di Giurisprudenza; il mio indirizzo di studio è la criminologia.°   *criminology*

Sei di Bologna?

No, sono di Brescia, dove abita tuttora° la   *still*
mia famiglia. Studio a Bologna perché la Facoltà
di Legge è molto rinomata.° Durante l'anno accademico vivo in un   *renowned*
appartamento con tre ragazze che studiano anche a Bologna.

In che cosa consiste la tua giornata tipica?

Esco alle 8.00, vado al bar e faccio colazione,° tipicamente un cappuccino   *have breakfast*
e una brioche. Poi ho lezione alle 9.00; è una lezione di sociologia. A
mezzogiorno incontro i miei amici alla mensa e mangiamo insieme. Dopo
pranzo,° normalmente andiamo al bar per un espresso. Durante il   *after lunch*
pomeriggio studio in biblioteca o assisto° ad un'altra lezione.   *attend*

Oggi che cosa fai?

C'è una lezione sulla struttura delle prigioni° in Italia, alla Facoltà di   *prison structure*
Scienze Politiche. Prima di tornare a casa, faccio la spesa.° Oggi è il mio   *I do the food shopping*
turno°—cucino io la cena!°   *turn / dinner*

E stasera?

Stasera vado al cinema con due miei amici—mi piacciono molto i film
recenti! C'è un film di Nanni Moretti, *Caro Diario*, al cinema vicino a casa
mia.

A **Vero o falso?**   Indicate whether the following statements are true or
false:

Attività

1. Milena Lonati ha 19 anni e
   studia all'università di Pavia.
2. È alla Facoltà di Legge.
3. Le piace la sociologia.
4. La sua famiglia abita a Brescia.
5. La Facoltà di Legge di Bologna
   è molto famosa.
6. Milena abita con una ragazza.
7. Milena ha una lezione
   d'inglese alle 9.00.
8. A mezzogiorno mangia con i
   suoi amici.
9. Milena non cucina la cena.
10. Le piace il cinema.

L'intervista.   Interview your partner, who is an exchange student from Italy, for the campus newspaper. Ask the following questions. Then switch roles.

1. Come ti chiami?
2. Di dove sei?
3. Che cosa studi? Perché?

4. Dove vivi?
5. Ti piace l'università americana? Perché?

 In che cosa consiste la tua giornata tipica?   Find out what your partner's typical day is like. Ask:

- what time he/she leaves in the morning
- when and where he/she eats
- when he/she has classes
- what he/she does in the evening

D Tema.   Write a brief composition on one of the following themes:

1. Una giornata tipica nella vita di un professore/una professoressa.
2. Come sono i miei professori e i miei corsi.
3. Vantaggi e svantaggi (*advantages and disadvantages*) del sistema scolastico americano e del sistema italiano.

A Before viewing the video, match each item in column A with the place in column B most closely associated with it.

A

motorino
matite
studenti
università
tortellini
libri
chiesa

B

città
trattoria
piazza
libreria
facoltà
strada
zaino

B A Bologna.   While viewing, answer the following questions about Piero and Gabriella's visit to Bologna.

1. Dove sono?
   a. in un ristorante   b. all'università   c. in ufficio
2. Con chi parlano?
   a. con un professore   b. con Marco   c. con gli studenti
3. Che ore sono?
   a. sono le undici   b. sono le cinque e mezzo   c. è mezzogiorno
4. Cosa cerca Gabriella?
   a. una libreria   b. una trattoria   c. una cassetta
5. Cosa cerca Piero?
   a. una guida turistica   b. una torre   c. una trattoria

C Chi sono?   While viewing, identify which of the three students in the video clip each of the following statements describes.

Luca   a. è di Pescara
Francesca   b. è bolognese
Angelo   c. studia giurisprudenza
                d. studia scienze politiche
                e. è una studentessa

D Come Piero caratterizza Bologna?   View the video again and check each of the following statements that accurately reflects how Piero describes Bologna.

1. _____ c'è una bell'aria intellettuale
2. _____ c'è il mare
3. _____ ci sono portici
4. _____ ci sono molti studenti
5. _____ c'è un vulcano
6. _____ si mangia molto bene: tortellini, prosciutto, parmigiano

E Una cartolina postale.   Piero writes a postcard to a friend after his visit to Bologna. Complete the postcard as you think Piero would. Then write a postcard from Gabriella to a friend describing the same visit to Bologna, mentioning the things that are important to her.

Caro Roberto,
Sono qui a _____—è una bella città! C'è
un'_____ antica con molti studenti. Che bell'aria
_____! L'architettura è bella—ci sono molti
_____. E si mangia anche molto bene—
_____ e _____, e mi piacciono
anche i _____! Ci sono tanti monumenti—ho visto
(*I saw*) _____ e _____. La mia
collega Gabriella è anche _____ ... a volte
(*sometimes*)!

_____,
                                                          Piero

Abitare:
Andiamo a casa mia!

Dopo pranzo, i bambini
giocano in famiglia.

Communicative goals

- Talking about the family
- Asking questions
- Describing people and things
- Describing a home
- Indicating people and things
- Talking about the weather
- Talking about what you have to do, want to do, and can do
- Doing errands

SICILIA

 La famiglia

A.1 Si dice così

la donna	*woman*	il genero	*son-in-law*
l'uomo (*pl.* gli uomini)	*man*	il cognato,	*brother-in-law,*
la mamma	*mommy*	la cognata	*sister-in-law*
il papà, il babbo	*father, daddy*	il fidanzato,	*fiancé*
la moglie	*wife*	la fidanzata	
il marito	*husband*	la coppia	*couple*
il figlio	*son*	le nozze/il matrimonio	*wedding*
la figlia	*daughter*	la sposa, lo sposo	*bride, groom*
i fratelli	*siblings*	la cerimonia	*ceremony*
i parenti, il/la parente	*relatives, relative*	il ricevimento	*reception*
il/la nipote	*nephew, niece*	maggiore	*older*
il nipotino,	*grandson,*	minore	*younger*
la nipotina	*granddaughter*	celibe	*unmarried (male)*
il suocero,	*father-in-law,*	nubile	*unmarried (female)*
la suocera	*mother-in-law*	sposarsi	*to get married*
la nuora	*daughter-in-law*	divorziare	*to divorce*

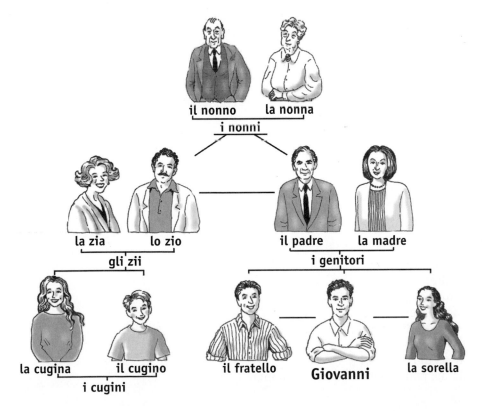

il nonno   la nonna
i nonni

la zia   lo zio
gli zii

il padre   la madre
i genitori

la cugina   il cugino
i cugini

il fratello   Giovanni   la sorella

La regola della famiglia

1. When using a possessive adjective with a *singular unmodified* noun referring to a family member, the definite article is omitted: **mia madre e mio padre sono i miei genitori.** Compare:

   tuo fratello   i tuoi fratelli
   mia sorella   la mia sorellina
   tuo cugino   il tuo bravo cugino

2. The article is always used with **loro: la loro cugina**, **il loro padre.**

3. Diminutive terms like **mamma, babbo,** and **papà** are considered to be modified and always take the article: **la mia mamma e il mio babbo sono professori.** Use of the article with **nonna** and **nonno** is optional.

Lo sapevi che... ?

hen Italians say **i miei,** it is understood that they mean their parents **(i miei genitori).**

Attività

A **Definizioni.** Trovare nella lista le parole che corrispondono alle seguenti definizioni.

1. un altro modo, più familiare, per dire "padre"
2. una festa in onore degli sposi
3. la figlia della sorella
4. un uomo non sposato
5. la cerimonia quando due persone si sposano
6. una donna che si sposa fra poco
7. la madre del marito

B **Un gioco famigliare.** Guardare il disegno che rappresenta la famiglia di Giovanni e rispondere alle domande sulla parentela fra i vari membri.

Esempio: —Chi è il padre della madre di Giovanni?
              —È suo nonno.

1. Chi sono i figli degli zii di Giovanni?
2. Chi è il fratello di suo padre?
3. Chi è la figlia del padre di Giovanni?
4. Chi sono i genitori di suo padre?
5. Chi è la madre della cugina di Giovanni?
6. Chi è la nuora del nonno di Giovanni?
7. Chi sono i suoceri della zia di Giovanni?
8. Chi è il figlio del fratello del padre della nipotina del nonno di Giovanni?

La tua famiglia.   Fare un diagramma della tua famiglia simile al disegno. Poi spiegare il diagramma ad un altro studente/un'altra studentessa.

Esempio: Come vedi, i miei genitori si chiamano ... e...
           Ho due zie che si chiamano ... ecc.

D **Intervista.**   Dopo Attività C, creare una serie di domande su alcuni membri della famiglia del tuo compagno/della tua compagna. Chiedere:

■ quanti anni hanno suo fratello, i suoi cugini, i suoi genitori ecc.
■ dove abita suo zio ecc.
■ dove lavora suo padre ecc.
■ se frequenta l'università sua sorella ecc.

A.2 Incontro

Preparativi per le nozze.   *Luca e Stefania sono una giovane coppia. Vivono a Palermo. Tra pochi mesi si sposano. Discutono i preparativi per le nozze.*

LUCA:	Allora, amore,° chi dobbiamo invitare al nostro matrimonio?	*darling*
STEFANIA:	Luca, prima decidiamo *quando* e *dove*.	
LUCA:	Cosa intendi per "quando e dove"?	
STEFANIA:	Voglio dire, quando ci sposiamo? Quale data?	
LUCA:	A giugno, perché no? Giugno è un bel mese per sposarsi. Non piove, fa bel tempo, e non è troppo caldo.	
STEFANIA:	Va bene. Vediamo un po'... Il 17 giugno è un sabato.	
LUCA:	Il 17 no!! Porta sfortuna!	
STEFANIA:	Ah, Luca, ti voglio bene, sai? Allora, il 24 giugno. Ma dove ci sposiamo? In chiesa? In municipio?°	*city hall*
LUCA:	Stefania, decidiamo dopo. È più importante decidere *chi* invitiamo alla festa.	
STEFANIA:	Tua madre e tuo padre, e i miei genitori, senz'altro. Poi vediamo ... i nostri fratelli, ovviamente.° E mia sorella viene con la sua famiglia: suo marito e i loro due bambini.	*obviously*
LUCA:	Anche i bambini?! Allora dobbiamo invitare tutti i miei cugini!	
STEFANIA:	Perché?	
LUCA:	Perché mia madre vuole vedere tutta la famiglia al matrimonio.	
STEFANIA:	Ma Luca, tu hai una famiglia enorme! Invitiamo tutti i tuoi zii, i loro figli, tutti!?	
LUCA:	Ma certo! Possiamo dare il ricevimento fuori, all'aperto.°	*outside*
STEFANIA:	E se piove?	
LUCA:	Come si dice,° "Sposa bagnata, sposa fortunata!"	*as they say*

Lo sapevi che... ?

*F*ew young Italians live on their own before marriage because it is extremely difficult to rent apartments. An Italian law called *equo canone* allows renters liberal rights to stay in rent-controlled apartments. Families often help young couples buy a home when they marry.

Attività

A Comprensione.   Completare le frasi.

1. Luca e Stefania preparano il loro...
2. Si sposano nel mese di...
3. Giugno è un bel mese per sposarsi perché...
4. Il numero 17 in Italia porta...
5. Stefania vuole invitare...
6. La sorella di Stefania viene con...
7. Luca dice che possono fare il ricevimento...
8. Un proverbio italiano dice "Sposa bagnata...

B Comprensione: le domande.   Rispondere alle seguenti domande con le informazioni contenute nell'**Incontro**.

1. Di che cosa discutono Luca e Stefania?
2. Quale mese preferisce Luca per il matrimonio? Perché?
3. Perché Luca non desidera sposarsi il 17 giugno?
4. Qual è la data che preferiscono?
5. Quali parenti vengono al ricevimento?
6. Dove danno il ricevimento?

C Che belle nozze!
Guardare l'invito al matrimonio e poi rispondere alle seguenti domande.

1. Come si chiama lo sposo? e la sposa?
2. Come si chiamano i genitori degli sposi?
3. Come si chiama la chiesa? Dov'è?
4. A che ora si sposano? Qual è la data del matrimonio?
5. Dove vive lo sposo? Dove vive la sposa?

LUIGI LEVI E ROSANNA LEVI BIZZOZERO
ANNUNCIANO IL MATRIMONIO DELLA FIGLIA
SUSANNA CON

AMBROGIO SILVA E ANNA MARIA SILVA TRABATTONI
ANNUNCIANO IL MATRIMONIO DEL FIGLIO
MARCO CON

MARCO SILVA

SUSANNA LEVI

MOLTRASIO - 21 SETTEMBRE 1995
CHIESA DI S. AGATA - ORE 16.00

COMO - VIA RUSCONI, 37

COMO - VIA MENTANA, 33

SEREGNO - VIA S. BENEDETTO, 7

D **Una conferenza** (*A lecture*).   Organizzare una conferenza interessante per la classe d'italiano. Decidere:

- chi parla alla conferenza
- l'argomento (*topic*) della conferenza
- dove e quando (la data, l'ora) tenere la conferenza
- chi invitare alla conferenza

Poi presentare le vostre idee alla classe.

Lo sapevi che... ?

Italy has the lowest birthrate in the world, averaging less than one child per family. This statistic does not reflect the enormous importance of the family in Italian life: the extended family (including grandparents, aunts and uncles, and cousins) is a support network. Often families work together in family businesses or share child care. Families tend to live in close proximity, and it is still relatively unusual for children to move away.

In altre parole

ti voglio bene	*I love you*
voglio dire...	*I mean . . .*
perché no?	*why not?*
porta sfortuna/fortuna	*it's bad luck/good luck*
senz'altro	*of course, without a doubt*
cosa intendi?	*what do you mean?*

E **Abbinamenti.**   Trovare nella colonna a destra la risposta per ogni affermazione a sinistra.

1. Amore mio, non posso vivere senza di te! *b*
2. Invitiamo anche i bambini al matrimonio? *f*
3. Invito tutti i miei parenti al ricevimento. *c*
4. Oggi è venerdì diciassette. *d*
5. Ti piace l'idea di un matrimonio all'aperto? *e*
6. Tua sorella è sposata? *a*

a. Sì—voglio dire, si sposa fra un mese.
b. Anch'io ti voglio bene!
c. Cosa intendi per "tutti"?
d. Oh no! Il diciassette porta sfortuna.
e. Perché no? A giugno fa bel tempo.
f. Senz'altro! I bambini portano allegria.

Chi invitare?   È la fine della tua carriera universitaria e c'è un ricevimento al campus per onorare (*to honor*) i nuovi laureati e i loro parenti ed amici. Ogni (*each*) laureato riceve dieci (solo dieci!) biglietti di invito al ricevimento. Decidere chi invitare e poi spiegare ad un altro studente/un'altra studentessa chi inviti e perché.

Esempio: Senz'altro invito mio padre e mia madre perché...
Forse invito anche la mia amica...
Se lei non viene, invito mio zio...

Lo sapevi che... ?

Two changes in Italian law, the legalization of divorce and abortion in the 1970s, radically altered Italian family life. Divorce is less common than in the U.S., but statistics indicate that it is on the rise. It is also becoming more common for unmarried couples to live together.

A.3   Punti grammaticali

Le parole interrogative

Chi viene al matrimonio?	*Who is coming to the wedding?*
Dov'è il matrimonio e	*Where is the wedding and*
quante persone vengono?	*how many people are coming?*
Perché non invitano i loro cugini?	*Why aren't they inviting their cousins?*
Quando partite voi?	*When are you leaving?*
Che cosa regali tu agli sposi?	*What are you giving to the newlyweds?*

1. Italian, like English, has three categories of interrogative words:

pronouns		adjectives		adverbs	
chi	*who, whom*	**che**	*which*	**come**	*how*
che cosa/	*what*	**quale**	*which*	**dove**	*where*
che/cosa		**quanto**	*how much,*	**perché**	*why*
quale	*which*		*how many*	**quando**	*when*
quanto	*how much,*				
	how many				

2. The pronoun **chi** may be preceded by prepositions such as **a, di, con,** and **per.**

Con chi vai?	*With whom are you going?*
A chi parli?	*To whom are you speaking?*
Di chi è la macchina?	*Whose car is it?*

3. Used interrogatively, **che, che cosa,** and **cosa** mean the same thing and may be used interchangeably.

Che leggi? ⎫
Che cosa leggi? ⎬   *What are you reading?*
Cosa leggi? ⎭

4. **Quale** has two forms: **quale** for singular and **quali** for plural.

Quale libro leggi?	*Which book are you reading?*
Quali amici inviti?	*Which friends are you inviting?*
Qual è la tua bicicletta?	*Which one is your bicycle?*

Note that before the verb form **è, quale** is shortened to **qual.** The final vowels of **cosa, come,** and **dove** are also often dropped before the verb form **è: cos'è? com'è? dov'è?**

5. As an interrogative adjective, **quanto** agrees in number and gender with the noun it modifies.

Per **quanto** tempo rimani in Italia?	*How long are you staying in Italy?*
Quanta Cocacola bevi?	*How much Coca-Cola do you drink?*
Quanti studenti ci sono nella classe?	*How many students are there in the class?*
Quante sorelle hai?	*How many sisters do you have?*

Quanto can also function as a pronoun:

Quanto costa?   *How much does it cost?*

6. **Perché** also means *because. Why* or *how come* may also be expressed as **come mai.**

Come mai non mangi stasera?	*Why aren't you eating tonight?*
Perché non ho fame.	*Because I'm not hungry.*

7. There are other ways to form questions without using an interrogative. One way is to use rising intonation at the end of a sentence. Another way is to place the subject (noun or pronoun) at the end of the sentence.

Mangi con noi?	*Are you eating with us?*
Rimangono a casa loro?	*Are they staying home?*
Vieni anche tu?	*Are you coming too?*

You can also add **vero?** (*true? right?*) or **non è vero?** (*isn't it?*) at the end of a sentence.

Como è un lago al nord d'Italia, **non è vero?**	*Como is a lake in northern Italy, isn't it?*

Mille domande.   Stefania è una ficcanaso (*nosy person*) e fa mille domande alla nuova compagna di stanza. Completare le sue domande.

Attività

1. (<u>Dove</u> / Che) abita la tua famiglia?
2. (Chi / C<u>osa</u>) hai nello zaino?
3. (Quando / <u>Quale</u>) giornale leggi?
4. (Chi / <u>Quanto</u>) costa il tuo libro?
5. (Quale / <u>Dove</u>) lavora tuo padre?
6. (<u>Dove</u> / Perché) studia tuo fratello?
7. Con (<u>chi</u> / che) esci stasera?
8. (<u>Come mai</u> / Quando) non hai un ragazzo (*boyfriend*)?

 Giornalista disorganizzato/a.   Lavori per il giornale della tua università. Hai intervistato una studentessa straniera (*foreign*) per il giornale. Purtroppo non trovi più le domande, ma hai solo la lista delle risposte. Ricreare le domande fatte.

Esempio: Sono di Agrigento.
           Di dove sei?

Mi chiamo Gina Catalano.   *Come ti chiami*
Ho venti anni.   *Quanti anni e?*
Ho due sorelle ma non ho fratelli.
Studio all'Università di Palermo.   *Dove studi?*
Sono iscritta alla Facoltà di Economia e Commercio.   *A quale Facoltà?*
Sono in America perché voglio imparare bene l'inglese.
In America mi piace soprattutto la televisione e la gente.   *Che cosa piace in America?*
Torno in Italia a maggio.

 Quanto in una settimana?   Fare domande sulla settimana del compagno/della compagna secondo il modello.

Esempio: pizze / mangiare
           —Quante pizze mangi in una settimana?
           —Normalmente mangio due pizze (molta pizza / non mangio la pizza)
              in una settimana.

tempo / passare in biblioteca   dollari / spendere
televisione / guardare   ore / passare al telefono
libri / leggere   pasta / mangiare
lezioni / avere   lettere / scrivere

D   **Un'intervista con...**   Con un compagno/una compagna, intervistare un personaggio di un programma televisivo. Chiedere:

- il suo nome
- la sua nazionalità
- la sua età (*age*)
- che tipo di persona è
- dove abita e con chi
- che cosa fa in una giornata tipica
- dove va la sera

Poi riportare le informazioni alla classe.

Esempio: —Come si chiama Lei?
           —Mi chiamo Cosmo Kramer.
           —Lei è americano?...

Ficcanasi (*Busybodies*).   Preparare dieci domande per il tuo compagno/la tua compagna. Usare le seguenti espressioni interrogative: **Quando, dove, quanti/e, quale/i, che cosa, con chi, a che ora, come** e **perché.** Prendere appunti quando il compagno/la compagna risponde.

La casa

B.1   Si dice così

Casa dolce casa

1. il pianterreno
2. la scala
3. il primo piano
4. il divano
5. la poltrona
6. la lampada
7. il televisore
8. il quadro
9. la tavola
10. il forno
11. la lavastoviglie
12. il letto
13. il comò
14. la doccia
15. il WC

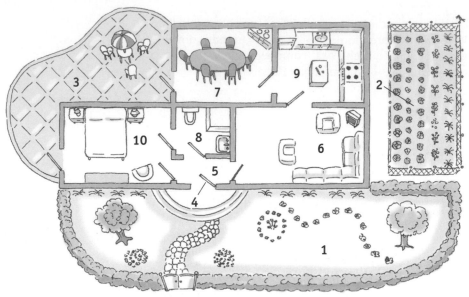

1. il giardino
2. l'orto
3. la terrazza
4. il portone
5. l'ingresso
6. il salotto/il soggiorno
7. la sala da pranzo
8. il bagno
9. la cucina
10. la camera da letto

Lo sapevi che... ?

*C*asa means *home* as well as *house*. A **villa** is a freestanding house; **villette** (smaller freestanding houses) are often two-family residences. Most Italians live in apartments **(appartamenti),** but all Italians refer to home as **casa mia.**

Parole utili

l'edificio	*building*	**comodo**	*comfortable*
il palazzo	*apartment building*	**utile**	*useful*
il piano	*floor*	**in periferia**	*on the outskirts/in the suburbs*
la parete	*wall (inside house)*		
i mobili	*furniture*	**in affitto**	*rented/to rent*
la zona	*area/community*	**affittare**	*to rent*
il vicino/la vicina di casa	*neighbor*	**arredare**	*to furnish*
l'arredamento	*furnishings*	**abitare**	*to live*
signorile	*luxurious*	**traslocare/**	*to move*
rustico	*rustic*	**cambiare casa**	
elegante	*elegant*		

Vetrina di un negozio di mobili

A **Abbinamenti.**   Trovare nella lista a destra la parola che corrisponde ad ogni espressione a sinistra.

Attività

1. un edificio con molti appartamenti *c*
2. è molto comodo per guardare la televisione *a*
3. un'immagine artistica sulla parete *e*
4. serve per scendere e salire *b*
5. qui crescono zucchine e broccoli *g*
6. la tavola, il letto e il comò, per esempio *d*
7. è l'ingresso principale di un palazzo *f*

a. il divano
b. la scala
c. il palazzo
d. i mobili
e. il quadro
f. il portone
g. l'orto

B **Cambiare casa.**   Oggi tu cambi casa e un tuo amico/una tua amica ti aiuta. Quando chiede dove mettere le seguenti cose, rispondi con un luogo appropriato: nel soggiorno, nella sala da pranzo, nella cucina, nella camera da letto o nel giardino.

Esempio: pianoforte
           —Dove mettiamo il pianoforte?
           —Mettiamo il pianoforte nel soggiorno.

televisore	letto	poltrona	lampada
tavola con le sedie	quadro	comò	scaffale

Lo sapevi che... ?

In Italy, the ground floor of a building is known as the **pianterreno.** What Americans call the second floor is called the **primo piano** (*first floor*).

Come preferisci la casa?   Chiedere ad un altro studente/un'altra studentessa che tipo di casa preferisce, usando i seguenti suggerimenti.

Dove? In centro? In periferia? In campagna?
Appartamento o villetta?
Grande o piccola?
Che stile? Rustica? Elegante? Tradizionale? Moderna?
Che stile di mobili?
La stanza più importante?

B.2 Incontro

A casa di Luca.   *Stefania visita Luca e sua madre a casa loro fuori Palermo.*

STEFANIA:	Permesso! Buongiorno, signora Ianuzzi. Ciao, Luca.	
SIGNORA IANUZZI:	Avanti, Stefania! Benvenuta!	
LUCA:	Ciao, Stefi!	
STEFANIA:	Che bella casa! È una villa stupenda! E poi qui fa così fresco.° Non è per niente caldo come nel mio appartamento in città.	*it's so cool*
SIGNORA IANUZZI:	Qui in campagna c'è sempre un po' d'aria. Ma prego, accomodati.°	*make yourself comfortable*
STEFANIA:	Questo salotto è molto elegante e signorile.	
SIGNORA IANUZZI:	Mio marito è antiquario° e a lui non piace l'arredamento moderno. I mobili di questa stanza sono di famiglia. Vedi quell'oggetto su quel tavolino? È un esempio di arte normanna.° Ti piace?	*antique dealer* *Norman art*
STEFANIA:	Oh, è meraviglioso!	
LUCA:	Mamma, Stefania ed io abbiamo una bella notizia° per te.	*news*
STEFANIA:	Ma come! Tua madre non sa ancora niente?°	*doesn't know anything yet*
SIGNORA IANUZZI:	Come? Quale notizia? Ragazzi, è una buona notizia, vero?	

A **Comprensione: abbinamenti.**   Trovare nella lista a destra l'espressione che completa in maniera logica ogni frase a sinistra.

Attività

1. La famiglia di Luca vive... f
2. La casa di Luca è... e
3. Stefania vive... d
4. Il padre di Luca è... c
5. L'arredamento moderno.. b
6. A Stefania piace molto... g
7. La madre di Luca... a

a. ... non sa niente del matrimonio.
b. ... antiquario.
c. ... non piace ai genitori di Luca.
d. ... in un appartamento a Palermo.
e. ... una villa stupenda.
f. ... fuori Palermo.
g. ... l'oggetto d'arte normanna.

B **Comprensione: le domande.**   Rispondere alle seguenti domande.

1. Dov'è la casa della famiglia di Luca?
2. Cosa dice Stefania quando entra? Come risponde la madre?
3. Com'è il salotto della casa?
4. Che lavoro fa il padre di Luca?
5. Stefania conosce bene la famiglia di Luca?
6. Qual è la notizia che Stefania e Luca hanno per la signora Ianuzzi?

C **Cercasi...** (*Wanted . . .*)   Tu e un amico/un'amica cercate un appartamento in affitto durante l'anno accademico. Prima fare una lista delle cose essenziali (quante stanze, quanti servizi (*baths*), a quale piano, se c'è giardino ecc.) e decidere quanto spendere per l'affitto. Poi consultare gli annunci qui riprodotti. C'è un appartamento per voi?

ABITAZIONI RESIDENZIALI

SANREMO via Padre Semeria affittiamo appartamento ingresso due camere cucina bagno dispensa balconi cantina garage. Tel 010 54.26.98

RAPALLO appartamento in villa d'epoca ingresso, soggiorno doppio, tre camere, cucina, biservizi, terrazza giardino, box, prossimo mare. 1.400.000. Affitto. Capitalcasa. Tel. 0185-27.27.84

CENTRO STORICO

LAGO Como, Colico, casotta, soggiorno, monocamera, bagno, lavanderia, cortiletto. 95.000.000. Tel 0341-94.89.01

PONTE DI LEGNO nuovissima residence nuovissima viletta giardino solarium belvedere camino posizione panoramica dominante intera valle. Un sogno! Arredata stile signorile. 035-22.88.58

CORSO GARIBALDI In palazzo ristrutturato ideale giovane coppia ingresso una camera cucina bagno balcone tranquillissimo. Affito monsile. 1.150.000. Tel. 02-58.30.99

ATTICO libero splendido panorama centro storico signorile bicamere grande soggiorno cucina biservizi. Nazionale Mobiliari. Tel. 48.00.04.87

CENTRALISSIMO prestigioso al terzo piano bellissima ristrutturazione luminoso ingresso soggiorno quattro camere pluriservizi con due terrazzi. Affittasi 2.000.000. Tel. 29.51.82.39

TICINESE Appartamento comodo. Soggiorno cucina due camere bagno balcone possibile box 90.000.000. Tel. 48.90.87.14.

biservizi *two baths*
dispensa *storage*
box *parking space*
monocamera *studio*
lavanderia *laundry*
camino *chimney*
ristrutturato *restored*

In altre parole

permesso	*with your permission, excuse me*
avanti!	*come in!*
benvenuto/a	*welcome*
prego	*please*
non è per niente...	*it's not at all . . .*

Lo sapevi che... ?

Italians always say **permesso** before entering a house, even when expressly invited in. **Permesso** is also used to pass through a crowd or when entering a room.

Che cosa dici?   Rispondere alle seguenti situazioni usando espressioni da **In altre parole.**

1. Entri nell'ufficio di un tuo professore.
2. I tuoi zii, che non vedi da molto tempo, arrivano a casa tua.
3. Tua madre chiede se l'italiano è difficile.
4. Un amico viene da un'altra città a trovare la tua famiglia.
5. Una tua amica bussa (*knocks*) alla tua porta e dice "Permesso!"

 Non è per niente male!   Un tuo amico/una tua amica tende a criticare ma tu preferisci incoraggiare. Creare minidialoghi usando i suggerimenti elencati, secondo il modello.

Esempio: città / brutto
  —La mia città è brutta!
  —Ma non è per niente brutta. Anzi, è bella.

1. famiglia / strano   2. stanza / piccolo   4. composizione / noioso
   (*strange*)   3. cugini / antipatico 5. casa / rustica

 Benvenuti a casa mia!   Creare un dialogo secondo i seguenti suggerimenti.

> *S1:*   Un amico/un'amica viene a casa tua per studiare, ma prima desidera vedere la casa. Fare vedere (*show*) tutta la casa, tutte le stanze e anche i mobili che ci sono. Spiegare che cosa tu e i membri della tua famiglia fate in ogni stanza.

> *S2:*   Vai a casa di S1 per studiare, ma prima desideri vedere la casa e tutte le stanze. Commentare ogni cosa che vedi e fare anche domande quando possibile.

Esempio: —Ecco il nostro salotto.
  —È molto bello! Non è per niente piccolo!
  —Come vedi, c'è anche il pianoforte.
  —E chi suona il pianoforte?...

B.3 Punti grammaticali

Bello e buono

Mario ha una **bella** macchina.	*Mario has a nice car.*
Che **bel** giardino e che **bei** fiori!	*What a beautiful garden and what beautiful flowers!*
È un **bell'**orologio.	*It's a beautiful watch.*
Tina ha una **buona** memoria.	*Tina has a good memory.*
Leggo un **buon** libro.	*I'm reading a good book.*

1. As you learned in Unità 2, the adjectives **bello** and **buono** can either precede or follow the noun they modify. When they precede the noun, their forms vary.

2. The forms of **bello** resemble those of the definite article.

masculine		feminine	
singular	plural	singular	plural
il bel divano	**i bei** divani	**la bella** casa	**le belle** case
il bell'appartamento	**i begli** appartamenti	**la bell'**amica	**le belle** amiche
il bello scaffale	**i begli** scaffali		

3. The forms of **buono** are similar to those of the indefinite article. **Buono** has only two plural forms: **buoni** (*m.*) and **buone** (*f.*).

masculine	feminine
un buon divano	**una buona** casa
un buon appartamento	**una buon'**amica
un buono scaffale	

4. When **bello** and **buono** follow the verb **essere** or the noun they are modifying, they behave like regular adjectives with four forms: **bello, belli, bella, belle** and **buono, buoni, buona, buone.**

I mobili sono **belli.**	*The furniture is beautiful.*
Le ville sono **belle.**	*The villas are beautiful.*
Il gelato è **buono.**	*The ice cream is good.*
Gli spaghetti sono **buoni.**	*The spaghetti is good.*

Questo e quello

Preferisci **questa** casa o **quella** casa?	*Do you prefer this house or that house?*
Preferisco **quella.**	*I prefer that one.*
Affitti **quest'**appartamento o **quell'**appartamento?	*Are you renting this apartment or that apartment?*
Affitto **questo.**	*I'm renting this one.*
Ti piacciono **questi** mobili o **quei** mobili?	*Do you like this furniture or that furniture?*
Mi piacciono **quelli.**	*I prefer that.*

1. Questo (*this/these*) and **quello** (*that/those*) can function as demonstrative adjectives and as demonstrative pronouns.

2. As an adjective, **questo** has four forms: **questo, questi, questa, queste.** It contracts to **quest'** before a singular noun beginning with a vowel.

3. As an adjective, **quello** follows the same pattern as the adjective **bello.**

Quei mobili sono belli.   *That furniture is beautiful.*
Quegli orologi sono cari.   *Those watches are expensive.*
Quell'appartamento è molto grande.   *That apartment is very large.*

4. As pronouns, used in place of a noun, **questo** and **quello** each have four forms: **questo, questi, questa, queste** and **quello, quelli, quella, quelle.** In the following examples, **quello** replaces **film** and **questi** replaces **libri.**

Quale film preferisci vedere?   *Which film do you want to see?*
Preferisco vedere **quello.**   *I prefer that one.*

Quali libri compri?   *Which books are you buying?*
Compro **questi.**   *I'm buying these.*

> **Attività**

A Dal singolare al plurale. Cambiare le seguenti espressioni al plurale come nell'esempio.

Esempio: il buon amico: i buoni amici

1. quell'università famosa
2. il bel ragazzo
3. questo piccolo paese
4. il buon caffè espresso
5. il bel quadro
6. quel film italiano
7. quest'isola
8. la bella sposa
9. quello studente straniero
10. la buon'amica

B Quello è bello! Uno/una di voi chiede all'altro/a se sono belle le seguenti cose. L'altro/a risponde di sì, come nell'esempio.

Esempio: casa
          —Quella casa è bella?
          —Sì, è una bella casa.

1. città
2. film (singolare)
3. libri
4. corso
5. bambine
6. giardino
7. fontane
8. appartamento
9. famiglia
10. ragazzi

C Quale preferisci? Due amiche sono in un negozio di arredamento. Completare la loro conversazione con una forma di **questo** o **quello.**

DONATELLA: Ti piace _____ negozio di arredamento?
VALERIA: No. _____ mobili sono troppo rustici per me.
DONATELLA: Mi piace _____ tavolo là, però.
VALERIA: _____ con il vaso di fiori?
DONATELLA: Sì. Mi piacciono anche _____ sedie là.
VALERIA: No, no! _____ sedie sono orrende! Invece, mi piacciono _____ scaffali—sono molto moderni.
DONATELLA: _____ bianchi o _____ neri?
VALERIA: _____ bianchi. A te piacciono?
DONATELLA: Mah!

Al negozio di antiquariato (*At the antique store*).   Siete il proprietario (*owner*) e un/a cliente del negozio nel disegno. Creare un dialogo tra propietario e cliente.

Esempio: —Le piace questo tavolo?
          —Preferisco quello. Quanto costa quel divano?
          —Quello costa...

Lo sapevi che... ?

The history of Sicily, the largest island in the Mediterranean, is an endless series of invasions. Once part of Magna Graecia (Greater Greece), Sicily was later ruled by the Phoenicians, Romans, Saracens (Arabs), Normans (French), the Anjou king of Naples, the House of Aragon (Spanish), and the Bourbon kings of Naples. Today it enjoys great autonomy, with its own regional Parliament in Palermo.

Rovine del tempio di Selinunte

C Il tempo

**Fa bello. / C'è il sole. /
Fa caldo.**

**Fa brutto. / È coperto. /
È nuvoloso.**

Piove.

Che tempo fa?

Nevica. / Fa freddo.

C'è vento. / È ventoso.

C.1 Si dice così

Fa un caldo bestiale.	*It's sweltering.*	**nevicare**	*to snow*
Fa fresco.	*It's cool.*	**la pioggia**	*rain*
Fa un freddo cane.	*It's freezing.*	**la neve**	*snow*
È umido.	*It's humid.*	**il ghiaccio**	*ice*
C'è afa./È afoso.	*It's muggy.*	**la nuvola**	*cloud*
C'è la nebbia.	*It's foggy.*	**la nebbia**	*fog*
piovere	*to rain*	**il temporale**	*storm*

Lo sapevi che... ?

There are three words for *time* in Italian: **ora, tempo,** and **volta. Tempo**
(which also means *weather*) is what we never have enough of (**non
vengo al cinema—non ho tempo**). An instance, as in *to do something
for the first time*, is **per la prima volta.** Asking the time is **che ora è?**

A **Che tempo fa?** Trovare nella lista a destra l'espressione che completa in maniera logica ogni frase a sinistra.

1. In Alaska d'inverno...   a. la pioggia.
2. Nelle Hawaii d'estate...   b. è afoso.
3. A New Orleans a luglio...   c. fa freddo.
4. A Courmayeur (Val d'Aosta) a dicembre...   d. ghiaccio.
5. Londra è famosa per...   e. il vento.
5. Chicago è famosa per...   f. fa caldo.
7. Seattle è famosa per...   g. la nebbia.
8. D'inverno i laghi al nord diventano...   h. c'è molta neve.

B **Le previsioni del tempo.** Guardare la cartina dell'Italia e rispondere alle domande.

TEMPERATURE IN ITALIA		
Aosta	np	np
Bolzano	–6	8
Verona	–3	0
Trieste	4	7
Venezia	–3	2
Milano	–1	3
Torino	–8	6
Genova	5	12
Imperia	5	12
Bologna	–4	0
Firenze	–1	10
Pisa	0	9
Ancona	–1	10
Perugia	1	8
Pescara	–1	12
L'Aquila	–5	6
Roma Urbe	0	10
Roma Fiumicino	1	12
Campobasso	1	8
Bari	0	12
Napoli	1	11
Potenza	–4	6
S.M. di Leuca	5	13
Reggio Calabria	5	13
Messina	6	12
Palermo	6	13
Catania	0	13
Alghero	1	15
Cagliari	9	14

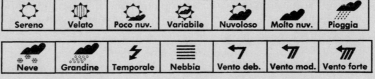

1. Che tempo fa in Sicilia? a Trieste? a Roma?
2. Che tempo fa in Piemonte?
3. Com'è il tempo al Sud?
4. Che tempo fa al centro?
5. In quale parte dell'Italia c'è la nebbia?
6. A che ora sorge (*rises*) il sole? A che ora tramonta (*sets*)?

Preferenze personali.   Fare le seguenti domande ad un altro studente/un'altra studentessa.

1. Che tempo preferisci tu? Perché? Quale stagione ti piace di più (*most*)?
2. Dove preferisci essere d'estate? d'inverno?
3. Qual è il tempo ideale, secondo te?
4. Che cosa fai quando piove? quando nevica? quando fa un caldo bestiale? quando fa un freddo cane?
5. Che tempo fa di solito nella tua città a febbraio? a luglio? ad ottobre?

C.2 Incontro

Il ponte.°   *Marco e Alessandra vivono a Siracusa. Tra due settimane c'è un ponte e discutono i loro progetti per andare via.*

MARCO:	Allora, dove andiamo per il ponte?
ALESSANDRA:	Non lo so ... in montagna? al mare?
MARCO:	Qui fa un caldo bestiale! Andiamo dove fa più fresco. Mio zio ha una casa di campagna sull'Etna.
ALESSANDRA:	Non mi piace l'idea del vulcano. E se vediamo una bella nuvola bianca... ?
MARCO:	È solo fumo! Non è niente! Dove vuoi andare tu allora?
ALESSANDRA:	Perché non andiamo al mare—a Cefalù.
MARCO:	Al mare? E se piove?
ALESSANDRA:	Non essere pessimista!° Al mare c'è sempre un po' di vento, e c'è sempre il sole!
MARCO:	Non sempre! Può essere molto umido.
ALESSANDRA:	Senti, i miei° hanno un piccolo appartamento nelle Isole Lipari—ha quattro posti letto.° Così, volendo, possiamo invitare anche Luca e Stefania.
MARCO:	Alle Lipari? Ma c'è un bel vulcano attivo anche lì!
ALESSANDRA:	Sì, ma non è così grosso come° l'Etna! Dalla terrazza dell'appartamento c'è un bel panorama. E possiamo andare tutti i giorni al mare. Ti piace fare il bagno,° no?
MARCO:	Sì, ma io preferisco andare in montagna.
ALESSANDRA:	Sei sempre bastian contrario, Marco!
MARCO:	Va bene, va bene. Ho capito. Vuoi andare al mare. Telefono a Luca ora per vedere se sono liberi° e se vogliono venire con noi.

long weekend

don't be a pessimist

my parents
sleeps four (it has four beds)

as big as

to go for a swim

free

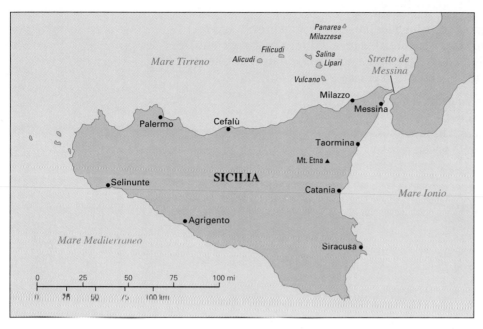

Puoi trovare i luoghi (*places*) nominati nell'Incontro: Siracusa, Cefalù, Etna, le Isole
Lipari? Quali sono le più grandi città in Sicilia? Dove sono i vulcani? Come si chiamano i
mari che circondano la Sicilia?

A **Comprensione: vero o falso?**   Indicare se ogni affermazione è vera o
falsa e poi correggere quelle false.

1. Il ponte è fra un mese.
2. Fa fresco a Siracusa.
3. Lo zio di Marco ha una casa vicino al mare.
4. Alessandra ha paura di stare vicino al vulcano.
5. Alessandra preferisce andare al mare.
6. L'appartamento dei genitori di Alessandra è grande e comodo.
7. Dall'appartamento è possibile vedere il mare.
8. A Marco piace fare il bagno in mare.

B **Comprensione: le domande.**   Rispondere alle seguenti domande
utilizzando le informazioni contenute nell'**Incontro.**

1. Di che cosa discutono Marco e Alessandra?
2. Che tempo fa a Siracusa?
3. Dove suggerisce di andare Marco?
4. Che cosa pensa Alessandra dell'idea di Marco?
5. Dove Alessandra suggerisce di andare?
6. Com'è l'appartamento dei genitori di Alessandra?
7. Che cosa possono fare lì?
8. Alessandra e Marco vanno in vacanza da soli (*alone*)?

Attività

Al mare o in montagna.   Voi due fate progetti per una breve vacanza insieme, ma uno di voi vuole andare al mare e l'altro/a preferisce andare in montagna. Cercare di convincere l'altra persona. Parlare dei vantaggi della tua preferenza, del tempo che fa e delle possibili attività.

Esempio: —Perché non andiamo al mare?
—Ma fa caldo!
—Possiamo fare il bagno.
—Ma costa molto andare al mare.
—I miei hanno un appartamentino dove...

In altre parole

non lo so	*I don't know*	**tutti i giorni**	*every day*
non è niente	*it's nothing*	**ho capito**	*I get it, I*
volendo...	*if we/you like . . .*		*understand*

D   Abbinamenti.   Rispondere alle seguenti domande con una frase dalla colonna a destra.

1. Ti piace andare al mare?
2. Quali progetti abbiamo per oggi?
3. Stai male, amore? Sei triste?
4. Quando è il matrimonio di Stefania?
5. Ma ora in montagna fa brutto tempo, fa molto freddo!
6. Perché arrivi in ritardo tutti i giorni?

a. Perché prendo l'autobus, che è sempre in ritardo.
b. Non lo so, forse a giugno, ma non sono sicura.
c. Beh, volendo, possiamo andare in centro.
d. No, non è niente. Sto abbastanza bene.
e. Sì, durante l'estate vado al mare tutti i giorni.
f. Ho capito. Tu preferisci andare al mare.

E   Non lo so. Forse...   Creare domande possibili per le seguenti risposte.

Esempio: Non lo so. Forse comincia alle otto.
A che ora comincia il film (la lezione, il programma)?

1. Non lo so. Forse piove domani.
2. Quella? Non lo so, forse si chiama Stefania o forse Giuseppina.
3. Non lo so. Vanno in montagna, penso.
4. Non lo so. Probabilmente è il professore di greco.
5. Non lo so. Io non capisco la matematica.
6. Mi dispiace, non lo so. Non sono di questo paese.

Lo sapevi che... ?

There are two adjectives to designate something or someone as Sicilian: **siciliano** and **siculo. Siculo** is less commonly used and is a reference to the Sikels, one of the ancient peoples who inhabited Sicily.

F **Cartoline** (*Postcards*) **da Marco ed Alessandra.**   Ricevi due cartoline dai tuoi amici Alessandra e Marco, che passano il ponte a Lipari nell'appartamento dei genitori di Alessandra. Alessandra è molto contenta, Marco no. Cosa scrivono nelle due cartoline? Inventare il testo delle due cartoline.

Caro... (*Dear . . .*)
Saluti dalle Isole Lipari... (*Greetings from Lipari*)
Bacioni! (*Kisses*)

C.3   Punti grammaticali

Volere, dovere, potere

Io **voglio** andare al mare;	*I want to go to the beach;*
vuoi venire con me?	*do you want to come with me?*
Devi lavorare stasera?	*Do you have to work tonight?*
Sì, stasera **devo** studiare.	*Yes, I have to study tonight.*
Angelo non **può** venire con noi.	*Angelo can't come with us.*
Non **possiamo** andare al mare.	*We can't go to the beach.*

1. **Volere, dovere,** and **potere** are known as *auxiliary* or *modal verbs* because they usually precede another verb, which is always in the infinitive. Used as an auxiliary verb, **dovere** expresses necessity or obligation; **potere** expresses ability or willingness; and **volere** expresses desire or preference. Their forms are irregular.

volere (*to want*)		**dovere** (*to have to*)		**potere** (*to be able to*)	
voglio	vogliamo	devo	dobbiamo	posso	possiamo
vuoi	volete	devi	dovete	puoi	potete
vuole	vogliono	deve	devono	può	possono

2. Other verbs that may precede an infinitive are **preferire, piacere,** and **desiderare:**

Lui **preferisce** andare in montagna.	*He prefers going to the mountains.*
Mi **piace** nuotare.	*I like to swim.*
Desidero visitare l'Italia.	*I want to visit Italy.*

3. **Volere** may be followed by a direct object.

Io **voglio** un gelato.	*I want an ice cream.*
Vogliamo un po' di acqua.	*We want some water.*

A **All'agenzia di viaggi.**   Il seguente dialogo è una conversazione tra un agente di viaggi e una sua cliente. Completare con la forma corretta dei verbi indicati.

—Buongiorno, signora. Desidera?
—Forse Lei mi (potere) aiutare. Io (volere) affittare una casa al mare
  per l'intero mese di agosto.
—Dove (volere) affittare Lei?
—Non importa dove. A Cefalù, a Lipari, oppure anche a Malta. Ma
  la casa (dovere) essere vicino alla spiaggia. I miei figli (volere)
  fare il bagno tutti i giorni.
—E quanto (potere) spendere?
—Non importa!
—Bene, noi senz'altro (potere) trovare una casa splendida per Lei.

B **Voglio ... ma non posso.**   Esprimere il desiderio delle seguenti persone e perché non lo possono fare. Formulare frasi logiche con gli elementi dati, secondo il modello.

Esempio: Federico / visitare il museo / è chiuso
          Federico vuole visitare il museo ma non può perché è chiuso.

Noi	comprare un computer	non c'è la neve.
Olga	andare all'ufficio postale	il televisore non funziona.
Tu	ascoltare le cassette	fa molto freddo.
I ragazzi	guardare un programma	non c'è un registratore.
Io	andare a sciare	costa molto.
Tu ed Enzo	fare il bagno	è domenica.

C **Mi dispiace, non posso.**   Invitare un altro studente/un'altra studentessa a fare le seguenti cose con te. Lui/lei risponde che non può e spiega il perché.

Esempio: andare al cinema
          —Vuoi venire al cinema con me stasera?
          —Mi dispiace, non posso. Devo... (scrivere un tema, lavorare, ecc.)

mangiare in un ristorante italiano   andare a ballare
studiare insieme   vedere le fotografie del tuo
prendere un cappuccino   viaggio a Yosemite

D **Essere o non essere?**   Completare i due brani con la forma giusta dei verbi indicati.

Io (volere) tanto bene alla mia ragazza, Giulietta. Non (potere) vivere senza di lei. Ma c'è un problema: i suoi genitori non (potere) capire il nostro amore e loro non mi (volere) vedere nella loro casa. Noi (volere) scappare insieme, ma dove (potere) andare? Che (dovere) fare noi? (Dovere) scappare noi, o (dovere) aspettare fino al mio sedicesimo (*sixteenth*) compleanno?

Il mio ragazzo è un tipo tanto indeciso: non (potere) mai prendere una decisione. Quando dico —Tu mi (volere) bene?— lui risponde — Non lo so.— Se io dico— 'Amleto, (volere) andare a fare un bel bagno nel fiume?'— lui mi dice —'No, mi dispiace, Ofelia, non (potere). (Dovere) stare qui nel castello a parlare da solo.'— Che cosa (dovere) fare io? (Dovere) trovare un nuovo ragazzo?

Consigli.   Dare consigli agli scrittori delle due lettere qui sopra (*above*). Che cosa devono fare? Che possono fare, volendo?

Il corso d'italiano.   Con il tuo compagno/la tua compagna pensare a tutte le cose che **dovete** fare per il corso d'italiano durante il semestre. Poi pensare a tutte le cose che **volete** fare nel corso. Fare una lista e presentare le informazioni alla classe.

Esempio: —In questo corso noi dobbiamo imparare il vocabolario, dobbiamo leggere...
　　　　　　—Vogliamo imparare... Vogliamo andare a...

I verbi irregolari *fare, dire, bere*

—Cosa **fai** stasera?	—*What are you doing tonight?*
—**Faccio** i compiti.	—*I'm doing homework.*
—Cosa **dice** Elena?	—*What does Elena say?*
—**Dice** che esce stasera.	—*She says she's going out tonight.*
—Cosa **bevi** tu?	—*What are you drinking?*
—**Bevo** il caffè.	—*I'm drinking coffee.*

The verbs **fare, dire,** and **bere** are irregular. Their present indicative forms are as follows.

fare (*to do, to make*)	
faccio	facciamo
fai	fate
fa	fanno

dire (*to say*)	
dico	diciamo
dici	dite
dice	dicono

bere (*to drink*)	
bevo	beviamo
bevi	bevete
beve	bevono

A **Tra il dire e il fare...**   Dire che le seguenti persone dicono molte cose ma fanno poco.

Attività

Esempio: Mio fratello dice molte cose ma fa poco.

1. Tu e i tuoi amici
2. Noi studenti
3. Giulio e Fabio
4. il governo
5. Tu
6. Emilia
7. Io
8. il presidente

B **Cosa bevono?**   Che cosa bevono le seguenti persone? Creare una frase completa con un elemento da ogni colonna.

Esempio: Mia madre beve il caffè al mattino.

tuo cugino	il vino	perché ha sete
tu	l'aranciata	perché fa caldo
il tuo professore	il cappuccino	a cena
il tuo amico	la Cocacola	alle 4.00
tua sorella	l'acqua minerale	perché ha sonno
i tuoi nonni	il tè	al bar
tu e la tua amica	la birra	a mezzogiorno

C **Che cosa bevi/fai/dici?**   Rispondere alle domande con frasi complete.

1. Che cosa dici quando un amico ti dà un regalo? Come rispondi se una persona ti dice —Grazie!—?
2. Che cosa bevi quando fa molto caldo? quando fa freddo? Che cosa bevono i tuoi amici alle feste?
3. Che cosa fate il sabato tu e i tuoi amici? E la domenica che fate?
4. Che cosa dice un Italiano quando entra in una stanza? Che cosa dicono gli Italiani quando arriva un amico?
5. Che cosa fate prima della lezione d'italiano?
6. Che cosa fai stasera?

In centro

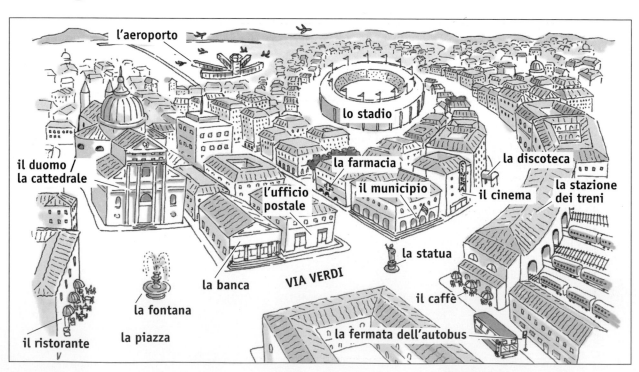

D.1 Si dice così

il negozio	*shop*	**il giornale**	*newspaper*
il bar	*coffee shop*	**il francobollo**	*stamp*
la tabaccheria	*tobacco store*	**fare delle commissioni**	*to do errands*
l'edicola	*newsstand*	**spedire/mandare**	*to send*
la buca delle lettere	*mailbox*	**imbucare**	*to mail*

Lo sapevi che... ?

In ancient times, Sicily was called **Trinacria** (Greek for *triangle*) due to the island's shape. In the fourth century B.C., **Siracusa** (Syracuse) was the most powerful city in Europe, overshadowing Athens. Archimedes was born in Syracuse in 287 B.C.

Attività

A   Dove vai?   Dove puoi fare le seguenti cose? Completare le frasi con una parola o un'espressione da **Si dice così**.

1. Quando voglio ballare o sentire musica, vado in...
2. Se dobbiamo prendere un treno, andiamo alla...
3. Se hai voglia di prendere un cappuccino, puoi andare al...
4. Quando devi prendere l'autobus, vai alla...
5. Se avete molte lettere che volete spedire, dovete andare all'...
6. Se ho voglia di vedere il nuovo film di Tornatore, vado al...
7. Quando voglio comprare giornali e riviste, posso andare all'...
8. Se alla domenica vuoi sentire la messa (*mass*) cattolica, vai in...

B   Un paese chiamato...   Inventare un nome per il paese nel disegno qui sopra. Poi descrivere il paese. Usare frasi come:

C'è una...
Ci sono due...
Il ... è vicino alla (*close to*)...
La ... è accanto al (*next to*)...
Il ... è tra (*between*) la ... e il...

C   Com'è la tua città?   Intervistare un compagno/una compagna per sapere (*to find out*) com'è la sua città. Vive in una grande città o in un piccolo paese? Come si chiama? C'è un aeroporto? un cinema? uno stadio? un museo? Ci sono bei negozi? Come si chiama la strada principale? ecc.

D.2 Incontro

Le commissioni in centro.   *Stefania e Alessandra sono in vacanza* (on vacation) *nelle Isole Lipari. Stefania incontra° la sua amica in centro. Fanno delle commissioni insieme.*   meets

STEFANIA:	Ciao, Ale! Ti aspettavo° vicino al duomo!	*have been waiting*
ALESSANDRA:	Scusa, sono in ritardo! Sono andata° in banca—ero° senza° soldi!	*I went / I was* / *without*
STEFANIA:	Allora, dove andiamo stamattina?
ALESSANDRA:	Devo fare delle commissioni: devo spedire una cartolina all'ufficio postale e ho bisogno di francobolli. Poi voglio comprare il giornale. Tu, cosa devi fare?
STEFANIA:	Anch'io ho da fare. Per prima cosa, voglio comprare i biglietti per il treno per Palermo. E poi, vorrei vedere un certo negozio.° Ma prima, beviamo un caffè. C'è un bel bar qui all'angolo. Ti offro io!	*a certain store*
ALESSANDRA:	Ben volentieri!

Dopo il bar

ALESSANDRA:	Che buono, quel caffè! Grazie!
STEFANIA:	Prego! Guarda, puoi imbucare la tua lettera qui—c'è una buca delle lettere.
ALESSANDRA:	Preferisco spedire le mie lettere direttamente dall'ufficio postale.
STEFANIA:	Se tu insisti. Ah, ecco un'edicola. Possiamo prendere il giornale. Compriamo anche *Il Corriere dello Sport* per i ragazzi?
ALESSANDRA:	Va bene. E le nostre commissioni sono quasi finite.° Ma Stefania, quale negozio vuoi vedere?	*almost done*
STEFANIA:	La Casa della Sposa!

Tipiche buche delle lettere

A **Comprensione: chi lo fa?**   Indicare se le seguenti frasi descrivono Stefania o Alessandra.

Aspettava vicino al duomo.
È andata in banca.
Era senza soldi.
Deve andare all'ufficio postale perché ha bisogno di francobolli.
Suggerisce di bere un caffè.
Vuole comprare il giornale.
Compra biglietti per il treno.
Preferisce portare le lettere all'ufficio postale.
Vuole andare al negozio La Casa della Sposa.

B **Comprensione: le domande.**   Rispondere alle domande utilizzando le informazioni contenute nell'**Incontro.**

1. Dove sono Alessandra e Stefania? Cosa fanno oggi?
2. Quali commissioni deve fare Alessandra? e Stefania?
3. Dove prendono il caffè? È buono?
4. Dove vanno dopo il caffè?
5. Stefania vuole far vedere (*to show*) un certo negozio ad Alessandra. Quale negozio? Perché?

 La storia continua.   Immaginare la reazione di Alessandra alle parole di Stefania. Con un compagno/una compagna, continuare la conversazione.

Esempio: —La Casa della Sposa!
            —Ma, La Casa della Sposa? Perché? Non mi dire che tu... ?
            —Sì, io e Luca...

In altre parole

scusa, scusi	*excuse me (inf., form.)*
essere in ritardo	*to be late*
avere da fare	*to have things to do*
ti offro io	*my treat*
ben volentieri	*with pleasure*

D **Che cosa dici?**   Rispondere alle seguenti situazioni con un'espressione da **In altre parole.**

1. Un amico ti invita per un caffè, ma hai fretta.
2. Vai al cinema con un amico, ma lui è senza soldi.
3. Due amici ti invitano a teatro.
4. Hai un appuntamento al bar alle 7.30, ma la tua amica arriva alle 7.45.
5. Sei alla fermata dell'autobus e vuoi sapere che ore sono. Vedi una signora con un orologio.

E **Dialogo.**   Completare il seguente dialogo:

GERARDO: Vuoi mangiare una pizza insieme a me?

SUSANNA: Mi dispiace, non posso. _____.

GERARDO: Ma sono le 7.30. Non hai fame?

SUSANNA: In effetti, ho tanta fame. Allora, _____.

GERARDO: Benone! Conosco una buona pizzeria qui vicino.
_____.

SUSANNA: Grazie! Sei molto gentile.

F **Benvenuto/a nella nostra città!**   Creare un dialogo secondo i seguenti suggerimenti.

S1: Sei uno studente italiano/una studentessa italiana che visita gli Stati Uniti. Hai bisogno di fare delle commissioni: devi comprare francobolli e spedire lettere, cambiare lire italiane in dollari e comprare il dentifricio (*toothpaste*). Per fortuna incontri uno studente/una studentessa che parla italiano. Salutare, presentarsi (*introduce yourself*) e chiedere le informazioni necessarie.

S2: Incontri un giovane italiano/una giovane italiana che è in visita nella città della tua università. Non conosce bene l'America e non parla inglese. Cercare di aiutare questa persona quando chiede informazioni.

Esempio: —Scusa, mi puoi dire dove posso comprare francobolli?
—Certo! Ma allora tu sei italiano/a? ecc.

D.3 Punti grammaticali

Le preposizioni articolate

Andiamo **alla** stazione.	We're going to the station.
Il prezzo **dei** biglietti è 30.000 lire.	The price of the tickets is 30.000 lire.
Saliamo **sull'**autobus.	We're getting on the bus.
I miei libri sono **nello** zaino.	My books are in the knapsack.
Preferisco spedire le lettere **dall'**ufficio postale.	I prefer to mail letters from the post office.

1. When the prepositions **a, da, di, in,** and **su** precede the definite article, they combine with the article to form a single word (**una preposizione articolata**).

   È il mio amico Mario.   Telefono **al** mio amico Mario.
   Ho due libri e uno zaino. Ci sono due libri **nello** zaino.

   Note that **di** becomes **de** and **in** becomes **ne** when combined.

	a	da	di	in	su
il	al	dal	del	nel	sul
l'	all'	dall'	dell'	nell'	sull'
lo	allo	dallo	dello	nello	sullo
i	ai	dai	dei	nei	sui
gli	agli	dagli	degli	negli	sugli
la	alla	dalla	della	nella	sulla
l'	all'	dall'	dell'	nell'	sull'
le	alle	dalle	delle	nelle	sulle

2. In a number of common phrases designating locations, the preposition **in** is used without the definite article. These phrases are invariable.

in banca	in centro	in piazza
in biblioteca	in chiesa	in ufficio
in camera	in giardino	in piedi (*standing*)

   In contracts, however, if the noun is modified.

   Hanno una casa **in Italia;** è **nell'Italia** centrale.
   Vivono **negli** Stati Uniti.

3. The preposition **a** is also used in certain fixed phrases without the article.

   a casa (*at home*)   a scuola (*at school*)   a piedi (*by foot*)

4. Because prepositions have variable meanings, their uses are idiomatic and must often be memorized.

Leggo l'articolo **sul** giornale.   *I read the article in the newspaper.*
Vedo il programma **alla** televisione.   *I see the program on television.*
La gelateria è **in** via Cavour.   *The ice cream shop is on Via Cavour.*

5. Some prepositions, like **per, con, tra,** and **fra,** do not combine with the article.

A **Risposte negative.**   Rispondere negativamente alle seguenti domande utilizzando le espressioni suggerite.

Attività

Esempio: Arrivi dalla stazione? (l'università)
          No, arrivo dall'università.

1. Il televisore è nella camera da letto? (salotto) *No, nell·salotto*
2. È una studentessa al liceo scientifico? (l'istituto tecnico)
3. Quella è la casa dei nonni? (zii)
4. L'orologio è sul tavolo? (lo scaffale)
5. Metti la penna nella cartella? (lo zaino)
6. Tu vieni dalla Calabria? (il Lazio)
7. Studi con gli amici? (le amiche)
8. Andiamo alle catacombe oggi? (i Musei Vaticani)

B **Di chi è... ?**   Modellare una domanda e una risposta secondo l'esempio:

Esempio: la cartella / la studentessa
          —Di chi è quella cartella?
          —Questa? È la cartella della studentessa.

1. i biglietti / lo zio
2. la lettera / le amiche
3. la rivista / la mia professoressa
4. il giornale / l'insegnante
5. l'appartamento / i miei
6. la borsa / il dottore
7. i francobolli / le signore
8. il caffè / lo studente
9. la fotografia / le mie cugine
10. la macchina / gli amici

 Mi piace fare così.   Dire al compagno/alla compagna che cosa ti piace fare nei seguenti luoghi (*places*).

Esempio: in centro
          In centro mi piace guardare i negozi.

a casa   al campo sportivo
in biblioteca   a scuola
in chiesa   in discoteca
in giardino

D **La vita dello studente.** Completare il brano con appropriate preposizioni articolate o semplici.

Sono di un piccolo paese _____ isole Lipari ma studio _____ università di Palermo. Durante l'anno accademico abito _____ appartamento _____ miei nonni che è _____ centro. Sono iscritto _____ Facoltà di Economia e Commercio. La mattina esco di casa _____ otto e mezzo perché ho la prima lezione _____ nove. _____ mezzogiorno mangio _____ gli amici _____ mensa o faccio una passeggiata _____ giardini pubblici. _____ pomeriggio aiuto mio zio _____ suo negozio.

E **Devo fare delle commissioni.** Descrivere al compagno/alla compagna una tipica giornata dedicata alle commissioni. Dire dove vai e perché.

Esempio: È sabato mattina e devo fare delle commissioni.

Per prima vado alla ... perché voglio comprare...
Poi vado in ... per...
E infine passo dal ... perché...

Immagini e parole
Come si vive in Italia

A **Tipi di casa.** Trovare nella lista espressioni che rispondono a queste domande:

Attività di pre-lettura

Dove può essere una casa?
Come possono essere le case?
Quali sono alcuni tipi di abitazione?

al mare	antiche	appartamento
casa	costose	in città
nel centro storico	in montagna	in periferia
modernizzate	omogenee (*homogeneous*)	piccole
preziose (*precious*)	vecchie	villa

B **Come si vive negli Stati Uniti.** Fare le seguenti domande ad un altro studente/un'altra studentessa.

1. La tua famiglia abita in un appartamento o in una villetta?
2. La tua famiglia ha una seconda casa? Dov'è? al mare? in montagna?
3. Come sono le case della tua zona? Sono di recente costruzione o sono antiche? Sono omogenee e tutte uguali o sono differenti?
4. Le case nella tua zona sono costose? e gli appartamenti?
5. È difficile trovare un appartamento nella tua città? Perché?

Palazzi moderni, Milano

Per gli Italiani, la casa è preziosa: gli Italiani amano le loro abitazioni, perché generalmente la casa significa famiglia e tradizioni.

Nelle città per lo più la gente vive in appartamenti, in affitto o di proprietà.° Spesso ci sono terrazze, dove far crescere delle piante come il basilico o il rosmarino; avere un po' di verde in casa, anche se in città, è molto importante. Sulle terrazze, poi, si può stendere il bucato° al sole. Le case in città sono molto costose, soprattutto se sono nel centro storico o in zone residenziali. Ma anche nelle periferie non è facile trovare una casa. Le giovani coppie fanno molti sacrifici per mettere su casa!°

owned

laundry

to set up a household

Recentemente sono molto apprezzate le case ristrutturate,° cioè case vecchie già esistenti, che vengono modernizzate° all'interno ma lasciate il più possibile nella forma originale. Gli Italiani amano il design e la comodità di oggetti moderni, ma apprezzano anche il valore del passato.

restored
are modernized

Fuori dalle città ci sono ville o villette, moderne o antiche, generalmente con il giardino. Spesso intorno al centro dei paesi ci sono aree di recente costruzione: villette "a schiera,"° cioè una serie di piccole abitazioni in fila,° omogenee, quasi sempre con un po' di verde. Alcune indicazioni dicono che più di sessanta per cento delle famiglie italiane hanno una seconda casa, una casa per la vacanza in montagna o al mare.

"in groups" / row houses

A **Vero o falso?** Decidere se le seguenti affermazioni sono corrette oppure no.

1. Le giovani coppie in Italia hanno difficoltà a trovare una casa.
2. Molte famiglie hanno una seconda casa, al mare o in montagna.
3. Le case in centro non costano molto.
4. Le case di recente costruzione sono per lo più in periferia.
5. Molti Italiani usano le terrazze per stendere il bucato.
6. Il rosmarino e il basilico sono mobili.

Attività

Casa in stucco con bicicletta

B **Comprensione.** Rispondere alle seguenti domande.

1. Perché gli Italiani amano le loro case? Cosa significano per loro?
2. Dove vive la gente in città, per lo più?
3. Come si chiama una vecchia casa modernizzata?
4. Che tipo di casa si trova normalmente fuori città?
5. Che cos'è una villa? e una villetta?

C **Che cosa significa per te la casa?** Trovare nella lista tre parole che tu associ con la parola *casa*. Poi ad un altro studente/un'altra studentessa spiegare il perché delle proprie associazioni.

Esempio: Per me la casa significa ... perché...

a schiera	amore	famiglia
giardino	lontano	periferia
preziosa	problemi	quattro pareti
radici	sacrifici	memorie
tradizione	tranquillità	vacanza

D **I nuovi sposi cercano casa.** Voi siete Luca e Stefania. Fra poco vi sposate e avete bisogno di mettere su casa! Ognuno di voi esprime all'altro/a che tipo di casa vuole e dove la vuole. Cercare di trovare un accordo (*come to an agreement*).

Esempio: —Luca, io voglio una casa vicino al...
—Ma Stefania, io preferisco...
—Forse possiamo...

Ritratto

Antonio Miccichè

Salve! Di dov'è Lei?
Benvenuto a San Giuseppe Jato! Sono Antonio Miccichè, e sono siciliano. Sono nato° a Palermo e ho 34 anni.

I was born

Ha studiato? È laureato?
Sì, ho studiato medicina all'Università di Padova, dove ho fatto anche la specializzazione in reumatologia.

Allora, Lei è medico?
No, non faccio il medico—sono libero professionista.° Insieme al mio fratello minore produco vino a San Giuseppe Jato. Grazie anche all'aiuto della CEE° abbiamo iniziato° una nostra propria attività. La CEE aiuta la Sicilia nello sviluppo° dell'economia. →

self-employed

European Economic Community / we began development

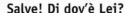

Quanto è grande la vostra azienda?

Abbiamo quaranta impiegati° che lavorano per noi e pressapoco° cento operai° aiutano durante la vendemmia.° La nostra è un'azienda di famiglia—oltre a mio fratello ci lavora mia cognata, mia sorella e due nostri cugini. Comunque utilizziamo la più moderna tecnologia ed esportiamo circa° l'ottanta per cento della nostra produzione.

Quindi, si può comprare il vostro vino all'estero?°

Come no! Certo, si chiama Terre di Ginestra, è un vino bianco che va bevuto° con il pesce. Lo esportiamo anche negli Stati Uniti.

*employees / about
workers / harvest*

approximately

abroad

is drunk

Attività

A Comprensione.   Rispondere alle seguenti domande:

1. Di dov'è Antonio Miccichè? Quanti anni ha?
2. Che lavoro fa?
3. Che cosa e dove ha studiato?
4. Che aiuta dà la CEE alla Sicilia?
5. Quanti impiegati lavorano per Antonio? Quali sono parenti?
6. Usano la tecnologia per produrre il vino?
7. È possibile comprare il loro vino fuori dall'Italia? Dove?

B Esportazione/Importazione.   Il vino prodotto nella vigna di Antonio Miccichè, come altri vini italiani, viene esportato (*is exported*) negli Stati Uniti. Quali altri prodotti italiani si trovano facilmente (*are easily found*) nei supermercati e nei negozi americani? Fare una lista dei prodotti italiani e della marca (*brand name*).

C Tema.   Scegliere uno dei seguenti temi da sviluppare (*develop*) in una breve composizione:

1. La mia casa ideale: dov'è, com'è, che cosa ha ecc.
2. L'importanza della famiglia nella mia vita.
3. Il matrimonio di mia cugina (amico/sorella ecc.).

Ciak! Italia

Attività

A Due personaggi, due personalità.   Before viewing the video, look at the list on the next page and describe Piero and Gabriella by writing P or G next to the adjectives that describe what you know of them so far. After viewing, make any changes you like and compare your responses with those of a classmate.

_____ amichevole (_friendly_)   _____ responsabile
_____ rilassato/a (_relaxed_)   _____ frivolo/a (_frivolous_)
_____ preoccupato/a (_worried_)   _____ nervoso/a
_____ serio/a

B **Una telefonata.**   You telephone an aunt in a distant city to ask if she is coming to your sister's wedding. Model a dialogue using the following expressions:

Pronto!   Ciao, zia!   Come stai?   Come stanno i cugini?
Che tempo fa?   Non posso venire, mi dispiace!
Quando ci vediamo?   A presto, zia!   Bene, e tu?   Arrivederci!
Bacioni!

C **Vero o no?**   While viewing, mark the following statements true (**vero**) or false (**falso**).

1. __f__ Gabriella va in Sicilia a visitare la sua famiglia.
2. __v__ Zia Amalia dice "Chi è questo Piero? È il tuo fidanzato?"
3. __f__ Gabriella e Piero vanno in Sicilia per fare i bagni in mare.
4. __f__ Gabriella accetta volentieri da Piero l'offerta di un caffè.
5. __v__ Piero studia i libri sulla Sicilia al tavolino di un bar.

D **Che cos'è successo** (_What happened_)?   Piero and Gabriella have been very busy. After watching the video once, number the following sentences in the correct order.

a. __7__ Gabriella deve fare la spesa perché alcuni amici vanno a cena da lei.
b. __6__ Piero offre un caffè a Gabriella.
c. __3__ La zia dice che in Sicilia fa bello.
d. __2__ Gabriella dice che non può andare al matrimonio della cugina Giulia.
e. __8__ Piero si siede (_sits_) al tavolino di un bar.
f. __1__ Gabriella telefona alla zia Amalia in Sicilia.
g. __5__ Piero e Gabriella camminano in centro.
h. __4__ Piero va a casa di Gabriella perché vuole dei libri sulla Sicilia.

E **Appunti sulla Sicilia.**   Read Gabriella's notes on Sicily and then answer the questions based on your interpretation of her notes.

1. Quale città era (_was_) parte della Magna Grecia?
2. Dove fanno spettacoli (_shows_) nell'arena greca?
3. Quale città è la città principale della regione?
4. Dov'è un castello normanno?
5. In quale città troviamo la Valle dei templi con cinque templi?
6. Dove ci sono rovine magnifiche?

Palermo – città principale della regione
Catania – città seconda in grandezza
Selinunte – rovine magnifiche
Taormina – arena, spettacoli, bel mare
Cefalù – castello normanno
Agrigento – la Valle dei Templi
Siracusa – baia, Magna Grecia
Messina – arriva il traghetto

traghetto _ferry_

Comprare: Facciamo delle commissioni!

La verdura è fresca fresca
al mercato all'aperto

Communicative goals

- Talking about past actions and events
- Specifying quantities
- Talking about food
- Shopping for food
- Shopping in specialty stores
- Handling and changing money
- Avoiding redundancy
- Expressing *there*

UMBRIA

Al mercato all'aperto

A.1 Si dice così

il mercato all'aperto	*open-air market*	**il latte**	*milk*
la bancarella	*vendor's stand/booth*	**il pane**	*bread*
il venditore/la venditrice	*vendor*	**il formaggio**	*cheese*
il fruttivendolo	*fruit vendor*	**l'uovo** (*pl.* **le uova**)	*egg*
il pescivendolo	*fish vendor*	**fresco**	*fresh*
il macellaio	*butcher*	**surgelato**	*frozen*
il pesce	*fish*	**cotto**	*cooked*
la carne	*meat*	**crudo**	*raw*
la bistecca	*steak*	**maturo**	*ripe*
il vitello	*veal*	**essere di stagione**	*to be in season*
il prosciutto	*ham*	**assaggiare**	*to try/to taste*
l'agnello	*lamb*	**fare la spesa**	*to shop for food*
il pollo	*chicken*		

in salumeria – deli
il salumiere – person who works in a deli

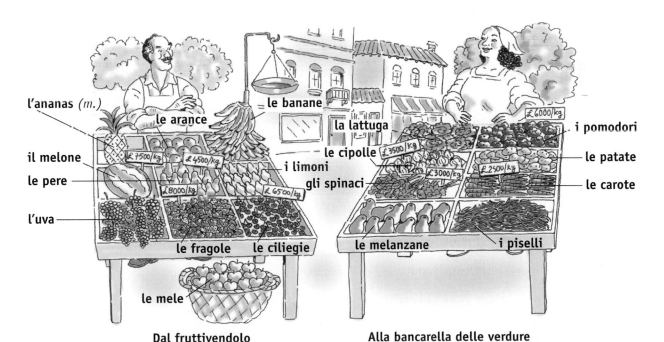

Dal fruttivendolo

Alla bancarella delle verdure

l'ananas (m.)
le arance
le banane
la lattuga
i pomodori
il melone
le cipolle
le patate
le pere
i limoni
gli spinaci
le carote
l'uva
le fragole   le ciliegie
le melanzane   i piselli
le mele

£7500/kg   £4500/kg   £8000/kg   £6500/kg   £6000/kg   £3500/kg   £3000/kg   £2500/kg

 Dove lo compri?   Chiedere al compagno/alla compagna dove può comprare le seguenti cose.

Attività

Esempio: cipolle   —Dove puoi comprare le cipolle?
—Posso comprare le cipolle alla bancarella della verdura.

1. carote	3. pomodori	5. bistecca	7. ananas	9. melanzane
2. pesce	4. spinaci	6. prosciutto	8. fragole	10. mele

Vuoi assaggiare?   Chiedere ad un compagno/una compagna se vuole assaggiare le seguenti cose. Rispondere usando il verbo **piacere.**

Esempio: —Vuoi assaggiare le ciliegie?
          —Sì, grazie. Mi piacciono le ciliegie! / No, grazie. Non mi piacciono!

1. la bistecca   5. l'insalata
2. il vitello   6. le carote
3. gli spinaci   7. i tortellini
4. il melone   8. il pollo

C **Preferenze personali.**   Fare le seguenti domande ad un compagno/una compagna.

1. Qual è la tua frutta preferita?
2. Quali sono le verdure che ti piacciono? Quali non mangi?
3. Preferisci la verdura o la frutta?
4. Preferisci la carne o il pesce? Mangi spesso o raramente il pesce?
5. Ci sono mercati all'aperto nella tua città?
6. Ti piace fare la spesa? Dove vai per comprare frutta e verdura fresche?
7. Dove preferisci mangiare: a casa, al ristorante o alla mensa?

D **Il menù.**   Inviti tre amici a cena e vuoi servire un minestrone (*vegetable soup*) e una macedonia (*fruit salad*). Devi andare al mercato a fare la spesa. Dove vai? Cosa compri? Usi frutta fresca o surgelata?

A.2 Incontro

Una mattinata al mercato.   *Mirella e Carolina vivono insieme in un appartamento in centro a Perugia. Raccontano che cosa hanno fatto questa mattina.*

MIRELLA:	Ciao, Carolina, dove sei stata?
CAROLINA:	Sono uscita molto presto.° Sono andata al mercato all'aperto. *very early*
MIRELLA:	Perfetto! Ho fame! Che cosa hai preso?
CAROLINA:	Delle banane, un melone fresco fresco e delle ciliegie.
MIRELLA:	Non hai comprato le fragole?
CAROLINA:	No, perché? Ti piacciono?
MIRELLA:	Come no! Moltissimo! E sono di stagione!
CAROLINA:	Se vuoi, esco di nuovo...
MIRELLA:	No, va bene. Oggi le cerco dal fruttivendolo in Via Mazzini.
CAROLINA:	Ma che dormigliona° che sei stamattina! *sleepyhead*
MIRELLA:	Sono tornata tardissimo° ieri notte! Ma mi sono divertita° *very late / I had a good time* molto. Sono andata a casa di Michele. Anche Silvia è venuta. Poi siamo andati al cinema in Borgo Bigordi.
CAROLINA:	Quale film avete visto?
MIRELLA:	Un film di Tornatore.
CAROLINA:	Che bello! È venuto anche Pino?
MIRELLA:	Pino? No, perché?

CAROLINA: Perché ha telefonato qui alle 7.30 e io ho detto che eri fuori°   *you were out*
                 con amici.
MIRELLA: Oh, no!

A **Comprensione: Chi l'ha fatto?**   Dire chi ha fatto le seguenti cose:
Carolina o Mirella.

1. È uscita presto stamattina.
2. È andata al mercato all'aperto.
3. Ha dormito molto stamattina.
4. Ha comprato delle banane e un melone.
5. È tornata molto tardi ieri notte.
6. Ha incontrato due amici ed è andata al cinema con loro.
7. Le piacciono le fragole.
8. Ha parlato al telefono con Pino ieri sera.

B **Comprensione: le domande.**   Rispondere alle seguenti domande.

1. Dove vivono Carolina e Mirella?
2. Dov'è andata stamattina Carolina e che cosa ha fatto lì?
3. Dov'è andata ieri sera Mirella? Con chi?
4. Quale film hanno visto gli amici?
5. Secondo te, perché ha telefonato Pino ieri sera? Perché Mirella dice
   "Oh, no!"?

C **Il dormiglione/la dormigliona.**   Intervistare un compagno/una
compagna per scoprire se è dormiglione/a. Domande possibili:

—Sei dormiglione/a tu?
—Ti piace dormire fino a molto tardi? Perché?

In altre parole

fresco fresco	*very fresh*
di nuovo	*again*
come no!	*and how!*
che bello!	*how nice!/how wonderful!*

D **Le risposte logiche.**   Trovare nella colonna B la risposta logica per ogni
frase della colonna A.

A	*B*
Ho dimenticato di comprare le ciliegie!	Che bello! È il mio film preferito!
Signora, è di stagione l'uva?	Come no! Ha chiamato sei volte.
Mi ha telefonato Pino?	Che dormiglione!
Oggi ho dormito fino a mezzogiorno.	Sì. Vuole assaggiare? È fresca fresca.
Ieri sera ho visto *Cinema Paradiso* di Tornatore.	Allora devi uscire di nuovo.

PRENDI 3 PAGHI 2 3×2 3×2

Acqua San Benedetto
naturale
bottiglia lt. 2

1 pezzo **820**   3 pezzi **1.640**
(da L 410 a L 273 dlt)   (anziché L 2.460)

Birra Windmill
chiara/scura
bottiglia d. 33x3

1 pezzo **3.350**   3 pezzi **6.700**
(dlt 3.384 a L 2.257 dlt)   (anziché L 10.050)

Succhi di frutta Restoy
gusti assortiti
d. 20x3

1 pezzo **2.400**   3 pezzi **4.800**
(da L 4000 a L 2.668 dlt)   (anziché L 7.200)

Vino Pinot/Rosé/Verduzzo
Duchessa Lia
d. 75

1 pezzo **3.390**   3 pezzi **6.780**
(da L 4.520 a L 3.015 dlt)   (anziché L 10.170)

Birra Henninger
bottiglia d. 66

1 pezzo **1.420**   3 pezzi **2.840**
(da L 2.151 a L 1.435 dlt)   (anziché L 4.260)

Spumante alla pesca
Miss Cora
d. 75

1 pezzo **7.350**   3 pezzi **14.700**
(da L 9.800 a L 6.537 dlt)   (anziché L 22.050)

Biscotti Baroni
gr. 750

1 pezzo **2.580**   3 pezzi **5.160**
(da L 3.440 a L 2.294 dkg)   (anziché L 7.740)

Dadi Knorr Gran Sapore
conf. 10 cubi gr. 110

1 pezzo **1.650**   3 pezzi **3.300**
(da L 15.000 a L 10.005 dlt)   (anziché L 4.950)

Riso Arborio Principe
kg. 1

1 pezzo **2.930**   3 pezzi **5.860**
(anziché L 8.790)

E **Che buono!**   Il tuo compagno/La tua compagna torna dal mercato dove
ha comprato tre dei prodotti indicati nella pubblicità. Chiedere che cosa
ha comprato e commentare, secondo il modello.

Esempio: —Che cosa hai comprato?
          —Ho comprato un chilo di biscotti Baroni...
          —Che buoni! Mi piacciono moltissimo! / Non mi piacciono...

A.3 Punti grammaticali

Il passato prossimo

Ieri **ho mangiato** i tortellini.   *I ate tortellini yesterday.*
La settimana scorsa **abbiamo visto**   *Last week we saw a good film.*
  un bel film.
Hai letto il giornale ieri?   *Did you read the newspaper yesterday?*
Sono andata al mercato stamattina.   *I went to the market this morning.*
Ieri sera **siamo usciti** con amici.   *Last night we went out with friends.*

1. The **passato prossimo** (present perfect) is used to describe actions or events
   that took place in the past.

Ho comprato la frutta. $\left\{\begin{array}{l} \text{\textit{I bought the fruit.}} \\ \text{\textit{I have bought the fruit.}} \\ \text{\textit{I did buy the fruit.}} \end{array}\right.$

It is a compound tense, formed with the present tense of **avere** or **essere** (known as the auxiliary) and the past participle of the verb.

mangiare	
ho mangiato	abbiamo mangiato
hai mangiato	avete mangiato
ha mangiato	hanno mangiato

andare	
sono andato/a	siamo andati/e
sei andato/a	siete andati/e
è andato/a	sono andati/e

2. The past participles of regular verbs are formed as follows:

mangiare	(-ato)	mangiato
vendere	(-uto)	venduto
finire	(-ito)	finito

3. Most Italian verbs use **avere** as the auxiliary. These verbs are transitive—that is, they can take a direct object, the person or thing that receives the action of the verb. For example, in *I ate the cake,* the direct object is *the cake.*

Ho comprato i francobolli.	*I bought the stamps.*
Abbiamo mangiato la carne.	*We ate the meat.*
Chi **avete incontrato** ieri sera?	*Whom did you meet last night?*
Angelo **ha pesato** le fragole.	*Angelo weighed the strawberries.*

4. Verbs that use **essere** as their auxiliary are called intransitive verbs; they do not take a direct object. When a verb is conjugated with **essere,** the past participle agrees with the subject of the sentence in gender and number. If the subject is plural and includes a masculine noun (or a male person), the masculine plural form is used.

Io **sono nata** a Perugia.	*I was born in Perugia.*
Noi **siamo tornati** da Assisi.	*We came back from Assisi.*
Elisa **è partita** per Spoleto.	*Elisa left for Spoleto.*
Giulia ed Anna **sono nate** a Todi.	*Giulia and Anna were born in Todi.*
Marco e Gina **sono venuti** da Gubbio.	*Marco and Gina came from Gubbio.*

5. Many verbs that use **essere** can be paired by opposite actions, and describe motion and states of being.

andare	*to go*	**venire**	*to come*
arrivare	*to arrive*	**partire**	*to leave*
nascere	*to be born*	**morire**	*to die*
scendere	*to ascend*	**salire**	*to descend*
uscire	*to exit*	**entrare**	*to enter*

see appendix A.3 also

Other verbs that use **essere** are **tornare** (*to come back*), **crescere** (*to grow*), **vivere** (*to live*), **rimanere** (*to remain*), and **piacere** (*to be pleasing*).

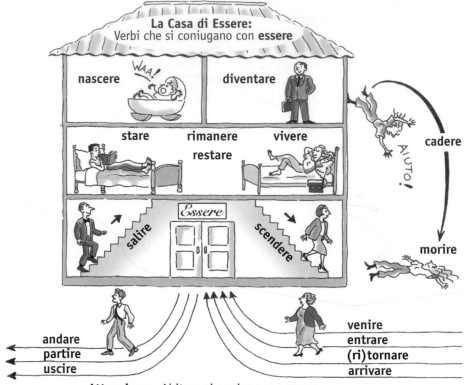

Attenzione: Abitare si coniuga con **avere.**

Avere takes **avere** in the **passato prossimo,** and **essere** takes **essere:**

Ho avuto un'idea brillante!   *I had a brilliant idea!*
Sono stato in Italia l'anno scorso.   *I was in Italy last year.*

6. Many Italian verbs, particularly second conjugation **-ere** verbs, have irregular
   past participles. Among the most common are:

infinitive	past participle	infinitive	past participle
leggere	letto	ammettere	ammesso
scrivere	scritto	mettere	messo
fare	fatto	promettere	promesso
dire	detto	chiudere	chiuso
rimanere	rimasto	prendere	preso
rispondere	risposto	scendere	sceso
chiedere	chiesto	decidere	deciso
vedere	visto	uccidere	ucciso
stare	stato	ridere	riso
nascere	nato	morire	morto
dare	dato	aprire	aperto
scegliere	scelto	offrire	offerto
vivere	vissuto	rompere	rotto
bere	bevuto	tradurre	tradotto
venire	venuto		

Vedere and **perdere** have two past participles:

vedere   visto, veduto
perdere   perso, perduto

7. Among the most common expressions used to indicate when past actions occurred are:

ieri	*yesterday*	**la settimana scorsa**	*last week*
ieri sera	*last night*	**sabato scorso**	*last Saturday*
l'altro ieri	*the other day*	**il mese scorso**	*last month*
un'ora fa	*an hour ago*	**l'anno scorso**	*last year*
una settimana fa	*a week ago*	**già**	*already*
un mese fa	*a month ago*	**mai**	*ever*
un anno fa	*a year ago*		

Hai **mai** visto il film *Amarcord?*   *Have you ever seen the film* Amarcord?
Ho incontrato Luigi **un'ora fa.**   *I met Luigi an hour ago.*
Siamo usciti **sabato scorso.**   *We went out last Saturday.*
Hanno **già** visitato l'Umbria.   *They've already visited Umbria.*

(A) Cambiamo soggetto.   Riscrivere i seguenti brani con i nuovi soggetti indicati.

Attività

Ieri sera io sono andato a casa di due miei amici. Ho mangiato con loro e poi sono andato al cinema: ho visto il nuovo film di Salvatores. Poi sono tornato a casa e ho letto fino alle (*until*) undici.

Ieri sera Alessandra... (Alessandra ed io; Alessandra e suo marito)

Stamattina Caterina è andata all'università. Per prima cosa, ha preso lo zaino e ha messo dentro i suoi libri. Poi ha chiuso la porta di casa ed è uscita. All'università Caterina è entrata nell'aula e ha salutato il professore. Durante la lezione ha risposto alle domande del professore.

Stamattina Fabio e Andrea... (voi; tu)

(B) La festa di Alberto.   Completare il brano mettendo il verbo dato al passato prossimo. Non dimenticare di accordare (*make an agreement*) il participio passato al soggetto, dove necessario.

Alberto (nascere) a Perugia ma (vivere) a Roma per molti anni. Lui (decidere) di tornare a vivere a Perugia perché (trovare) la vita a Roma troppo caotica. I genitori di Alberto (fare) una festa per celebrare il ritorno del figlio. (Invitare) tutti i suoi vecchi amici. Infatti Alberto (frequentare) l'Università della città. In quegli anni Alberto (conoscere) molti studenti americani perché a Perugia c'è anche una famosa università per stranieri. I genitori di Alberto (preparare) una cena magnifica. Quando io (entrare) e (vedere) Alberto, (dire) subito: Bravo! Tu (tornare) al vecchio paese!

C **Le colonne.**   Formulare delle frasi scegliendo un elemento da ciascuna
colonna (*each column*). Mettere i verbi al passato prossimo.

Claudio	assaggiare	un bel melone.
Il fruttivendolo	chiudere	la verdura al mercato.
Noi	bere	la loro cena.
Io	scegliere	l'acqua minerale con gas.
Gli sposi	vendere	le porte del salotto.
I bambini	comprare	l'autobus per andare in centro.
Tu	prendere	le melanzane.
Elena ed io	gustare	i pomodori maturi.

D **La febbre del sabato sera** (*Saturday-night fever*).   I disegni mostrano
quattro giovani che sono usciti sabato sera. Che cosa hanno fatto?

Massimiliano

Giorgio ed Emilia

Mirella e Carolina

Enzo

E **Intervista.**   Chiedere ad un compagno/una compagna che cosa ha fatto
sabato scorso. Ecco delle domande possibili:

Sei uscito/a? Dove sei andato/a?
Dove hai mangiato? Con chi?
Che cosa hai fatto dopo cena?
Hai ascoltato della musica?
Hai fatto una telefonata? A chi?
Hai guardato la televisione? Hai visto un film?

I numeri da 100 a 1.000.000.000

Un secolo dura **cento** anni.	*A century lasts one hundred years.*
Ho **mille** lire in tasca.	*I have a thousand lire in my pocket.*
Questo libro costa **ventimila** lire.	*This book costs twenty thousand lire.*
Lei ha vinto **un milione** di dollari.	*She won a million dollars.*
Lorenzo de' Medici è morto nel **millequattrocentonovantadue.**	*Lorenzo de' Medici died in 1492.*

1. In Italian numbers are usually written as one word:

millenovecentonovantanove	1999
trecentosessantacinque	365

2. The plural form of **mille** is **-mila: duemila, diecimila.**

3. The indefinite article is not used with **cento** or **mille,** but is used with **milione** and **miliardo. Milione** and **miliardo** require the preposition **di** when followed by a noun.

Il *Decameron* ha cento novelle.	*The* Decameron *has a hundred stories.*
Lui ha pagato un miliardo di lire di tasse.	*He paid a billion lire in taxes.*

Attività

A **Anni importanti.**   Leggere a voce alta le seguenti frasi.

1. La data della mitica fondazione di Roma è il 21 aprile del 753 avanti Cristo (BC).
2. Dante è nato nel 1265 ed è morto nel 1321.
3. Nel 1492 è morto Lorenzo de' Medici, e Cristoforo Colombo è arrivato nel Nuovo Mondo.
4. L'Inquisizione ha condannato Galileo Galilei nel 1632.
5. Nel 1900 hanno presentato la *Tosca* di Puccini per la prima volta.
6. Nel 1943 le forze alleate hanno invaso la Sicilia.
7. L'Italia è diventata una repubblica nel 1946.

B **La Repubblica Italiana.**   Leggere i seguenti numeri.

Data dell'unificazione:	1870
Superficie:	301.230 chilometri quadrati
Coste:	4996 chilometri
Strade statali:	298.000 chilometri
Popolazione:	58.018.500
Numero di telefoni:	25.600.000
Animali domestici:	8.950.000 cani
	5.380.00 gatti

Le spese al supermercato.   Tu ed un compagno/una compagna avete fatto la spesa in due supermercati differenti. Guardare le ricevute e dire al compagno/alla compagna che cosa hai comprato, quanto hai pagato e il totale.

```
       CENTRO BENNET
         VIA VARESINA
        MONTANO LUCINO

LATTE FRESCO      1.520
ZUCCHINE VAS      1.380
YOSUCCO PERA      1.690
624 MINESTRO      3.570
CILIEGIE ROM      3.000

CON.TI           11.160

15:18   29/05/96
```

```
             CONAD
   GALLERIA SPINACETO, ROMA
       29/05/96   16:39

PIZZABELLA
SPRITE LATTI         2.300
SPRITE LATTI          .640
COCA COLA LA          .640
PATATINE CA           .640
CIBO CANE BE         2.780
                     5.190
TOT
                    12.190
```

I soldi, le misure

il/la cliente   la bilancia   lo scontrino/la ricevuta   la cassa   il cassiere/la cassiera   il denaro/i soldi

B.1 Si dice così

il prezzo	*price*	economico	*economic/cheap*
il conto	*bill, check*	pagare in contanti	*to pay cash*
il resto	*change*	incassare	*to cash a check*
lo sconto	*discount*	pesare	*to weigh*
il prestito	*loan*	spendere	*to spend*
l'affare	*deal/bargain*	costare	*to cost*
la bilancia	*scale*	risparmiare	*to save*
il peso	*weight*	prestare	*to lend*
caro	*expensive*	cambiare	*to change/exchange*
costoso	*costly*	essere senza una lira	*to be without a cent*
conveniente	*cheap/reasonably priced*		

le banconote

la carta di credito

il portafoglio

le monete/
gli spiccioli

l'assegno

Lo sapevi che... ?

A **chilo** or kilogram contains a thousand grams (**milligrammi**) and is equivalent to 2.2 pounds. An **etto** is a common measurement, equal to 100 grams or one-tenth of a kilo. A **litro** is approximately a quart. Although the pound has not been used as a unit of measure in Italy since ancient times, our abbreviation *lb.* derives from the Italian word for pound, **libbra**.

A **Le definizioni.**   Trovare nella colonna B definizioni per le parole nella colonna A.

Attività

A

il portafoglio
il prezzo
lo sconto
caro
spendere
la ricevuta
il litro
gli spiccioli

B

la cassiera dà questo al cliente quando ha pagato
le monete, non le banconote
una misura per i liquidi
un prezzo ridotto
dove mettiamo banconote e carte di credito
dare soldi in cambio per un oggetto
quanto costa un certo oggetto
costoso; non economico

B **In banca.**   Completare il seguente dialogo con le parole appropriate.

CASSIERA: Buongiorno, signorina.
SIGNORINA: *Buongiorno*! Desidero incassare questo *l'assegno*.
CASSIERA: Certamente. Cento, duecento, trecento, quattrocento. Ecco le sue *banconote*.
SIGNORINA: Grazie. Se possibile, ho bisogno di *spiccioli*, per fare una telefonata (*to make a phone call*).
CASSIERA: Ecco a Lei.
SIGNORINA: Grazie. Arrivederci!
CASSIERA: *Arrivederci*.

C **Un buon affare!**   Uno studente è il cliente, l'altro è il commesso. Chiedere quanto costano i seguenti oggetti e inventare un prezzo (in lire!) secondo il modello.

Quanto costano — use for plural objects.

Esempio: —Quanto costa questo CD?
           —Sedicimila lire.
           —È un buon affare! / È troppo costoso! / È un prezzo conveniente.

1. una bicicletta
2. un libro di Hemingway
3. un orologio Swatch
4. uno zaino Invicta
5. uno stereo
6. un videoregistratore
7. un computer
8. una macchina usata

Lo sapevi che... ?

Open-air markets offer a wide variety of products at affordable prices. There are stands with clothes, linens, shoes, flowers and plants, and local products. In every town there is a market held at least once a week. In bigger cities there is usually a central market open every day, and a market in each quarter or neighborhood held on a different day of the week.

Le vetrine di un grande
magazzino a Firenze

B.2 Incontro

I ragazzi preparano una cena.   *È mezzogiorno. Pino e Michele fanno la spesa
a Perugia.*

PINO:	Sbrighiamoci! Vorrei comprare delle cose per la cena° e tra poco i negozi chiudono.	*dinner*
MICHELE:	D'accordo! Se non facciamo in tempo,° possiamo andare al mercato che è aperto fino all'una e mezzo. C'è una bancarella che fa sconti incredibili! Ma sei sicuro che Mirella e Carolina vengono a casa nostra stasera?	*if we don't make it in time*
PINO:	Come no! Certo! È il compleanno di Mirella proprio oggi! Senti, devo passare poi in profumeria—voglio prendere un regalo° per lei.	*gift*
MICHELE:	Sei esagerato!° Allora, cosa prepari per la cena?	*you're too much!*
PINO:	La Mirella è vegetariana, quindi faccio la mia specialità—gli spaghetti primavera! Allora, compro i pomodori qui. Costano solo tremilacinquecento lire al chilo.	
MICHELE:	Bene. Quanti ne° compri?	*of them*
PINO:	Tre chili.	
MICHELE:	Tre chili?! Ma non sono troppi?	
PINO:	Ma no!... Mamma mia! Sono senza una lira! Ho solo degli spiccioli. Magari accettano carte di credito!	
MICHELE:	Figurati! Ho del denaro io. Ecco—ti presto ventimila lire. Ma mi raccomando, devi restituirmi i soldi perché...	
PINO:	Grazie, Michele! Sei un vero amico. Eh, guarda che belle fragole! Ne prendo un chilo.	
MICHELE:	Un chilo di fragole! Ma quanto costano?	
PINO:	Dai, Michele, non facciamo i tirchi! Le fragole piacciono tanto a Mirella.	
MICHELE:	Fare i tirchi? Capirai! Con i miei soldi poi!	

Lo sapevi che... ?

In Italy stores usually open at 9:00 A.M., close for lunch at 12:30 P.M., reopen at 3:30 P.M., and close for the night at 7:30 P.M. The **orario continuato**—remaining open all day—is a new phenomenon, largely confined to department stores and open-air markets. Very few stores are open on Sunday, and many shops are closed Monday mornings as well. Food stores close one afternoon a week, which varies from city to city.

Attività

A **Comprensione: vero o falso?** Indicare se le seguenti affermazioni sono vere o false. Correggere le frasi false.

1. Pino e Michele hanno paura che i negozi chiudano.
2. Il mercato rimane aperto fino all'una e mezzo.
3. Il compleanno di Mirella è oggi.
4. Mirella mangia volentieri la carne.
5. I pomodori costano trecentocinquanta lire al chilo.
6. Pino dice che tre chili di pomodori sono troppi.
7. Pino ha i soldi necessari per pagare i pomodori.
8. Pino prende un etto di fragole.

B **Comprensione: le domande.** Rispondere alle seguenti domande.

1. Dove fanno la spesa Michele e Pino?
2. Chi ha invitato Pino a cena? Perché?
3. Che cosa prepara Pino per la cena? Perché?
4. Quanti chili di pomodori compra Pino, e quanto costano?
5. Cosa dice Pino quando vede che non ha soldi?
6. Come paga la verdura?
7. Perché Pino desidera comprare le fragole?

C **Quanto costa?** Guardando (*looking at*) il disegno alla pagina 131, chiedere ad un compagno di classe il prezzo dei seguenti prodotti. Guardare il disegno e inventare una risposta. Commentare se il prezzo è conveniente oppure no.

Esempio: —Quanto costano le carote?   —Quanto costano le fragole?
            —Costano £2500 al chilo.   —Sono £8000 al chilo.
            —Oh, sono economiche!   —Oh, sono care!

1. i pomodori   3. le pere   5. il melone
2. le ciliegie   4. le cipolle   6. gli spinaci

In altre parole

sbrighiamoci!	*let's hurry up!*
mi raccomando!	*I'm warning you!/Don't forget!*
non facciamo i tirchi!	*let's not be cheap!*
capirai!	*you must be kidding!*

D **Esclamazioni!**   Cosa dici alle seguenti persone nelle situazioni descritte?

1. Il film comincia tra poco e la tua amica non è ancora pronta per uscire.
2. Vuoi comprare una bottiglia di profumo Fendi per tua madre, ma tuo fratello dice di no perché è troppo costoso.
3. Sei in centro con un'amica che ama spendere i soldi. L'amica scopre (*discovers*) che non ha soldi, e chiede di usare la tua carta di credito.
4. Sei vegetariano/a. Un amico ti chiede se ti piace la bistecca alla fiorentina.
5. Tuo fratello minore vuole usare la tua bici per andare in centro. Dici di stare attento al traffico. Lui ride (*laughs*).

E **Cambiare banconote.**   Creare un dialogo secondo le seguenti indicazioni.

S1: Vuoi cambiare banconote perché hai bisogno di spiccioli. Entri in un bar e chiedi al cassiere/alla cassiera di cambiare una banconota da centomila lire. Hai molta fretta.

S2: Sei cassiere/cassiera in un bar. Un signore entra e chiede di cambiare una banconota. Non c'è molta moneta nella cassa e dici al cliente di comprare qualcosa. Il cliente è impaziente ma ordina qualcosa.

F **Due mondi a confronto.**   Rispondere alle seguenti domande.

1. A che ora chiudono normalmente i negozi in Italia?
2. Fino quando è aperto il mercato all'aperto?
3. Quando chiudono i negozi normalmente nel tuo paese?
4. Sono aperti i negozi in Italia di domenica? e nel tuo paese?
5. Dove compri la frutta e la verdura normalmente? Preferisci il supermercato o il mercato all'aperto? Perché?

L'esterno e il bancomat di una banca, la Cassa di Risparmio di Torino

Lo sapevi che... ?

*B*anca is a feminine noun, but banks may be called "Banca," "Banco," or "Cassa di Risparmio" (*savings bank*). Among Italy's largest banks are Banca Nazionale del Lavoro, Credito Italiano, and Banca Commerciale Italiana. Banks are regional, as their names indicate: Banco di Napoli, Banco di Sicilia, Cassa di Risparmio delle Province Lombarde (CARIPLO). The oldest bank in Italy, the Monte dei Paschi di Siena, was founded in Siena in 1472. Florence was Europe's banking capital in the Middle Ages and the Renaissance, and many financial tools, such as letters of credit, were invented there.

B.3 Punti grammaticali

Il partitivo

Ho mangiato **degli** spinaci.	*I ate some spinach.*
Abbiamo comprato **delle** mele.	*We bought some apples.*
Ho **dei** buoni amici.	*I have some good friends.*
Bevono **dell'**acqua minerale.	*They are drinking some mineral water.*
Vorrei **un po' di** caffè.	*I'd like some coffee.*
Qualche pomodoro è maturo.	*Some tomatoes are ripe.*
Alcuni studenti leggono il testo.	*Some students are reading the text.*

1. There are several ways to express the partitive (*some, a few*) in Italian. The most common way is with the preposition **di** + the definite article, singular or plural: **del, dello, dell', della, dei, degli, delle.**

Abbiamo comprato **dell'**olio, **del** pane, **delle** carote, **della** lattuga e **dei** ravioli.	*We bought some oil, some bread, some carrots, some lettuce, and some ravioli.*
Piero ha preso **dell'**acqua, **dello** zucchero e **degli** zucchini.	*Piero got some water, some sugar, and some zucchini.*

2. To indicate an unspecified amount of a substance that cannot be counted, the singular forms **del, dell', dello,** and **della** are used. **Un po' di** (*a bit of, some*) may also be used.

Bevo **del** caffè.	Bevo **un po' di** caffè.	*I am drinking some coffee.*
Prendi **dello** zucchero?	Prendi **un po' di** zucchero?	*Do you take sugar?*
No, ma prendo **del** latte.	Prendo **un po' di** latte.	*No, but I take milk.*

| dell'acqua | un po' d'acqua | delle ciliegie | delle ciliegie/ alcune ciliegie/ qualche ciliegia |

3. There are two other ways to express *some*. The adjective **alcuni** (*m.*)/**alcune** (*f.*) is used with plural nouns. **Qualche** is used with a singular noun although it expresses a plural amount.

Leggo **alcune** poesie.	Leggo **qualche** poesia.	*I read some poems.*
Ho **alcuni** amici a Todi.	Ho **qualche** amico a Todi.	*I have some friends in Todi.*

4. The partitive is not used in negative sentences.

Loro non bevono caffè.	*They are not drinking (any) coffee.*
Non ho banconote.	*I don't have (any) bills.*

 Il partitivo.   Indicare la parola o l'espressione corretta.

Attività

1. La mamma ha preparato una torta con (qualche / delle) mele fresche.
2. Lucia ha preso (qualche / del) tè e ci ha messo (alcuni / un po' di) zucchero.
3. Ho comprato (alcuni / qualche) fiori e (delle / alcuni) paste per il compleanno di Claudia.
4. Daniele ha incontrato (qualche / dei) vecchi amici dopo tanti anni.
5. Per fare i panini abbiamo comprato (del / alcune) pane.
6. In quel negozio ci sono (qualche / delle) persone simpatiche, non è vero?
7. Hai (un po' di / delle) buone idee (*ideas*).
8. Se vai in banca, vengo con te. Ho (alcuni / qualche) assegni che devo incassare.

B **Al mercato.**   Una persona è il venditore, l'altra è il/la cliente. Creare un dialogo seguendo il modello.

Esempio: latte, formaggio, pane
   —Desidera, signore?
   —Vorrei del latte, del formaggio e del pane, per piacere.
   —Ecco a Lei.

1. Verdura: pomodori freschi, spinaci, patate, lattuga   *dei, degli, delle, della*
2. Pasta: lasagne, fettuccine, tortellini, spaghetti   *delle, del, dei, degli*
3. Frutta: melone, ananas, fragole, limoni   *del, dell', delle, degli dei*
4. Carne: vitello, bistecche, agnello   *del, delle, dell'*

Una mattinata al mercato.   Uno studente/una studentessa stamattina ha fatto la spesa al mercato. Il compagno/la compagna vuole sapere cosa ha comprato. Creare delle risposte usando il partitivo, secondo il modello.

Esempio: —Che cosa hai comprato dal fruttivendolo?
          —Ho comprato delle fragole, delle pere...

le carote, i fagiolini, l'insalata, le pesche, gli zucchini, i pomodori

Ne

—Ecco **dei pomodori maturi.**	—*Here are some ripe tomatoes.*
Quanti **ne** vuoi?	*How many of them do you want?*
—Ne voglio **un chilo.**	—*I want a kilo (of them).*
—Ecco **delle pere fresche.**	—*Here are some fresh pears.*
Quante **ne** vuoi?	*How many of them do you want?*
—Ne voglio **tre.**	—*I want three (of them).*
—Quanti cugini hai?	—*How many cousins do you have?*
—**Ne** ho **quindici.**	—*I have fifteen (of them).*
—Hai bisogno **di fare la spesa?**	—*Do you need to go shopping?*
—Sì, **ne** ho bisogno.	—*Yes, I need to.*

1. **Ne** has many functions in Italian. It replaces nouns introduced by a number or an expression of quantity. When **ne** is used, a quantity is usually specified in the response (either as a number or an amount). The phrases *of it/of them* are optional in English, but **ne** is always used in Italian.

—Quanti amici hai in Italia?	—*How many friends do you have in Italy?*
—**Ne** ho **molti.**	—*I have many (of them).*
—**Non ne** ho.	—*I don't have any.*
—Ecco **un po' di** acqua minerale.	—*Here's some mineral water.*
Quanta ne vuoi?	*How much (of it) do you want?*
—**Ne** voglio **un po'.**	—*I'd like some (of it).*

2. The pronoun **ne** also replaces nouns and noun phrases introduced by the preposition **di.**

—Hai paura **dei fantasmi?**	—*Are you afraid of ghosts?*
—No, non **ne** ho paura.	—*No, I'm not afraid (of them).*
—Parla **della sua famiglia?**	—*Does he talk about his family?*
—Sì, **ne** parla sempre.	—*He always talks about them.*
—Cosa sai **della situazione?**	—*What do you know about the situation?*
—Non **ne** so niente.	—*I don't know anything (about it).*

3. **Ne** usually directly precedes the conjugated verb, and the quantity specified follows the verb. If the statement is negative, **ne** follows **non.** It may also be attached to an infinitive, which loses the final **-e.**

—Ecco le mele! **Ne** compro un chilo.	—*Here are the apples. I'll buy a kilo.*
—Non **ne** vuoi di più?	—*Don't you want any more of them?*
—Voglio comprar**ne** un chilo.	—*I want to buy a kilo (of them).*
—Voglio parlar**ne** con te.	—*I want to talk to you about it.*

4. When **ne** is used with a compound verb such as the **passato prossimo,** the past participle must agree in gender and number with the noun that **ne** is replacing.

—Quanti <u>meloni</u> hai comprato?	—*How many melons did you buy?*
—Ne ho comprat**i** tre.	—*I bought three of them.*
—Quante <u>lettere</u> avete scritto?	—*How many letters did you write?*
—Ne abbiamo scritt**e** molte.	—*We wrote many of them.*

5. Idiomatically, **ne** is used in expressions pertaining to the date and to people's ages.

—Quanti **ne** abbiamo oggi?	—*What's the date today?*
—Oggi **ne** abbiamo **ventidue.**	—*It's the twenty-second.*
—Quanti anni ha tuo padre?	—*How old is your father?*
—Ne ha **cinquantatré.**	—*He's fifty-three.*

A **Ma io ne ho...**   Completare le frasi in maniera logica come nel modello.   **Attività**

Esempio: Il mio amico ha un cane *ma io ne ho due.*
              La mia amica ha tre sorelle e *anch'io ne ho tre.*

1. Il mio amico ha diciannove anni...
2. Il mio amico segue cinque corsi...
3. Il mio amico parla molte lingue straniere...
4. Il mio amico ha due macchine...
5. Il mio amico ha tre carte di credito...
6. Il mio amico ha molti soldi in banca...

B **Quanto ne vuole?**   Tu sei al mercato e vuoi comprare le seguenti cose. Il venditore/la venditrice vuole sapere quanto ne vuoi.

Esempio: —Vorrei delle ciliegie, per piacere.
              —Quante ne vuole?
              —Ne vorrei mezzo chilo.

1. pane / chilo	4. vino / un litro	7. pesce / mezzo chilo
2. zucchini / alcuni	5. pomodori / un chilo	8. vitello / due chili
3. insalata / un po'	6. piselli / mezzo chilo	9. pere / cinque

Ne compri?   Fare ogni domanda al compagno/alla compagna. Poi
sostituire le parole sottolineate con le espressioni indicate e continuare a
fare domande.

Esempio: Compri del vino? (dell'uva, del pane)
          —Compri del vino?
          —Sì, ne compro. / No, non ne compro. E tu compri dell'uva?
          —Sì...

1. Hai paura del buio? (del professore, dei fantasmi, del dentista, dei
   serpenti)
2. Hai bisogno di studiare molto? (di lavorare, di uscire, di fare dello
   sport)
3. Quanti dollari hai nel portafoglio? (fotografie, carte di credito, assegni,
   monete)
4. Quanti studenti vedi ora? (finestre, studentesse, fogli di carta)

 Sondaggio.   Con i vocaboli della lista fare delle domande ad altri
studenti della classe, secondo il modello.

Esempio: fratelli
          —Quanti fratelli hai?
          —Ne ho tre. / Non ne ho.

1. anni	4. bambini	7. compagni di stanza
2. amici italiani	5. macchine	8. soldi
3. parenti in Italia	6. professori	9. lezioni

 # Le commissioni

C.1 Si dice così

il/la commesso/a	*salesperson/clerk*	**in offerta**	*on sale*
il/la cliente	*client/customer*	**in vetrina**	*in the window*
la profumeria	*perfume and soap shop*	**di ottima qualità**	*best-quality*
la cartoleria	*stationery store*	**confezionare**	*to wrap*
la merce	*goods/merchandise*	**fare un pacchetto**	*to gift-wrap*
il prodotto	*product*	**regalo**	
il pacchetto	*small package*	**fare due passi**	*to take a walk/to stroll*
il regalo	*gift*	**desidera... ?**	*may I help you?*
il biglietto di auguri	*birthday card*	**quanto viene?/**	*how much does it cost?*
la marca	*brand*	**quanto costa?**	
la confezione	*package*		

1. Dove puoi vedere la merce di un negozio mentre cammini per la strada. *in vetrina*
2. Un negozio dove vendono profumi e sapone. *la profumeria*
3. Usiamo questo prodotto per lavare i capelli (*hair*). *lo shampoo*
4. Usiamo questo per fare un bel bagno rilassante. *il bagnoschiuma*
5. Mandiamo questa cosa a qualcuno per il compleanno. *il ~~bigt~~ regalo*
6. Usiamo questa cosa per pulire i denti. *il dentifricio*
7. Un negozio che vende quaderni, agende e biglietti di auguri. *la cartoleria*
8. La persona che lavora in un negozio e vende la merce ai clienti. *il commesso*

B Quale marca preferisci?   Chiedere al compagno/alla compagna quale marca dei seguenti prodotti usa normalmente.

Esempio: shampoo
—Quale marca di shampoo usi? / Qual è il tuo shampoo preferito?
—Preferisco... / La mia marca preferita è... / Di solito uso...

dentifricio   sapone
profumo   prodotti per i capelli

C.2 Incontro

Facciamo due passi!   *Michele e Pino fanno due passi in centro a Perugia. Pino ha delle commissioni da fare. Prima vanno in profumeria.*

COMMESSA: Buongiorno, signore. Desidera?
PINO: Buongiorno. Vorrei un profumo.
COMMESSA: Quale, signore? Ho qui due marche. Sono di ottima qualità e c'è anche lo sconto.

PINO: Non lo so. Che ne dici, Michele? Quale profumo ti piace di
             più?

MICHELE: Io sono per questo di Fendi, ma non so quale piace a Mirella.
             Mentre° siamo qui, ho bisogno del sapone e dello shampoo.   *while*

COMMESSA: Ecco. Questi prodotti della linea Perlier sono ottimi.° Li   *the best*
             conosce?

MICHELE: Li conosco, sì. Quanto viene lo shampoo?

COMMESSA: Diecimilacinquecento lire. Se no, abbiamo questa confezione
             in offerta. Include anche il bagnoschiuma. Viene
             diciottomilacinquecento lire in tutto.°   *all told*

MICHELE: Va bene, è un buon affare. E tu, Pino?

PINO: Prendo il profumo di Fendi. Quanto spendiamo in tutto?

MICHELE: Spendiamo?!

COMMESSA: Vediamo, sono diciottomilacinquecento lire, più il profumo,
             fa sessantatremila lire, prego! Faccio il pacchetto regalo?

PINO: Sì, per piacere. (*A Michele*) Abbiamo fatto un affare!

MICHELE: Anzi, l'affare l'hai fatto tu!

PINO: E ora, che ne dici di passare dalla cartoleria° in Via   *stopping in at the stationery*
             Garibaldi? È a due passi da qui.   *store*

MICHELE: Che cosa devi comprare ora?

PINO: Un biglietto di auguri per Mirella!

A **Comprensione: l'ordine sbagliato.**   Trovare l'ordine corretto delle   **Attività**
seguenti frasi.

___3___ La commessa mostra due marche di profumo a Pino.

___2___ La commessa saluta Pino.

___5___ Michele chiede dello shampoo e del sapone alla commessa.

___6___ Michele decide di comprare una confezione speciale di shampoo e
        bagnoschiuma.

___8___ Michele deve pagare sessantatremila lire.

___7___ Pino decide di comprare il profumo Fendi.

___1___ Pino e Michele entrano nella profumeria.

___4___ Pino non può decidere quale profumo comprare.

___9___ Pino suggerisce di andare in una cartoleria.

 B **L'affare l'hai fatto tu!**   Creare una conversazione secondo i seguenti
suggerimenti.

  S1: Sei andato/a in un grande magazzino (*department store*) con un
amico/un'amica. Non vuoi comprare niente perché non ti piace
spendere i soldi per le cose non necessarie. L'amico/a ha dimenticato il
portafoglio, e ti chiede di usare la tua carta di credito.

  S2: Sei in un grande magazzino con un amico/un'amica e scopri
che hai dimenticato il portafoglio. Chiedere all'amico di usare la sua
carta di credito. Cosa succede (*what happens*) quando vedi molte cose
che vuoi comprare?

n altre parole

che ne dici di (+ *infinitive*)	*what do you say to (doing something)*
per piacere	*please*
anzi	*on the contrary/actually (used to contradict or intensify a previous statement)*
essere a due passi	*to be nearby*

C **Sostituzioni.**   Sostituire alle parole in corsivo espressioni da **In altre parole.**

1. Giorgio, puoi fare una cosa per me, *per favore?* Ho bisogno di aspirina: puoi andare in farmacia?
2. Veramente non mi interessa l'idea di fare la spesa al supermercato. Prima di tutto, è in periferia, e io ho il mercato all'aperto qui, *molto vicino.*
3. Non odio i gatti: *al contrario*, mi piacciono. Il problema è che sono allergico.
4. Senti, Paolo, non usciamo mai. Ho voglia di uscire stasera. *Vuoi andare a vedere un film?*

D **La festa della mamma.**   È la festa della mamma e tu e tuo fratello/tua sorella andate in una profumeria del centro per trovare un bel regalo per vostra madre. Decidete che cosa comprare con l'aiuto di un commesso/una commessa, che fa anche il pacchetto regalo.

Esempio: —Buongiorno. Desiderate?
             —Buongiorno, signora. Vogliamo comprare...
             —È un regalo?... per chi?...

C.3   Punti grammaticali

I pronomi complemento oggetto diretto

—Mangi <u>la pera</u>? *direct object*	—*Are you eating the pear?*
—Sì, **la** mangio.	—*Yes, I'm eating it.*
—Bevi <u>il vino</u>?	—*Do you drink wine?*
—No, non **lo** bevo.	—*No, I don't drink it.*
Ho comprato due <u>libri di Calvino</u> e ora **li** leggo.	*I bought two books by Calvino and now I'm reading them.*
—Mi aspettate?	—*Will you wait for me?*
—Sì, **ti** aspettiamo.	—*Yes, we'll wait for you.*

1. A direct object is a word or phrase that receives the action of a verb and answers the question *what?* or *whom?*

   Invito le ragazze a cena.   *I invite the girls to dinner.*
   Leggo i giornali.   *I read the papers.*

   A direct object can be replaced by a direct-object pronoun. The form of the pronoun depends on the gender and number of the noun it replaces.

singolare		plurale	
mi	*me*	ci	*us*
ti	*you*	vi	*you*
La	*you (formal, m. and f.)*	Li	*you (formal, m.)*
		Le	*you (formal, f.)*
lo	*him, it (m.)*	li	*them (m.)*
la	*her, it (f.)*	le	*them (f.)*

2. A direct-object pronoun precedes the conjugated verb. In a negative sentence, **non** precedes the object pronoun.

   Io cucino il pollo e **lo** mangio.   *I cook the chicken and eat it.*
   Professore, non **La** sento.   *Professor, I can't hear you.*
   Non ti piace la carne e non **la** mangi.   *You don't like meat and don't eat it.*
   Non scrive lettere e non **le** riceve. *He doesn't write letters and he*
                                                  doesn't receive them.

3. When used with an infinitive, the direct object pronoun attaches to the end of the infinitive. The final **e** of the infinitive is dropped.

   —È importante mangiare le verdure?   —*Is it important to eat vegetables?*
   —Sì, è importante mangiar**le.**   —*Yes, it's important to eat them.*

   —È facile parlare l'italiano?   —*Is it easy to speak Italian?*
   —Sì, è facile parlar**lo.**   —*Yes, it's easy to speak it.*

   If the infinitive is preceded by a modal verb (**volere, dovere,** or **potere**) the object pronoun may either attach to the infinitive or precede the conjugated verb.

   —Vuoi vedere il film?   —*Do you want to see the film?*
   —Sì, voglio veder**lo.** / Sì, **lo** voglio   —*Yes, I want to see it.*
     vedere.

   —Devo finire gli spinaci?   —*Must I finish the spinach?*
   —Sì devi finir**li.** / Sì, **li** devi finire.   —*Yes, you must finish it.*

   —Non può trovare la chiave?   —*Can't you find the key?*
   —No, non posso trovar**la.** /
     No, non **la** posso trovare.   —*No, I can't find it.*

4. Some direct-object pronouns elide with verbs that begin with a vowel, and with forms of **avere** beginning with **h. Lo** and **la** normally elide; **li** and **le** never do.

—Assaggi **il melone?**	—Sì, l'assaggio.	(Lo assaggio.)
—Aiuti **Flavia** con i compiti?	—Sì, l'aiuto sempre.	(La aiuto.)
—Lei **mi** invita?	—Sì, **t'**invita!	(Sì, ti invita.)
—Adori **le lasagne?**	—Sì, **le** adoro!	
—Marco ordina **i ravioli.**	—**Li** ordina.	

5. Unlike their English counterparts, the verbs **cercare** (*to look for*), **ascoltare** (*to listen to*), **guardare** (*to look at*), and **aspettare** (*to wait for*) are used without prepositions and thus take direct objects.

Il turista cerca la guida turistica, però non **la** trova!	*The tourist is looking for the guidebook but can't find it!*
Quando parla il professore, **lo** ascolto sempre.	*When the professor speaks, I always listen to him.*
Quando ci sono programmi interessanti alla televisione, **li** guardo.	*When there are interesting programs on TV, I watch them.*
Dov'è Anna? **L'**aspetto da venti minuti!	*Where's Anna? I've been waiting twenty minutes for her.*

6. Object pronouns attach to **ecco** to express *here I am, here she is, here it is,* etc.

—Dove sei, Luisa?	*—Where are you, Luisa?*
—Ecco**mi**, mamma!	*—Here I am, Mom!*
Oh, Luigi, ecco**ti** finalmente!	*Oh, Luigi, here you are finally!*
Dov'è Maria? Ecco**la** che arriva.	*Where's Maria? Here she is!*
Dove sono i ragazzi? Ecco**li!**	*Where are the boys? Here they are.*

A **Le commissioni.**   Cristiana è in centro per fare le commissioni. Completare le frasi con pronomi diretti.

Attività

1. Ordina un cappuccino al bar e _lo_ beve in fretta.
2. Ha bisogno di francobolli e _____ compra all'ufficio postale.
3. Cerca ciliegie ma non _le_ trova perché non sono di stagione.
4. Compra dei fiori perché vuole metter_li_ in salotto.
5. Deve cambiare un assegno: _lo_ cambia alla banca.
6. Prende le banconote e _le_ mette nel portafoglio.
7. Compra un biglietto di auguri perché desidera mandar_lo_ a suo fratello.
8. Cerca il suo bagnoschiuma preferito e finalmente riesce a trovar_lo_.

B **Vita da studenti.**   Sostituire con un pronome complemento diretto le parole in corsivo.

Quando faccio il compito, preparo *il compito* molto bene. Mentre scrivo le parole ripeto *le parole* ad alta voce. Se c'è una frase importante, ripeto *la frase* due volte. Quando consegno il compito alla professoressa, lascio *il compito* sulla sua scrivania.

Vado alla mensa e vedo i miei amici. Saluto *i miei amici*. Cerco una mia amica e quando trovo *la mia amica* mangiamo insieme. Lei vuole una Cocacola, ma io non voglio *la Cocacola*, preferisco l'acqua. Decidiamo di mangiare dei panini, quindi prepariamo *i panini* e portiamo *i panini* a un tavolo libero. Dopo pranzo vogliamo un caffè e beviamo *il caffè* al bar.

C **Al buio** (*In the dark*).   Rispondere alle domande prima al negativo e poi al positivo, secondo il modello.

Esempio: Dov'è la professoressa? Non **la** vedo!   Ah, ecco**la**!
              Luisa, dove sei? Non **ti** vedo!   Ah, ecco**ti**!

1. Signora Castoldi, dov'è?   5. Dove siete, ragazzi?
2. Signor Rossi, dov'è?   6. Signorina, dov'è?
3. Dov'è la commessa?   7. Signori, dove siete?
4. Alberto, dove sei?   8. Dove sono le bambine?

D **Andiamo al cinema?**   Il tuo amico Marco vuole andare al cinema. Rispondere alle sue domande usando un pronome oggetto diretto.

1. Vuoi vedere il nuovo film di Tornatore?
2. Possiamo invitare le nostre amiche?
3. Mi puoi aspettare davanti al cinema?
4. Dobbiamo comprare i biglietti?
5. Mangiamo il gelato (*ice cream*) alla fine del primo tempo (*at the end of the first reel*)?
6. Prendiamo un caffè dopo il film?

E **Come va l'italiano?**   Intervistare un compagno/una compagna per sapere come va in italiano. Chiedi se capisce la grammatica o gli esercizi, se fa sempre i compiti, se ricorda parole ed espressioni o se le dimentica, se guarda le fotografie, se studia le regole della grammatica ecc. Chiedi anche se parla altre lingue straniere. Il compagno/la compagna deve rispondere con un pronome appropriato, se necessario.

Esempio: —Capisci il passato prossimo?
              —Sì, lo capisco abbastanza.

              —Ricordi tutti i participi passati irregolari?
              —No, li dimentico sempre.

F **Indovina!**   Indovinare a che cosa si riferisce (*refers*) il pronome nella frase.

Esempio: Gli studenti in questa classe **lo** studiano. Gli Italiani **lo** parlano.
            —L'italiano!

1. Gli studenti **la** mangiano spesso. Alcuni **la** preferiscono con i funghi o con i peperoni, ma altri **la** mangiano solo con il formaggio mozzarella.
2. **Le** aspettiamo con impazienza ogni anno, ma passano in fretta! Molti **le** passano al mare o in montagna.
3. **Lo** dicono gli amici per salutare. Non devi dir**lo** quando dai del Lei.
4. Molti **lo** prendono con un po' di zucchero e limone. **Lo** bevono gli Inglesi.
5. **Lo** puoi comprare in profumeria. **Lo** usiamo quando siamo sporchi.
6. **Li** puoi trovare al mercato all'aperto. **Li** compriamo freschi o conservati in lattina. **Li** usano in Italia per creare salse per la pasta, per la pizza—per tutto!

Ci

—Quando vai in Italia?   —*When are you going to Italy?*
—**Ci** vado quest'estate.   —*I'm going there this summer.*

—I tuoi amici abitano a Perugia?   —*Do your friends live in Perugia?*
—Sì, **ci** abitano.   —*Yes, they live there.*

—Mangiate spesso al ristorante?   —*Do you eat often in restaurants?*
—No, **ci** mangiamo raramente.   —*No, we rarely eat at them.*

1. The adverb **ci** (*there*) replaces nouns or phrases referring to a place. Often such phrases are introduced by a preposition such as **a, in, da,** or **su.**

   —Sei andata al mercato?   —*Did you go to the market?*
   —Sì, **ci** sono andata stamani.   —*Yes, I went (there) this morning.*

   —Vuoi andare in centro oggi?   —*Do you want to go downtown today?*
   —No, non voglio andar**ci.**   —*No, I don't want to go (there).*

   —Vai alla mensa a mezzogiorno?   —*Are you going to the cafeteria at noon?*
   —No, ma posso andar**ci** all'una.   —*No, but I can go (there) at one.*

   Ci precedes a conjugated verb.

   Andiamo spesso al cinema.   **Ci** andiamo spesso.

   Used with an infinitive, **ci** attaches to the end of the infinitive; the final **e** of the infinitive is dropped.

   Pensano di andare a Todi.   Pensano di andar**ci.**

   If the infinitive is preceded by a modal verb (**volere, dovere,** or **potere**), it may either attach to the infinitive or precede the conjugated verb.

   Vorrei andare in Europa quest'estate.   Vorrei andar**ci** quest'estate. /
                                              Ci vorrei andare quest'estate.

2. Ci is also used with certain verbs followed by **a** or **in,** such as **pensare a** (*to think about*) and **credere a/in** (*to believe in*).

—Credi a Babbo Natale?   —*Do you believe in Santa Claus?*
—No, non **ci** credo.   —*No, I don't believe (in him).*

Ci can also replace an infinitive phrase beginning with **a.**

—Andate a sentire il concerto a Spoleto?   —*Are you going to the concert in Spoleto?*

—**Ci** andiamo.   —*We're going (there).*

—Vai a parlare con il professore?   —*Are you going to talk to the professor?*

—**Ci** vado oggi.   —*I'm going today.*

Attività

A Incontro in Umbria.   Durante un viaggio in Umbria incontri una persona curiosa che vuole sapere tutto del tuo viaggio. Rispondere alle domande usando **ci** nella risposta.

1. Sei stato/a ad Assisi?
2. Sei stato/a a vedere la chiesa di S. Francesco?
3. Vai anche ad Orvieto?
4. Vai al Festival di Spoleto?
5. Mangi in trattoria stasera?
6. Vieni spesso in Italia?
7. Torni in America tra poco?

B In che cosa credi?   Chiedere al compagno/alla compagna se crede nelle seguenti cose: la fortuna/la sfortuna, il malocchio (*the evil eye*), la reincarnazione, Babbo Natale, gli extraterrestri, gli spiriti, l'esistenza di un essere supremo ecc.

—Credi nella fortuna?
—Sì, ci credo tanto! / No, non ci credo per niente! / A volte (*sometimes*) ci credo e a volte no.

C Usanze.   Fare le seguenti domande ad un compagno/una compagna e poi presentare le informazioni alla classe.

1. Vai spesso al cinema? Quante volte al mese ci vai?
2. Tu e i tuoi amici mangiate al ristorante?
3. Vai spesso al supermercato? Dove? Cosa compri?
4. A che ora vai a lezione? Ci vai ogni giorno?
5. Studi spesso in biblioteca? Che cosa fai in biblioteca?
6. Vuoi andare in Italia un giorno? Quando vuoi andarci? Con chi?
7. Sei mai andato/a a Disney World? Hai intenzione di tornarci?

Lo sapevi che... ?

A **tabaccheria** or tobacco store is also called a **Sale e Tabacchi** because the Italian state holds monopolies on salt and tobacco. Those two items and stamps can always be found at a **tabaccheria.** The national brand of cigarettes is **MS** for **Monopolio dello Stato.**

L'insegna di una tabaccheria, Firenze

D I negozi e i prodotti

D.1 Si dice così

la bottega	*shop*	la macelleria	*butcher shop*
il grande magazzino	*department store*	il/la farmacista	*pharmacist*
il supermercato	*supermarket*	il/la tabaccaio/a	*proprietor of tobacco store*
la clientela	*clientele*		
la farmacia	*pharmacy*	la torrefazione	*coffee store*
la polleria	*poultry store*	il gelataio	*ice-cream vendor*
la pescheria	*fish store*	il gelato	*ice cream*
la salumeria	*delicatessen*	la panetteria/il panificio	*bread store*
la pasticceria	*bakery*	il fornaio	*baker*
la gelateria	*ice-cream store*		

 In quale negozio... ?   Chiedere ad un altro studente/un'altra studentessa dove può comprare le seguenti cose.

Attività

Esempio: carne
— Dove puoi comprare la carne?
— La posso comprare alla macelleria. / Posso comprarla alla macelleria.

delle aspirine	i biscotti
un gelato	un po' di pane integrale
lo shampoo	tre etti di caffè
una bella bistecca	del prosciutto di Parma

Negozianti.   Finire le frasi in maniera logica.

1. Il signor Ruffini è commesso e vende vestiti da uomo. Lavora in un...
2. Il signor Carta è fornaio. Vende il pane in una...
3. La signora Botti prepara medicine per i clienti. È...
4. Gianni vende pollo e uova. Lavora in una...
5. La signorina Baccari vende il caffè in una...
6. Il signor De Mattei trova molto problematico il suo lavoro: mangia sempre il gelato che vende ai clienti. Lavora in...

La bottega dell'immaginazione.   Immaginare di essere un negoziante. Descrivere ad un compagno/una compagna dove lavori, se ti piace lavorarci, che cosa fai e l'orario del tuo negozio. Descrivere anche il negozio: è grande? in centro? Ci sono altri commessi?

D.2 Incontro

Che sorpresa!° *Mirella e Carolina escono e incontrano Pino e Michele per*   *what a surprise*
strada.

CAROLINA: Visto che oggi è il tuo compleanno, facciamo due passi in
centro, e poi ti porto° a prendere un gelato, va bene?   *I'll take you*
MIRELLA: Sì sì. Ho anche delle commissioni da fare. Vorrei comprare
una nuova agenda e un quaderno in cartoleria. Andiamo!

Per strada

MIRELLA: Mi è piaciuto molto quel film ieri sera. E Michele—che
simpatico!
CAROLINA: Oh, guarda! Ci sono Pino e Michele che entrano nella
cartoleria!
MIRELLA: Dove? Eccoli, accipicchia!
CAROLINA: Perché non li salutiamo? Non li vuoi vedere?
MIRELLA: Per carità! Fila! Dai, andiamo!
PINO: Ma guarda chi si vede! Sono proprio loro—Mirella e
Carolina! Ciao, Mirella!
MIRELLA: Oh, Pino, salve—che sorpresa! Ciao, Michele, come va?
MICHELE: Ciao, Mirella. Bene. Buon compleanno!
MIRELLA: Grazie.
PINO: Allora, stasera venite a cena da noi?
MIRELLA: Mi dispiace, Pino, non possiamo.
PINO: Ma come? Vi ho invitate la settimana scorsa!
MIRELLA: Davvero? Non mi ricordo.°   *I don't remember*
PINO: Ti ho telefonato ieri—ma non ti ho trovata.
MIRELLA: Strano, non esco mai.
PINO: Senti, Mirella, io non sono scemo... Noi dobbiamo parlarci
chiaro°...   *to speak frankly with each*
                                                               other

A **Comprensione: Chi l'ha fatto?**   Determinare a quale personaggio dell'**Incontro** si riferisce ogni frase: a Mirella, a Carolina o a Pino.

1. Il suo compleanno è oggi.
2. Offre un gelato all'amica.
3. Ha bisogno di una nuova agenda.
4. Trova molto simpatico Michele.
5. Non vuole vedere Pino.
6. Ha telefonato ieri sera.
7. Dice che non esce mai.

B **La lista delle commissioni.**   Tu e un altro studente/un'altra studentessa dovete comprare le seguenti cose. Creare un dialogo in cui (*in which*) decidete dove andare per ogni articolo.

Esempio: —Guarda! Abbiamo bisogno di sapone.
          —Allora andiamo alla profumeria vicino a...

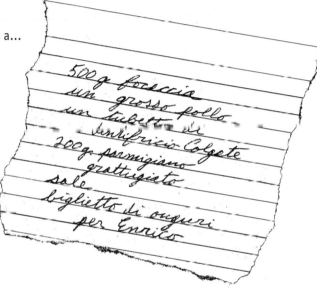

TRA I TANTI QUOTIDIANI SCEGLI QUELLO GIUSTO!

Lo sapevi che... ?

Italian bread comes in many shapes and sizes. In recent years **pane integrale,** or whole-wheat bread, has become more popular. **Focaccia,** a flattened bread topped with oil and sometimes other spices or vegetables, is a common snack food. **Grissini** or breadsticks originated in Turin, in the north, but are now found in every part of Italy. Bread is eaten at every meal, and is bought fresh daily.

n altre parole

visto che	*since*	**fila!**	*move it!*
accipicchia!	*darn it!*	**dai!**	*come on!*
per carità!	*please! for heaven's*	**chi si vede!**	*look who's here!*
	sake!	**essere scemo**	*to be a fool*

C **Risposte logiche.**   Quale delle frasi nella colonna a destra è una risposta logica alle frasi della colonna a sinistra?

1. Enrico, non sono ancora pronta!
2. Ho trovato il profumo Fendi a un prezzo incredibile— solo 20.000 lire!
3. Vuoi vedere un film oggi?
4. Guarda, c'è Mauro. Ehi, Mauro, come va?
5. E ora possiamo andare a prendere un gelato!
6. Donatella non mi ha salutato; forse è arrabbiata (*angry*) con me!?

3 a. Ma no! Visto che fa bello, perché non facciamo due passi?
4 b. Oh! Chi si vede!
1 c. Dai! Fila! È già tardi! Sbrighiamoci!
6 d. Non essere scemo! Non ti ha visto!
2 e. Accipicchia! È un profumo molto costoso. Hai fatto davvero un affare!
5 f. Per carità! Abbiamo già mangiato troppo in quel ristorante!

 Regali assurdi.   È sempre difficile trovare il regalo perfetto. Un amico/un'amica suggerisce regali assurdi e tu rispondi con espressioni come **Non essere scemo/a!, Per carità!, Dai!** Possibili regali: una Ferrari, una penna Mont Blanc, una borsa Gucci, una motocicletta, un quadro di Botticelli ecc.

Esempio: —Perché non compri un orologio Rolex?
                  —Dai! Non essere scemo!

D.3   Punti grammaticali

L'accordo con i pronomi nel passato prossimo

Ho comprato una bistecca e **l'**ho mangiat**a**.   *I bought a steak and I ate it.*

—Avete letto tutti i libri?   —*Did you read all the books?*
—Sì, **li** abbiamo lett**i**.   —*Yes, we read them.*

—Dove ha incontrato le sue amiche?   —*Where did she meet her friends?*

—**Le** ha incontrat**e** in centro.   —*She met them downtown.*

—Ci hai visto (vist**i**) al cinema?	—*Did you see us at the movies?*
—**Vi** ho visto (vist**i**).	—*We saw you.*
—Dove **mi** hai aspettato (aspettat**a**)?	—*Where did you wait for me?*
—Ti ho aspettato (aspettat**a**) vicino la biblioteca.	—*I waited for you near the library.*

1. When a third-person direct-object pronoun (**lo, la, li,** or **le**) precedes the verb in the **passato prossimo,** the past participle agrees in number and gender with the pronoun.

Ho mangiato <u>la mela.</u>	**L'**ho mangiat**a.**	(**La** ho mangiat**a.**)
Abbiamo visto <u>i ragazzi.</u>	**Li** abbiamo vist**i.**	
Ha scritto <u>le lettere.</u>	**Le** ha scritt**e.**	

2. Agreement with the direct-object pronouns **mi, ti, ci,** and **vi** is optional.

—**Mi** hai salutat**o**/salutat**a**?   —Sì, Angela, **ti** ho salutat**o**/salutat**a.**
—**Vi** ho vist**o**/vist**i** al concerto.

3. When **ne** functions like a direct-object pronoun, the past participle must agree with the noun that it represents.

Quanti libri hai comprato?	**Ne** ho comprat**i** tre.
Hai bevuto dell'acqua?	**Ne** ho bevut**a** poca.

A **L'hai visto?**   A turno (*Taking turns*), domandare e rispondere se avete visto le persone indicate.

Attività

Esempio: Mirella
          —Hai visto Mirella?
          —Sì, **l'**ho vist**a.**

1. Giacomo e Beppe
2. Angela e sua madre
3. vostro padre
4. Piero e Chicco
5. Letizia
6. Gilberto e Federica
7. Gabriella ed io
8. vostra madre

B **Preparativi per una festa.**   Un tuo amico vuole sapere se hai fatto tutto il necessario per una festa. Rispondere usando un pronome.

1. Hai comprato i grissini?
2. Hai scelto i vini?
3. Hai pulito il salotto?
4. Hai ordinato la torta?
5. Hai comprato le fragole?
6. Hai invitato gli altri ragazzi della classe?
7. Dove hai messo la tavola?
8. Dove hai messo i pacchetti regalo?
9. Chi ha fatto questa insalata?
10. Chi ha aperto i pacchi?

C **Commissioni in città.**   Isabella è andata in giro in città a fare delle commissioni. Completare le frasi usando un pronome e un verbo al passato prossimo. Accordare il participio passato al soggetto, dove necessario.

1. Ha visto le mele alla bancarella della frutta ma non...
2. Ci sono sconti sulla carta da lettera, allora...

3. Ha bisogno di profumo e sapone, quindi (*so*)...
4. Ha visto dei fiori al mercato. Come costano cari! Allora non...
5. Ha bisogno di aspirina. Quindi è andata in farmacia e...
6. Ha dimenticato di comprare l'acqua minerale ieri. Allora oggi...
7. Vuole del buon pane. Così è andata al forno e...
8. Ha voglia di mangiare fragole. Così,...

D **L'hai mai letto?**   Fare una lista di tre libri che ti piacciono, tre film preferiti, tre canzoni che ti piacciono e tre città che hai visitato. Poi chiedere agli altri membri del gruppo se hanno letto i libri, visto i film, sentito le canzoni e visitato le città.

Esempio: —Hai visto *King Kong*?
        —Sì, l'ho visto, piace anche a me. / No, non l'ho mai visto.

Immagini e parole
La spesa quotidiana°

daily

A **Vocabolario familiare.**   Trovare una parola italiana che conoscete che è simile ad ogni parola in corsivo.

Attività di pre-lettura

Esempio: la *clientela* del negozio...
        cliente

1. la *genuinità* dei prodotti è importantissima...
2. la *freschezza* della frutta e delle verdure
3. la gente conosce i *negozianti* del paese
4. il pane ancora caldo e *profumato*
5. le edicole sono aperte per la *vendita* dei giornali

B **I negozi qua e là.**   Rispondere alle seguenti domande.

1. Conosci bene dei negozianti della tua città? Come sono?
2. Quali sono le cose che compri più frequentemente? Dove le compri?
3. Preferisci pagare in contanti (*cash*) o con la carta di credito? Perché?
4. Negli Stati Uniti è normale chiedere lo sconto? Quando o dove?
5. Qual è l'orario del supermercato che frequenti di più? A che ora chiude? È aperto di domenica?
6. Nella tua città, i negozi sono chiusi la domenica? Quali?
7. Che tipo di negozio preferisci? Perché? Quali aspetti di questo negozio ti piacciono di più?
8. Hai mai (*have you ever*) fatto la spesa in un mercato all'aperto?

Fare la spesa è una specie° di rito° in Italia. La genuinità e la freschezza dei prodotti sono qualità importantissime e la maggior parte° degli Italiani preferisce fare la spesa ogni giorno. La gente esce presto per fare la spesa nei mercati all'aperto o nei negozi vicino a casa. I clienti tendono ad andare sempre negli stessi negozi e conoscono bene i negozianti.

kind / ritual
majority

La vetrina di una gioielleria
a Firenze

I supermercati sono frequentati
soprattutto dai giovani, che ci vanno perché
non hanno tempo di fare la spesa tutti i
giorni. È comodo fare la spesa in un
supermercato o ipermercato come la Coop,
l'Esselunga, la Standa o La Conad perché lì
si trova tutto il necessario. Tuttavia° alla   *still*
gente piace comprare certi prodotti freschi,
come per esempio il pane ancora caldo e
profumato,° appena uscito dal forno° del   *sweet-smelling / oven*
panettiere! Fa parte di una vecchia
abitudine° ancora conservata, anche nelle   *habit*
grandi città.
        L'Italia conserva un'altra tradizione:
quasi tutti i negozi sono chiusi di domenica;
solo alcune farmacie, i bar e le pasticcerie sono aperti. Anche le edicole restano
aperte la domenica mattina per la vendita° dei giornali. In ogni città i negozi   *sale*
chiudono per mezza giornata, per riposo.
      Rispetto ad altre nazioni, in Italia ci sono pochi grandi magazzini, come La
Rinascente, dove si può
comprare di tutto. Gli
Italiani preferiscono i
piccoli negozi e le
botteghe locali, dove
magari conoscono i
proprietari. Così, in una
giornata tipica, è
possibile fare due passi,
incontrare degli amici per
strada, fare le
commissioni e alla fine
comprare il necessario ...
fino a domani!

Questo supermercato offre buoni sconti: prendi 3, paghi 2

 A Comprensione: vero o falso.   Decidere se le seguenti frasi sono vere o
false, e poi correggere le frasi false.

Attività

1. La freschezza dei prodotti non ha importanza per gli Italiani.
2. La gente tende a tornare negli stessi negozi.
3. Sono i vecchi che vanno più spesso al supermercato.
4. Esselunga, Coop e Conad sono tutti nomi di gelaterie.
5. Anche nelle grandi città la gente compra il pane fresco dal fornaio.
6. Di domenica, tutti i bar e anche le farmacie sono chiusi.
7. Ci sono grandi magazzini in Italia.

B Spunti di conversazione.
1. Immaginate di dovere fare un regalo insieme per la laurea di Enrico e
Stefania. Decidete in quali negozi andare, cosa comprare e quanto
spendere. Ecco alcune idee per un regalo:

una penna	un orologio	un libro di fotografie
dei compact disc	un biglietto di auguri	dei fiori

2. Discutere i vantaggi e gli svantaggi (*advantages and disadvantages*) del sistema americano, dove la gente tende a fare la spesa nei supermercati e nei grandi magazzini, e il sistema italiano, dove la gente ancora preferisce il mercato all'aperto e i piccoli negozi.

Ritratto

Mario Levato

Buongiorno, Signor Levato. Dove abita e che lavoro fa Lei?

Abito a Perugia e sono proprietario di un negozio di regali nel centro di Perugia. Si chiama "La bottega del regalo" ed è un negozio molto bello.

Che cosa vende allora?

Una grande varietà di articoli: vendo oggetti di cristallo, porcellane, articoli per la casa. C'è anche una vetrina speciale con i prodotti dell'artigianato° dell'Umbria, come la ceramica dipinta a mano,° oggetti in terracotta e oggetti in legno.°

handicraft
handpainted / wood

Chi sono i Suoi clienti?

La mia clientela è formata da persone che conosco da vent'anni, i veri perugini. Però vengono anche i turisti stranieri: comprano soprattutto oggetti dell'artigianato locale. La gente spesso chiede consigli° e io sono felice di aiutare un cliente a scegliere il regalo perfetto. Consiglio sempre di comprare articoli di qualità. Ai miei clienti abituali faccio sempre uno sconto: è un gesto di cortesia.°

advice

gesture of courtesy

Accetta carte di credito?

Sì, è un negozio moderno! Però, quasi tutti i clienti pagano in contanti. Pochi usano gli assegni o la carta di credito.

Quando è il Suo turno di riposo?

Il negozio resta chiuso il mercoledì pomeriggio e, naturalmente, la domenica.

Qual è la parte più bella del Suo lavoro?

Il contatto con la gente. Sono molto soddisfatto quando i clienti ritornano per comprare un nuovo regalo.

A **Un riassunto** (*A summary*).   Creare un riassunto dell'intervista in cui descrivi:

il lavoro che fa Mario Levato
il nome del negozio
la merce che vende nel negozio
chi sono i suoi clienti
alcuni prodotti artigianali dell'Umbria
come pagano i clienti
quando è chiuso il negozio

B **Un regalo da Perugia.**   Creare una conversazione tra Mario Levato e un/una cliente: un turista americano/una turista americana che vuole comprare un oggetto di artigianato da portare alla mamma negli Stati Uniti.

Esempio: —Buongiorno! Desidera?
          —Buongiorno. Vorrei comprare...
          —Abbiamo una grande scelta di... Le piace questo... ?

C **Tema.**   Scegliere uno dei seguenti temi da sviluppare in una breve composizione.

1. Il mio negozio preferito. Perché è così speciale.
2. Spendere mille dollari in Italia. Che cosa comprare e in quali negozi.
3. L'ultima volta (*The last time*) che sono andato/a al supermercato.

Ciak! Italia

A **Dove prendiamo... ?**   Abbinare il negozio con l'oggetto che Gabriella e Piero ci acquistano.

1. la farmacia   a. i soldi
2. la bancarella di frutta   b. un digestivo
3. il bancomat   c. il salame
4. la bancarella dei formaggi   d. il pane
                                    e. le pesche

B **Che bella frutta!**   Ascoltare bene il dialogo e scrivere i pezzi mancanti.

FRUTTIVENDOLO: Queste pesche sono speciali ... vengono 3.400 (lire) al chilo. Se me ne prende due chili, 6.500 (lire).
GABRIELLA: _____. Me ne dia _____, per favore...
PIERO: Ma Gabriella, che ne facciamo di due chili di pesche? Mangiamo solo frutta oggi? _____!
GABRIELLA: Beh, se hai appetito possiamo fare _____.
Compriamo anche _____ da quell'uomo laggiù (*over there*). Che ne dici?
PIERO: Va bene, compriamo anche _____ e del salame.

C **Chi lo fa?**   Dire se è Piero o Gabriella che fa le seguenti azioni, mettendo una P o una G accanto (*next to*) alla frase.

1. _____ Va in farmacia e compra l'aspirina.
2. _____ Nota che piove.
3. _____ Compra due chili di pesche.
4. _____ Compra troppe cose da mangiare.
5. _____ Compra un digestivo in compresse masticabili.
6. _____ Ha bisogno di un digestivo.
7. _____ Va a ritirare i soldi al bancomat.

D **Facciamo la spesa!**   Modellare un dialogo tra due clienti e un venditore in un negozio di alimentari (*food store*) usando i seguenti suggerimenti. Guardare l'elenco della spesa per sapere che cosa comprare.

Mi dica!   Vorrei...   Me ne dia
Ne vorrei (tre) etti...   Vengono (seimila) lire al chilo.   (due) chili...
Grazie, buongiorno!   Le serve altro?   Prego!
                                                               Ho bisogno di...

prodotto	quantità	prezzo
mele	2 chili	3.000/chilo
caffè	quattro etti	30.000/chilo
pane	mezzo chilo	
prosciutto	6 etti	45.000/chilo
pomodori	3 chili	6.500/chilo

5

Mangiare: Tutti a tavola!

Pranzo con vista, Portofino

Communicative goals

- Ordering food and drink
- Avoiding redundancy
- Describing actions
- Cooking and sharing recipes

LIGURIA
Genova

 Al bar

A.1 Si dice così

il bar	*café*	al limone	*with lemon*
il barista	*bartender/*	zucchero	*sugar*
	counterperson	dolce	*sweet*
il banco	*counter*	salato	*salty*
la colazione/la prima colazione	*breakfast*	il tavolino	*café table*
		ordinare	*to order*
gasata/frizzante	*carbonated*	fare colazione	*to have breakfast*
non gasata/senza gas/ liscia	*noncarbonated*	stare in piedi al banco	*to stand at the counter*
con ghiaccio/senza ghiaccio	*with ice/without ice*		

Al banco in un bar del centro

Lo sapevi che... ?

Un bar è un luogo dove consumare un caffè, qualcosa da bere o da mangiare, generalmente al banco in piedi. È necessario pagare prima alla cassa. Poi si va al banco e si ordina al barista, presentando lo scontrino. È gentile (*polite*) lasciare degli spiccioli di mancia (*tip*).

Listino prezzi consumazioni ai tavoli

il caffè (l'espresso)	espresso coffee	
corretto	with a shot of liquor	L. 4.000
macchiato	with a spot of milk	L. 6.500
Hag, decaffeinato	decaffeinated	L. 4.000
ristretto	strong	L. 4.000
lungo, all'americana	with water, American-style	L. 4.000
il cappuccino	espresso with steamed milk	L. 4.500
il caffelatte	coffee with milk	L. 5.000
il tè caldo	hot tea	L. 4.500
il tè freddo	iced tea	L. 5.000
il latte	milk	L. 6.000
la cioccolata calda	hot chocolate	L. 3.500
l'acqua minerale	mineral water	L. 6.000
il succo di frutta	fruit juice	L. 2.500
la spremuta	fresh-squeezed juice	L. 6.000
l'aperitivo	aperitif	L. 7.000
l'amaro, il digestivo	after-dinner drink	L. 6.000
la brioche, il croissant, il cornetto	breakfast pastry	L. 6.000
il pasticcino, la pasta	small pastry	L. 2.500
il panino	sandwich on a roll	L. 3.000
il tramezzino	sandwich on sliced bread	L. 3.500
		L. 4.000

Attività

A Qualcosa non va!   Trovare l'elemento che non va con gli altri.

caffellatte, espresso, caffè macchiato, cappuccino
gasata, frizzante, liscia, ristretto
il caffè corretto, il digestivo, l'aperitivo, l'acqua
il pasticcino, il tramezzino, la brioche, il cornetto
il bar, il banco, la colazione, il barista
il tè, il tramezzino, la pasta, il panino

B Come fanno gli Italiani?   Completare il brano con le parole date. Ci sono due parole extra.

aperitivo	banco	cassa	colazione	espresso
ghiaccio	liscio	scontrino	tavolino	zucchero

In generale, quando gli Italiani vanno al bar, stanno in piedi al
banco e non si siedono (*sit down*) al _tavolino_. È
necessario pagare prima alla _cassa_ e poi presentare lo
scontrino al barista.

Bevono il cappuccino al mattino quando fanno _colazione_ e
mai (*never*) dopo cena. Dopo pranzo e dopo cena prendono il caffè,
che è anche chiamato _espresso_. Normalmente gli Italiani
mettono lo _zucchero_ nel caffè. Un'altra abitudine caratteristica
è quella di non mettere mai il _ghiaccio_ nell'acqua minerale
perché diventa troppo fredda!

Preferenze personali.   Fare le seguenti domande ad un altro studente/un'altra studentessa.

1. Cosa bevi normalmente al mattino quando fai colazione?
2. Quando hai freddo, cosa bevi? E quando hai caldo?
3. Bevi il caffè? Lo prendi con il latte? con lo zucchero?
4. Ti piace bere l'acqua con molto o poco ghiaccio? O la bevi senza ghiaccio?
5. Come preferisci il tè, al limone o al latte? con lo zucchero o senza lo zucchero? caldo o freddo? Hai mai bevuto il tè freddo alla pesca?

A.2   Incontro

Colazione al bar.   *Isabella e Giorgio si incontrano per strada alle undici di mattina.*

ISABELLA: Ciao, Giorgio! Che ne dici di prendere qualcosa insieme? Offro io!

GIORGIO: Ciao, Isa! Va bene, grazie!

Entrano nel bar all'angolo.

ISABELLA: Hai fatto colazione?

GIORGIO: No. Ho sempre poco tempo al mattino.

ISABELLA: Ma un buon caffè ci vuole per iniziare bene la giornata. Ne hai voglia?

GIORGIO: Sì, ma preferisco qualcosa di più fresco. Forse un tè freddo.

ISABELLA: Io invece prendo un cappuccino. Lo fanno molto bene qui— con molta schiuma.° Ti va di prendere anche qualcosa da mangiare?   *froth*

GIORGIO: Perché no? Mi piacciono i pasticcini in questo bar. Prendo un cornetto alla marmellata.

ISABELLA: Io ho una fame da lupi! Mi ordini un panino o un tramezzino al banco mentre vado alla cassa a pagare?

GIORGIO: Ti consiglio un panino al prosciutto crudo. Sono proprio buoni qui...

ISABELLA: Va bene se stiamo in piedi o preferisci andare a quel tavolino?

GIORGIO: Ma scherzi! Mi va benissimo stare al banco—abbiamo fretta, e poi bisogna stare attenti ai soldi. Vai alla cassa, ti aspetto qui.

Alla cassa.

LA CASSIERA: Mi dica, signorina...

ISABELLA: Un tè freddo e un cappuccino per piacere, e un panino al prosciutto... Grazie...

LA CASSIERA: Sono 10.500 lire. Ecco lo scontrino e il resto!

ISABELLA: Grazie. (*Al banco*) Eccomi di nuovo.

GIORGIO: E il mio cornetto?

ISABELLA: Scusami, Giorgio! Me lo sono dimenticato!°   *I forgot it!*

A Chi l'ha fatto?   Indicare a quale personaggio dell'**Incontro,** Giorgio o Isabella, si riferiscono le seguenti frasi.

1. Offre qualcosa al bar.
2. Forse prende un tè freddo.
3. Preferisce il cappuccino con molta schiuma.
4. Le piacciono i pasticcini.
5. Ha una fame da lupo.
6. Preferisce stare al banco perché non ha tempo.
7. Va alla cassa a pagare.
8. Ha dimenticato di ordinare il cornetto.

B Prendiamo un caffè al bar.   Guardare bene il disegno e con il compagno/la compagna fare una breve descrizione della scena. Chi sono queste persone? Dove sono? Che cosa fanno?

In altre parole

ci vuole	*is necessary*
ti va di...	*are you up for . . .*
avere una fame da lupi	*to be hungry enough to eat a horse*
ti consiglio...	*my advice to you is . . .*
stare attento/a ai soldi	*to watch (my) money*
alla linea	*(my) figure*

C **La risposta logica.** Trovare nella colonna a destra la risposta appropriata a ogni frase nella colonna a sinistra.

1. Ti va di prendere un gelato?
2. Dai! Prendi un pasticcino!
3. Che caldo oggi! Ho sete!
4. Hai fatto colazione stamani?
5. Quant'è amaro (*bitter*) questo caffè!

   a. No, grazie, devo stare attento alla linea.
   b. Ancora no, e ho un fame da lupi!
   c. Hai ragione. Ci vuole un po' di zucchero.
   d. Ti consiglio un tè freddo al limone con un po' di ghiaccio.
   e. Con questo freddo? No, andiamo al bar a prendere qualcosa di caldo.

D **Ti consiglio di...** Che cosa consigli ai tuoi amici se ti dicono le seguenti cose? Rispondere come nell'esempio.

Esempio: —Non so quale panino scegliere.
        —Ti consiglio di prendere un panino al prosciutto crudo. Li fanno bene in questo bar.

1. Accipicchia! Ho una fame da lupi e in casa non c'è niente da mangiare.
2. Guarda come sono diventato grasso!
3. Sono proprio nervosa. Sono due giorni che non dormo.
4. Non so dove andare in vacanza. Che cosa mi consigli?

E **Ordinare in un bar.** Due studenti sono i clienti al bar. Un altro è il/la barista. Creare una scenetta in cui i clienti ordinano qualcosa da bere e qualcosa da mangiare dal listino prezzi (*price list*) a pagina 171. Il barista prende le ordinazioni, prepara le consumazioni e le porta ai clienti. Uno dei clienti deve pagare alla cassa e prendere lo scontrino. Quanto deve pagare?

Il mare e le case colorate sui monti della Liguria, Imperia

Lo sapevi che... ?

La Liguria è la regione con la più alta densità di popolazione. Genova è il capoluogo e divide la regione in due parti: la Riviera di Levante e la Riviera di Ponente. La Riviera di Levante è a est di Genova (Levante significa "dove si leva il sole") ed è famosa per la sua bellissima costa rocciosa (*rocky*). La Riviera di Ponente è a ovest di Genova (Ponente significa "dove si pone il sole") ed ha delle lunghe spiagge di sabbia.

A.3 Punti grammaticali

I pronomi complemento oggetto indiretto

—Tu offri un caffè a me?	—**Mi** offri un caffè?	*You're offering me a coffee?*
—Sì, offro un caffè a te.	—Sì, **ti** offro un caffè.	*Yes, I'm offering you a coffee.*
Angela telefona a Marco.	Angela **gli** telefona.	*Angela telephones him.*
Tu scrivi a Luisa?	Tu **le** scrivi?	*Are you writing to her?*
Lei pensa a voi.	Lei **vi** pensa.	*She thinks about you.*
Lui parla con noi.	Lui **ci** parla.	*He's speaking with us.*
Compro un gelato ai bambini.	Compro **loro** un gelato.	*I buy ice cream for them.*

1. The indirect object of a verb indicates the person or thing that is indirectly affected by the action of the verb. It answers the question *to whom?* or *for whom?* In English an indirect object may or may not be preceded by *to* or *for,* but in Italian a preposition is always used before an indirect-object noun. An indirect-object pronoun can replace an indirect object: *I am giving the pen to Mark; I am giving him the pen.* The forms of indirect-object pronouns are as follows:

singolare	plurale
mi *to/for me*	**ci** *to/for us*
ti *to/for you*	**vi** *to/for you*
Le *to/for you (formal m. & f.)*	
gli *to/for him*	**gli, loro** *to/for them*
le *to/for her*	

2. Indirect-object pronouns are identical to direct-object pronouns except in the third-person singular and plural forms: **gli, le, Le,** and **loro.** In spoken Italian, **gli** is often used for both the singular *to him* and the plural *to them,* instead of **loro.**

Offro un caffè a Paolo e Gina.	*I offer Paolo and Gina coffee.*
Offro **loro** un caffè. **Gli** offro un caffè.	*I offer them coffee.*

3. Indirect-object pronouns, like direct-object pronouns, precede a conjugated verb, except for **loro,** which follows the verb.

Gli offro un panino. Offro **loro** un panino.	*I offer them a sandwich.*

   When an indirect object accompanies an infinitive, it attaches to the infinitive.

Hai qualcosa da dir**mi?**	*Do you have something to say to me?*

When an infinitive is preceded by a form of **dovere, potere,** or **volere,** the indirect-object pronoun either attaches to the infinitive (which drops the **e**) or precedes the conjugated verb.

Devo parlar**gli.**   **Gli** devo parlare.   *I have to speak to him.*
Voglio telefonar**le.**   **Le** voglio telefonare.   *I want to telephone her.*

Loro never attaches to an infinitive. Compare:

Non ho tempo di scriver**ti.**   Non ho tempo di scrivere **loro.**

Le and **gli** are never elided.

Le ho offerto un passaggio.   *I offered her a ride.*
Gli hanno detto "Ciao."   *They said "hi" to him.*

4. In the **passato prossimo** and other compound tenses, the past participle does not agree with the indirect-object pronoun. Compare the following:

Hai visto Maria?   Sì, **l'**ho vist**a.**
Hai telefonato a Maria?   Sì, **le** ho telefonat**o.**

5. The following common verbs are frequently used with indirect-object pronouns.

dare	*to give*	**portare**	*to bring*
dire	*to say*	**preparare**	*to prepare*
domandare	*to ask*	**prestare**	*to lend*
insegnare	*to teach*	**regalare**	*to give a gift to*
mandare	*to send*	**restituire**	*to return to*
mostrare	*to show*	**rispondere**	*to answer*
offrire	*to offer*	**scrivere**	*to write*
piacere	*to be pleasing*	**telefonare**	*to telephone*

Se mi presti i soldi, ti restituisco i soldi domani. *If you lend me the money, I will return the money to you tomorrow.*

Il professore ha insegnato loro come scrivere bene. *The professor taught them how to write well.*

Se ci scrivete, vi rispondiamo. *If you write to us, we'll answer you.*

A Buongiorno! Anzi, ciao!   Giovanna abita in un piccolo paese. Quando è il giorno di mercato, incontra molte persone e saluta tutti. Completare le frasi come nel modello, usando i pronomi indiretti e il saluto appropriato!

Attività

Esempio: Giovanna vede la bambina e *le dice "Ciao!"*

1. Giovanna vede la signora Pippino e...
2. Giovanna incontra un suo amico e...
3. Giovanna incontra due amici dei suoi genitori e...
4. Giovanna incontra il suo professore di chimica e...
5. Giovanna vede voi e...
6. Giovanna incontra sua cugina e...
7. Giovanna vede me e...

Regali.   Discutere con un altro studente/un'altra studentessa i regali che fate alle persone indicate e perché. Seguire il modello.

Esempio: Carla / una penna
—Che cosa regali a Carla?
—Le regalo una penna perché le piace scrivere.

1. i genitori / un libro di Italo Calvino
2. Mirella / una videocassetta di Jane Fonda
3. Giorgio / una racchetta da tennis
4. Sandra e suo marito / una cena al ristorante
5. la mamma / un libro di cucina
6. Gina e Andrea / dei CD di musica rock
7. tuo fratello / cinque chili di caffè
8. me / centomila lire

C **Mangiare mangiare.**   Rispondere alle seguenti domande sostituendo le parole in corsivo con un pronome, secondo il modello.

Esempio: Telefoni *a Luisa* per invitarla a cena?
Sì, le telefono.

1. Prepari la pizza *per la tua amica?*
2. Puoi portare il caffè *ai nonni?*
3. Insegni *ai tuoi cugini* a fare le lasagne?
4. Ti va di cucinare i tortellini *per i tuoi amici?*
5. Vuoi comprare un gelato *per Marco?*
6. Prepari un panino *per Elisa?*
7. Puoi offrire un cappuccino *a me?*
8. Il barista mostra i pasticcini *ai suoi clienti?*

D **Una brava professoressa.**   Sostituire le parole in corsivo con dei pronomi. Fare attenzione all'uso corretto dei pronomi oggetto diretto e indiretto.

Per la professoressa Gribaudi *i suoi studenti* sono importantissimi. Aiuta *i suoi studenti* ad imparare. Consiglia *agli studenti* metodi utili per studiare. Dà *agli studenti* esempi originali e quando assegna *i compiti*, spiega molto chiaramente *i compiti*. Piace *a noi* il suo modo di insegnare perché considera *noi* dei colleghi, non tratta *noi* come bambini.

Quando uno studente va a trovare *la professoressa* in ufficio, lei domanda sempre *allo studente* come sta, e chiede *allo studente* se ha capito la lezione di quel giorno. È sempre disponibile (*available*), e ha detto *a noi* che possiamo telefonare *a lei* in qualsiasi momento (*at any time*), anche a casa sua!

In trattoria

B.1 Si dice così

il pasto	*meal*	**la birra**	*beer*
il pranzo	*lunch*	**il cameriere, la cameriera**	*waiter, waitress*
la cena	*dinner*	**il coperto**	*cover charge*
il menù	*menu*	**il servizio**	*service*
l'antipasto	*appetizer*	**il conto**	*bill, check*
il primo (piatto)	*first course*	**la mancia**	*tip*
il secondo (piatto)	*second course*	**pranzare**	*to eat lunch*
il contorno	*side dish*	**cenare**	*to eat dinner*
il dolce	*dessert*	**lasciare la mancia**	*to tip/to leave a tip*
il vino rosso, bianco	*red wine, white wine*		

Un pizzaiolo davanti al suo forno a legna

TRATTORIA "LA SPIAGGIA"

Il menù di oggi

ANTIPASTI
Prosciutto e melone
antipasto misto
bruschetta

PRIMI
Trenette al pesto
gnocchi alla bava
risotto ai frutti di mare
spaghetti alle vongole
Tortellini in brodo

SECONDI
Scampi alla griglia
pollo allo spiedo
calamari fritti

CONTORNI
Patate al forno
insalata mista

DOLCI
Zuppa inglese
Tiramisù
Crostata di mele
macedonia di
frutta fresca

PREZZO FISSO £ 45.000
BEVANDE ESCLUSE

A **Cosa prendere?**   Indicare la parola o espressione che completa logicamente la frase.

1. Come antipasto prendo (prosciutto e melone / la crostata).
2. Come primo piatto prendo (gli scampi / gli gnocchi).
3. Per secondo prendo (risotto ai frutti di mare / pollo allo spiedo).
4. Come contorno prendo (le trenette / le patate).
5. Prendo (le vongole / il tiramisù) come dolce.
6. Da bere preferisco il vino (rosso / fritto).
7. Alla fine della cena arriva, purtroppo, il (brodo / conto).
8. Quando pago la cena, lascio una piccola (mancia / birra) sul tavolo.

Il pesce? Lo adoro!   Completare le frasi con un vocabolo adatto.

Esempio: Giulia adora il pesce, sicché (*and so*) ha preso l'antipasto di mare.

1. Io adoro _____, sicché ho preso la crostata di mele.
2. Mio fratello adora _____, sicché ha preso la macedonia.
3. Noi adoriamo _____, sicché mangiamo sempre la bistecca.
4. Lei adora _____, sicché ha preso il prosciutto e melone.
5. Loro adorano _____, sicché prendono sempre spinaci o fagiolini come contorno.
6. Io adoro _____, sicché al ristorante mangio sempre il primo.

 Preferenze personali.   Intervistare un altro studente/un'altra studentessa per sapere:

- se esce spesso per mangiare fuori. Con chi? Quando?
- che tipo di ristorante preferisce (elegante / pizzeria / fast food).
- che tipo di cucina gli/le piace di più.
- il ristorante preferito. Perché? Qual è la specialità del ristorante?
- se lascia sempre una mancia. Quanto?

È arrivato il conto!   Tu e due tuoi amici avete appena finito di mangiare una cena modesta nella trattoria "La Spiaggia." Creare una conversazione secondo i seguenti suggerimenti.

S1 e S2: Uno di voi ha ordinato gli spaghetti alle vongole con un secondo di pollo allo spiedo. L'altro ha preso l'antipasto misto e gli scampi alla griglia. Avete anche preso una bottiglia di acqua minerale e due caffè. Quando il cameriere vi porta il conto vedete che c'è un errore. Chiedere al cameriere di spiegare il totale.

S3: Sei il cameriere nel ristorante. Quando porti il conto (qui sopra) ai due clienti, hanno qualche domande per quanto riguarda (*about*) il totale. Rispondere alle loro domande.

Alcune espressioni utili:
        C'è stato un errore.
        Il conto è sbagliato.
        Mi dispiace moltissimo.

Denominazione, residenza o domicilio, ubicazione esercizio, cod, fisc, partita IVA

TRATTORIA "LA SPIAGGIA"
di Ratti D. & M. s.n.c.
P.zza Bastreri, 2 - Tel. 901670
PORTOVENERE (SP)
part. IVA 00764150112

QUANTITÀ	DESCRIZIONE	IMPORTO
2	COPERTI	6.000
1	VINO - BIRRA	15.000
1	ACQUA MINERALE	3.000
	PIZZA	
	PASTI A PREZZO FISSO	
1	ANTIPASTI	15.000
2	PRIMI PIATTI	20.000
2	SECONDI PIATTI	32.000
	CONTORNI	
	FORMAGGI	
	FRUTTA	
	DOLCI - DESSERT	
2	CAFFÈ - LIQUORI	4.000
		95.000

RICEVUTA FISCALE - FATTURA

CONTEGGIO IVA _____ %	TOTALE (IVA compresa)	
Imponibile		
Imposta	**TOTALE**	95.000

Data 4/06/97

P   2833469   /97

Lo sapevi che... ?

In Italia, ristoranti e trattorie fanno pagare un coperto. È una somma nominale (di solito tra 2.000 e 5.000 lire) che copre la spesa dell'uso della tovaglia e del pane. Il coperto è anche un'indicazione di quanto sia costoso il locale.

B.2 Incontro

Una cena fra amici.   *In trattoria alle otto di sera. Piero arriva in ritardo, e poi Sandra e Piero aspettano i loro amici.*

SANDRA: Ah, eccoti finalmente!

PIERO: Scusa il ritardo ... sai, c'è molto traffico a quest'ora.

SANDRA: Va bene, ma non sono ancora arrivati Giorgio e la sua amica!

CAMERIERE: Buonasera, signori. In quanti siete?

PIERO: Veramente siamo in quattro. Gli altri arrivano fra poco.

CAMERIERE: Benissimo. C'è un tavolo libero vicino alla finestra, con la vista sul mare. Vi va bene? Vi porto subito il menù.

SANDRA: Sì, e può portarci anche dell'acqua minerale gasata? Ho tanta sete!

CAMERIERE: Sissignora. Ve la porto subito!

SANDRA: Hai detto a Giorgio il nome della trattoria?

PIERO: Gliel'ho detto, gliel'ho detto! Non ti preoccupare!

SANDRA: Sono curiosa, non conosco la nuova amica di Giorgio.

PIERO: Nemmeno io.° Ma me ne ha parlato a lungo l'altro giorno—   *neither do I!*
            deve essere una persona davvero speciale!

SANDRA: A me non ha detto niente. Io gli ho chiesto pure°...   *even*

CAMERIERE: Volete ordinare, signori?

PIERO: Sì, va bene. Cosa c'è di buono stasera?

SANDRA: Piero, dai, vergognati! Aspettiamoli ancora cinque minuti!

PIERO: Ma io ho fame! (*al cameriere*) Scusi, senta, mi può dire che cosa c'è di primo, per favore?

CAMERIERE: Abbiamo le trenette al pesto e gli gnocchi alla bava, cioè col burro, panna e parmigiano. E come secondo vi consiglio gli scampi. Possiamo farli alla griglia, se Le piacciono...

PIERO: Ottimo!

CAMERIERE: E per Lei, signora?

SANDRA: Oh, guarda, sono arrivati i ritardatari.° Finalmente!   *latecomers*

PIERO: Ha una faccia simpatica la nuova amica di Giorgio...

SANDRA: Ma io la conosco! È Isabella!!! Ciao, Isa!!!

Lo sapevi che... ?

*I*l pesto è un piatto tipico della Liguria. È molto semplice fare il pesto: ci vogliono il basilico, l'aglio, l'olio d'oliva e tanto parmigiano buono! I pinoli sono un ingrediente speciale! Il basilico ligure è particolarmente profumato perché cresce vicino al mare ... o almeno si dice così!

Attività

A **Comprensione: Bugiardi** (*Liars*)!   Tutte le seguenti frasi sono false. Correggerle con l'informazione giusta.

1. Piero arriva per primo al ristorante.
2. Piero è arrivato in ritardo a causa della neve.
3. Sandra e Piero vogliono un tavolo per otto persone.
4. Il tavolo ha una vista sull'Etna.
5. Sandra chiede dell'acqua minerale liscia.
6. Piero conosce bene la nuova amica di Giorgio.
7. Piero ha molta sete.
8. Sandra non vuole aspettare gli amici.
9. Come primo piatto ci sono gli scampi alla griglia.
10. L'amica di Giorgio ha una faccia antipatica.

B **Una cena in trattoria.**   Incontri tre amici in trattoria per festeggiare il tuo compleanno e sei il primo/la prima ad arrivare. Come rispondi al cameriere quando ti dice:

—Buonasera, signore/signora. In quanti siete?
—Questo tavolo vicino alla finestra va bene?
—Prendete qualche antipasto?
—E per il primo piatto cosa desiderate? E per dopo?
—Da bere, signori?
—Vi serve altro?
—Ecco il conto. Come desidera pagare?

scusa il ritardo	*sorry I'm late*
siamo in quattro/in due	*there are four of us/two of us*
non ti preoccupare	*don't worry*
vergognati!	*shame on you!*
ottimo!	*great!*

C **Cosa dici?**   Cosa dici nelle seguenti situazioni?

1. Un'amica ti aspetta al bar alle otto. Per via del traffico, arrivi al bar alle 8.35. Cosa le dici?
2. Tu e l'amica andate insieme in una trattoria. Quando entrate e il cameriere vi chiede in quanti siete, cosa gli dici?
3. Hai voglia di mangiare pesce e il cameriere della trattoria dice "Stasera abbiamo della sogliola (*sole*) fresca fresca." Cosa gli dici?
4. Alla fine della cena la tua amica scopre che non ha soldi e non sa come pagare la sua parte della cena. Cosa le dici?
5. La tua amica ha detto che ha dimenticato il compleanno di sua madre. Che cosa le dici?

D **Che bravo cameriere!**   Andate in un'osteria sulla costa ligure. Il locale è molto popolare e rinomato (*renowned*) per il pesce fresco del mare. Creare un dialogo in cui due clienti entrano nell'osteria, scelgono un tavolo e ordinano la cena, secondo i seguenti suggerimenti.

S1: Sei il cameriere/la cameriera dell'osteria. Stasera c'è solo un tavolo libero, vicino alla cucina. Cerchi sempre di accontentare i clienti ma stasera sembra impossibile.

S2: Per te la cosa più importante è mangiare con una bellissima vista sul mare.

S3: Tu non mangi il pesce, ma la vista sul mare non è importante.

Esempio: —Buonasera, signori. In quanti siete?
            —Buonasera. Siamo in due e desideriamo...

Lo sapevi che... ?

La parola *osteria* è una parola antica. Durante il medioevo, i viaggiatori potevano fermarsi in un'osteria per mangiare e anche per dormire la notte. L'atmosfera era accogliente, e l'oste serviva del buon vino. In tempi più recenti, quando un ristorante si chiama con la parola *osteria,* per esempio "Osteria della Vecchia Lanterna," generalmente significa che il locale è di moda, un luogo chic, spesso anche costoso. Come cambiano le cose!

B.3 Punti grammaticali

I pronomi doppi

Mi dai la tua penna?	*Will you give me your pen?*
Me la dai?	*Will you give it to me?*
Ti offro la cena.	*I'll offer you dinner.*
Te la offro io.	*I'll offer it to you.*
Compro il gelato a Gino.	*I'm buying the ice cream for Gino.*
Glielo compro.	*I'm buying it for him.*
Dai i tortellini ai bambini?	*Are you giving tortellini to the children?*
Li dai **loro**? / **Glieli** dai?	*Are you giving them to them?*
Ti ha parlato della sua amica?	*Did he speak to you about his girlfriend?*
Te ne ha parlato?	*Did he speak to you about her?*

1. When the same verb has both a direct and an indirect object, certain combinations of pronouns (**pronomi doppi**) can be used to replace both objects.

		+ lo	+ la	+ li	+ le	+ ne
to me	mi	me lo	me la	me li	me le	me ne
to you	ti	te lo	te la	te li	te le	te ne
to us	ci	ce lo	ce la	ce li	ce le	ce ne
to you plural	vi	ve lo	ve la	ve li	ve le	ve ne
him/her	gli/le/Le	glielo	gliela	glieli	gliele	gliene

Note that **mi, ti, ci,** and **vi** change to **me, te, ce,** and **ve. Gli, le,** and **Le** all change to **glie-** before the direct-object pronoun is attached.

Offri la Cocacola a Roberto?	Sì, **gliela** offro.	*I offer it to him.*
Offri la Cocacola a Giulia?	Sì, **gliela** offro.	*I offer it to her.*
Mi consegni il compito?	Sì, professoressa, **glielo** consegno.	*Yes, professor, I turn it in to you.*

2. The indirect-object pronoun **loro** always follows the verb, and cannot combine with a direct-object pronoun.

Porto loro il caffè sul terrazzo.	**Lo** porto **loro** sul terrazzo.
Lascio loro la chiave della macchina.	**La** lascio **loro**.

3. The position of double object pronouns is the same as that of single object pronouns: they generally precede a conjugated verb, and may attach to an infinitive.

Devi scrivere *la lettera a tuo fratello*?	Sì, **gliela** devo scrivere.
	Sì, devo scriver**gliela**.
Puoi passar*mi il sale*?	Certo, **te lo** posso passare.
	Certo, posso passar**telo**.

4. When a direct-object pronoun precedes a compound verb, such as the **passato prossimo,** the participle agrees in gender and number with the direct-object pronoun.

Paolo *mi* ha regalato *le carte.*	**Me le** ha regalat**e.**
Ho indicato *la strada a quel signore.*	**Gliel'**ho indicat**a.**
Abbiamo scritto *tre lettere a mia zia.*	**Gliene** abbiamo scritt**e** tre.

Ci

When the adverb **ci** (*there*) is used in conjunction with the pronouns **mi, ti,** and **vi,** the combinations are as follows: **mi ci, ti ci,** and **vi ci.**

Mi porti al cinema?	**Mi ci** porti?	*Will you bring me there?*
Sì, ti porto al cinema.	**Ti ci** porto.	*I will bring you there.*
Ci raggiungi all'osteria?	**Vi ci** raggiungo.	*I will meet you (pl.) there.*

Note that there is no **ci ci** combination.

Mario **ci** porta al cinema.   *Mario is taking us to the cinema.*

Attività

Tante richieste!   Alcune persone hanno bisogno delle seguenti cose e le chiedono a te. Dici sempre di sì!

Esempio: Giovanni: Mi presti (la bicicletta, i soldi)?
—Mi presti la bicicletta?
— Certo, te la presto!

—Mi presti i soldi?
—Va bene. Te li presto.

1. Donatella: Mi offri (un caffè, la cena, il gelato, dell'acqua minerale)?
2. Il professore: Mi dà (i compiti, il tema, una penna, l'esame)?
3. Un amico: Mi presti (le chiavi della macchina, un libro, gli appunti)?
4. Uno studente all'insegnante: Mi spiega (i pronomi, l'espressione, il passato prossimo, queste parole), per piacere?

Te l'ho fatto!   Riscrivere le frasi con i pronomi appropriati. (Attenzione agli accordi!)

Esempio: La mamma ha preparato gli spaghetti per noi.
La mamma ce li ha preparati.

1. Abbiamo fatto il tiramisù per te.
2. Ho preso due fette di torta per te.
3. Silvana ha portato questi pasticcini per voi.
4. Ho scritto la lettera ai nonni.
5. Ho promesso una torta a Margherita.
6. Barbara ha parlato a me della nuova trattoria. *Barbara me ne ha parlato*
7. Piero ha portato un aperitivo agli amici.
8. Rosa ha preparato i funghi per suo marito.

C **Regali particolari.**   Formulare frasi logiche con un soggetto dalla colonna A, un verbo dalla colonna B, un oggetto diretto dalla colonna C e un oggetto indiretto dalla colonna D. Infine ripetere la frase sostituendo gli oggetti con dei pronomi.

Esempio: Eva offre una mela ad Adamo.   Eva gliela offre.

A	B	C	D
Il mago di Oz	dare	una mela	ai francesi
I bravi genitori	offrire	41 sorprese	a Giulio Cesare
Lucrezia Borgia	regalare	la verità	al Leone
George Washington	dire	l'Egitto	ai figli
Bruto e Cassio		del buon vino	al suo papà
Cleopatra		il coltello	a Marco Antonio
Eva		il coraggio	ad Adamo
Maria Antonietta		i soldi	agli invitati
Lizzie Borden		la torta	alla madre

D **Non ti preoccupare, mamma!**   La madre di Stefano ha molte cose da fare, allora chiede aiuto al figlio. Formulare le risposte di Stefano alla mamma, secondo il modello.

Esempio: —Devi dire a tuo fratello di studiare di più!
         —Non ti preoccupare, mamma, glielo dico.

1. Devi regalare una cravatta a tuo padre! È il suo compleanno!
2. Devi portare il cane al parco!
3. Devi scrivere una lettera alla zia Teresa!
4. Devi prestare dei soldi a tua sorella! Ne ha bisogno!
5. Mi devi accompagnare al supermercato! Sono senza uova!
6. Devi dare le pere fresche alla nonna!
7. Devo andare a teatro con la mia amica! Ci puoi portare?
8. Devi dare dei cioccolatini ai bambini!

 Rapporti famigliari.   Fare al compagno/alla compagna le seguenti domande. Nelle risposte usare i pronomi diretti, indiretti o doppi, dove possibile.

1. Parli spesso ai genitori? Parli loro di quello che fai? Spieghi loro i tuoi problemi? Dici loro che vuoi bene a loro? E loro, cosa dicono a te?
2. Fai regali ai vari membri della tua famiglia? A chi li fai? Quando glieli fai?
3. Scrivi lettere ai parenti? Mandi biglietti di auguri ai nonni? Telefoni loro ogni tanto?
4. Nella tua famiglia, a chi chiedi consigli? Quando glieli chiedi? Ti dà sempre buoni consigli questa persona?

Lo sapevi che... ?

L'Italia è il paese che produce più vino in tutto il mondo e il vino fa parte della cultura italiana. È bevuto regolarmente con il pranzo e la cena, anche dai ragazzi che lo mescolano (*mix*) con acqua. Il vino fa parte del pasto, come il pane. Non c'è limite di età per bere alcolici; e l'alcolismo non rappresenta un grave problema per la società italiana. Invece, gli Italiani bevono regolarmente l'acqua minerale, frizzante o liscia, ma raramente bevono l'acqua del rubinetto (*faucet*)!

Le regioni più note per i loro vini sono la Toscana, il Piemonte e il Veneto. Vini come il marsala, il vermut e lo spumante sono conosciuti in tutto il mondo. Alcuni vini italiani famosi sono:

Toscana   rosso: Chianti, Vino Nobile di Montepulciano, Brunello di
              Montalcino   bianco: Vernaccia di San Gimignano
Piemonte rosso: Barolo, Barbera, Dolcetto
Veneto   bianco: Soave, Pinot Grigio

Al ristorante

C.1 Si dice così

l'appetito	appetite	alla milanese	breaded
il buongustaio	gourmet	in brodo	in broth
la specialità	specialty	bollito/lesso	boiled
la lista dei vini	wine list	misto	mixed
lo spumante	sparkling wine	alla carbonara	with eggs, cheese, and prosciutto
il brindisi	toast		
la minestra	soup, first course	alla bolognese/al ragù	with meat sauce
la zuppa	soup	alla marinara	in tomato-and-basil sauce
la preparazione	preparation	ai frutti di mare	with shellfish
il sugo	sauce	delizioso	delicious
al forno	baked	squisito	exquisite
alla griglia	grilled	sano	healthy
allo spiedo	kebab	essere goloso/a	to have a sweet tooth
fritto	fried	fare un brindisi/brindare	to offer a toast/to toast

A **Le parole mancanti.**   Completare le frasi con il vocabolo appropriato.

Attività

1. Una persona che mangia molti dolci è...
2. Gli spaghetti preparati con un sugo di carne e pomodoro sono...
3. Una persona che ama mangiare bene e sa molto di cucina è un...
4. I differenti vini sono elencati sulla...
5. Un'altra parola per descrivere un piatto delizioso è...
6. Un'altra parola per minestra è...
7. Una cosa cucinata in olio caldo è...
8. Un altro modo per dire bollito è...

B **Che buoni questi piatti!**   Quali piatti puoi fare con i seguenti ingredienti?

1. una costoletta di vitello, olio e pane grattuggiato
2. spaghetti, uova, prosciutto e formaggio parmigiano
3. penne, pomodoro e basilico
4. risotto, pomodoro, calamari, vongole e cozze (*clams and mussels*)
5. tortellini, pomodoro e carne macinata

C **Stanlio e Ollio.**   Con un altro studente/un'altra studentessa, descrivere la scena nel disegno. Chi sono queste persone? Che cosa fanno?

C.2 Incontro

Una cena squisita.   *Daniele e Teresa cenano in un ristorante a Portofino per il compleanno di Teresa.*

DANIELE:	Allora, tesoro, brindiamo al tuo compleanno!
TERESA:	Lo spumante! Che bello! Quanto mi piace mangiare a lume di candela.° Che tipo romantico che sei, Daniele!
DANIELE:	Si capisce!
TERESA:	Che buon profumo qui. Ho l'acquolina in bocca! E hai visto il carrello dei dolci?°
DANIELE:	Quanto sei golosa tu! Ah, ecco il cameriere.
CAMERIERE:	Buonasera, signori. Prego.
DANIELE:	Che cosa ci consiglia come antipasto?
CAMERIERE:	L'antipasto misto della casa. È tutto pesce ed è freschissimo. E poi, permette? Vi consiglio il risotto ai frutti di mare. È la ricetta segreta del cuoco!
TERESA:	Benissimo.
CAMERIERE:	Stasera abbiamo del pesce fresco. Vi possiamo preparare un'orata alla griglia.
TERESA:	Ottimo! Adoro il pesce.
DANIELE:	Scusi, ma per me un prosciutto e melone, e poi gli spaghetti alla carbonara ed una bistecca alla griglia.
TERESA:	Ma, Daniele, siamo qui con la vista del mare e non mangi per niente il pesce!
DANIELE:	Io, il pesce, lo odio!
TERESA:	Poverino! Mi dispiace.
DANIELE:	Fa niente.

by candlelight

dessert cart

Alla fine della cena

TERESA:	Che cena squisita!
DANIELE:	E il tiramisù non lo finisci?
TERESA:	Non ce la faccio più!
DANIELE:	Ci credo! Hai mangiato tantissimo! E ora, un digestivo ci vuole proprio!
TERESA:	Sono senza parole!

Lo sapevi che... ?

È molto comune l'uso di un carrello per trasportare il cibo e i piatti dalla cucina alla tavola. È difficile trovare una casa italiana senza il carrello! Spesso anche i ristoranti usano il carrello per esporre i diversi tipi di formaggi e di dolci.

Comprensione: le domande.   Rispondere alle domande con frasi complete.

1. Perché Daniele ha invitato Teresa a cena?
2. Perché Teresa dice che Daniele è romantico?
3. Che cosa consiglia il cameriere a Teresa e Daniele?
4. A Teresa piace il pesce? e a Daniele?
5. Che cosa ordina Daniele?
6. Cosa prendono come dolce? e dopo il dolce?

 Da McDonald's.   Per il tuo compleanno, il tuo ragazzo/la tua ragazza ti ha invitato a mangiare da McDonald's. Il giorno seguente, un tuo amico/una tua amica ti chiede come hai festeggiato il tuo compleanno. Raccontagli/le tutta la serata meravigliosa!

—Allora, come hai festeggiato il tuo compleanno?
—Siamo andati...

n altre parole

si capisce!	*naturally! of course!*
avere l'acquolina in bocca	*to have one's mouth watering*
poverino!	*poor thing!*
fa niente	*it's nothing*
non farcela	*not to be able to make it, handle it*
essere senza parole	*to be speechless*

C La risposta logica.   Trovare nella colonna a destra le frasi che si abbinano logicamente con le frasi a sinistra.

1. Dai, Gianna! Prendi ancora un po' di torta!
2. Cosa ha detto Lucia quando le hai dato il regalo?
3. Riccardo, tu mi vuoi veramente bene?
4. E dopo gli spaghetti alle vongole ho mangiato un agnello arrosto squisito.
5. Hai sentito? Tommaso ha preso un brutto voto all'esame.
6. Scusami, Antonella. Non c'è più acqua.

a. Fa niente. Anzi, preferisco il vino.
b. Poverino! E ha studiato tanto!
c. No, per carità! Non ce la faccio più!
d. Che buono! Ho l'acquolina in bocca.
e. Non sapeva cosa dire. È rimasta senza parole!
f. Si capisce! Sei mia moglie!

Tanti auguri!   Volete organizzare una cena in un ristorante per festeggiare il compleanno di un amico/un'amica comune. Discutere i particolari della cena:

- l'ospite d'onore
- gli invitati
- il ristorante
- il menù
- la data e l'ora
- il brindisi

Poi presentare i vostri progetti alla classe.

Esempio: Noi organizziamo una festa al ristorante ... per festeggiare il compleanno di... La festa è il ... alle...

Lo sapevi che... ?

E sistono più di trecento varietà di formaggi in Italia; ogni regione, ogni piccola zona, ne produce un tipo locale. Forse il formaggio più conosciuto e più diffuso è il parmigiano, prodotto vicino a Parma, nell'Emilia Romagna. Alcuni formaggi italiani che si trovano facilmente all'estero sono la mozzarella, usata sulla pizza, il gorgonzola e l'asiago.

C.3 Punti grammaticali

Gli avverbi

Andrea balla **divinamente.**	*Andrea dances divinely.*
Veramente, è la prima volta che mangio i carciofi.	*Really, it's the first time I've eaten artichokes.*
Finalmente siete arrivati.	*Finally you've arrived.*
Noi andiamo **spesso** in trattoria.	*We often go to the trattoria.*
Grazia cucina **semplicemente.**	*Grazia cooks simply.*
Luciano Pavarotti canta **bene;** io invece canto **male.**	*Luciano Pavarotti sings well; I, on the other hand, sing badly.*

1. An adverb modifies a verb, an adjective, or another adverb. Adverbs describe how, when, where, and how often an action occurs.

—Come canta Dalla?	*—How does Dalla sing?*
—Dalla canta **bene.**	*—He sings well.*
—Come guida Angelo?	*—How does Angelo drive?*
—Angelo guida **prudentemente.**	*—Angelo drives carefully.*
—È bella Sophia Loren?	*—Is Sophia Loren pretty?*
—Sì, è **molto** bella.	*—Yes, she is very pretty.*
—Come sta Giuseppe?	*—How is Giuseppe?*
—Sta **molto male.**	*—He's not at all well.*

2. Many adverbs are formed by adding **-mente** to the feminine form of an adjective. This form corresponds to English adverbs ending in **-ly**.

vero ➞ ver**a** ➞ veramente (*truly*)   raro ➞ rar**a** ➞ raramente (*rarely*)

È una canzone **lenta,**   *It's a slow song,*
  e la canta **lentamente.**   *and she sings it slowly.*
La Ferrari è una macchina   *Ferrari is a fast car,*
  rapida, e lui la guida **rapidamente.**   *and he drives it fast.*

If the adjective ends in **e,** then **-mente** is added directly to the adjective.

sempli**ce** ➞ semplicemente (*simply*)   dol**ce** ➞ dolcemente (*sweetly*)

If the adjective ends in **-le** or **-re,** the **e** is dropped before **-mente.**

norma**le** ➞ normalmente   regola**re** ➞ regolarmente
  (*normally*)   (*regularly*)

È una lezione **facile,** e l'abbiamo   *It's an easy lesson, and we*
  completata **facilmente.**   *completed it easily.*

3. An adverb normally follows the conjugated verb. Some adverbs relating to time (**già** *already,* **sempre** *always,* **mai** *never,* **ancora** *yet*) are placed between the auxiliary verb and the past participle in compound tenses.

Non hai **mai** mangiato i funghi porcini?   *You've never eaten porcini?*
Ho **sempre** creduto nel destino.   *I've always believed in destiny.*
Non è **ancora** arrivata Maria.   *Maria hasn't arrived yet.*

4. Adverbs are invariable. They have only one form and do not agree in gender or number with the subject.

5. The adverbs **bene** and **male** correspond to the adjectives **buono** and **cattivo.**

Mario è un **buon** giocatore;   *Mario is a good player; he plays soccer well.*
  gioca **bene** a calcio.
Io sono una **cattiva** ballerina;   *I'm a bad dancer; I dance badly.*
  ballo **male.**

Molto e troppo

I tortellini sono **molto** buoni.   *The tortellini are very good.*
Le mele non sono **troppo** fresche.   *The apples are not too fresh.*

As adverbs, **molto** (*very, a lot*) and **troppo** (*too*) are invariable.

Sono studenti **molto** intelligenti.   *They are very intelligent students.*
Lei è **molto** brava.   *She is very smart.*
Gli spaghetti sono **troppo** piccanti. *The spaghetti is too spicy.*

Compare the following:

molto and troppo as adjectives	*molto and troppo as adverbs*
Io ho **molti** amic**i.**	Ho amici **molto** simpatici.
I have many friends.	*I have very nice friends.*
Lui ha mangiato **troppi** cioccolatin**i.**	I cioccolatini erano **troppo** ricchi.
He ate too many chocolates.	*The chocolates were too rich.*

Simona ha riso molto.

Simona ha molto riso.

A **Due brani.**   Creare avverbi dagli aggettivi elencati qui sotto. Poi
sostituire le parole in corsivo con gli avverbi di significato simile.

Esempio: gentile ➞ gentilmente
Mi ha detto *in modo cortese* che...
Mi ha detto gentilmente che...

accurato	divino	misterioso
normale	perfetto	rapido
raro	recente	semplice

1. *Di solito* Cristina e Roberto passano le sere insieme a casa e non
escono *quasi mai.* Oggi, però, Roberto ha telefonato a Cristina al
lavoro e le ha parlato *in modo molto strano.* Le ha detto *solo* di essere
pronta per uscire alle sette e mezzo. Quella sera l'ha portata a
mangiare all'osteria "Zi' Rosella" dove si mangia *in modo squisito.*

2. *Non molto tempo fa* Andrew è andato in Italia per seguire un
corso intensivo di lingua italiana. Ha studiato molto e ha imparato *in
poco tempo.* Ora parla bene l'italiano: non *senza errori,* si capisce, ma
abbastanza *in modo preciso.*

B **Come l'hanno fatto.**   Trasformare l'aggettivo tra parentesi in un avverbio
e rispondere alle seguenti domande usando l'avverbio, come nell'esempio.

Esempio: Hai studiato per l'esame d'italiano? (chiaro)
Chiaramente, ho studiato molto!

1. Michele ti ha raccontato le sue avventure? (breve)
2. Vieni alla festa di Lorenza? (sicuro)
3. Com'era vestita la sposa? (semplice)
4. Fai dello sport? (regolare)
5. Esci di casa alle otto tutti i giorni? (normale)
6. In che modo ti ha parlato quel signore? (gentile)

Attività

C **Molto o troppo?**   Completare il brano con **molto** o **troppo** come aggettivo o avverbio.

Quando sono a casa mangio ___molto___ bene. Mia madre è ___molto___ brava in cucina e sa preparare ___molti___ piatti che sono buoni ma che sono ___troppo___ sani allo stesso tempo. Poi mangiamo ___troppe___ verdure e ___molta___ frutta. Non mangiamo ___molta___ carne, anzi la nostra è una dieta quasi vegetariana.

Quando esco con gli amici invece è tutta un'altra storia. Andiamo ___molto___ spesso alla stessa pizzeria. La pizza lì non è male, ma ci mettono ___troppo___ olio. E poi ci piace mangiare nei fast food. Il cibo lì non costa ___molto___ anche se tutti sanno che mangiare spesso hamburger non fa ___molto___ bene alla salute!

D **Mai o sempre?**   Formulare domande da fare ad un altro studente/un'altra studentessa. Rispondere come nel modello.

Esempio: guardare le soap operas
         —Hai mai guardato le soap operas?
         —Sì, ho sempre guardato le soap operas. / No, non ho mai guardato
          le soap operas.

abitare in un appartamento
credere negli extraterrestri
provare i carciofi (*artichokes*)
andare in Italia
vivere da solo/a
mangiare i frutti di mare

Lo sapevi che... ?

In Liguria c'è una zona che si chiama le Cinque Terre. Questa zona antica sulla costa era conosciuta nel medioevo per la produzione del vino Vernaccia. I cinque paesini pittoreschi (Vernazza, Monterosso, Corniglia, Manarola, Riomaggiore) continuano a produrre questo famoso vino bianco. La "Via dell'amore" offre stupendi panorami del mare ed è una meta di turisti da tutto il mondo. Fino agli anni ottanta (*until the 1980s*), non si poteva raggiungere le Cinque Terre in macchina—solo via mare, a piedi o in treno!

Conoscere e sapere

—Conosci Roberto Benigni?

—Sì, lo conosco, è un attore.

—Conoscete Genova?
—No, ma conosciamo bene la Riviera.

—*Do you know who Roberto Benigni is?*

—*Yes, I know him, he's an actor.*

—*Do you know Genova?*
—*No, but we know the Riviera.*

Unità 5

—Sai nuotare? / —*Do you know how to swim?*
—No, ma so sciare. / —*No, but I know how to ski.*

—Quando parti tu? / —*When are you leaving?*
—Non lo so. / —*I don't know.*

1. The verbs **conoscere** and **sapere** both mean *to know,* but they are used differently. **Sapere** is irregular in the present indicative.

conoscere (p.p. **conosciuto**)

conosco	conosciamo
conosci	conoscete
conosce	conoscono

sapere (p.p. **saputo**)

so	sappiamo
sai	sapete
sa	sanno

2. **Conoscere** expresses the idea of being acquainted with someone or something, such as people, places, books, or films. In the past tense, **conoscere** signifies having met someone.

—Conosci Silvia? / —*Do you know Silvia?*
—No, ma so chi è. / —*No, but I know who she is.*
—Dove l'hai conosciuta? / —*Where did you meet her?*
—L'ho conosciuta a Camogli. / —*I met her in Camogli.*

3. **Sapere** expresses knowledge or awareness of factual information. **Sapere +** *infinitive* means *to know how to do something. I don't know* is idiomatically expressed in Italian as **Non lo so.** In the past tense, **sapere** expresses the idea of having found something out.

—Sai l'indirizzo della trattoria? / —*Do you know the trattoria's address?*
—Non lo so. / —*I don't know (it).*
Olga sa parlare il russo. / *Olga knows how to speak Russian.*
Ho saputo che non è vero. / *I learned that it wasn't true.*

Attività

A Al ristorante. Completare i brani con la forma appropriata dei verbi **conoscere** o **sapere.**

1. Mario è un buongustaio: _____ tutti i ristoranti della città. Lui è un cliente abituale al ristorante La Forchetta: i camerieri lo _____ e _____ quali piatti preferisce.
2. Noi non _____ cucinare molto bene, così vogliamo uscire per mangiare al ristorante. Chiediamo ad un amico: "Tullio, _____ dov'è L'Osteria del Giglio?" Lui risponde: "Non lo _____, però _____ una buona trattoria qui vicino."
3. Io _____ quel signore seduto al tavolo laggiù, ma non _____ dove l'ho visto prima. Ah, adesso mi ricordo. È il padre di Angela. L'ho _____ a quella festa la settimana scorsa.

Conoscere o sapere?   Chiedere ad un compagno/una compagna se sa o conosce le seguenti cose e persone. Rispondere con un pronome.

Esempio: la musica di Vivaldi
—Conosci la musica di Vivaldi?
—Sì, la conosco. / Non, non la conosco.

1. il film *Johnny Stecchino*
2. l'attore Roberto Benigni
3. quando è morto Federico Fellini
4. quante regioni ci sono in Italia
5. Los Angeles
6. cucinare un piatto italiano
7. quali sono gli ingredienti del tiramisù
8. parlare tedesco
9. un buon ristorante italiano qui vicino
10. i proprietari del ristorante

 Le cose che sappiamo fare.   Dire ad un altro studente/un'altra studentessa:

- tre cose che sai fare molto bene
- due cose che non sai fare ma che vuoi imparare
- tre persone simpatiche che conosci
- una città affascinante che conosci
- tutte le lingue che sai parlare

In cucina

D.1 Si dice così

il cuoco/la cuoca	*chef*	**piccante**	*spicy/hot*
il fornello	*stove*	**apparecchiare**	*to set the table*
il forno	*oven*	**sparecchiare**	*to clear the table*
la pentola	*pot*	**cuocere**	*to cook*
la padella	*pan*	**bollire**	*to boil*
la ricetta	*recipe*	**scolare**	*to drain*
l'ingrediente	*ingredient*	**bruciare**	*to burn*
la spezia	*spice*	**condire**	*to dress (a salad)*
il sale	*salt*	**tagliare**	*to cut*
il pepe	*pepper*	**servire**	*to serve*
l'olio	*oil*	**a tavola!**	*(come) to the table!*
l'aceto	*vinegar*	**buon appetito!**	*enjoy!*
l'aglio	*garlic*	**altrettanto!**	*same to you!*
il peperoncino	*hot red pepper*		

A tavola!

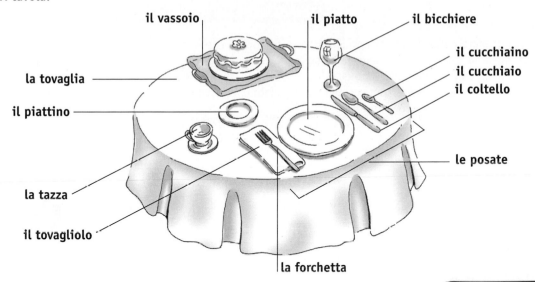

A Definizioni.   Abbinare le definizioni a sinistra
con le parole e le espressioni a destra.

1. Servono per (*Used for*) condire
   un'insalata. **e**
2. Sono necessari per cuocere. **g**
3. Sono delle posate. **a**
4. Serve per pulire la bocca. **h**
5. Sono contenitori di liquidi. **b**
6. Dà un sapore (*flavor*) piccante
   a un piatto. **d**
7. Danno sapore alla cucina italiana. **c**
8. Due espressioni che si sentono a tavola. **f**

a. cucchiaio, forchetta
b. bicchiere, tazza
c. aglio, spezie
d. peperoncino
e. olio, aceto, sale
f. Buon appetito! Altrettanto!
g. padella, pentola, fornello
h. tovagliolo

B **Prepariamo gli spaghetti!**   Completare la descrizione con parole
appropriate. Attenzione ad usare la forma corretta delle parole.

   La cosa più bella degli spaghetti è che sono così facili da preparare.
Prima mettiamo l'acqua fredda in una grande _____. L'acqua
deve _____. Poi mettiamo _____ e poi gli
spaghetti. Devono _____ per otto minuti. Quando gli
spaghetti sono cotti, li _____, li _____ con il sugo,
e poi li _____ a tavola.

C **A casa tua.**   Domandare ad un altro studente/un'altra studentessa come
fanno a casa sua.

1. Normalmente, a casa tua chi apparecchia la tavola? Chi sparecchia?
   Avete la lavastoviglie? Se no, chi lava i piatti?
2. Cenate in sala da pranzo o in cucina? A che ora mangiate?
3. Usate i bicchieri di cristallo, di plastica o di carta? Come sono i piatti
   che usate: eleganti o economici?
4. Quante persone cenano con te normalmente? C'è tutta la famiglia?
   Cosa fate mentre mangiate?
5. Chi prepara la cena di solito? Che cosa sa preparare bene?

[handwritten notes in margin:]
Pranzare – to have lunch
Cenare – to have dinner
Fare colazione – to have breakfast

Lo sapevi che... ?

*M*olti piatti italiani sono famosi all'estero e conosciuti con il loro nome in italiano. Ad esempio, il minestrone è, come dice il suo nome, una grande minestra piena di verdure miste. Il pollo alla cacciatora è preparato nel modo in cui cucina il cacciatore, cioè con pomodoro e cipolla. Il risotto è un piatto particolare fatto dal riso prodotto nel nord Italia. Il radicchio, che cresce solo nella zona di Treviso nel Veneto, e la rucola sono ora in vendita in molti supermercati americani e mantengono i loro nomi italiani.

D.2 Incontro

Cosa brucia in cucina?   *Renata e Paola sono in cucina, dove preparano una cena per i loro amici.*

RENATA: Apparecchi tu la tavola, mentre io taglio i pomodori.
PAOLA: Va bene. Quale tovaglia usiamo?
RENATA: Vediamo, siamo in otto... Perché non usiamo quella blu con i tovaglioli di cotone. Sono più eleganti!
PAOLA: Bene. E le posate—ci servono anche i cucchiai?
RENATA: No, solo i cucchiaini da caffè. Non dimenticare i bicchieri per il vino e l'acqua! Prendi il vassoio di cristallo per la torta e poi lo puoi mettere nella sala da pranzo.
PAOLA: Stasera si prepara veramente una tavola elegante!
RENATA: Certo! È il compleanno di Vittorio!
PAOLA: Quando prepari il sugo per la pasta, voglio vedere quello che fai. Così imparo come si fa.°   *how it's done*
RENATA: Ma non sai fare gli spaghetti all'amatriciana? È così facile.
PAOLA: Gli spaghetti all'amatriciana sono un po' piccanti, no?
RENATA: Un po'—si usa il peperoncino. Vedi, prima si taglia la cipolla— fine fine. Poi si tagliano anche la pancetta e l'aglio.

Passano dieci minuti.

PAOLA: Che buon profumo!
RENATA: Mettiamo l'acqua per la pasta sul fornello ora. Poi quando arrivano gli amici buttiamo la pasta, e la mangiamo al dente! Senti, Paola, mi prendi l'insalata dal frigo perché dobbiamo condirla.
PAOLA: Uso sempre l'olio d'oliva e l'aceto balsamico.
RENATA: Allora, sai preparare qualcosa!
PAOLA: L'insalata! Capirai!

Gli amici arrivano. Renata e Paola li salutano. Poco dopo...

RENATA: È pronto! Tutti a tavola! Si mangia!
TUTTI: Alla salute della cuoca! Buon appetito!
RENATA: Altrettanto!
PAOLA: Renata, sento odore di bruciato°...   *I smell something burning*
RENATA: Oh, no! La mia torta! Aiuto!!

Lo sapevi che... ?

ulla Riviera di Levante al Sud c'è il porto importante di La Spezia. Il nome della città deriva dalle sue origini medievali quando il commercio principale erano le spezie.

A **Comprensione: l'ordine giusto.**   Mettere le frasi nell'ordine giusto per creare un riassunto (*summary*) dell'**Incontro.**

Attività

_____ Arrivano gli invitati.

_____ Tutti salutano la cuoca.

_____ Renata taglia le cipolle.

_____ Paola condisce l'insalata.

_____ Paola sente odore di bruciato.

_____ Si mette l'acqua a bollire sul fornello.

_____ Renata sceglie la tovaglia e i tovaglioli.

_____ Paola desidera guardare mentre Renata prepara il sugo.

_____ Renata prepara i pomodori mentre Paola apparecchia la tavola.

B **La tua ricetta preferita.**   Spiegare ad un altro studente/un'altra studentessa un piatto che tu sai preparare bene.

Quali sono gli ingredienti?

Come si prepara?

È facile o difficile da preparare?

In quale occasione cucini questo piatto?

Chi te l'ha insegnato?

n altre parole

buttare la pasta	*to throw pasta into boiling water*
al dente	*pasta cooked just right, not overdone*
capirai!	*big deal!*
alla salute del cuoco/della cuoca	*(a toast) to the health of the chef*

C **Mini-dialoghi.**   Completare i mini-dialoghi in modo appropriato:

—Che buona questa frittata! Proprio squisita!

—_____! La ricetta è molto facile.

—Quando dobbiamo _____ la pasta?

—Quando il sugo è pronto.

—Attenzione alla pasta! Voglio le penne _____!

—Non ti preoccupare! Le ho appena assaggiate e sono ancora crude!

—Ragazzi, facciamo un brindisi a Mirella che ci ha preparato questa cena squisita. _____!

—Grazie, e altrettanto a voi! Cin cin!

Sale, pepe e segreti.   Creare un dialogo secondo le seguenti indicazioni.

S1: Sei un/a giornalista della rivista di gastronomia *Sale e pepe.* La rivista ti ha mandato ad intervistare un cuoco famoso. Vuoi sapere come ha imparato a cucinare, dove ha lavorato, quali sono alcune sue specialità e che cosa preferisce mangiare lui stesso/lei stessa. Ma soprattutto (*above all*) vuoi avere la ricetta del suo piatto più famoso, le trenette al pesto, per poterla pubblicare sulla rivista.

S2: Sei un famoso cuoco genovese. Un giornalista del mensile *Sale e pepe* viene per intervistarti. Tutto bene, ma ad un certo punto vuole sapere la tua ricetta per le trenette al pesto e tu sei molto geloso/a delle tue ricette. Alla fine decidi di dargliela, ma con alcuni ingredienti "sbagliati."

D.3 Punti grammaticali

Si impersonale

In classe **si parla** italiano.	*In class we speak Italian.*
Si mangia bene in Italia.	*One eats well in Italy.*
Mi dispiace, non **si può** fumare qui.	*I'm sorry, you can't smoke here.*
Si preparano gli spaghetti all'amatriciana con la cipolla.	*Spaghetti all'amatriciana is prepared with onion.*

1. **Si** + *third-person singular* of the verb expresses an unspecified collective subject, corresponding in English to *one* (*you, we, they, people*). This construction is often used to express general rules, habits, and customs. **Si** is used with the third-person plural form when followed by a plural noun.

Si studia bene in biblioteca.	*One can study well in the library.*
Si usano le spezie per cucinare bene.	*You use spices to cook well.*

2. In compound tenses, the **si impersonale** construction is conjugated with **essere.** The past participle agrees in gender and number with the object.

Si sono mangiati troppi tortellini ieri.	*They ate too many tortellini yesterday.*
Si è preparata una buona cena per gli amici.	*We prepared a nice dinner for friends.*
Si è mangiato bene in quella trattoria.	*One ate well in that trattoria.*

3. An adjective that follows the verb **essere** in the **si impersonale** is in the masculine plural form. The verb is singular.

Quando si è **ricchi,** non si è sempre **contenti.**	*When people are rich, they aren't always happy.*
Quando si è **liberi,** si è **felici.**	*When one is free, one is happy.*

4. Object pronouns precede **si.**

Marco è contento. **Lo si vede** dalla faccia.	*Marco is happy. You can see it from his face.*
Ma è Linda Evangelista! **La si riconosce** subito.	*But it's Linda Evangelista! One recognizes her immediately.*

The only exception is **ne,** which follows **si.**

Se ne parla sempre.	*One is always talking about it.*
Secondo me, di gelati buoni non **se ne mangiano** mai troppi.	*If you ask me, one can never eat too much good ice cream.*

A **Che cosa ci si può comprare?**   Trovare nella lista a destra prodotti che si possono comprare nei luoghi elencati a sinistra. Poi formulare frasi usando **si.**

Attività

Esempio: Dal fruttivendolo si comprano le mele.

1. in farmacia	a. le sigarette e i francobolli
2. in libreria	b. il bagnoschiuma al profumo di mughetto
3. dal macellaio	c. i biscotti
4. dal fioraio	d. l'aspirina
5. in profumeria	e. il caffè Lavazza
6. in pasticceria	f. rose e tulipani
7. in tabaccheria	g. il nuovo romanzo di Umberto Eco
8. alla torrefazione	h. delle costolette di vitello

B **Che buona la carbonara!**   Costruire la ricetta per gli spaghetti alla carbonara secondo i suggerimenti, usando il **si impersonale** secondo l'esempio.

Esempio: prima / tagliare / la pancetta   Prima si taglia la pancetta.

poi / cuocere / la pancetta / in una padella
sbattere / quattro uova fresche
grattuggiare / due etti di parmigiano
fare bollire / l'acqua per la pasta
aggiungere / il sale
quando l'acqua bolle / buttare la pasta nell'acqua salata
dopo sei minuti / scolare / gli spaghetti
mescolare / gli spaghetti, le uova, la pancetta, il formaggio e il pepe
mangiare / un bel piattone di spaghetti alla carbonara!
dire / Buon appetito a tutti!

 Fare come si deve.   Una studentessa italiana che partecipa a un programma di scambio (*exchange program*) è arrivata poco fa al vostro campus. Il vostro/la vostra insegnante vi ha chiesto di aiutarla ad inserirsi (*fit in*) nella vita accademica e sociale della vostra università. Aiutarla rispondendo alle sue domande. Usate il **si impersonale** dove possibile.

1. Non ne posso più del caffè americano! Dove si può trovare un buon cappuccino?
2. Si mangia abbastanza bene alla mensa qui? Si possono trovare piatti italiani? Come sono?
3. Sono perduta senza il mio computer. Dove si possono trovare dei computer qui nel campus?
4. Che stress! Non ho più sigarette e non ho visto nessuna tabaccheria qui. Dove si possono comprare sigarette?
5. Ma ragazzi, è vero che qui in America si va sempre alle lezioni? E quando si fanno gli esami orali?
6. Cosa si fa durante il weekend? Si va in discoteca?

 Due mondi a confronto.   Con un altro studente/un'altra studentessa, discutete alcune differenze tra come si mangia in Italia e come si mangia negli Stati Uniti. Cercate di usare il **si impersonale** dove appropriato. Alcuni argomenti possibili sono:

- differenze di orario (in America si mangia la cena alle...)
- differenze nei pasti (in Italia si consuma un pranzo abbondante che consiste in...)
- differenti ingredienti tipici (in Italia si usano molto...)
- differenti tradizioni (negli Stati Uniti si mangia spesso nei fast food...)

Immagini e parole
La cucina italiana: i sapori d'Italia

A **Parole analoghe.**   Le parole in corsivo sono tutte parole analoghe. Cercare di determinare l'equivalente inglese.

1. tipici *elementi* della cucina mediterranea
2. il pomodoro è diventato il *simbolo* della cucina italiana
3. *inventori* della pizza
4. le spezie hanno *sostituito* il sale
5. la grande *varietà* della cucina italiana
6. le *origini* della mortadella e del prosciutto
7. l'*itinerario* gastronomico dell'Italia

Attività di pre-lettura

B **Come mangiamo noi?**   Da solo/a, fare una lista di tutte le cose che hai mangiato e bevuto ieri. Indicare anche gli ingredienti quando possibile. Poi confrontare la tua lista con quella del compagno/della compagna.

Quali sono alcuni ingredienti tipici delle vostre diete?
Ci sono ingredienti in comune?
Chi segue una dieta più sana? Chi mangia male?
Che cosa volete cambiare nella vostra dieta? Mangiate molte verdure e
  frutta? Molta carne? Molte cose fritte?
Credete che in Italia si mangi come mangiate voi? Perché?

Gli ingredienti di base della cucina italiana sono "poveri": tante verdure, l'olio d'oliva e grano per fare il pane e la pasta. Questi ingredienti sono i tipici elementi della dieta mediterranea, che contiene poca carne. Anche se il pomodoro viene dal Sudamerica, è diventato il simbolo della cucina italiana: tanti piatti sono preparati proprio con il pomodoro. Molti sughi come la "pommarola," il sugo alla bolognese e la marinara contengono il pomodoro.

   Gli stessi ingredienti poveri si trovano nel piatto italiano più diffuso nel mondo: la pizza! I napoletani, gli inventori di questa specialità, aggiungono anche le acciughe,° piccoli pesci salati. La pizza tricolore (rosso per il pomodoro, bianco per la mozzarella, e verde per il basilico) ricorda i colori della bandiera italiana. In Italia si usano molto le spezie (basilico, prezzemolo,° salvia,° rosmarino) che crescono facilmente nei giardini e sui balconi delle case. In passato le spezie hanno sostituito un ingrediente molto costoso, usato solo dai ricchi: il sale!

   In Italia il vino fa parte di un pranzo o di una cena ed è legato° ai piatti che si servono. In generale si beve il vino bianco con il pesce e il rosso con la carne.

   La cucina italiana ha molta varietà, dovuta° alle differenze regionali. È una cucina dedicata alla freschezza degli ingredienti. Così, al nord, soprattutto in Piemonte e Lombardia, si mangiano il riso e il risotto, e nel Veneto la polenta, un piatto a base di mais.° L'Emilia Romagna è forse la regione più conosciuta per la sua cucina molto ricca. Il parmigiano, il prosciutto ed altri affettati° come il salame e la mortadella trovano le loro origini in Emilia. La Toscana è

anchovies

parsley / sage

linked to

due

corn
cold cuts

Un invito al pasto: un tavalo ricolmo di antipasti tipici

conosciuta per i suoi vini, specialmente il Chianti, prodotto in una bella zona collinosa° tra Firenze e Siena. La Sicilia è conosciuta per i dolci—i cannoli, la cassata, le sfogliatelle e la pasta di mandorla. Anche la granita al caffè o al limone è tipica della Sicilia.

hilly

L'itinerario dell'Italia, come si vede, è anche un itinerario gastronomico! In tutto il mondo si possono trovare dei ristoranti italiani, perché—si sa—la cucina italiana piace molto!

 Quali sono? Trovare nella lettura parole ed espressioni per completare ogni frase.

Attività

1. Alcuni ingredienti della dieta mediterranea sono...
2. Gli ingredienti della pizza napoletana sono...
3. Tre sughi famosi a base di pomodoro sono...
4. In Italia si usano molte erbe aromatiche come...
5. Alcuni piatti tipici del nord d'Italia sono...
6. La Sicilia è rinomata per dolci come...
7. La regione più conosciuta per la gastronomia è...
8. La regione dove si produce il Chianti è...

 Spunti di conversazione. Discutere con un altro studente/un'altra studentessa le seguenti domande.

1. Cosa significa "dieta povera"? Perché gli ingredienti della cucina italiana sono "poveri"? La dieta americana è anche povera? Perché?
2. Perché c'è tanta varietà nella cucina italiana? Quali sono alcuni esempi di piatti regionali in Italia? C'è una cucina regionale anche negli Stati Uniti? Qual è un esempio di un piatto tipico di una regione?
3. Quali sono alcuni vini italiani? Che importanza ha il vino nella gastronomia italiana? Quali differenze ci sono fra gli Stati Uniti e l'Italia per quanto riguarda il vino?

Luciano Marzola

Buongiorno, Signor Marzola. Che bel posto!

Grazie. Sono il proprietario di questa trattoria. Le piace questa vista sul mare?

È stupenda. Ci può parlare del Suo mestiere?

Qui a Portovenere la trattoria "Da Luigi" è molto conosciuta. Come si vede, la trattoria è situata proprio davanti al porto. Luigi era il nome di mio padre. Era un cuoco molto bravo. Adesso sono io a dirigere il locale, mentre mia moglie è capo-cuoca in cucina.

Chi decide il menù allora?

Lo decidiamo insieme, naturalmente!

Cosa fa Lei in un giorno tipico?

Al mattino io vado presto a comprare il pesce dai pescatori. Devo avere sempre il pesce migliore per i miei clienti. Intanto° in cucina mia moglie prepara il suo famoso pesto, come si faceva una volta: pesta° le foglie di basilico nel mortaio di marmo,° insieme ai pinoli, all'olio, all'aglio.

Servite solo la cucina locale, quella ligure?

Sì, perché c'è una varietà enorme di piatti. Prepariamo tante torte alle erbette—origano, timo, maggiorana, salvia, rosmarino—che sono tipiche della regione. I piatti freddi come il vitello tonnato e la cima alla genovese piacciono molto d'estate quando fa caldo.

Quali sono le vostre specialità?

Devo dire che le specialità della casa sono il risotto ai frutti di mare e il fritto misto.

Chi sono i vostri clienti abituali? Portovenere è molto piccolo.

La gente viene anche da lontano per mangiare bene! Ci sono tanti turisti qui, ma spesso vengono anche da Milano per pranzo! Poi, davanti a questo spettacolo romantico del mare... Si capisce... Trovo sempre un tavolo libero per tutti e alla fine ... il conto non è salato!

Meanwhile
grind
marble mortar

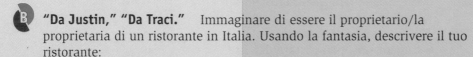

A **Comprensione: le domande.**   Rispondere con una frase completa.

1. Come si chiama la trattoria? Perché?
2. Dov'è la trattoria?
3. Luciano lavora con la moglie; come dividono il lavoro?
4. Dove va Luciano al mattino presto? Cosa fa sua moglie intanto?
5. Quali piatti piacciono molto d'estate? Perché?
6. Quali sono le specialità della casa?
7. Chi viene a mangiare in questo ristorante? solo gli abitanti di Portovenere?

B **"Da Justin," "Da Traci."**   Immaginare di essere il proprietario/la proprietaria di un ristorante in Italia. Usando la fantasia, descrivere il tuo ristorante:

- dov'è?
- come si chiama?
- che tipo di cucina serve?
- quali sono le specialità della casa?
- chi sono i clienti?
- chi altro lavora nel ristorante? cosa fanno?
- ti piace il lavoro? è difficile? stressante? perché?

C **Il dibattito gastronomico.**   Confrontare la cucina americana con la cucina italiana. Uno/a di voi promuove (*promotes*) la dieta mediterranea/italiana e l'altro/a preferisce quella americana. Ognuno deve:

- dare una breve descrizione della cucina preferita
- parlare dei meriti della cucina
- indicare gli svantaggi dell'altra cucina

D **Tema.**   Scegliere uno dei seguenti argomenti e scrivere un breve tema.

1. Un viaggio gastronomico in Italia (Dove vai? Quanto tempo rimani? Che cosa mangi? ecc.)
2. Una tipica cena a casa mia
3. Il mio ristorante preferito

Ciak! Italia

A **Quanto sai della Liguria?**   Rispondere alle seguenti domande prima di vedere il videoclip.

1. Dov'è la Liguria?
2. Quali sono alcune città o paesi liguri conosciuti per il turismo?
3. Com'è il paesaggio (*landscape*) della Liguria?
4. Quali sono due prodotti tipici della Liguria?

B A tavola!   Cosa c'è sul tavolo dove Piero e Gabriella mangiano? Indicare le cose che sono sul tavolo, mettendo un cerchio (*circle*) intorno all'oggetto.

l'olio   il vino   l'acqua   le tazzine da caffè
i piatti   il pane   la tovaglia   i bicchieri di plastica

C La ricetta segreta di Piero.   Piero sa fare un buon pesto. Durante il videoclip, Piero dice gli ingredienti. Indicare con una X quali sono gli ingredienti per fare un buon pesto.

_____ prezzemolo   _____ basilico
_____ aglio   _____ sale
_____ pinoli   _____ noci
_____ burro   _____ peperoncino
_____ olio   _____ aceto
_____ mozzarella   _____ parmigiano

D Cosa succede?   Rispondere alle seguenti domande.

1. Qual è il segreto di Piero?
2. Quando Piero dice "Buon appetito, Gabriella!" come risponde lei?
3. Quando finiscono di mangiare, cosa fanno Piero e Gabriella?
4. Quale altra città ligure visitano Gabriella e Piero?

E Al ristorante.   Con due compagni, modellate un dialogo tra cameriere e due clienti usando i suggerimenti seguenti.

Buongiorno   Mi dica!   Vi consiglio...
Cosa c'è di primo?   Ottimo!   Sai moltissime cose
Sono davvero un buongustaio!   Anche per me.   di cucina!

Trattoria "Lo Scoglio"

Primi   **Secondi**
Ravioli alla salsa   *Orata alla griglia*
*   di noci*   *Scampi*
Trenette al pesto

Contorni   **Dolci**
Spinaci   *Macedonia di frutta fresca*
Patate   *Gelato della casa*

Rilassarsi:
Cosa facciamo di bello?

Un padre ed un figlio pescano
a Venezia

Communicative goals

- Talking about things you used to do
- Describing actions, situations, people, and things in the past
- Talking about hobbies
- Talking about sports
- Talking about the future
- Discussing vacations

VENETO

 # Passatempi e hobby

A.1 Si dice così

il passatempo	*pastime*	il pescatore	*fisherman*
l'hobby (*m.*)	*hobby*	rilassante	*relaxing*
la collezione/la raccolta	*collection*	stressante	*stressful*
la cartolina	*postcard*	collezionare/fare	*to collect*
il francobollo	*stamp*	la raccolta di	
la mostra/l'esposizione (*f.*)	*exhibition/art show*	raccogliere	*to gather*
il quadro/il dipinto	*painting*	disegnare	*to draw*
la galleria d'arte	*art gallery*	fare fotografie	*to take pictures*
l'antiquariato	*antiques*	dipingere	*to paint*
l'antiquario	*antiques dealer*	giocare a dama	*to play checkers*
la fotografia	*photography*	a scacchi	*chess*
il gioco	*game*	a carte	*cards*
la caccia	*hunting*	suonare il pianoforte	*to play the piano*
il cacciatore	*hunter*	la chitarra	*guitar*
la pesca	*fishing*	fare un giro	*to go for a stroll*

Una partita di pallone tra amici

Non è possibile!   Quale delle parole ed espressioni date tra parentesi **non** dà un senso compiuto (*finished*) alla frase? Perché?

1. Mio padre è un musicista eccellente: suona (il pianoforte / il violino / la chitarra / la ciliegia).
2. Ieri siamo andati ad una mostra di (vetrina / sculture / fotografie / antiquariato).
3. Quando piove io e le mie sorelle giochiamo a (chitarra / carte / scacchi / dama).
4. Daniele dedica molto tempo alla sua (collezione / cartolina / raccolta) di francobolli internazionali.
5. Gli zii sono tutti bravi (giocatori / pescatori / passatempi / cacciatori).
6. Raffaella è un tipo molto artistico: le piace molto (dipingere / assaggiare / fare fotografie / disegnare).

 Passatempi rilassanti.   Voi siete due esperti psicologi la cui (*whose*) specialità è consigliare passatempi rilassanti ai pazienti nervosi. Dire quale hobby o passatempo consigliate ai seguenti pazienti e perché.

Esempio: A lui/A lei consiglio il ... perché è un hobby molto... Il signore può così...

1. Il signor M. è un tipo che non ama la compagnia. Preferisce stare da solo e contemplare le cose belle del mondo. Quale hobby gli consigliate?
2. La signorina D. lavora alle pubbliche relazioni per una grande compagnia ma trova il suo lavoro molto stressante perché deve essere sempre gentile e diplomatica. Ha bisogno di un'attività per esprimere la propria aggressività naturale. Quale passatempo le consigliate?
3. I signori V. hanno una figlia di cinque anni che è nervosa e sempre in movimento. È disorganizzata e senza disciplina, e questo fatto preoccupa molto i genitori. Quale hobby consigliate alla bambina? Perché?

 Il tempo libero.   Chiedere al tuo vicino/alla tua vicina:

- come passa il tempo libero
- se ha un hobby o se colleziona qualcosa
- se suona uno strumento musicale
- quali giochi gli/le piacciono

A.2 Incontro

Erano altri tempi!   *Alessandra ha diciassette anni. È a Venezia a casa della nonna. Fa brutto, e quindi non può uscire.*

ALESSANDRA: Nonna, sta piovendo e non ho niente da fare! Che barba!

LA NONNA: Quando ero giovane, non mi annoiavo mica,° cara. Avevo sempre tante cose da fare.

I didn't get bored at all

ALESSANDRA: Cosa facevi, nonna? Avevi un hobby, tu?

LA NONNA:	Io, un hobby? No, ma per passare il tempo giocavo a dama o a scacchi con le mie amiche. Tuo nonno invece era un uomo sportivo—un grande cacciatore.	
ALESSANDRA:	La caccia! Che orrore!	
LA NONNA:	E mio fratello, lo zio Angelo, era un bravo pescatore. Andava a pesca qui vicino, quando l'acqua era ancora pulita.°	*clean*
ALESSANDRA:	Ma pensa!	
LA NONNA:	Però, erano altri tempi! Ci divertivamo° tanto con cose semplici. Ad esempio, tua zia Giulia suonava benissimo il pianoforte. E noi cantavamo!	*we had a good time*
ALESSANDRA:	E mio padre, quando era ragazzino, aveva anche lui un hobby?	
LA NONNA:	Tuo padre, ma certo! Disegnava molto bene. E tuo zio Luigi faceva fotografie. Era molto bravo! Sai che hanno organizzato una mostra delle sue foto in una galleria a Venezia?	
ALESSANDRA:	Caspita! Davvero?	
LA NONNA:	Sì sì. È così che tuo padre ha conosciuto tua madre.	
ALESSANDRA:	Dici sul serio?	
LA NONNA:	Certo, perché anche a tua madre piaceva l'arte. Conosceva bene il proprietario della galleria e ha conosciuto tuo padre alla mostra di fotografie dello zio Luigi.	
ALESSANDRA:	Che bella storia! Chissà se riesco a trovare° un hobby anch'io. Magari la fotografia come lo zio Luigi.	*if I can find*
LA NONNA:	E perché no? Vediamo ... penso di avere ancora la sua prima macchina fotografica in cantina.° È ormai un pezzo di antiquariato ... ma se la vuoi, è tua!	*in the basement*

A **Comprensione: Chi lo faceva?**   Abbinare l'azione con la persona che la faceva.

Attività

1. Gli piaceva fare le fotografie.
2. Le piaceva l'arte.
3. Giocava a scacchi con le amiche.
4. Pescava nelle acque pulite di Venezia.
5. Disegnava molto bene.
6. Suonava bene il pianoforte.
7. Conosceva il proprietario di una galleria d'arte.
8. Gli piaceva la caccia.
9. Quando suonava, gli altri cantavano.

a. la nonna di Alessandra
b. il nonno
c. lo zio Angelo
d. il padre di Alessandra
e. lo zio Luigi
f. la zia Giulia
g. la madre di Alessandra

B **Comprensione: le domande.**   Rispondere alle seguenti domande.

1. Dove sono la nonna e Alessandra?
2. Che tempo fa? Cosa faceva la nonna quando era giovane?
3. Cosa pensa Alessandra della caccia? Cosa ne pensi tu?
4. Quale attività piaceva allo zio Luigi?
5. Il padre di Alessandra come ha conosciuto la madre?
6. Perché la nonna offre ad Alessandra la macchina fotografica di zio Luigi?

In altre parole

che barba!	*how boring!*
mica	*hardly*
invece	*instead/on the other hand*
caspita!	*wow!*
dire sul serio	*to say something seriously/honestly*
chissà	*who knows*

C **La parola giusta.**   Completare le seguenti frasi con un vocabolo nuovo.

1. Non è (invece / mica) difficile trovare un hobby divertente.
2. Preferisco giocare a scacchi, (che barba / invece).
3. (Invece / Che barba), questa mostra! Non mi piace per niente!
4. Alberto è davvero un bravo fotografo! (Chissà / Caspita!)
5. (Mica / Chissà) se i nostri amici vengono alla mostra di scultura.

D **Che barba!**   Commentare le seguenti situazioni usando una di queste esclamazioni:

Caspita, che bello/a!   Che barba!   Magari!

1. —Che ne dici di andare a vedere la mostra di francobolli commemorativi canadesi?
2. —Partiamo domani per un viaggio di sei settimane in Europa. Vuoi venire con noi?
3. —Guarda la mia nuova motocicletta!
4. —Sai giocare a scacchi?
5. —Guarda questa rivista! C'è una pubblicità per il nuovo modello della Mercedes. Mica male, solo 950 milioni. Ti piace?
6. —Nel corso di latino studiamo tutti i tempi dei verbi, la declinazione dei nomi e qualche volta leggiamo un brano di Cicerone.

Una collezione di...   Creare un dialogo basato sulle seguenti indicazioni.

S1: Sei un/una giornalista per la rivista *Collezionismo oggi.* L'editore ti ha mandato a visitare una mostra di ... ed a intervistare il proprietario/la proprietaria di una collezione veramente originale. Domandare a questa persona perché gli/le piace quel tipo di raccolta, quando ha cominciato la sua collezione e delle informazioni su alcuni pezzi importanti.

S2: Hai la collezione più completa di ... nel mondo e hai organizzato una mostra per esibire la tua collezione. Un/Una giornalista vuole scrivere un articolo sulla mostra e vuole sapere alcune cose. Rispondere e poi mostrare i tuoi pezzi preferiti.

A.3   Punti grammaticali

L'imperfetto

Io **andavo** al mare ogni estate quando **ero** giovane.	*I went to the beach every summer when I was young.*
Noi **suonavamo** il pianoforte quando **eravamo** piccoli.	*We used to play piano when we were small.*
Mentre Giulia **beveva** un Campari, Pino **preparava** la cena.	*While Giulia was drinking a Campari, Pino was preparing dinner.*
I giocatori **erano** alti e forti.	*The players were tall and strong.*

1. The **imperfetto** is a past tense used to indicate habitual or ongoing action in the past. It corresponds to the English *used to, would,* or *was + -ing.*

2. The **imperfetto** is a highly regular tense. In all three conjugations, it is formed by dropping the **-re** of the infinitive and adding the endings **-vo, -vi, -va, -vamo, -vate,** and **-vano.**

giocare		**vedere**		**partire**	
giocavo	giocavamo	vedevo	vedevamo	partivo	partivamo
giocavi	giocavate	vedevi	vedevate	partivi	partivate
giocava	giocavano	vedeva	vedevano	partiva	partivano

Note that **v** is characteristic of the **imperfetto.**

3. Some verbs have an irregular stem in the **imperfetto,** but use the regular endings:

dire: dicevo, dicevi, diceva, dicevamo, dicevate, dicevano
bere: bevevo, bevevi, beveva, bevevamo, bevevate, bevevano
fare: facevo, facevi, faceva, facevamo, facevate, facevano

4. Essere is irregular in the **imperfetto:**

io	**ero**	noi	**eravamo**
tu	**eri**	voi	**eravate**
lui/lei/Lei	**era**	loro	**erano**

Avere is regular.

5. The **imperfetto** is used to describe:

a. habitual actions in the past. Certain time expressions are often used with descriptions of habitual or ongoing actions in the past.

ogni	*every*
sempre	*always*
di solito	*normally*
il/di sabato, la/di domenica, ecc.	*every Saturday, Sunday, etc.*

Passavamo **ogni agosto** in montagna.	*We spent every August in the mountains.*
Il sabato si mangiava il gelato.	*We ate ice cream every Saturday.*
Ogni estate nuotavamo nel lago.	*Every summer we used to swim in the lake.*
La domenica andavamo alla partita.	*Every Sunday we used to go to the game.*

b. ongoing, parallel actions—that is, actions that were occurring simultaneously. This may be indicated by a word like **mentre** (*while*). The **imperfetto** is used to describe both actions.

parallel actions

Noi giocavamo a scacchi **mentre** i ragazzi guardavano la partita.	*We were playing chess while the kids were watching the game.*
Giorgio leggeva **mentre** io guardavo la TV.	*Giorgio was reading while I was watching TV.*

c. interrupted actions. An action that was going on when another interrupted it is expressed in the **imperfetto.** The **passato prossimo** is used for the interrupting action.

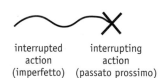

interrupted action (imperfetto)   interrupting action (passato prossimo)

Parlavo al telefono quando Luigi è arrivato.	*I was talking on the phone when Luigi arrived.*
Leggevo il giornale quando Maria è tornata.	*I was reading the newspaper when Maria came back.*

d. age, weather, and time of day in the past.

Avevo cinque anni quando ho imparato ad andare in bicicletta.	*I was five when I learned to ride a bicycle.*
Pioveva quando siamo usciti.	*It was raining when we went out.*
Erano le sei e mezzo quando Luca è arrivato.	*It was six-thirty when Luca arrived.*

e. physical characteristics, mental states, and psychological attributes.

L'uomo **era** alto e biondo e *The man was tall and blond, and he*
aveva occhi azzurri. *had blue eyes.*
Era contenta quando il suo *She was happy when her friend won*
amico ha vinto la gara. *the race.*
La casa **era** grande; **aveva** *The house was big; it had four*
quattro camere da letto. *bedrooms.*

A **Hobby e passatempi.**   Formare frasi utilizzando gli elementi dati e mettendo i verbi all'imperfetto.

Attività

1. Io / raccogliere / i francobolli / quando io / essere / giovane.
2. Tu / parlare al telefono / e noi / giocare a scacchi.
3. Tu e lo zio / essere / dei bravi pescatori.
4. Mentre il nonno / suonare il violino / la nonna lo / accompagnare / al pianoforte.
5. Quanti anni / avere / quando sei andato in Giappone?
6. La galleria d'arte / mostrare / molte fotografie interessanti.
7. Riccardo / dipingere / bei quadri da giovane.
8. Noi / cantare / mentre la mamma / leggere.

B **Le vacanze estive.**   Completare i brani con l'imperfetto del verbo dato tra parentesi.

Da giovane non mi (piacere) andare in vacanza al mare. Da quando mia sorella Carlotta (avere) quattro anni, tutte le estati noi (andare) a Iesolo ad agosto. (Esserci) sempre troppo caldo e troppa gente. I miei cugini, invece, (andare) ogni anno in montagna. La nonna Renata (rimanere) sempre a casa, mentre loro (stare) al fresco della montagna. Io (volere) andare in montagna con i cugini, ma (dovere) rimanere con i miei genitori al mare. Che barba!

Quando (essere) piccoli, io e mia sorella (giocare) a tennis tutti i giorni. (Fare) bello d'estate e i giorni (sembrare) molto lunghi. Ricordo che mio padre (dormire) sulla terrazza mentre mia madre (lavorare) in giardino. Lei mi (dire) sempre "Com'è bello stare tutti insieme d'estate!"

[Handwritten annotation in right margin:]
singular noun | plural noun
me - Mi Piaceva or Piacevano
you - ti   "   "
he - Gli   "   "
she - Le   "   "
noi - ci   "   "
voi - vi   "   "
loro - gli   "   "

C **Lo zio Luigi.**   Tu e tua nonna guardate le fotografie di un vecchio album di famiglia, e trovate una foto dello zio Luigi quando era molto giovane. La nonna ti spiega com'era. Mettere i verbi all'imperfetto.

Eh sì, tuo zio **è** un bell'uomo. Guarda! **Ha** tanti capelli e **porta** i baffi. **Pratica** tutti gli sport e **suona** anche il violino. Bene anche! Ma quello che gli **piace** di più **è** la pesca. Di domenica **esce** presto la mattina e **torna** con dei bellissimi pesci. **Arriva** a casa sempre prima delle undici perché **dobbiamo** andare alla messa. **Ha** molto successo con le ragazze e lui **piace** a tutte. Non **conosce** ancora tua zia! Nel quartiere tutti gli **vogliono** bene perché **è** un tipo sempre allegro.

D **Durante il tempo libero.**   Dire come le seguenti persone passavano il tempo usando un soggetto dalla colonna A, un verbo dalla colonna B e una frase avverbiale dalla colonna C. Mettere il verbo all'imperfetto.

A	B	C
Mia nonna	mangiare il gelato	quando pioveva
Io	andare a sciare	tutte le domeniche
Mio padre	fare un giro	da bambino/a
I miei amici	visitare una galleria	ogni vacanza
Io e il mio amico	suonare il pianoforte	di sabato
Il mio professore	guardare un vecchio film	sempre
Voi	giocare a scacchi	ogni inverno
	bere il tè caldo	

E **Com'eri da bambino/a?**   Intervistare un amico/un'amica per sapere che tipo di bambino/a era e cosa faceva allora. Usare i seguenti suggerimenti per formulare le domande.

il tipo di casa   la scuola e i compagni di scuola
la famiglia   gli hobby e i giochi preferiti
gli amici   il cibo preferito

F **Una persona interessante.**   Hai mai conosciuto una persona davvero interessante (un attore o attrice famosa, un insegnante preferito, un artista o un musicista)? Come si chiamava? Quanti anni aveva? Puoi descrivere questa persona fisicamente? Che tipo di persona era? Perché ti piaceva tanto? Preparare una descrizione di questa persona, usando l'imperfetto.

 # Lo sport

B.1 Si dice così

l'allenamento	*practice/training*	**perdere**	*to lose*
l'atleta	*athlete*	**pareggiare**	*to tie*
la gara	*match/competition*	**correre**	*to run*
la partita	*game*	**fare footing**	*to jog*
la corsa	*race*	**fare dello sport**	*to do a sport*
la palla	*ball*	**fare aerobica**	*to do aerobics*
il gol	*goal*	**fare ginnastica**	*to exercise*
fare il tifo, tifare	*to be a fan, to cheer*	**andare in palestra**	*to go to the gym*
allenarsi	*to train/to be in training*	**giocare a tennis**	*to play tennis*
allenare	*to train others*	**a calcio**	*soccer*
vincere	*to win*	**segnare**	*to score*

Allo stadio

i tifosi

il punteggio

MILAN	JUVE
3	2

l'allenatore

la squadra

il campo

il giocatore

l'arbitro

il pallone

Lo sapevi che... ?

'origine dell'espressione *essere tifoso* è il tifo, la malattia che produce una febbre molto alta e provoca agitazione.

il ciclismo

lo sci

la pallavolo

il calcio

la vela

il pattinaggio

la pallacanestro

il nuoto

A Definizioni sportive.   Trovare le parole nella lista di **Si dice così** che corrispondono alle seguenti definizioni.

1. Il contrario di *perdere:* *vincere*
2. La persona che allena la squadra: *l'allenatore*
3. Una persona che fa il tifo: *i tifosi*
4. La persona che durante la partita controlla le regole del gioco: *l'arbitro*
5. Conta un punto nel risultato della partita di calcio: *il gol*
6. Dove si allenano gli atleti: *palestra*
7. Dove si vede la partita di calcio: *allo stadio*
8. Un gruppo di giocatori (undici per il calcio): *la squadra*

B Quale sport?   Rispondere alle seguenti domande con una frase completa.

1. Quali sono due sport che si praticano d'inverno? *lo sci, il pattinaggio*
2. In quale sport è un vantaggio essere alto/a? *pallacanestro*
3. Quali sono tre sport che non si possono praticare senza acqua? *nuoto, vela*
4. In quale sport si usa la bicicletta? *ciclismo*
5. Quali sono degli sport più individuali, cioè, che non richiedono una squadra? *sci, tennis*
6. Quale sport si gioca con squadre di cinque persone? di sei persone? di undici persone?

C Sei sportivo/a?   Scoprire se il tuo vicino/la tua vicina è sportivo/a: Fa dello sport? È in una squadra? Si allena regolarmente? È tifoso/a? Quali sport preferisce? Perché? Quando era più giovane, che sport faceva?

Lo sapevi che... ?

In Italia lo sport più popolare è il calcio, seguito dal ciclismo. Ci sono moltissime squadre di calcio, ma le più importanti giocano nelle prime tre categorie, la serie A, la serie B e la serie C. Le migliori squadre sono in serie A. Quando finisce il campionato (*sport season*), le ultime quattro squadre della serie A retrocedono in serie B e le prime quattro squadre della serie B avanzano, cioè passano in serie A. La squadra nazionale si chiama "gli Azzurri" perché gli atleti italiani di tutti gli sport portano maglie di colore azzurro. Portano anche lo scudetto (il piccolo tricolore).

La Gazzetta dello Sport

Lo sapevi che... ?

*L*a Gazzetta dello Sport è uno dei giornali più venduti in Italia, e nel 1996 questo giornale ha festeggiato 100 anni di pubblicazione. Ma non è il solo giornale sportivo in Italia; oltre alla *Gazzetta,* ci sono *Tutto Sport* e *Il Corriere dello Sport.* Parlano principalmente di calcio, però danno attenzione anche alla Formula Uno (con le Ferrari in gara) e al ciclismo, soprattutto durante la famosa gara, il Giro d'Italia. Gli Italiani sono anche appassionati degli sport americani come la pallacanestro (il basket), la pallavolo, il baseball e anche il football americano.

B.2 Incontro

Una partita di pallone. *Federico, Vittorio e Benedetta sono fratelli. Sono spettatori allo stadio dove due squadre di serie B, il Padova e il Cremona, giocano una partita di calcio.*

BENEDETTA:	Forza, Padova!
FEDERICO:	La nostra squadra perde sempre! Fa pena.
VITTORIO:	La *tua* squadra, caro. Io tifo per la Juve.
BENEDETTA:	Ma noi siamo di Padova, così dobbiamo tifare per la squadra della nostra città, anche se è in serie B. Certo, oggi ha ragione Federico, fa pena.
VITTORIO:	Che ne sai, tu?° Non te ne intendi mica di pallone.
BENEDETTA:	Non è vero. Sono molto sportiva. L'altro giorno ero in palestra e facevo ginnastica...
VITTORIO:	(*ridendo*) Appunto!°
BENEDETTA:	Sciocco! Come stavo dicendo... Lì ho visto degli atleti della nostra squadra che si allenavano.
VITTORIO:	In palestra? Ma non dovevano essere sul campo?
FEDERICO:	Gol! Punteggio: tre a zero per il Cremona! Mamma mia, che disastro!
BENEDETTA:	Ma i nostri giocatori sono dei bravi atleti, dai!
VITTORIO:	Eh, si vede! Saranno gli arbitri magari che non vedono bene?
FEDERICO:	Porca miseria! Non ne posso più! Io cambio sport ... o almeno squadra!

What do you know about it?

Exactly!

A **Comprensione: le domande.** Rispondere alle seguenti domande.

Attività

1. Che cosa fanno Federico, Benedetta e Vittorio allo stadio?
2. Chi gioca?
3. Per quale squadra tifa Federico? E Vittorio, quale preferisce?
4. Perché è disperato Federico?
5. Che cosa faceva Benedetta in palestra?
6. Qual è l'opinione di Benedetta sulla squadra del Padova?
7. Secondo Vittorio, qual è il possibile problema con gli arbitri?
8. Quale squadra ha vinto?

In altre parole

forza... ! dai... !	*go . . . ! come on . . . !*
fa pena, che pena	*it's pitiful, how pitiful*
te ne intendi di...	*you understand about/you know a lot about*
sciocco!	*stupid!*
che disastro!	*what a disaster!*
porca miseria!	*oh, hell!*
non ne posso più!	*I can't take it anymore!*

B **Le risposte logiche.**   Trovare nella colonna a destra una risposta logica ad ogni frase della colonna a sinistra.

1. Ma perché la nostra squadra fa così pena?

2. Te ne intendi di gastronomia?

3. Che ne dici di fare ancora un po' di footing?

4. Un altro gol! La nostra squadra perde. Cosa ne pensi tu?

5. Com'è andata la partita di pallacanestro?

6. Chi ha segnato il gol?

a. Sono stanchissimo! Non ne posso più!

b. Che disastro! Abbiamo perso 60 a 83!

c. Aliberti, della nostra squadra! Forza, Inter!

d. Perché i giocatori non si allenano abbastanza!

e. Porca miseria! Il nostro portiere (*goalie*) fa pena!

f. Beh, non so cucinare, ma sono un buongustaio!

Te ne intendi tu di... ?   Chiedere ad un vicino/una vicina se si intende delle seguenti cose.

Esempio: —Te ne intendi di sci?

—No, non me ne intendo per niente. / Sì, me ne intendo. Scio molto bene e vado spesso in montagna.

1. la pallavolo
2. la musica classica
3. lo sport in Italia
4. la fotografia
5. l'arte
6. la pallacanestro

Tifosi antagonisti.   Tu ed un amico/un'amica guardate una trasmissione sportiva alla televisione. È una partita importante ed emozionante. Ma c'è un problema: l'amico/a tifa per l'altra squadra! Decidere:

- di quale sport si tratta
- quali sono gli atleti e le squadre che ci partecipano
- di quale parte siete

Poi creare un dialogo basato sulle vostre reazioni mentre guardate la trasmissione.

B.3   Punti grammaticali

Il tempo progressivo

Non posso uscire, **sto studiando.**	*I can't go out, I'm studying.*
I bambini **stanno giocando** a pallone.	*The children are playing soccer.*
State guardando la partita alla TV?	*Are you watching the game on TV?*
La nostra squadra **stava vincendo** quando l'avversario ha fatto un gol.	*Our team was winning when the opponent made a goal.*
I giocatori **stavano correndo** quando l'arbitro è caduto.	*The players were running when the referee fell down.*

1. The **tempo progressivo,** like the present and the imperfect, expresses ongoing actions. It is used to stress the fact that an action is in the process of occurring at the moment one is speaking, or that was occurring when another action took place. The **tempo progressivo** corresponds to the use of the verb *to be* with the gerund, which ends in *-ing:* **sto mangiando** (*I am eating*); **stavamo studiando** (*we were studying*).

2. The progressive is formed with the present or imperfect tense of **stare** + *the gerund.* Regular verbs form the gerund as follows:

-are → -ando	-ere → -endo	-ire → -endo
mangiare mang**iando**	vedere ved**endo**	partire part**endo**
giocare gioc**ando**	perdere perd**endo**	capire cap**endo**
andare and**ando**	correre corr**endo**	scoprire scopr**endo**

The gerunds of **essere** and **avere** are regular: **essendo** and **avendo.** The gerunds of **dire, bere,** and **fare** are **dicendo, bevendo,** and **facendo.**

presente	imperfetto
sto mangiando	stavo mangiando
stai mangiando	stavi mangiando
sta mangiando	stava mangiando
stiamo mangiando	stavamo mangiando
state mangiando	stavate mangiando
stanno mangiando	stavano mangiando

3. The past progressive is used to describe an ongoing action in the past. It is formed with the imperfect of **stare** + *the gerund.*

—**Stavi facendo** il compito quando Gerardo è entrato?	*—Were you doing your homework when Gerardo came in?*
—No, **stavo parlando** al telefono.	*—No, I was talking on the phone.*

A **Che disastro questa partita!**   Cambiare i verbi indicati al tempo progressivo.

Esempio: Massimiliano parla a Patrizia...
          Massimiliano sta parlando a Patrizia...

Patrizia **gioca** a pallacanestro mentre i suoi due fratelli, Franco e Massimiliano, la **guardano.** Patrizia **segna** molti punti ma la sua squadra **perde** lo stesso (*anyway*). Franco e Massimiliano **fanno** il tifo per la squadra, e **dicono** "Forza! Andiamo, ragazze!," ma senza risultato.

Un amico di Franco e Massimiliano li vede e gli chiede: Ma ragazzi, che **fate** qui? E loro rispondono: **Aspettiamo** la fine di questa partita disastrosa.

B **Passato o presente?**   Decidere quale tempo progressivo usare: presente o passato. Poi completare le frasi con la forma corretta del progressivo.

Esempio: Quando lei mi ha telefonato, io (uscire).
          Quando lei mi ha telefonato, *stavo uscendo.*
          Non posso uscire con voi perché (studiare).
          Non posso uscire con voi perché *sto studiando.*

1. Mentre Angela (parlare) al telefono, Rocco è arrivato.
2. Noi (iniziare) la partita quando è cominciato a piovere.
3. I ragazzi (giocare) molto bene perché vogliono vincere la partita.
4. Che cosa (fare) tu ieri sera quando ho telefonato?
5. Non avete visto il gol? Cosa (guardare)?
6. La nostra squadra (perdere), ma poi Michele ha fatto gol!

C **Che bella notizia!**   La squadra nazionale di calcio, gli Azzurri, ha vinto il Campionato del Mondo. Dire che cosa stavano facendo le seguenti persone quando hanno sentito questa bella notizia.

Esempio: gli amici / studiare
          Gli amici *stavano studiando* quando hanno sentito la notizia.

1. io / ascoltare un cassetta di Mina
2. Carlo / leggere l'*Eneide* per il corso di letteratura latina
3. noi / finire la cena
4. tu / scrivere una lettera alla zia Amalia
5. tu e Alberto / suonare il pianoforte e la chitarra
6. Margherita / finire i compiti scritti
7. Alcuni studenti / studiare in biblioteca
8. Gilberto / guardare i cartoni animati

Il simbolo M vuol dire "abbasso" (*down with . . .*) e il simbolo W vuol dire "viva" o "evviva" (*long live . . .*). A Milano ci sono due squadre di calcio, il Milan e l'Inter, e sono rivali. Quindi è comune trovare dei graffiti a Milano che dicono "W Milan" accanto alla scritta "M Milan, W Inter."

Il fenomeno degli "ultras"—i tifosi fanatici e violenti del calcio—è purtroppo molto diffuso in Europa.

Un graffito su un muro di Milano

descrlbing an action use passato prossim.

L'imperfetto e il passato prossimo

when describing a state/situation use imperfetto

Sandra **ascoltava** la musica mentre Beppe **scriveva** una lettera.
Sandra was listening to music while Beppe was writing a letter.

Faceva freddo quando **siamo andati** in montagna.
It was cold when we went to the mountains.

Stavo partendo quando Elisa **è arrivata.**
I was leaving as Elisa arrived.

Avevo diciotto anni quando **ho visitato** l'Italia per la prima volta.
I was eighteen when I visited Italy for the first time.

1. Both the **imperfetto** and the **passato prossimo** are used to describe past actions. The **passato prossimo** describes completed actions, whereas the **imperfetto** describes ongoing actions. Compare the following:

Ieri sera **ho mangiato** un gelato.
Last night I ate an ice cream.

Ogni estate **mangiavamo** il gelato al mare.
Every summer we ate ice cream at the seaside.

Ho letto quel libro.
I read that book.

Leggevo quel libro mentre Pino **parlava** al telefono.
I was reading that book while Pino was talking on the phone.

2. Use of both tenses in the same sentence can establish a sequence of events.

Cercavo Anna quando **ho visto** Enrico.
I was looking for Anna when I saw Enrico.

Avevo fame e **ho mangiato** la mela.
I was hungry and ate the apple.

Pioveva, così **abbiamo giocato** a carte.
It was raining, so we played cards.

Guardavamo la partita quando il telefono **ha squillato.**
We were watching the game when the phone rang.

3. **Conoscere** and **sapere** change meaning according to the tense in which they are expressed. Compare:

Ho conosciuto Roberto De Niro ad una festa! — *I met Robert De Niro at a party!*

Non **conoscevi** i film di Fellini? Sono bellissimi! — *You didn't know Fellini's films? They're wonderful!*

—Un incendio ha distrutto il teatro La Fenice, **lo sapevi?** — *—A fire destroyed La Fenice theater, did you know?*

—Non **lo sapevo,** ma quando l'**ho saputo** ero molto sorpresa! — *—I didn't know, but when I found out I was very surprised!*

Attività

A **L'uso dell'imperfetto.**   Indicare perché si usa l'imperfetto in ciascuna frase.

1. Erano le sette quando siamo arrivati a casa.
2. Mentre lui leggeva, lei giocava a scacchi.
3. Ero stanca e avevo sete, ma ero felice.
4. Loro giocavano a dama quando Piero ha telefonato.
5. Faceva freddo venerdì scorso.
6. Quando ero piccola, giocavo a tennis.
7. Avevamo vent'anni quando siamo andati in Italia.
8. Mangiavamo sempre all'una quando abitavamo a Milano.

B **Cosa facevi quando... ?**   Completare la frase mettendo i verbi al passato prossimo o all'imperfetto.

Esempio: mentre io / guardare la partita in TV / Claudio / dormire
           Mentre io guardavo la partita in TV, Claudio dormiva.

1. Laura / incontrare un uomo che / essere alto, biondo e simpatico.
2. Quando voi / arrivare, noi / guardare la TV.
3. Quando io / avere tre anni, / dormire ogni giorno al pomeriggio.
4. Mentre Enrico / preparare la cena, Alessandra / bere un aperitivo.
5. Cosa / fare loro, quando tu / telefonare?
6. Essere / le quattro e mezzo quando il treno / partire.
7. Che tempo / fare in Sicilia quando tu ci / andare in vacanza?
8. Alla festa di Silvia io / conoscere un ragazzo molto simpatico.
9. Che ora / essere quando voi / tornare ieri sera?
10. Quando Emilia / avere sei anni, / volere sempre andare fuori a giocare con gli amici.

C **Una gita a Venezia.**   Mettere i verbi tra parentesi al passato prossimo o all'imperfetto.

   L'estate scorsa la mia famiglia ed io (andare) a Venezia. (Rimanere, noi) due settimane in un albergo centrale della città. Ogni giorno (andare, noi) ad un museo diverso—quanti quadri (vedere, noi)! (Mangiare, noi) specialità venete, come il risotto nero, ma confesso che il pesce non mi (piacere) molto! Mia madre ed io (fare) shopping, mentre mia sorella e mio padre (visitare) il Palazzo dei Dogi. (Piovere) due giorni, ma gli altri giorni (splendere) il sole. La sera (andare, noi) sempre a teatro, e (sentire, noi) un bel concerto alla Fenice.

La casa al mare.   Mettere i verbi tra parentesi in un tempo passato: al passato prossimo o all'imperfetto.

Quando io (essere) bambino, (andare, noi) ogni estate al mare dove mio zio (avere) una casa in Riviera. (Essere) giorni lunghi e felici al sole. Poi quando io (avere) 12 anni lo zio e la zia (divorziare) e lo zio (vendere) la casa. Noi non ci (andare) più. Invece (prendere) in affitto un appartamentino al Lido di Venezia. L'anno scorso io (essere) per caso in Liguria e (decidere) di andare a vedere un'altra volta quella casa. Che brutta sorpresa: la casa non (esserci) più. Al suo posto (trovare, io) un villaggio turistico.

E **Siamo tutti sportivi.**   Completare le frasi in maniera logica.

1. Non siamo andati alla partita domenica scorsa perché...
2. Antonella ed Elisa hanno deciso di cambiare sport perché...
3. Avevo sedici anni quando...
4. Ieri facevo un po' di footing nel parco quando...
5. La nostra squadra stava perdendo perché...

F **La prima lezione d'italiano.**   Ricordate la prima lezione d'italiano? Discutere con l'amico/a le seguenti cose.

- la data, l'ora, che tempo faceva
- come ti sentivi prima della lezione
- l'insegnante: come si chiamava, com'era, che cosa ha fatto, se parlava inglese o italiano
- altri studenti: chi c'era, quanti studenti c'erano, con chi hai parlato
- che cosa hai imparato, se hai parlato in italiano, che cosa hai detto
- come ti sentivi alla fine della lezione

 # La passeggiata

C.1 Si dice così

la cartina/la piantina/ la mappa	*map*	**il tramonto**	*sunset*
		il cielo	*sky*
l'itinerario	*itinerary*	**il paesaggio**	*countryside*
il percorso	*way/course/route*	**diluviare**	*to pour (rain)*
il sentiero	*path*	**fare una passeggiata/ passeggiare**	*to take a walk*
l'isola pedonale	*walking street/area closed to traffic*	**camminare**	*to walk*
il parco	*park*	**vedere le vetrine**	*to window-shop*
il bosco	*woods/forest*	**scalare**	*to climb*
l'albero	*tree*	**girare a destra, a sinistra**	*to turn right, left*
il fiore	*flower*	**andare avanti**	*to go on*
il prato	*field*	**andare dritto**	*to go straight ahead*
la cima/la vetta	*peak*	**laggiù**	*down there*
la roccia	*rock*	**lassù**	*up there*
il rifugio	*shelter*	**in mezzo a**	*in the middle of*

La parola giusta.   Trovare il vocabolo nuovo che completa ciascuna frase.

1. Prima di fare una passeggiata, decidiamo (il paesaggio / il percorso).
2. Quando camminiamo in montagna, seguiamo (il bosco / un sentiero).
3. Ci sono alcuni alberi magnifici (nel bosco / nel cielo).
4. Quando fai una passeggiata, puoi raccogliere (i fiori / gli alberi).
5. Con (un albero / una cartina), puoi seguire il sentiero.
6. Camminando nel centro di una città, si possono guardare le (vette / vetrine).
7. È meglio che portiamo l'ombrello se per caso comincia a (diluviare / scalare).
8. Per andare lassù, bisogna (scendere / salire).

 La cartina di Cortina.   Tu sei a Cortina d'Ampezzo nel posto indicato sulla cartina. Chiedere ad un altro studente/un'altra studentessa come arrivare ai seguenti posti.

- all'ufficio postale
- al campo da tennis
- all'albergo Miramonti
- allo Stadio Olimpico del Ghiaccio
- alla farmacia
- al cinema

L'altro studente/l'altra studentessa risponde, guardando la cartina e utilizzando frasi come **girare a sinistra/a destra, andare dritto, lassù** ecc.

Esempio: —Scusi, come si arriva a...
           —È facile. Bisogna andare a sinistra qui e poi girare...
           —È lontano?
           —No, è a due passi da qui!

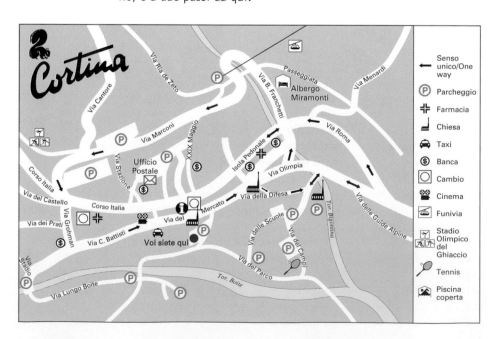

Lo sapevi che... ?

La passeggiata è da molto tempo un costume italiano, un fenomeno della vita sociale. In ogni paese e città, la gente ama fare la passeggiata di domenica dopo pranzo. È quasi un rito che offre la possibilità di vestirsi bene, guardare le vetrine dei negozi e incontrare casualmente amici e parenti per strada. Si finisce quasi sempre per prendere un gelato o un caffè insieme! "Facciamo due passi!" o "Facciamo quattro passi!" significa "facciamo una passeggiata!"

Un panorama delle Dolomiti,
Lago di Misurina

C.2 Incontro

Una passeggiata in montagna.   *Guido e Paola sono fratelli. Sono in vacanza a Cortina con il loro amico Alessandro. Stanno decidendo di fare una lunga passeggiata nel bosco.*

PAOLA:	Chissà se farà bello oggi? Il cielo è pieno di nuvole. Secondo me, conviene andare in centro a vedere un po' le vetrine.
ALESSANDRO:	Ma no! Sono sicuro che non pioverà. Fra poco le nuvole andranno via.°
GUIDO:	Dove vogliamo andare? Paola, scegli tu il percorso per la nostra passeggiata di oggi.
PAOLA:	Allora, il percorso da fare è Corso Italia, cioè la via principale del centro. È un'isola pedonale, e ci sono tanti negozi carini.
GUIDO:	Dai, Paola! Siamo venuti in montagna a respirare aria fresca e tu vuoi fare la passeggiata in centro! Su, andiamo! Potremo arrivare fino in° cima a quel monte. Da lassù vedremo un tramonto fantastico e le rocce diventeranno tutte rosse.
PAOLA:	Stai scherzando? Dobbiamo scalare fino lassù? E solo per vedere un tramonto!
GUIDO:	Paola, vedrai, sarà uno spettacolo indimenticabile!° Però sarà bene portare anche una giacca a vento,° non si sa mai. Che ne dici, Alessandro?
ALESSANDRO:	D'accordo! Andiamo!

will go away

as far as

unforgettable
windbreaker

Qualche ora più tardi

ALESSANDRO:	Che panorama fantastico! Conosco un posto qui vicino: il rifugio "Belvedere." Per arrivare lì dovremo andare a destra,

lungo° il bosco. Poi troveremo un sentiero in mezzo agli   *along*
alberi.

GUIDO: Sono stanco! Non ne posso più di camminare!

PAOLA: Forza, Guido! Non fare tante storie! Non volevi respirare
              aria fresca? E allora...

ALESSANDRO: Ehi, ragazzi, guardate! Il cielo è coperto. Lassù ci sono
              molte nuvole: verrà il temporale!

PAOLA: Lo sapevo io! Domani andrò in paese a fare una bella
              passeggiata e a vedere le vetrine! Anzi, inviterò Francesca e
              Vittoria, così sarà davvero divertente. E voi potrete fare una
              bella passeggiata nel bosco ... da soli!

 A Comprensione: le frasi incompiute (*unfinished*).   Completare le frasi
con un'informazione trovata nell'**Incontro**.

> **Attività**

1. Alessandro, Guido e Paola stanno decidendo...
2. Il cielo è pieno di...
3. Ma Alessandro pensa che fra poco...
4. Paola deve scegliere...
5. Il percorso che Paola vuole fare è...
6. Guido vuole arrivare in cima al monte perché...
7. Guido suggerisce di portare...
8. Alessandro dice che per arrivare al rifugio bisogna andare...
9. Guido non ne può più di camminare perché è...
10. Domani, invece di andare in montagna, Paola andrà...

 B La passeggiata.   Chiedere al compagno/alla compagna

- se gli/le piace fare passeggiate.
- dove preferisce camminare: in città o in campagna? in montagna o
  lungo la spiaggia?
- se preferisce camminare da solo/a o in compagnia?
- a che ora preferisce passeggiare: presto la mattina o al tramonto?
- cosa preferisce fare durante la passeggiata: parlare, cantare oppure
  ammirare il paesaggio?

 C Facciamo una passeggiata ... ma dove?   Avete deciso di fare una
passeggiata. Ora bisogna decidere dove andare. Uno di voi vuole andare
in centro a guardare le vetrine, l'altro preferisce camminare su un sentiero
in montagna. Cercare di convincere l'altro che hai ragione tu.

In altre parole

su, andiamo!	*come on, let's get going!*
non si sa mai!	*one never knows!*
non fare tante storie!	*don't complain so much!*
da solo/a/i/e	*alone*

D **Sostituzioni.**   Trovare un modo più idiomatico di esprimere le parole in corsivo.

1. Mio fratello è un tipo molto indipendente. Preferisce fare le cose *senza nessuno.*
2. Hai ragione! Sono un po' ridicolo perché ho l'ombrello con questo sole. Ma guarda: *non si può prevedere il futuro!*
3. Marina, sbrigati che sono le sette e venti e tu devi prendere l'autobus delle sette e trentacinque. *Forza! Dai!*
4. Roberto, lo so che piove! Lo so che fa freddo. Lo so che dobbiamo camminare ancora due ore per arrivare al rifugio, ma purtroppo non c'è niente da fare. Andiamo e *non lamentarti (complain) più!*

E **Non si sa mai.**   Avete deciso di fare una passeggiata in montagna e ora dovete preparare lo zaino. Avete spazio soltanto per cinque delle seguenti cose. Decidere quali portare su in montagna, e perché.

dei panini al prosciutto	del cioccolato	delle bende (*bandages*)
delle giacche a vento	un coltello	un libro
un litro di acqua	una cartina	una bottiglia di vino
una bussola (*compass*)	una radio	una carta di credito
una macchina fotografica	una tenda (*tent*)	i fiammiferi (*matches*)

Esempio: —Dobbiamo portare ... perché serve a...
            —Secondo me dobbiamo portare una ... perché così possiamo...

C.3   Punti grammaticali

Il futuro

—Scrivi le cartoline ora?   —*Are you writing postcards now?*
—No, ma **scriverò** una lettera dopo.   —*No, but I'll write a letter later.*

—Avete fatto la passeggiata oggi?   —*Did you go for a walk today?*
—No, ma la **faremo** domani.   *No, but we will tomorrow.*

—Andate in Italia quest'anno?   —*Are you going to Italy this year?*
—Sì, tra un mese **andremo** in Italia.   —*Yes, in a month we'll go to Italy.*

1. The future tense (**il futuro**) is used to describe future actions, expressing the idea of *to be going to* or *will.*

2. Regular verbs form the **futuro** by dropping the final **e** of the infinitive and adding the endings **-ò, -ai, -à, -emo, -ete, -anno.** First-conjugation **-are** verbs change the **a** of the infinitive ending to **e.**

portare		**scrivere**		**servire**	
porterò	porteremo	scriverò	scriveremo	servirò	serviremo
porterai	porterete	scriverai	scriverete	servirai	servirete
porterà	porteranno	scriverà	scriveranno	servirà	serviranno

3. Some verbs undergo spelling changes for pronunciation purposes:

   a. Verbs ending in -**ciare** and -**giare** drop the **i:**

      cominciare: comincerò, comincerai, comincerà, cominceremo,
        comincerete, cominceranno
      lasciare: lascerò, lascerai, lascerà, lasceremo, lascerete, lasceranno
      mangiare: mangerò, mangerai, mangerà, mangeremo, mangerete,
        mangeranno

   b. Verbs ending in -**care** or -**gare** add an **h** after the **c** and **g** of the stem to re-
      tain the hard sound.

      dimenticare: dimenticherò, dimenticherai, dimenticherà,
        dimenticheremo, dimenticherete, dimenticheranno
      giocare: giocherò, giocherai, giocherà, giocheremo, giocherete,
        giocheranno
      pagare: pagherò, pagherai, pagherà, pagheremo, pagherete, pagheranno

   c. Several verbs have irregular stems in the future. The following verbs drop
      the characteristic vowel of the infinitive:

      andare (andr-): andrò, andrai, andrà,...
      avere (avr-): avrò, avrai, avrà,...
      dovere (dovr-): dovrò, dovrai, dovrà,...
      potere (potr-): potrò, potrai, potrà,...
      vedere (vedr-): vedrò, vedrai, vedrà,...

   d. Some verbs have a double **r** in the future stem:

      bere (berr-): berrò, berrai, berrà,...
      rimanere (rimarr-): rimarrò, rimarrai, rimarrà,...
      venire (verr-): verrò, verrai, verrà,...
      volere (vorr-): vorrò, vorrai, vorrà,...

   e. Some verbs simply drop the final **e** before adding the future endings:

      dare (dar-): darò, darai, darà,...
      dire (dir-): dirò, dirai, dirà,...
      fare (far-): farò, farai, farà,...
      stare (star-): starò, starai, starà,...

   f. The verb **essere** uses the stem **sar-** and the regular future endings:

      sarò, sarai, sarà, saremo, sarete, saranno

4. Among the words and phrases that indicate the future are:

domani	*tomorrow*
dopodomani, domani l'altro	*day after tomorrow*
la settimana prossima	*next week*
il mese prossimo	*next month*
l'anno prossimo	*next year*
in futuro	*in the future*
tra/fra una settimana/un mese/	*in a week/month/year, etc.*
un anno, ecc.	

5. The future may also be used to express conjectures and guesses, and to indicate probability.

—Dov'è Mario?   —*Where's Mario?*
—**Sarà** a casa sua.   —*He must be home.*

—Non so dove siamo.   —*I don't know where we are.*
—Lo **saprà** Pino—lui ha la cartina!   —*Pino must know—he has the map!*

Sarà tardi. Torniamo indietro.   *It must be late. Let's turn back.*

Attività

A **L'estate al mare.**   Trasformare le frasi dal presente al futuro secondo il modello. Aggiungere espressioni che indicano un tempo futuro.

Esempio: Passo l'estate al mare.
          L'anno prossimo passerò l'estate al mare.

1. La mia amica Elisabetta viene con me al mare.
2. Mangiamo nelle trattorie tipiche.
3. Nel tempo libero corriamo nel parco.
4. Elisabetta e mia sorella passeggiano con il cane.
5. Non siamo mai in casa.
6. Io faccio una nuotata nel mare.
7. Giochiamo a calcio.
8. Quando tu parti per la montagna, noi andiamo al mare.
9. Cerchiamo un pallone per giocare.
10. Elisabetta spedisce le cartoline ai suoi amici.

B **La settimana in montagna.**   Guido progetta una breve vacanza nelle Dolomiti. Ecco la lista di tutte le cose che Guido intende fare. Usare il futuro per descrivere i suoi progetti.

preparare lo zaino venerdì sera
partire sabato mattina, presto
prendere il treno e cambiare a Verona
arrivare a Cortina nel pomeriggio
salire in montagna
sistemare la tenda
dormire sotto le stelle
fare lunghe passeggiate sui
  sentieri del bosco
stare da solo
scendere a Cortina solo alla fine
  della settimana

C **Credi all'oroscopo?**   Leggere il tuo oroscopo per oggi, mettendo i verbi al futuro.

Oggi (essere) una giornata fortunata per te. Tu (avere) buone notizie da un parente, e un nuovo amico ti (dare) buoni consigli. Se tu li (seguire), (vincere) un premio desiderato. Se (cercare) di fare nuove amicizie, (conoscere) molte persone. Una persona che non vedi da molto tempo (entrare) di nuovo nella tua vita e questa persona (cambiare) la tua vita per sempre.

D Come mai?   Rispondere alle domande usando un verbo al futuro per indicare probabilità. Seguire il modello.

Esempio: Berto suona bene il pianoforte! Come mai? (fare esercizio)
            Farà esercizio tutti i giorni.

1. Il sole tramonta.
2. I giocatori vincono sempre.
3. Marco è un bravo fotografo.
4. Camilla e Stefano non camminano più.
5. Nando non è venuto in montagna.
6. Perché Paolo non è ancora tornato?
7. Perché Cristina non è venuta con noi?
8. Il cielo è nero e tira vento.

a. scattare molte fotografie
b. fare brutto tempo
c. avere le sue ragioni
d. tornare più tardi
e. fare molti allenamenti
f. avere molte cose da fare
g. essere stanchi
h. essere già tardi

 Cosa farai domani sera?   Intervistare un vicino/una vicina circa i suoi progetti per il futuro. Puoi chiedere:

- dove andrà quando la lezione finirà?
- cosa farà domani sera? il prossimo weekend? l'estate prossima?
- cosa farà quando avrà finito l'università?

 # Al mare e in montagna

D.1   Si dice così

la vacanza	*vacation*	**abbronzato/a**	*suntanned*
la gita	*trip/excursion*	**nuotare**	*to swim*
la piscina	*swimming pool*	**fare il bagno**	*to take a swim*
mare calmo	*calm seas*	**remare**	*to row/to paddle*
mare mosso	*rough seas*	**andare in barca a vela**	*to sail*
la valle	*valley*	**fare campeggio**	*to go camping*
andare in vacanza	*to go on vacation*		

In spiaggia

l'ombrellone (m.)

la barca a vela

prendere il sole

il bagnino

la sedia a sdraio

la sabbia

A **Le vacanze enigmistiche.**   Creare due liste dal diagramma: una lista di
cose e di azioni che si trovano al mare, un'altra di cose della montagna.
Le otto parole non eliminate formeranno una simpatica descrizione delle
vacanze.

Attività

sabbia	essere abbronzato/a	le	campeggio	valle
vacanze	bagnino	sdraio	sono	belle
spiaggia	funivia	in	tenda	tutti
ombrellone	i	barca	posti	nuotare

Al campeggio

la funivia

il binocolo

il sacco a pelo

la tenda

B **Le corrispondenze.**   Trovare le corrispondenze tra gli elementi nella colonna a sinistra e quella a destra.

1. Quando il mare non è calmo diciamo che è...   a. nuotare
2. Quando una persona prende il sole diventa...   b. una tenda
3. Un breve viaggio a poca distanza è...   c. la funivia
4. L'ombrellone serve a chi non vuole   d. la sedia a sdraio
   prendere...   e. mosso
5. Per salire una montagna senza dovere   f. una gita
   scalare serve...   g. il sole
6. Un altro modo di dire "fare il bagno" è...   h. abbronzata
7. Al campeggio è importante avere...

 Preferenze personali.   Fare le seguenti domande ad un compagno/una compagna per sapere come preferisce passare le vacanze.

1. Preferisci il mare o la montagna? Perché?
2. Sei mai stato/a in montagna? Dove? Che cosa hai fatto lì?
3. Qual è la tua spiaggia preferita? Dove vai normalmente al mare? Che cosa ci fai?
4. Dove vai in vacanza di solito, al mare o in montagna?
5. Dove andrai per le prossime vacanze?
6. Con chi fai le vacanze di solito?

D.2 **Incontro**

Una telefonata.   *Ornella è andata in vacanza al mare al Lido di Venezia, sull'Adriatico. La sua amica Paola è in montagna a Cortina. Una sera Paola telefona a Ornella.*

ORNELLA: Pronto? Ciao, Paola! Allora, come vanno le tue vacanze?

PAOLA: Pronto! Ciao, Ornella! Sono felice di sentirti! Io sto bene...
Come vanno le cose da te?

ORNELLA: Qui da noi c'è un tempo stupendo. Il mare è pulito e calmo e io ho preso molto sole. A me piace molto la spiaggia e Gianluca va in barca a vela tutti i giorni.

PAOLA: Beata te! A Cortina sta diluviando, tanto per cambiare! Guido e Alessandro stanno facendo il bagno nella piscina coperta. Più tardi andrò con loro al cinema.

ORNELLA: Che brutto tempo! Mi dispiace per voi. Com'è il campeggio? Vi piace?

PAOLA: Il campeggio è davvero bello. Il panorama davanti a noi è incredibile: le Dolomiti, le valli, i prati! Vicino a noi c'è la tenda di un ragazzo americano. È molto carino e anche simpatico. Quando ci vedremo,° ti racconterò tutto di lui.   *When we see each other*

ORNELLA: Roba da matti! Sei in vacanza con due ragazzi, ma con questo ragazzo americano subito li dimentichi!

PAOLA: Ma dai, Guido è mio fratello e conosco Alessandro da anni! E tu, invece, chi hai incontrato?

ORNELLA: Ma Paola, sai benissimo che sono venuta qui con Gianluca!
Mentre lui va in barca, io leggo un libro sotto l'ombrellone,
prendo il sole sulla spiaggia e faccio il bagno in piscina. Ho
conosciuto il bagnino—un ragazzo molto simpatico.

PAOLA: Eh, allora...

ORNELLA: Quando ci vediamo avremo tante cose da raccontarci....°   *to tell each other*

A **Comprensione: A chi si riferisce?**   Ogni frase si riferisce a una delle due
ragazze dell'**Incontro.** Decidere a quale, a Ornella o a Paola.

Attività

1. Trascorre le sue vacanze al mare.
2. Sta in montagna.
3. È contenta perché ha preso molto sole.
4. Dice che il tempo è brutto.
5. Andrà più tardi al cinema.
6. Sta facendo campeggio con due ragazzi.
7. Ha conosciuto un ragazzo americano che le piace molto.
8. È la sorella di Guido.
9. Ha conosciuto un bagnino interessante.
10. Legge tranquillamente sotto l'ombrellone mentre Gianluca va in
    barca.

B **Tante cose da raccontare.**   Le vacanze sono finite e Ornella e Paola sono
tornate in città. Immaginare la conversazione tra le due ragazze. Che cosa
ha da raccontare Paola? E Ornella?

Esempio: —Allora, Paola, come sono andate le vacanze?
           —Bene! Ho...
           —E quel ragazzo americano che hai conosciuto?

In altre parole

da noi, da te,...	*at our place, at your place*
beato/a te!	*lucky you!*
tanto per cambiare	*just for a change (ironic)*
roba da matti!	*that's crazy!*
conoscere qualcuno da anni	*to know someone for years*

C **A te la parola.**   Rispondere con una parola o espressione adatta:

1. Il cielo è sempre pieno di nuvole. Anche oggi sta piovendo. (Dai! /
   Tanto per cambiare!)
2. Il signor Verdi ama gli animali—ha dieci cani! (Roba da matti! / Tutti i
   giorni!)
3. Abbiamo ballato tutta la notte. (Subito! / Beati voi!)
4. Non è mai puntuale Luigi. È arrivato in ritardo all'appuntamento con il
   medico. (Tanto per cambiare! / Beato te!)
5. Mario ha pagato 150 milioni una nuova macchina. (Che barba! / Roba
   da matti!)

Le vacanze ideali.   Progettare insieme una bellissima vacanza per la prossima estate. Dovete decidere:

- quando partire
- dove andare
- come viaggiare
- quanto tempo rimanere
- quanto pagare
- cosa fare mentre siete in vacanza
- quando tornare

D.3   Punti grammaticali

I pronomi tonici

Mi parli?	Parli <u>a</u> **me?**	*Are you speaking to me?*
Sto con Gianluca.	Sto <u>con</u> **lui.**	*I'm with him.*
La telefonata è per Laura.	È <u>per</u> **lei.**	*It's for her.*
Ci piace la spiaggia.	<u>A</u> **noi** piace la spiaggia.	*We like the beach.*
Ho visto **lui,** ma non ho visto **te.**		*I saw him, but I didn't see you.*

1. Stressed pronouns **(pronomi tonici)** can replace both direct- and indirect-object pronouns for purposes of emphasis or clarity. The stressed pronouns are as follows:

me	*me*		**noi**	*us*
te	*you*		**voi**	*you*
lui	*him*		**loro**	*them*
lei	*her*			
sé	*himself/herself/itself*		**sé**	*themselves*

2. When a sentence has two or more direct- or indirect-object pronouns, stressed pronouns are used to distinguish between them.

Hanno scritto a **lui** ma non a **me.**	*They wrote to him but not to me.*
Stavo parlando con **lei,** non con **te.**	*I was speaking to her, not to you.*
Hanno chiamato **me,** non **voi.**	*They called me, not you.*
Ho visto **voi** ma non **loro.**	*I saw you but not them.*

3. **Sé** is used when the pronoun refers back to the third-person (singular or plural) subject to mean *himself/herself/themselves.*

Maria l'ha fatto da **sé.**	*Maria did it herself.*
Angelo pensa solo a **sé.**	*Angelo thinks only of himself.*
Marco parla sempre di **sé.**	*Marco always talks about himself.*

4. Stressed pronouns are also used for emphasis. Compare the following:

Non ti parlo.	Non parlo a **te** (ma a **lui**).	*I'm not talking to* you.
Volevo vedervi.	Volevo vedere (proprio) **voi.**	*I wanted to see* you.
Ti amo.	Amo (solo) **te.**	*I love* you.
Ci conosci?	Conosco **te** (ma non **lui**).	*I know* you *(but not him).*

5. Stressed pronouns are also used in certain fixed expressions.

Come vanno le cose **da voi?**	*How are things at your place?*
Secondo me, la spiaggia è bella.	*In my opinion, the beach is pretty.*
Beato te! Vai in vacanza.	*Lucky you! You're going on vacation.*

A **Me, te e gli altri.**   Completare le seguenti frasi con un pronome tonico.

1. Elio passa sempre le ferie a Cortina. Secondo ___*lui*___ le Dolomiti sono le più belle montagne in Italia.
2. Marisa, sei la persona più importante al mondo. Non posso vivere senza di ___*lei*___.
3. Angela è molto egoista. Parla solo di ___*sé*___.
4. Voi siete al mare. Che tempo fa? Come sono le cose da ___*voi*___?
5. Pioverà, penso. Secondo ___*me*___, arriva il brutto tempo.
6. Andiamo al cinema. Vieni con ___*noi*___?
7. Bruno non ha bisogno di aiuto. Fa da ___*sé*___.

B **A casa nostra.**   Usare la preposizione **da** con un pronome per indicare il luogo.

Esempio: Elena ci ha invitato a cena, così stasera andiamo *da lei.*

1. Stasera faccio una festa a casa mia. Perché non vieni ___*da me*___ verso le otto?
2. Ciao, Marta. Qui il tempo è stupendo. Com'è ___*da te*___?
3. Viviamo in montagna—___*da noi*___ in inverno fa freddo.
4. Vittorio e Teresa ci hanno invitato a cena. Andiamo ___*da loro*___ stasera.
5. Rocco ha una casa alla spiaggia. Se andiamo ___*da lui*___ possiamo nuotare.

C **Beato te!**   Usare l'espressione "beato te/noi/voi" ecc. per indicare che le seguenti persone sono fortunate.

beato
beata
beate
beati

Esempio: Avete ricevuto un bel regalo—una vacanza al mare. *Beati voi!*

1. Maria è ricca, bella e intelligente: *beata lei*
2. I signori Palazzeschi sono pieni di amici, di soldi, di fortuna: *beati loro*
3. Noi abbiamo vinto un viaggio in Italia: *beati noi*
4. Bruno è atletico, intelligente, bello e fortunato: *beato lui*

D **Lui, non lei!**   Completare i mini-dialoghi con pronomi tonici appropriati.

—Ornella, mi devi dire la verità: ami me o quel bagnino?
—Gianluca, adesso ti dico: amo ___lui___, non ___te___.

—Guido, tu e Alessandra non volete venire a trascorrere una
   settimana con noi in montagna?
—Guarda, il problema è che la montagna piace a ___lei___ ma
   non a ___me___.

—Ragazzi, c'è vostro padre al telefono.
—Con chi vuole parlare, con ___me___ o con ___lui___?

—Fabiola, perché sei così arrabbiata?
—Perché io e Francesco abbiamo chiesto dei soldi alla mamma e ne
   ha dati a ___me___ ma non a ___lui___.

Immagini e parole
Venezia "La Serenissima"

A **Le parole-chiave.**   Trovare nella lista:

1. due periodi storici
2. cinque aggettivi che descrivono la città di Venezia
3. cinque famosi pittori veneziani
4. tre famosi luoghi a Venezia
5. tre descrizioni storiche della città

Attività di
pre-lettura

affascinante	particolare	la Basilica di S. Marco
il Canal Grande	Veronese	misteriosa
Medioevo	un porto importantissimo	Tiepolo
romantica	Bellini	Tiziano
malinconica	il palazzo ducale	un importante centro
Rinascimento	una potenza marinara	commerciale
		Tintoretto

B **Una passeggiata a Venezia.**   Immaginare di fare una passeggiata a
Venezia. Con un altro studente/un'altra studentessa, usare la fantasia e
fare una lista di tutte le cose che vedete. Fare anche una lista di cose che
non si vedono.

Venezia nasce nel quinto secolo° quando un gruppo di persone della
pianura cerca rifugio sulle isole della laguna per sfuggire° alle invasioni
dei barbari.° Venezia diventa un porto importantissimo, un centro del
commercio internazionale durante il Medioevo. A poco a poco la gente
costruisce una città che diventa una grande potenza marinara.° Nel

5th century A.D.
to escape
barbarians

marine power

Il Canal Grande, Venezia

Rinascimento, la Repubblica di Venezia ha il suo massimo splendore: "la Serenissima" è la signora dei mari.

Venezia è una città molto particolare, affascinante e famosa in tutto il mondo: è costruita su più di cento isole separate da centosessanta canali e collegate fra loro da più di quattrocento ponti. Le strette vie si chiamano *calli* e le piccole piazze si chiamano *campi* o *campielli*. Per girare la città si usano le romantiche (e costose) gondole o i veloci (e più economici) vaporetti.

Il Lido di Venezia è una spiaggia famosa. È uno dei posti di mare più chic d'Italia, con casinò e tanti alberghi di lusso. È anche la sede del Festival Internazionale del Cinema che ha luogo ogni anno a settembre.

In Piazza San Marco, famosa per i colombi° e i caffè, si trovano la Basilica di San Marco ricca di mosaici dorati,° il campanile e lo splendido Palazzo Ducale. Lungo le rive del Canal Grande, che è il canale più grande di Venezia, si trovano i bellissimi palazzi costruiti per le famiglie nobili veneziane. Le chiese e i musei sono ricchissimi di opere d'arte di pittori come Bellini, Tiziano, Tintoretto, Tiepolo e Veronese.

Tuttavia, oltre alla sua bellezza, Venezia è famosa per i suoi problemi di sopravvivenza.° Spesso si sente dire che Venezia sta morendo e che sta veramente affondando.° L'inquinamento° dell'acqua e dell'aria rovinano i palazzi veneziani. Ci sono diverse fondazioni che si occupano della salvaguardia° dei beni artistici di Venezia, beni che costituiscono un vero tesoro per tutto il mondo.

C'è chi dice che in inverno Venezia è una città morta, triste, malinconica. Ma quando ci sono meno turisti, e l'acqua alta e la nebbia invadono la città, Venezia è ancora più bella, più misteriosa e più isolata dal mondo esterno ... ed è più Venezia.

doves
gilded mosaics

survival
drowning / pollution

safeguarding

A **Comprensione: definizioni.** Trovare nel testo parole ed espressioni che corrispondono alle seguenti definizioni.

1. Un veloce mezzo di trasporto a Venezia:
2. Un mezzo di trasporto meno veloce ma più tradizionale:
3. Il nome che i veneziani danno alle strette vie della città:
4. Il nome che si dà a Venezia alle piazze:
5. Il problema ecologico che sta minacciando (*threatening*) la città:
6. Il nome che i veneziani danno alla loro città:
7. Il modo in cui la Basilica di S. Marco è decorata:
8. Il periodo di massimo splendore della città:
9. Il numero di isole che formano la città:
10. Il numero di ponti che collegano le isole:

Attività

B **Comprensione: alcune domande.**   Rispondere alle seguenti domande.

1. Quando nasce Venezia? Da dove arrivavano i primi abitanti? Che cosa cercavano?
2. Quali sono i periodi più importanti nella storia di Venezia? Perché è diventata una città importante?
3. Quali sono i problemi della Venezia moderna?
4. Com'è Venezia durante l'inverno? In quale periodo dell'anno preferisci visitare Venezia? Perché?
5. Puoi immaginare una città senza automobili? Come sarà differente da una città normale?

C **Spunti di conversazione.**   Scegliere una delle seguenti attività e discuterla con altri studenti.

1. Una gita a Venezia: Uno studente/Una studentessa del gruppo è una guida di Venezia, che conosce molto bene la città. Gli altri sono turisti americani a Venezia per la prima volta. Sono molto entusiasti e fanno mille domande alla guida, che risponde volentieri.
2. I vostri genitori: Considerare la vita dei vostri genitori quando avevano la vostra età. Frequentavano l'università o lavoravano? Come passavano il tempo libero? Come vivevano? Quali differenze potete immaginare tra allora e adesso? La vita di allora era più facile o più difficile? Perché?

Beppe Forlan

Dove vive, Signor Forlan?

Io vivo proprio a Venezia, nel Sestier di Castello, un quartiere popolare dove vivono tanti artigiani veneziani.

Le danno fastidio° i turisti?   *annoy*

Certo, ci sono molti turisti d'estate, però Le assicuro che da novembre ad aprile ce ne sono ben pochi, e Venezia è di nuovo la Serenissima.

Che lavoro fa Lei?

Ho seguito le tradizioni di famiglia—sono maestro vetraio° e lavoro in una   *master glassblower*
piccola azienda di artigiani a Murano. L'azienda è nostra, della mia famiglia. Lavoro insieme ad altre cinque persone nelle diverse fasi della realizzazione degli oggetti di vetro.

È difficile il Suo mestiere?

Per fare il mestiere di vetraio, ci vuole tanta abilità, pazienza e buoni polmoni—soprattutto per la soffiatura° del vetro! Modellare un prezioso oggetto di vetro è un lavoro delicato. Il "bolo di vetro" deve essere trattato con cautela,° come se fosse° una bolla° di sapone.

blowing

caution / as if it were / bubble

E quando non lavora, che fa?

Dopo il lavoro, prima di tornare a casa e alla famiglia, incontro i miei amici del quartiere. Parliamo, più che di calcio o di politica, di Venezia—le regate e le feste. Conosce il Carnevale? C'è ogni febbraio, e portiamo le maschere e i costumi. È una festa importante per noi. Poi, partecipo da trentadue anni alla Regata Storica che ha luogo ogni anno a settembre. Ho vinto le gare quando ero più giovane, insieme a mio fratello. Remavamo davvero molto bene, ed eravamo velocissimi!

A Comprensione.   Rispondere alle seguenti domande.

1. Dove vive Beppe Forlan? Che tipo di zona è?
2. Che tipo di lavoro fa Beppe? Con chi lavora?
3. Cosa ci vuole per fare bene il mestiere del signor Forlan?
4. Come passa il tempo libero Beppe Forlan?
5. Quali sono le feste più importanti di Venezia?
6. Che cosa ha fatto quando era più giovane?

B Temi.   Scegliere uno dei seguenti argomenti e scrivere una breve composizione.

1. Come passavo il tempo libero da bambino/a
2. Come sarà vivere a Venezia; usare la fantasia e descrivere la vita dei veneziani
3. L'Italia sportiva: discutere l'importanza dello sport in Italia; differenze e somiglianze con gli Stati Uniti

Ciak! Italia

A Un weekend a Venezia.   Elencare alcune delle cose (palazzi, piazze, monumenti, musei) che puoi vedere a Venezia.

B **Chi l'ha detto?**   Indicare chi ha pronunciato le seguenti frasi mettendo
una P per Piero o una G per Gabriella.

_____ Non mi dire! Non starai mica pensando a me!

_____ Lo so, sono un grande Latin lover. Allora, la risposta è sì?

_____ Sono senza parole!

_____ Che programma romantico!

_____ Sono talmente stravolto che non mi muoverò più da questo
magnifico posto.

_____ Non sei la donna dei miei sogni, ma se non hai nulla in programma
puoi fermarti anche tu!

C **Che cosa succede?**   Rispondere alle seguenti domande.

1. Che tempo fa a Venezia?
2. Perché Piero vuole fermarsi al bar?
3. Quando Gabriella dice che devono ancora lavorare tre ore, dice sul
serio?
4. Dove discutono i loro programmi per il weekend?
5. Chi inviterà Piero a passare il weekend a Venezia? Perché?

D **Che cosa succederà?**   Previsioni: Piero e Gabriella discutono i loro
progetti per il weekend. Cosa succederà? Discutere con un compagno/una
compagna.

Piero ha proposto a Gabriella di passare il weekend insieme. Lei
accetterà? Dove andrà Gabriella? Dove andrà Piero? Cosa farà?
Inventare una conclusione al dialogo del video clip.

Vestirsi:
Vestiamoci alla moda!

Shopping e chiacchiere in Via
Montenapoleone a Milano

Communicative goals

- Talking about routine daily activities
- Discussing illness and visits to the doctor
- Comparing people, places, and things
- Buying clothing and talking about fashion
- Expressing wishes and requests politely
- Talking about what may happen
- Giving commands

LOMBARDIA
Milano

Il corpo, la salute

A.1 Si dice così

Il corpo

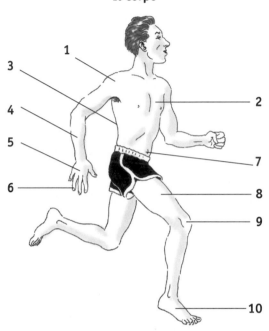

1. la spalla
2. il petto
3. la schiena
4. il braccio (*pl.* le braccia)
5. la mano (*pl.* le mani)
6. il dito (*pl.* le dita)
7. lo stomaco
8. la gamba
9. il ginocchio (*pl.* le ginocchia)
10. il piede

La testa

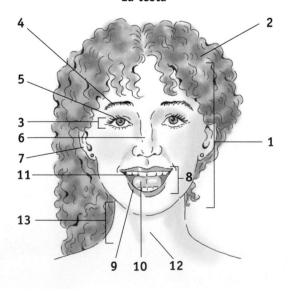

1. il viso/la faccia
2. i capelli
3. l'occhio
4. il sopracciglio (*pl.* le sopracciglia)
5. il ciglio (*pl.* le ciglia)
6. il naso
7. l'orecchio
8. la bocca
9. il labbro (*pl.* le labbra)
10. la lingua
11. il dente
12. la gola
13. il collo

Prepararsi al mattino

svegliarsi
Anna si sveglia.

alzarsi
Pino si alza.

lavarsi i denti
Anna si lava i denti.

lavarsi la faccia
Pino si lava la faccia.

pettinarsi
Anna si pettina.

radersi
Pino si rade la barba.

truccarsi
Anna si trucca.

vestirsi
Pino si veste.

Parole utili

la malattia	*sickness*	**il dolore**	*pain*
il raffreddore	*cold*	**farsi male**	*to hurt oneself*
l'influenza	*flu*	**misurarsi la temperatura**	*to take one's temperature*
il sintomo	*symptom*	**rompersi**	*to break (a bone)*
il brivido	*chill*	**spogliarsi**	*to undress*
la febbre	*fever*	**sedersi**	*to sit down*
la tosse	*cough*	**ammalarsi**	*to get sick*

 A **Qualcosa non va!**   Trovare la parola che non va con le altre.   **Attività**

1. l'influenza, il sopracciglio, il raffreddore, la malattia
2. il corpo, la schiena, il petto, il labbro
3. l'orecchio, il brivido, il naso, il collo
4. il piede, il ginocchio, la gola, la gamba
5. radersi, pettinarsi, vestirsi, ammalarsi
6. l'orecchio, il dente, la lingua, le labbra

B **Le parole mancanti.** Completare le frasi in maniera logica utilizzando le parole da **Si dice così**.

1. La tosse e la febbre sono due sintomi di un... *raffreddore*
2. Per vedere se hai la febbre è necessario... *misurarsi la temperatura*
3. Il contrario di spogliarsi è... *vestirsi*
4. Gli orecchi, la bocca e il naso sono tutte parti della...
5. Molte persone, quando si alzano la mattina, si pettinano i...

C **Quali parti del corpo?** Quali parti del corpo usi per fare queste cose?

Esempio: Quando suono il pianoforte uso...

1. suonare il pianoforte
2. giocare a calcio
3. vedere un film
4. abbracciare
5. sedersi
6. ascoltare musica
7. ballare
8. mangiare i tortellini
9. sentire il profumo di un fiore
10. andare in bicicletta

D **Magari!** Descrivere al compagno/alla compagna le tue qualità fisiche ideali, citando persone famose.

Esempio: Vorrei avere le braccia di Arnold Schwarzenegger.
Vorrei avere i capelli come...
Vorrei avere il naso di...

A.2 Incontro

Cristina ha l'influenza.   *Cristina e Silvia si preparano per la giornata. Cristina si pettina davanti allo specchio.°*   *mirror*

CRISTINA:	Ti vedo proprio bene oggi! Ti sta bene quel vestito.
SILVIA:	Grazie! Ma tu, cara, hai una faccia brutta!
CRISTINA:	Eh, infatti, non mi sento per niente bene!
SILVIA:	Che hai? Forse devi andare dal medico.
CRISTINA:	Prima di tutto, ho mal di schiena. Mentre mi vestivo, avevo i brividi.
SILVIA:	Non avrai mica l'influenza?
CRISTINA:	Spero proprio di no! Ieri sono uscita senza il cappotto, e ho preso freddo.
SILVIA:	Ti sei misurata la temperatura?
CRISTINA:	No, non ancora. Ma non credo di avere la febbre.
SILVIA:	Ieri sera non avevi appetito... Hai mal di pancia?°

belly

CRISTINA:	No, no! Però mi fa male la testa.
SILVIA:	Ti conviene° andare dal medico, Cristina. Se vuoi, vado subito in farmacia a prenderti delle medicine.

you should (it's in your interest)

CRISTINA:	No, grazie. Finisco di prepararmi e poi vado all'università.
SILVIA:	Ti ricordi che avevi anche mal di gola ieri? Avrai sicuramente l'influenza!
CRISTINA:	(*sarcastica*) Grazie, dottoressa Garofalo.
SILVIA:	Scusami, Cristina. Ma capisci, quando si studia medicina...
CRISTINA:	...si ammalano le amiche!

Comprensione: A chi si riferisce?   Scoprire a chi si riferiscono le seguenti frasi, a Cristina o a Silvia?   **Attività**

1. Le sta molto bene il suo vestito.
2. Non si sente bene oggi.
3. Suggerisce di andare dal medico.
4. Aveva i brividi mentre si vestiva.
5. È uscita ieri senza il cappotto.
6. Si offre per andare in farmacia a prendere delle medicine.
7. Aveva mal di gola ieri.
8. Studia medicina.

B **Il malato immaginario.**   Creare una conversazione basata sui seguenti suggerimenti.

S1: Sei un tipo un po' ipocondriaco. Dire all'amico/a tutte le cose che ti fanno male e tutti i tuoi sintomi.

S2: Sei uno studente/una studentessa di medicina. Provare a fare una diagnosi della salute di un amico/un'amica che ti racconta tutti i suoi dolori.

Esempio: —Oggi non mi sento per niente bene.
            —Che cosa hai?
            —Ho mal di pancia e ho i brividi.
            —Forse...

In altre parole

ti vedo proprio bene	*you look great*
stare bene a qualcuno	*to fit someone*
avere una faccia brutta	*to look pale, unwell*
che hai?	*what's the matter?*
non avrai mica...	*you wouldn't by any chance have . . .*
mi fa male la testa, la gola	*my head hurts, my throat aches*

C **Abbinamenti.**   Trovare nella lista a destra la risposta logica per ogni frase a sinistra.

1. Perché cammini così? Stai male?
2. Ti piace il mio nuovo *look?*
3. Non avrai mica ventimila lire da prestarmi (*lend me*)?
4. Allora non vieni alla lezione oggi? Che hai?
5. Ma tu hai la faccia brutta! Avrai mica l'influenza?
6. Quei jeans ti stanno proprio bene!

a. Sì, moltissimo! Ti vedo proprio bene!
b. No, mi dispiace. Non ho una lira!
c. No, sto benissimo. Sono solo un po' stanco.
d. Ti piacciono? Sono nuovi. Li ho comprati da Fiorucci.
e. Non è niente. Solo che mi fa male il piede.
f. Ho la febbre e il dottore mi ha detto di stare a casa.

Mi fa male!   Dire che cosa ti fa male nelle seguenti situazioni.

Esempio: Ho lavorato tutta la notte con il computer e adesso...   mi fanno
          male gli occhi. (mi fa male la schiena)

1. Ho fatto molta ginnastica ieri e ora...
2. Accidenti a questo raffreddore! Piove da una settimana e ora...
3. Non avrai mica un'aspirina da darmi, per piacere? ...
4. Devo andare subito dal dentista perché...
5. Dopo due ore al pianoforte...
6. Mi piace correre, ma se corro troppo...

 Le solite storie.   Stamattina ti senti veramente male. Chiamare
l'insegnante d'italiano (un altro studente/un'altra studentessa) e
raccontare perché non puoi andare a lezione oggi.

Esempio: —Pronto?
          —Pronto, professoressa? Mi dispiace ma...
          —Oh, perché? Che hai?
          —Mi fa male...

Lo sapevi che... ?

Ci sono molte espressioni che utilizzano le parti del corpo. Ad esempio, si dice che una persona che è veramente brava e competente è **in gamba.** Quando qualcuno ha bisogno di aiuto, si può **dare una mano.** E quando una persona parla molto e dice le sue opinioni bruscamente (*bluntly*), si dice che **non ha peli sulla lingua!**

A.3 Punti grammaticali

I verbi riflessivi

—Quando **ti alzi, ti vesti** subito? | —*When you get up, do you dress right away?*

—No, **mi lavo** i denti prima. | —*No, I brush my teeth first.*

Ci laviamo le mani prima di mangiare. | *We wash our hands before eating.*

Si sono dimenticati le chiavi. | *They forgot their keys.*

1. A reflexive verb (**verbo riflessivo**) is a verb whose subject acts on itself, such as *I hurt myself* or *we enjoyed ourselves*. A reflexive verb is always accompanied by a reflexive pronoun, **mi, ti, si, ci, vi,** or **si,** and is conjugated according to tense and subject.

vestirsi (*to dress*)				
mi	vesto	*I dress myself*	**ci** vestiamo	*we dress ourselves*
ti	vesti	*you dress yourself*	**vi** vestite	*you dress yourselves*
si	veste	*he/she dresses him/herself*	**si** vestono	*they dress themselves*
		you (formal) dress yourself		

2. The position of a reflexive pronoun is the same as for other pronouns: either it directly precedes the conjugated verb, or it is attached to an infinitive, which drops its final **e.**

Mi devo svegliare presto domani./Devo svegliar**mi** presto domani.	*I have to get up early tomorrow.*
Ti vuoi lavare i capelli?/Vuoi lavar**ti** i capelli?	*Do you want to wash your hair?*
Lei **si** può sedere qui./Lei può seder**si** qui.	*You can sit here.*

When the reflexive is used to refer to things that belong to the subject, such as parts of the body or clothing, the possessive is not used; the definite article is used instead.

3. Some of the most common reflexive verbs are:

addormentarsi	*to fall asleep*	**pettinarsi**	*to comb one's hair*
alzarsi	*to get up*	**preoccuparsi**	*to worry*
annoiarsi	*to be bored*	**prepararsi**	*to prepare oneself*
arrabbiarsi	*to get angry*	**radersi**	*to shave*
chiamarsi	*to be called*	**ricordarsi**	*to remember*
dimenticarsi	*to forget*	**sedersi**	*to sit*
divertirsi	*to have a good time*	**spogliarsi**	*to undress*
lamentarsi	*to complain*	**svegliarsi**	*to wake up*
lavarsi	*to wash oneself*	**truccarsi**	*to put on makeup*
perdersi	*to get lost*	**vestirsi**	*to dress*

—**Vi siete divertiti** alla festa?	—*Did you have a good time at the party?*
—Sì, ma Lucia **si è arrabbiata** perché non era invitata.	—*Yes, but Lucia got angry because she wasn't invited.*
Alessandro **si siede** in prima fila, e noi **ci sediamo** nell'ultima.	*Alessandro is sitting in the first row, and we are sitting in the last.*

4. Many verbs have both reflexive and nonreflexive forms depending on whether the action is performed by the subject on itself or on something or someone else. Compare:

reflexive	*nonreflexive*
Mi lavo la faccia.	La mamma lava la faccia al bambino.
I wash my face.	*The mother washes the baby's face.*
Mi sveglio alle sette.	Ti sveglio alle sette.
I'll wake up at seven.	*I'll wake you at seven.*

Si chiama Giuseppe ma...	noi lo chiamiamo Beppe.
His name is Giuseppe but	*we call him Beppe.*

Ci prepariamo per la festa.	Preparo una torta per la festa.
We're getting (ourselves) ready for the party.	*I'm making a cake for the party.*

5. In compound tenses like the **passato prossimo,** reflexive verbs take the auxiliary verb **essere.** The past participle agrees with the subject in gender and number.

Le ragazze si sono sedut**e** vicino alla finestra.	*The girls sat near the window.*
Mia madre si è preoccupat**a** per me.	*My mother worried about me.*
Mario si è lavat**o** la faccia.	*Mario washed his face.*

6. When a reflexive verb is used with the impersonal construction, **ci si** is used to avoid juxtaposing the reflexive **si** and the impersonal **si.**

Quando non si dorme abbastanza, **ci si addormenta** facilmente.	*When one doesn't sleep enough, one falls asleep easily.*
Quando **ci si annoia,** non **ci si diverte.**	*When you are bored, you don't have a good time.*

Attività

A **Una giornata così.** Sostituire il soggetto del brano con i seguenti soggetti: Tommaso; Tommaso e Giulio.

Quando devo andare all'università, mi sveglio alle sette e trenta e mi preparo per la giornata. Mi lavo la faccia, mi rado, mi lavo i denti e mi vesto. Faccio colazione al bar vicino a casa e arrivo alla prima lezione. Mi siedo vicino al professore e ascolto attentamente le sue spiegazioni. Non mi annoio mai all'università perché le lezioni sono interessanti. Dopo cena mi spoglio, mi metto il pigiama e mi addormento davanti alla TV.

B **Le colonne.** Creare delle frasi con un elemento preso da ciascuna colonna, mettendo i verbi al presente indicativo.

Caterina	lavarsi	dopo cena
Noi	preoccuparsi	di prendere le medicine
Fabio	addormentarsi	la temperatura con un termometro
Tu ed Elio	lamentarsi	per l'esame di storia
Io	prepararsi	della qualità del cibo
Patrizia e Sara	sedersi	le mani con acqua e sapone
Le zie	ricordarsi	per la salute dei bambini
Tu	misurarsi	in una poltrona comoda

C **Le vacanze disastrose.** Le seguenti persone sono tornate a casa dopo delle vacanze disastrose. Completare le frasi con il passato prossimo dei verbi tra parentesi.

Esempio: Carlo non (divertirsi) a casa degli zii.
          Carlo non si è divertito a casa degli zii.

1. A Lucia non è piaciuta la festa, e (annoiarsi) molto.
2. Marco e Alessandro (alzarsi) tardi quella mattina e hanno perso il treno.
3. Noi siamo andati a Eurodisney ma non (divertirsi) per niente.
4. Gherardo è andato nella giungla e (ammalarsi) gravemente.
5. I miei genitori (perdersi) nel deserto.
6. Io (arrabbiarsi) perché mio fratello (dimenticarsi) di portare il passaporto e siamo dovuti tornare a casa.
7. Lisa e Gabriella (farsi male) in un incidente sulle autostrade di Los Angeles.

 Abitudini. Fare le seguenti domande ad un altro studente/un'altra studentessa, che risponderà con frasi complete.

1. A che ora ti alzi il sabato mattina? E la domenica mattina?
2. Quante volte al giorno ti lavi i denti?
3. Quali prodotti usi per raderti/truccarti?
4. Come si chiamano gli amici che vedi di più?
5. Ti preoccupi quando hai un esame importante?
6. Ti diverti all'università? al lavoro? a casa?
7. A che ora ti addormenti di solito?

I verbi reciproci

Marco mi scrive e io gli scrivo.	*Marco writes to me, and I write to him.*
Ci scriviamo.	*We write each other.*
Tu telefoni a Roberto, e Roberto telefona a te.	*You telephone Robert, and Robert telephones you.*
Vi telefonate.	*You telephone each other.*
Romeo ama Giulietta, e Giulietta ama Romeo.	*Romeo loves Juliet, and Juliet loves Romeo.*
Romeo e Giulietta **si amano.**	*Romeo and Juliet love each other.*

1. Verbs express reciprocal action when two subjects are the objects of the action performed, for example, *I see you and you see me: we see each other.* In Italian, the plural reflexive pronouns **ci, vi,** and **si** are used with the plural forms of the verb to form the reciprocal construction.

Ci vedevamo spesso.	*We used to see each other often.*
Vi telefonate stasera?	*Are you telephoning each other tonight?*
Si scrivono una volta al mese.	*They write to each other once a month.*

2. In compound tenses like the **passato prossimo,** the reciprocal construction uses the auxiliary **essere.** The past participle agrees with the subject in gender and number.

Ci siamo incontrate in centro.	*We met in the center of town.*
Si sono sposati a giugno.	*They got married in June.*
Vi siete abbracciati?	*Did you hug one another?*

3. The following verbs express reciprocal action:

abbracciarsi	*to hug each other*	**salutarsi**	*to greet each other*
aiutarsi	*to help each other*	**scriversi**	*to write to each other*
baciarsi	*to kiss each other*	**sposarsi**	*to marry each other*
incontrarsi	*to meet, run into each other*	**telefonarsi**	*to phone each other*
innamorarsi	*to fall in love with each other*	**vedersi**	*to see each other*
odiarsi	*to hate each other*		

A Cioè...   Completare ogni frase con verbi reciproci come nell'esempio.   **Attività**

Esempio: Tu aiuti Beppe e lui ti aiuta, cioè (*that is*) voi vi aiutate.

1. Io vedo Filippo e lui mi vede, cioè...
2. Il medico saluta Cristina e lei lo saluta, cioè...
3. Io ti incontro in centro e tu mi incontri, cioè...
4. Carola capisce Sandro e lui la capisce, cioè...
5. Tu hai telefonato a me e io ti ho telefonato, cioè...
6. Piero ha conosciuto Angela e lei lo ha conosciuto alla festa, cioè...

B Felice incontro.   Descrivere quello che succede nelle vignette, usando verbi reciproci dove possibile.

incontrarsi, abbracciarsi   **salutarsi, baciarsi**   **divertirsi, innamorarsi**

C Un'antica storia.   Domandare al compagno/alla compagna informazioni sui suoi genitori. Scoprire per esempio:

come si chiamano
come si sono conosciuti
se si sono innamorati subito
quanti anni avevano quando si sono sposati
dove abitano

Poi presentare alla classe le informazioni raccolte.

 L'abbigliamento

B.1 Si dice così

L'abbigliamento

il pigiama

la camicia
da notte

le pantofole

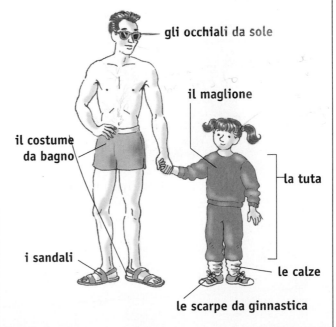

gli occhiali da sole

il maglione

il costume
da bagno

la tuta

i sandali

le calze

le scarpe da ginnastica

la cravatta

la camicetta

la giacca

la maglia

la gonna

i pantaloni   le scarpe   l'abito

il giubbotto

il cappotto

gli stivali

l'impermeabile   l'ombrello

la farfalla

lo smoking

il vestito da sera

le scarpe a tacco alto

Parole utili

i vestiti	*clothes*	**chiaro**	*light (color)*
i colori	*colors*	**scuro**	*dark*
bianco	*white*	**pesante**	*heavy*
nero	*black*	**leggero**	*light*
rosso	*red*	**elegante**	*elegant*
arancione	*orange*	**sportivo**	*casual*
giallo	*yellow*	**indossare**	*to wear*
verde	*green*	**mettersi**	*to put on*
blu (*inv.*)	*blue*		
viola (*inv.*)	*purple*		
rosa (*inv.*)	*pink*		
grigio	*gray*		
marrone	*brown*		

Lo sapevi che... ?

Il termine **giallo** è usato per indicare un libro, un racconto, un film o un romanzo con una trama (*plot*) poliziesca e misteriosa. Il termine è dovuto al colore della copertina (*cover*) usata dalla casa editrice italiana Mondadori per una collana (*series*) di questo genere.

A Di che colore è? Di che colori sono normalmente le seguenti cose?

Esempio: i jeans
I jeans sono blu.

1. la neve
2. i pomodori
3. il cioccolato
4. gli spinaci
5. la nebbia
6. le banane
7. le maglie sportive della vostra università
8. la bandiera americana
9. la bandiera italiana
10. la copertina di questo libro

Attività

B Un mondo di colori. Completare le seguenti frasi ed espressioni, indovinando (*guessing*) qual è il colore appropriato.

Esempio: Hai letto quel *giallo* di Agatha Christie?

1. Non ho più soldi in banca! Il mio conto è in _____.
2. Oggi ho perso il portafoglio e la mia ragazza mi ha lasciato! È stata davvero una giornata _____.
3. —Come posso trovare un negozio specializzato in abbigliamento sportivo? —Perché non guardi l'elenco telefonico delle pagine _____.
4. Questa città ha molti parchi e tanti alberi. È una città con molte zone _____.
5. Mio cugino non lavora, dorme sempre, rompe tutto e non paga mai i conti: è la pecora (*sheep*) _____ della famiglia.
6. Puoi fare tutto quel che vuoi. Sei completamente libero di decidere. Hai carta _____.

7. Poverino, era imbarazzatissimo! È diventato tutto _____.
8. La tua amica è sempre ottimista. Lei vede tutto _____.
9. Appartiene ad un'antica famiglia nobile. Ha il sangue _____.
10. Dobbiamo scrivere un documento: voglio tutto nero su _____.

C **Cosa ti metti quando... ?**   Dire che cosa ti metti nelle seguenti situazioni, usando almeno due vocaboli.

Cosa ti metti quando...

1. vai in piscina?   4. piove?
2. fa freddo?   5. vai a dormire?
3. esci con gli amici?   6. fa caldo?

D **Le foto.**   Descrivere le persone nelle foto. Paragonare (*compare*) come sono vestiti i ragazzi a destra con quelli a sinistra. Cosa portano i ragazzi? E le ragazze? Cosa fanno?

E **Chi sarà?**   Descrivere l'abbigliamento di una persona nella classe. Che cosa indossa? Il compagno/la compagna deve indovinare chi è.

Esempio: Nella classe c'è una persona che indossa una maglietta azzurra. Ha le
              scarpe...

F **Preferisco i jeans!**   Hai un articolo di abbigliamento preferito? Un vecchio paio di jeans? Una maglietta spiritosa? Descriverlo al compagno/alla compagna, spiegando dove e quando l'hai comprato o ricevuto e perché è tanto importante per te.

B.2 **Incontro**

Non so cosa mettermi!   *Patrizia e Marcella si preparano per andare ad una festa di amici dell'università.*

MARCELLA: Cosa ti metti stasera per la festa di Giancarlo?

PATRIZIA: Boh! Pensavo di mettermi i jeans e una maglietta. E tu?

MARCELLA: Macché, così sportiva? Perché non ti metti qualcosa di più
raffinato?° Io pensavo di vestirmi elegante; ho un nuovo *refined*
vestito audace di Moschino—non vedo l'ora di mettermelo.

PATRIZIA: Un abito firmato! Capirai! E come credi che si vestiranno i
ragazzi? In smoking?

MARCELLA: Non fare la scema! È un bel vestito, ma non è così formale. È
spiritoso!° *witty*

PATRIZIA: La spiritosa sei tu! Giancarlo ci ha invitato ad un dopocena° *party, get-together*
tra amici, e tu ti vuoi mettere un vestito firmato! Vedrai, gli
altri ragazzi saranno meno formali di te, e indosseranno
pantaloni, magliette e maglioni. Niente giacca e cravatta,
vedrai!

MARCELLA: Non mi importa niente di come si vestono gli altri! Ecco!
Perché non indossi questa gonna di Valentino? È bellissima! E
quella camicetta rosa...

PATRIZIA: Marcella, te l'ho detto ... sono più sportiva di te. Sarò più
semplice nei miei gusti, ma i jeans sono comodi, e mi stanno
bene.

MARCELLA: Farai una bruttissima figura!

PATRIZIA: Ma quale brutta figura?! Luca è capace di venire persino° in *even*
tuta!

MARCELLA: Luca! Ma se non capisce niente di moda! Mentre io...

A **Comprensione: vero o falso?**   Dire se ogni frase è vera o falsa e poi **Attività**
correggere quelle false.

1. Patrizia e Marcella si preparano per andare ad un ricevimento
   elegante.
2. Patrizia pensa di vestirsi in modo sportivo.
3. Marcella vuole mettersi un vestito firmato.
4. I ragazzi alla festa si vestiranno in smoking.
5. Il vestito di Marcella non è molto formale.
6. Marcella ama la moda più di Patrizia.
7. Marcella preferisce indossare i jeans.
8. Luca a volte va alle feste in tuta.
9. Marcella considera molto come si vestono gli altri.

B **Patrizia e Luca, Giancarlo e Marcella.**   Immaginare come i ragazzi si
vestono per il dopocena. Descrivere i loro vestiti.

Esempio: Giancarlo si mette pantaloni neri con una camicia bianca e un...

n altre parole

boh!	*I dunno!*
vestiti/abiti firmati	*designer (literally, signed) clothes*
non fare lo scemo/la scema!	*don't be a fool!*
la/il ... sei tu!	*you're the . . . one!*
non mi importa niente di...	*I don't care anything about . . .*
fare una brutta figura	*to make a bad impression*

Preferenze personali.   Intervistare un compagno/una compagna. Come gli/le piace vestirsi di solito? Che cosa si mette normalmente per andare all'università? Quando esce? Quali sono i suoi negozi preferiti? Indossa abiti firmati?

D Abbinamenti.   Trovare una risposta logica nella colonna a destra per le frasi nella colonna a sinistra.

1. Venite con noi al cinema! Non fate gli scemi!
2. Sai, al ricevimento mi sono vestito in modo sportivo, e gli altri ragazzi indossavano lo smoking.
3. Giacomo è sempre così elegante?
4. Sono stufa di lui e dei suoi modi! Non mi piace per niente.
5. Ma cara (*dear*), adesso che sei vecchia non devi vestirti così!
6. Quali stilisti italiani ti piacciono?
7. Cosa ti metti per la festa?

a. Ci credo! Spende tanti soldi in vestiti firmati!
b. Grazie, se insistete, veniamo volentieri.
c. Oddio! Hai fatto proprio una brutta figura.
d. Boh! Non ho ancora deciso. Forse i jeans.
e. Ma non fare la scema! Lo so che sei innamorata di lui.
f. Ma la vecchia sei tu! Hai due mesi più di me.
g. Boh! Non mi piacciono gli stilisti e non mi importa niente di moda.

Lo spiritoso sei tu!   Reagire alle seguenti situazioni come nel modello, utilizzando gli aggettivi in corsivo (*italics*).

Esempio: Il tuo compagno/la tua compagna racconta sempre barzellette (*jokes*). Si crede *spiritoso/a*.
—Non fare la spiritosa!
—Lo spiritoso sei tu!

1. Il tuo compagno/la tua compagna certe volte dice delle frasi veramente *stupide*.
2. Parla solo dei grandi libri, di filosofia. Analizza ogni cosa. Si crede molto *intellettuale*.
3. Vuole frequentare gli ambienti dell'alta società, vestire solo abiti firmati, andare solo nei posti più esclusivi con la gente più *snob*.
4. È abbastanza intelligente, ma certe volte sembra proprio *scemo/a*.

Lo sapevi che... ?

L'espressione *fare bella figura* o *brutta figura* fa parte della mentalità italiana. È molto importante come una persona si presenta, non solo per com'è vestita, ma più che altro per come si comporta. La società italiana è ancora abbastanza tradizionale, e ci sono regole del comportamento che la gente tende a seguire. Queste espressioni sono usatissime e indicano come viene vista (*is seen*) la persona.

 Non mi importa niente di moda!   Siete due amici/amiche che uscite stasera per passare una serata in discoteca. Problema: uno di voi ama vestirsi elegante, l'altro preferisce la moda molto sportiva. Discutere come vestirvi per questa occasione.

B.3 Punti grammaticali

Il comparativo

Marcella è **più** formale **di** Patrizia.	*Marcella is more formal than Patrizia.*
Ho **più** jeans **che** vestiti.	*I have more jeans than dresses.*
Quella camicia è **più** comoda **che** bella.	*That shirt is more comfortable than pretty.*
È **più** divertente ballare **che** cantare.	*It is more fun to dance than to sing.*
Elisa è **tanto** alta **quanto** Maria.	*Elisa is as tall as Maria.*
Marta è **così** elegante **come** Anna.	*Marta is as elegant as Anna.*

[handwritten margin note: more than = più che/di; equal to (as...as): tanto/quanto or così/come.]

1. Comparisons are of three types: comparisons of equality, comparisons of superiority, and comparisons of inferiority. Comparisons may be made between adjectives, adverbs, nouns, and verbs.

2. Comparisons of equality use either **(tanto) ... quanto** or **(così) ... come. Tanto** and **così** are optional in both phrases.

La seta è **(tanto)** preziosa **quanto** il lino.	*Silk is as costly as linen.*
Armani è **(così)** famoso **come** Ralph Lauren.	*Armani is as famous as Ralph Lauren.*

When comparing verbs and quantities of nouns, **(tanto) ... quanto** must be used. When **tanto** and **quanto** precede a noun, they agree with it in gender and number.

Ho **tanti** stivali **quante** scarpe.	*I have as many boots as shoes.*
Ci sono **tanti** ragazzi **quante** ragazze in classe.	*There are as many boys as girls in class.*

To express the idea that one person performs a given action *as much as* another person, **tanto quanto** is used.

Hai mangiato **tanto quanto** me.   *You ate as much as I did.*
Marco ha studiato **tanto quanto** Luisa.   *Marco studied as much as Luisa did.*

3. Comparisons of inequality use the constructions **più ... di/che** (*more than*) and **meno ... di/che** (*less than*). Consult the following list to know when to use **di** or **che.** When comparing:

   a. two nouns in terms of one quality (adjective or adverb): **più ... di/meno ... di**

   Alberto/Luigi: alto
   Alberto è **meno** alto **di** Luigi.   *Alberto is shorter than Luigi.*

   La Ferrari/La Fiat: veloce
   La Ferrari è **più** veloce **della** Fiat.   *A Ferrari is faster than a Fiat.*

   b. two nouns in terms of quantity: **più ... che/meno ... che**

   cravatte/abiti
   Marco ha **più** cravatte **che** abiti.   *Marco has more ties than suits.*

   barche/macchine
   A Venezia ci sono **più** barche **che** macchine.   *In Venice there are more boats than cars.*

   c. two qualities of one noun: **più ... che/meno ... che**

   bello/comodo: scarpe
   Le scarpe sono **più** belle **che** comode.   *The shoes are prettier than they are comfortable.*

   lunga/larga: l'Italia
   L'Italia è **più** lunga **che** larga.   *Italy is longer than it is wide.*

   d. two verbs (infinitive): **più ... che/meno ... che**

   fare acquisti/lavorare
   Preferisco **più** fare acquisti **che** lavorare.   *I prefer shopping to working.*

   cantare/ballare
   Ti piace **più** cantare **che** ballare?   *Do you like singing better than dancing?*

4. When a preposition precedes the second noun in a comparison, **che** is used.

   Mi diverto **più** a scuola **che** a casa.   *I have more fun at school than at home.*

   La moda è **più** tradizionale in America **che** in Italia.   *Fashion is more traditional in America than in Italy.*

Lo sapevi che... ?

*L*a Rinascente è un grande magazzino (*department store*) molto famoso, ed era il primo grande magazzino in Italia. Anche La Standa è un grande magazzino dove si può comprare di tutto, e i prezzi sono più convenienti che nei negozi specializzati.

A **Di o che?**   Completare le seguenti frasi con **di** o **che**:

Attività

1. Il vestito di Moschino è meno elegante _di_ quello di Valentino.
2. Gianna è più sportiva _di_ Riccardo.
3. Si fa più attenzione alla moda in Italia _che_ negli Stati Uniti.
4. Secondo me, andare in giro per i negozi è più divertente _che_ andare al cinema.
5. Roberto è più giovane _di_ Luca? Sì, anche se sembra più vecchio _di_ lui.
6. Quanto sei alto? Più o meno _di_ Andrea?
7. Questo maglione di lana è molto meno delicato _di_ quella camicia di seta.
8. Nel mio armadio ci sono più abiti sportivi _che_ eleganti.

B **Un mondo di vestiti.**   Inventare per ogni coppia di parole una frase usando i comparativi.

Esempio: cappotto / giacca / pesante
          Il cappotto è più pesante della giacca.

1. il costume da bagno / lo smoking / formale
2. i negozi di Milano / i negozi di Des Moines / famoso
3. i pantaloni / la gonna / comodo
4. la collezione di Benetton / la collezione di Armani / sportivo
5. la lana / la seta / lussuoso
6. indossare abiti firmati / indossare jeans e maglietta / pratico
7. sentirsi comodo / essere di moda / importante
8. camminare con i tacchi alti / con scarpe da ginnastica / facile

C **Un dilemma.**   Antonella è andata ad un dopocena da amici e ha conosciuto due fratelli, Luca e Luigi. Leggere le sue osservazioni e creare delle frasi comparative come nel modello.

Esempio: Luca è alto, ma Luigi no. Luca è più alto di Luigi.

1. Luigi è bello, ma anche Luca è bello.
2. Luca è molto elegante; portava vestiti firmati. Luigi invece indossava i jeans.
3. Luigi è divertente. Raccontava tante barzellette (*jokes*). Luca invece non è divertente.

4. Luca è molto spiritoso, ma è anche intelligente.
5. A Luigi piace ballare. Non gli piace cantare.
6. Luca è simpatico, ma Luigi è molto simpatico.
7. Luigi ha i capelli corti, mentre Luca ha i capelli lunghi.
8. Oddio! Non so cosa fare! Mi piace Luigi e mi piace anche Luca.

 Due mondi a confronto.   Creare insieme due o tre frasi comparative per ogni coppia di oggetti, cose o persone.

la cucina italiana / la cucina americana
la lingua inglese / la lingua italiana
la moda in America / la moda in Italia
le università italiane / le università americane
Luciano Pavarotti / Bruce Springsteen

 Liceo o università?   Discutere con i compagni le differenze tra il liceo e l'università. Trattare temi come:

qual è più grande, varietà di materie di studio
gli studi, difficoltà dei corsi, tempo richiesto per fare i compiti
l'orario, il calendario
la vita sociale, dove puoi conoscere più persone
altre differenze come la libertà, la responsabilità ecc.

Poi creare insieme una lista di differenze espresse in frasi complete con il comparativo e presentarla alla classe.

Il superlativo relativo

La signora Rossi è **la signora più elegante** della festa.	*Signora Rossi is the most elegant lady at the party.*
La Rinascente è **il più grande negozio** della città.	*Rinascente is the biggest store in the city.*
Quel vestito è **il più bello** del negozio.	*That dress is the most beautiful in the store.*

1. The relative superlative (**il superlativo relativo**) designates *the most, the best, the least,* or *the -est* in a particular group. There are three ways to express the relative superlative.

   a. With adjectives that follow the noun:
   definite article + noun + **più/meno** + adjective + **di**

Ho conosciuto **la ragazza più simpatica** della scuola.	*I met the nicest girl in the school.*
Abbiamo visitato **la chiesa più antica** della città.	*We visited the oldest church in the city.*

b. With adjectives that precede the noun:
definite article + **più/meno** + adjective + noun + **di**

Questo è **il più vecchio libro** della biblioteca.	*This is the oldest book in the library.*
Amica è **la più bella rivista** di moda.	Amica *is the best fashion magazine.*

c. When the subject is understood:
definite article + **più/meno** + adjective + group

Teresa è sportiva; è **la più sportiva** delle nostre amiche.	*Teresa is athletic; she's the most athletic of our friends.*
Antonio è alto; è **il più alto** della famiglia.	*Antonio is tall; he's the tallest in the family.*

Note that **di** contracts with the definite article.

Il superlativo assoluto

Giorgio è **molto intelligente.**	È **intelligentissimo.**	*Giorgio is very intelligent.*
Roma è **molto antica.**	È **antichissima.**	*Rome is very old.*
I bambini sono **molto belli.**	Sono **bellissimi.**	*The children are very beautiful.*

1. The absolute superlative (**il superlativo assoluto**) expresses the highest degree of a quality (*very, extremely, the most/least*). The absolute superlative may be expressed in two ways: by using the adverb **molto** before the adjective, or by dropping the final vowel of the adjective and adding the suffix **-issimo/a/i/e.** Adjectives that require an **h** in the masculine plural form also require an **h** before **-issimo: antichissimo, larghissimo, ricchissimo,** etc.

2. The absolute superlative of adverbs may be formed by using **molto** or by adding the suffix **-issimo.** If the adverb ends in **-mente, -issima** is inserted between the adjective root of the adverb and the ending **-mente.** If the adverb does not end in **-mente,** the suffix **-issimo** is added after dropping the final vowel. The relative superlative of adverbs is expressed with the phrase **più/meno ... di tutti.**

Gianni guida **molto veloce.** Guida **velocissimo.**	*Gianni drives very fast.*
Guida **più veloce di tutti.**	*He drives the fastest of all.*
Maria mangia **molto lentamente.** Mangia **lentissimamente.**	*Maria eats very slowly.*
Mangia **più lentamente di tutti.**	*She eats the slowest of all.*
Nella si veste **molto semplicemente.** Si veste **semplicissimamente.**	*Nella dresses very simply.*
Si veste **più semplicemente di tutti.**	*She dresses the most simply of all.*

Comparativi e superlativi irregolari

1. The adjectives **buono, cattivo, grande,** and **piccolo** have both regular and irregular comparative and superlative forms.

Il gelato è **buono,** ma la torta è **migliore (più buona).**	*Ice cream is good, but cake is better.*
La torta è **il migliore dolce.**	*Cake is the best dessert.*
I piselli sono **cattivi,** ma i carciofi sono **peggiori (più cattivi).**	*Peas are bad, but artichokes are worse.*
I carciofi sono **la peggiore verdura.**	*Artichokes are the worst vegetable.*
La differenza è **molto piccola;** è proprio **minima.**	*The difference is small; it's really very small.*

2. **Maggiore** and **minore** also express *greater/lesser,* or *older/younger* when referring to family members.

Giorgio è più grande di me; è il mio fratello **maggiore.**	*Giorgio is bigger than I am; he is my older brother.*
Anna è la più piccola; è la mia sorella **minore.**	*Anna is the smallest one; she is my younger sister.*

The regular forms **(più grande, più piccolo/a)** are used to express size.

Milano è **più grande** di Brescia.	*Milan is bigger than Brescia.*
Capri è **più piccola** di Ischia.	*Capri is smaller than Ischia.*

3. The adjectives **buono, cattivo, grande,** and **piccolo** have alternative absolute superlative forms.

È un'**ottima** idea!	*It's a great idea!*
Il film era **pessimo!**	*The film was terrible!*
Chi è il **massimo** poeta in inglese?	*Who is the greatest poet in English?*
La differenza è **minima.**	*The difference is minimal.*

4. The adverbs **bene** and **male** also have irregular comparative and superlative forms.

Io canto **bene,** ma Pavarotti canta **meglio** (di me).	*I sing well, but Pavarotti sings better.*
Canta **meglio di tutti.**	*He sings better than anyone.*
Mario gioca **male** a carte, ma io gioco **peggio** (di lui).	*Mario plays cards badly, but I play worse.*
Gioca **peggio di tutti.**	*He plays worst of all.*
Si veste **benissimo.**/Si veste **molto bene.**	*She dresses very well.*
Si veste **meglio di tutti.**	*She dresses better than anyone.*

adjective	comparative	relative superlative	absolute superlative
buono	migliore/i	il/la migliore	molto buono, buonissimo, ottimo
cattivo	peggiore/i	il/la peggiore	molto cattivo, cattivissimo, pessimo
grande	maggiore/i	il/la maggiore	molto grande, grandissimo, massimo
piccolo	minore/i	il/la minore	molto piccolo, piccolissimo, minimo
adverb	**comparative**	**relative superlative**	**absolute superlative**
bene	meglio	meglio di tutti	benissimo, molto bene
male	peggio	peggio di tutti	malissimo, molto male

A **Bravissimi!**   Trovare persone o cose che corrispondono alle descrizioni date. Poi descrivere le qualità di queste persone o cose usando dei superlativi assoluti.

Attività

Esempio: una persona ricca
          Donald Trump è molto ricco; anzi, è ricchissimo.

1. una persona divertente
2. una persona che canta bene
3. una persona elegante
4. una brava attrice

5. un libro interessante
6. una persona con un naso grande
7. una città antica
8. due belle macchine

B **Meglio o peggio?**   Completare le frasi scegliendo l'espressione corretta fra quelle date.

1. —Liliana è la tua sorella (più grande, maggiore)?
   —Sì, è più giovane di me. Io sono il (più grande, maggiore) della famiglia.
2. —Quale cravatta mi consigli di indossare con questa giacca?
   —Vediamo… va (migliore, meglio) questa cravatta.
   —È la mia (migliore, meglio) cravatta—di pura seta!
3. —Mio marito cucina bene, ma il tuo cucina ancora (migliore, meglio).
   —Infatti, mio marito è un bravissimo cuoco. È il cuoco (migliore, meglio) della famiglia!
4. —Tu sei davvero un disastro! Balli (peggiore, peggio) di me!
   —Ma dai! Non sono il ballerino (peggiore, peggio) della festa!
5. —Oggi hai un aspetto (migliore, meglio) di ieri.
   —È vero, mi sento (migliore, meglio) oggi.

C **Nella tua famiglia.**   Chiedere al compagno/alla compagna informazioni sulla sua famiglia: Chi è il più divertente? Chi è il più onesto? Chi è lo studente migliore? Il peggiore? Chi legge di più? Chi è il più pigro? Chi guarda di più la televisione? Chi si veste peggio? Chi è il maggiore dei fratelli? Il minore? ecc.

Esempio: —Chi è il più alto della tua famiglia?
          —Mia madre è la più alta.

Fare acquisti

C.1 Si dice così

il commesso/la commessa	salesperson	la fantasia	design/print
i saldi	sales	colorato	colorful
il camerino	dressing room	in tinta unita	solid
la misura/la taglia	size	a righe	striped
il modello	design/style	di buon gusto	in good taste
il tessuto/la stoffa	cloth	soffice	soft
la seta	silk	esclusivo	exclusive
il cotone	cotton	di lusso	luxurious/deluxe
la lana	wool	abbinare	to put together
il lino	linen	provarsi	to try on
il pizzo	lace	fare acquisti	to shop for clothes
il cuoio/la pelle	leather	essere in saldo	to be on sale

Attività

A **Abbinamenti.**   Trovare a destra la parola che corrisponde a ogni definizione a sinistra.

1. parte di un negozio dove si può provare i vestiti
2. un tessuto leggero che si usa d'estate
3. comprare vestiti nei negozi
4. un uomo che aiuta i clienti in un negozio
5. il materiale delle scarpe, spesso
6. riduzioni del prezzo di un articolo in un negozio
7. un tessuto di lusso, usato spesso per le cravatte
8. mettere insieme due o più cose

a. il commesso
b. i saldi
c. il lino
d. la seta
e. abbinare
f. il camerino
g. il cuoio
h. fare acquisti

B **Mini-dialoghi.**   Completare con vocaboli dall'elenco di **Si dice così.**

1. COMMESSA: Buongiorno! Prego!
   CLIENTE: Buongiorno. Vorrei _____ una camicia di

   _____.

   COMMESSA: Quale _____ porta, signore?
   CLIENTE: La 46.
   COMMESSA: Le piace questa camicia _____?
   CLIENTE: Veramente, vorrei una cosa molto semplice, a tinta unita.

2. NICOLA: Angela, cosa pensi della nuova boutique in Via Roma?
   ANGELA: È molto bella, ma è troppo _____ per me.
   NICOLA: Ma ora ci sono _____ e i prezzi sono bassissimi.
       Andiamo!
   ANGELA: Va bene, mi serve un paio di pantaloni di _____.

3. COMMESSO: Buongiorno, signora. Desidera?
   CLIENTE: Buongiorno. Ho visto una maglia di _____ in
       vetrina.

COMMESSO: Sì, sì. Vuole provarsi la maglia? Ecco il _____.
CLIENTE: Grazie. Vorrei _____ la maglia con un paio di
pantaloni.
COMMESSO: Abbiamo questi pantaloni di seta, un tessuto
_____.

Dove compri il tuo abbigliamento?   Descrivere ad un altro
studente/un'altra studentessa il tuo negozio di abbigliamento preferito.
Come si chiama? Dov'è? Come sono i prezzi? È un negozio specializzato o
ha una clientela varia? Che cosa hai comprato lì l'ultima volta che ci sei
andato/a? Quanto spendi generalmente per vestirti?

C.2   Incontro

Nel negozio di abbigliamento.   *Michele sta facendo acquisti; la signorina
Simonetti è una commessa in una boutique esclusiva di Via Montenapoleone a
Milano.*

COMMESSA: Buongiorno, mi dica!
MICHELE: Buongiorno. Stavo cercando un bel maglione. Vorrei qualcosa
di particolare... Mi piacerebbe provare qualcosa di colorato.
COMMESSA: Allora Le mostro le nuove maglie di Missoni; sono splendide!
Come saprà, Missoni è uno stilista specializzato nella maglia.
MICHELE: Sì, certo, ma non esageriamo! Costeranno l'ira di Dio!
COMMESSA: Non si preoccupi troppo del prezzo! Proprio° in questi giorni   *exactly, just*
ci sono i saldi di fine stagione° e tutto è al cinquanta   *end of season*
percento di sconto.
MICHELE: Che colpo! Così posso comprarmi qualcosa per sfizio! C'è
una cena da amici questo weekend e vorrei fare bella figura.
COMMESSA: Ho capito. Che taglia porta?
MICHELE: La 50.
COMMESSA: Ecco! Se non Le piacciono questi modelli, allora ci sarebbero
anche questi maglioni di Versace, oppure questi di Dolce e
Gabbana. Se li provi! Venga, Le faccio vedere il camerino di
prova.

(Michele entra e prova i maglioni. Esce dal camerino.)

MICHELE: Allora, mi dica Lei: come sto?
COMMESSA: Sta proprio bene! Volendo, potrebbe abbinare questo
maglione con dei pantaloni di Armani...
MICHELE: Che costeranno un occhio della testa!
COMMESSA: Ma no! È tutto in saldo, signore.
MICHELE: Allora, sì, prendo il maglione e questi pantaloni. Signorina,
La ringrazio tanto del Suo aiuto, è stata molto gentile.
COMMESSA: Di niente, si figuri! Sicuramente sarà l'uomo meglio vestito
della festa!
MICHELE: (*a se stesso*) Già!° Ma chi posso portare alla festa con me?   *indeed*

Lo sapevi che... ?

Gli Italiani spendono di più pro capite (*per capita*) sull'abbigliamento che in qualsiasi altro paese del mondo. È molto importante essere di moda! Ogni stagione ci sono colori "nuovi" scelti dagli stilisti di moda insieme alle ditte che producono i tessuti. Così una persona sa se un articolo è di questa stagione o della stagione scorsa.

Una boutique, una telefonata

A **Comprensione: l'ordine giusto.**   Ordinare le frasi seguendo il dialogo dell'**Incontro**.

Attività

_____ Michele decide di prendere il maglione e anche i pantaloni.

_____ Michele dice che non ha nessuno da portare alla festa.

_____ La commessa suggerisce i maglioni di Missoni.

_____ La commessa chiede la taglia di Michele.

_____ La commessa porta Michele al camerino di prova.

_____ Michele saluta la commessa e le dice che cerca un maglione.

_____ La commessa vuole abbinare al maglione un paio di pantaloni di Armani.

_____ Michele dice che un maglione di Missoni costerà troppo.

_____ Michele prova i maglioni.

B **Come andrà a finire?**   Come finirà questa scena in negozio, secondo voi? Rileggere l'**Incontro** e poi continuare la conversazione come più vi piace.

Esempio: —Ma chi posso portare alla festa con me?
              —Scusi, ma Lei avrà un'amica da invitare, no?
              —No, veramente. Però...

In altre parole

mi dica!	*may I help you? (literally, tell me!)*
non esageriamo!	*let's not go overboard!*
che colpo!	*what luck!*
per sfizio	*on a whim*
La/ti ringrazio	*thank you*
di niente!	*you're welcome! (it's nothing!)*

C Le reazioni. Usare una delle espressioni da **In altre parole** per reagire alle seguenti situazioni.

1. Hai bisogno di un nuovo cappotto. Un tuo amico ti porta in un negozio dove ci sono i saldi di fine stagione e riesci a trovare proprio quello che cercavi a metà prezzo.
2. All'ultimo momento hai comprato un maglione firmato. Il maglione ha dei colori assurdi, non ti sta molto bene, e l'hai pagato un occhio della testa. Un amico ti chiede perché l'hai comprato.
3. Un'amica ti invita ad andare al cinema, poi a cena fuori e poi a ballare in quel nuovo locale, poi...
4. Sei un commesso/una commessa in un negozio. Entra un cliente.
5. Un amico ti ha ringraziato perché l'hai aiutato con i compiti.

D Che colpo! Siete un commesso/una commessa e un/una cliente in un negozio di abbigliamento molto esclusivo. Seguendo il modello, inventare dei brevi dialoghi con gli oggetti e i prezzi indicati.

Esempio: maglione/400.000
—Mi dica, signore (signorina/signora)!
—Buongiorno. Quanto costa quel maglione?
—Viene 400.000 lire.
—Costa l'ira di Dio! (Che colpo! / Costa un occhio della testa!)

1. impermeabile / 1.500.000
2. occhiali da sole / 10.000
3. costume da bagno / 280.000
4. cravatta di Versace / 75.000
5. stivali / 45.000
6. gonna di Valentino / 650.000

E Siamo tutti sportivi! Creare una conversazione tra il commesso/la commessa in un negozio di abbigliamento sportivo e un/una cliente che vuole comprare almeno tre articoli. Usare tutte le espressioni da **In altre parole**.

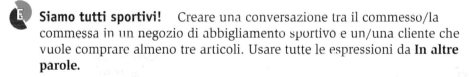

Lo sapevi che... ?

Quando qualcosa è davvero costosissimo, si dice che costa **l'ira di Dio** (*the wrath of God*) oppure che costa **un occhio della testa** (*a fortune;* or, literally, *an eye from one's head*). Sono due modi di dire che rendono molto bene l'idea di quanto una persona spende quando il prezzo è esagerato!

C.3 Punti grammaticali

Il condizionale

Ti **piacerebbe** andare in Italia?
Claudia **comprerebbe** il vestito, ma è troppo caro.

Would you like to go to Italy?
Claudia would buy the dress, but it is too expensive.

Siamo così stanchi che **potremmo** dormire tutto il giorno.
We're so tired that we could sleep all day.

Vorrei un po' di acqua.
I would like some water.

1. The conditional (**il condizionale**) is used to describe what one should or would do, or what would happen in a given situation. It is also used to express desires and requests in a polite way. It corresponds to the English *would/should + verb.*

Dovresti metterti un cappotto; fa freddo.
You should put on a coat; it's cold.

Verremmo alla tua festa, ma dobbiamo studiare per l'esame.
We would come to your party, but we have to study for the exam.

—**Potresti** darmi una mano?
—Could you give me a hand?

—Mi **piacerebbe** aiutarti, però non ho tempo ora.
—I would like to help you, but I don't have time right now.

2. The present conditional is formed using the future stem and adding the conditional endings -**ei**, -**esti**, -**ebbe**, -**emmo**, -**este**, -**ebbero**. Remember that -**are** verbs change the **a** to **e**.

comprare (comprer-)

comprer**ei**   comprer**emmo**
comprer**esti**   comprer**este**
comprer**ebbe**   comprer**ebbero**

leggere (legger-)

legger**ei**   legger**emmo**
legger**esti**   legger**este**
legger**ebbe**   legger**ebbero**

dormire (dormir-)

dormir**ei**   dormir**emmo**
dormir**esti**   dormir**este**
dormir**ebbe**   dormir**ebbero**

Attività

A Avere o essere. Completare le seguenti frasi con il condizionale presente dei verbi **essere** o **avere**:

1. Elisabetta, ___avresti___ un momento per parlare di una cosa importante?
2. Davvero verrete in Italia presto? Rivedervi tutti ___sarebbe___ una cosa bellissima!
3. Mio marito ed io ___saremmo___ felici di invitarvi a cena domani sera. Siete liberi?
4. Per fortuna hanno indossato dei cappotti pesanti, altrimenti ora ___avrebbero___ freddo.
5. Con quell'abito penso che tu ___saresti___ la più elegante della serata.
6. Mi scusi, non ___avrebbe___ per caso una taglia più piccola?

avere
 avrei
 avresti
 avrebbe
 avremmo
 avreste
 avrebbero
essere
 sarei
 saresti
 sarebbe
 saremmo
 sareste
 sarebbero

B Che cosa desidera, signora? Completare questa conversazione tra un commesso in un negozio di abbigliamento e una sua cliente mettendo il verbo dato al condizionale.

—Buongiorno, mi dica, signora.
—Buongiorno. Forse lei mi (potere) aiutare. *potrebbe*
—Che cosa (desiderare), signora? *desidererebbe*
—Devo andare ad un matrimonio e mi (piacere) trovare un vestito adatto. *piacerei*

sarebbe

—Ecco, signora, abbiamo questo modello. (Essere) perfetto per un ricevimento formale.

preferirei

—È molto bello, ma costerà l'ira di Dio. Veramente io (preferire) una cosa più semplice che, volendo, (potere) anche portare al lavoro. *potrei*

—Ho capito. Allora io Le (suggerire) questo abito. È un modello in stile *suggerirei* Armani. E questa camicetta di seta (andare) molto bene con la giacca. *andrebbe*

—Mm. È interessante. Sì, mi (piacere) provarlo. *piacerebbe* .

C Troppo gentile!   Trasformare le seguenti frasi al condizionale.

1. Mi presti la tua sciarpa?
2. Mi piace fare acquisti in centro.
3. Posso fare una domanda?
4. Daniele ci aiuta volentieri.
5. Quale film vuoi vedere?
6. Stai meglio con i tacchi alti.
7. Quale tessuto preferisce, signora?
8. Mi dai un passaggio alla stazione?

D Mi piacerebbe, ma...   Inventare una cosa che ti piacerebbe fare ma che non puoi fare per il motivo dato. Usare il condizionale.

Esempio: ... ma dobbiamo studiare.
          Verremmo alla festa con voi ma dobbiamo studiare.

1. ... ma non ho i soldi.
2. ... ma abbiamo i biglietti per il teatro.
3. ... ma hanno una lezione d'italiano.
4. ... ma sono molto timido/a.
5. ... ma ho paura di ingrassare (*to gain weight*).
6. ... ma non è molto pratico.
7. ... ma ho sempre troppe cose da fare!
8. ... ma tu non studi abbastanza.

E Come faresti tu?   Chiedere ad un altro studente/un'altra studentessa come si preparerebbe per:

incontrare un professore
andare ad una festa fra amici
un esame difficile
un appuntamento (*date*) con una persona speciale

Esempio: —Come ti prepareresti per un incontro con un professore?
          —Mi alzerei presto perché non vorrei fare tardi.
          —E come ti vestiresti?
          —Dunque, mi metterei un abito molto tradizionale con...

F Complimenti! Hai vinto un premio (*prize***)!**   Un mattino, mentre fai colazione, guardi nella scatola dei cereali e trovi che hai vinto un bellissimo premio: un biglietto aereo per Milano e dieci milioni di lire da spendere nei negozi in Italia. Dire al compagno/alla compagna cosa faresti, in quali negozi andresti e che cosa compreresti.

Esempio: Per prima cosa andrei in Via Montenapoleone a Milano. Andrei...

$\mathscr{I}$ giovani italiani amano la moda americana— i jeans, le scarpe Timberland e Nike, le tute Champion. Conoscete la moda giovane italiana di Benetton, Stefanel e Sisley? È colorata, rilassata, sportiva. La marca italiana più famosa di scarpe da tennis è Superga. Fiorucci, un negozio di Milano, offre ai giovani una moda osé (*wild*) e spiritosa a prezzi bassi.

Annunciano i saldi

$\mathscr{D}$ La moda

gli occhiali da sole

la sciarpa/ il foulard

il cappello

gli orecchini

la cintura

i guanti

la borsa a tracolla

Parole utili

la sfilata	*fashion show*	**audace, osé**	*audacious, wild*
la modella, fotomodella	*fashion model*	**fatto a mano**	*hand-made*
lo/la stilista	*fashion designer*	**snello**	*slim*
il sarto/la sarta	*tailor*	**slanciato**	*tall and slender*
gli accessori	*accessories*	**cucire**	*to sew*
i bijoux	*costume jewelry*	**seguire la moda**	*to keep up with fashion*
i gioielli	*jewelry*	**dimagrire**	*to lose weight*
di moda	*stylish*	**ingrassare**	*to gain weight*
fuori moda	*unfashionable*		

 A Quale?   Indicare la risposta giusta.

1. Chi disegna le collezioni di moda? la modella / lo stilista
2. Quali sono accessori? la cintura e le scarpe / il tessuto e la taglia
3. Come sono le modelle? robuste e basse / slanciate e alte
4. Cosa vuole fare una persona che segue una dieta? ingrassare / dimagrire
5. Cosa sono i diamanti autentici? i gioielli / i bijoux
6. Dove gli stilisti mostrano le loro nuove collezioni? alla sfilata / nel negozio
7. Che cosa significa *osé?* audace e trasgressivo / banale e fuori moda
8. Cosa fa una sarta? cuce / cucina

 B Diversi stili.   Descrivere e discutere con un compagno/una compagna le tre persone nel disegno in **Si dice così**. Chi sono? Come si chiamano? Come sono? Come sono vestiti? Cosa fanno?

D.2 Incontro

A ciascuno il suo!   *Marilina, Leonardo e Giacomo sono studenti di design all'Istituto Europeo di Design di Milano. Sono amici, ma Leonardo è geloso del successo di Giacomo.*

MARILINA: Mi piacerebbe vedere la prossima sfilata di Max Mara—è il mio stilista preferito. Allora, Giacomo, tu ci andrai?

GIACOMO: Sì, certo! Non me la perderei per nulla al mondo... Lo sapete che Max Mara ha scelto alcuni miei bijoux per le sue modelle?

LEONARDO: Taci,° ti prego! Marilina, diglielo anche tu di non ricominciare con questa storia! Altrimenti ci racconterà com'è la nuova tendenza, i colori che sono di moda, quante modelle ha conosciuto...   *shut up!*

MARILINA: Lascialo parlare, invece! Sai che Giacomo è bravissimo a disegnare i bijoux—ne ha fatti tanti che mi piacciono. Li comprerei tutti! Dimmi, allora, mi fai entrare con te?

GIACOMO: Certo, cara!

LEONARDO: "Certo, cara!" Eh sì, oramai sei famoso! E per di più, sei anche modesto. E frequenti ancora i vecchi amici...

MARILINA:	Lascia perdere, Leo! Non fare lo spiritoso! Senti, Giacomo, mi piacerebbe vedere anche la sfilata di Krizia. Che ne dici? Riusciremo° a vedere tutte e due?
GIACOMO:	Fammi pensare. Da Krizia conosco qualcuno ... chi? Ah, sì, Maurizio Pancaldi. Al limite, gli chiedo se hanno bisogno di aiuto dietro le quinte.° Possiamo lavorare, così siamo sicuri di vedere la nuova collezione!
LEONARDO:	Voi due! Siete ossessionati!° Sentite, io vado al cinema stasera a vedere un film giallo. Se qualcuno vuole venire con me...
GIACOMO:	No, grazie, Leo, devo finire il nuovo progetto per una linea di occhiali da sole. Sono disegni fantastici ... audaci, proprio come piacciono a me!
MARILINA:	E io purtroppo devo studiare.
LEONARDO:	A ciascuno il suo.

will we be able

behind the scenes

obsessed

A **Comprensione: A chi si riferisce?**   Scoprire a chi si riferisce ogni frase, a Leonardo, a Marilina o a Giacomo.

Attività

1. Vuole vedere la sfilata di Max Mara.
2. Max Mara ha scelto alcuni suoi bijoux per la prossima sfilata.
3. Vorrebbe comprare tutti i bijoux di Giacomo.
4. Conosce Maurizio Pancaldi, che lavora da Krizia.
5. Invita gli altri ad andare al cinema per vedere un film giallo.
6. Sta lavorando su una nuova linea di occhiali da sole.
7. Ama i disegni audaci.
8. Non va al cinema perché deve studiare.

B **Il terzo incomodo** (*the third wheel*).   Due di voi sono ossessionati di... (sport, televisione, musica, moda...). Alla terza persona non interessa per niente. Creare una conversazione in cui i due entusiasti parlano animatamente dell'argomento preferito e il terzo cerca di cambiare il discorso.

Esempio: —Tu guarderai la partita stasera?
          —Certo, non la perderei per nulla al mondo.
          —Dicono che i Cowboys...
          —Dai, ragazzi, basta con il football. Invece parliamo di...

Lo sapevi che... ?

L'alta moda italiana è apprezzata in tutto il mondo. I nomi degli stilisti più importanti, come Giorgio Armani o Gianni Versace, sono conosciuti a Tokio come a New York. Alcuni stilisti che definiscono lo stile più elegante e tradizionale sono Valentino e Gianfranco Ferrè, mentre degli stilisti più giovani e trasgressivi sono Dolce e Gabbana, Romeo Gigli e Moschino.

In altre parole

non me (lo/la/li/le) perderei per nulla al mondo!	*I wouldn't miss it/them for the world!*
ti prego	*I beg you*
per di più	*what's more/moreover*
lascia perdere!	*forget it!*
al limite	*at the very least*
a ciascuno il suo!	*to each his own!*

C **Mini-dialoghi.**   Completare i seguenti mini-dialoghi con un nuovo vocabolo appropriato:

1. —Che rabbia! C'è una festa da Beppe sabato sera, e c'è anche la sfilata di Dolce e Gabbana!
   —Non ti arrabbiare! _____, possiamo arrivare in ritardo alla festa.
2. —Papà, puoi prestarmi cinquantamila lire per comprare una camicia?
   —Gianni, tu hai già mille camicie che non ti metti mai, e _____ ti ho dato dei soldi ieri.
   —_____! Li chiederò alla mamma!
3. —Non mi piace affatto la nuova collezione di Armani!
   —No? Io la trovo stupenda! _____!
4. —Vuoi vedere un film giallo stasera?
   —Non farmi vedere un giallo, _____! Non mi piacciono per niente!
5. —Bruno, vuoi vedere lo spettacolo al Teatro Goldoni stasera?
   —No, mi dispiace. C'è la partita stasera; _____!

 Segui la moda?   Fare le seguenti domande ad un altro studente/un'altra studentessa. Rispondere personalmente, secondo i propri gusti, e poi cercare di formare un giudizio sui gusti dei vostri compagni.

1. Segui la moda? Quali stilisti ti piacciono? Perché? Quali stilisti o negozi sono popolari fra gli studenti alla vostra scuola?
2. Come ti vesti tu? Sei vestito/a alla moda o fuori moda? Qual è la moda preferita dagli studenti della vostra scuola?
3. Ti piace vestire in maniera audace? Quando? Cosa ti metti?
4. Come ti sembrano le modelle? Sono belle? Avete modelle preferite? Come si chiamano?
5. Hai mai assistito ad una sfilata? Quando? Ti è piaciuta?

D.3 Punti grammaticali

L'imperativo

Scusa il ritardo, Gianni!	*Excuse the delay, Gianni!*
Studenti, **ascoltate** bene!	*Students, listen carefully!*
Professore, lo **ripeta,** per favore!	*Professor, repeat that, please!*
Elena, **non scrivere** sul libro!	*Elena, don't write in the book!*
Ragazzi, **andiamo!**	*Let's go, guys!*

1. The imperative (**l'imperativo**) is used for commands and polite suggestions. It is formed thus:

	guardare	rispondere	aprire	pulire
tu	guard**a!**	rispond**i!**	apr**i!**	pulis**ci!**
Lei	guard**i!**	rispond**a!**	apr**a!**	pulis**ca!**
noi	guard**iamo!**	rispond**iamo!**	apr**iamo!**	pul**iamo!**
voi	guard**ate!**	rispond**ete!**	apr**ite!**	pul**ite!**
(tu, negative)	non guardare!	non rispondere!	non aprire!	non pulire!

Note that the **noi** form is identical to the present indicative.

2. To form a negative imperative, add **non** before the affirmative **Lei, noi,** and **voi** forms. The negative imperative of the **tu** form is **non** + *infinitive.*

Non si preoccupi, signora!	*Don't worry, ma'am!*
Non perdiamo la testa, per piacere!	*Let's not lose our heads, please!*
Non toccate!	*Don't touch!*
Angelo, **non parlare** durante il film!	*Angelo, don't talk during the film!*
Non dimenticare la giacca; fa freddo!	*Don't forget your jacket; it's cold!*

3. Essere and **avere** have the following imperative forms.

	essere	avere
tu	sii	abbi
Lei	sia	abbia
noi	siamo	abbiamo
voi	siate	abbiate

Siate buoni, ragazzi, e **abbiate** pazienza!   *Be good, kids, and be patient!*

4. The verbs **andare, dare, dire, fare,** and **stare** have shortened **tu** forms, which are frequently used, and irregular formal **Lei** forms. Their other forms are regular.

	andare	dare	dire	fare	stare
tu	vai (va')	dai (da')	di'	fai (fa')	stai (sta')
Lei	vada	dia	dica	faccia	stia
noi	andiamo	diamo	diciamo	facciamo	stiamo
voi	andate	date	dite	fate	state

Va' a letto, Beppe!	*Go to bed, Beppe!*
Mi **dia** una mano, per piacere!	*Give me a hand, please!*
Di' la verità, Gianni!	*Tell the truth, Gianni!*
Faccia attenzione, prego!	*Pay attention, please!*
Sta' zitto, Luigi! Non parlare!	*Be quiet, Luigi! Don't speak!*

5. Reflexive, direct, indirect, and double-object pronouns, and **ci** and **ne**, follow and attach to the **tu, noi,** and **voi** forms of the imperative. Pronouns always precede the polite form **Lei.**

Hai i guanti? Metti**teli!**	*Do you have gloves? Put them on!*
Alzate**vi,** ragazzi! È tardi!	*Get up, guys! It's late!*
Andiamo**ci!**	*Let's go there!*
Dite**glielo!**	*Tell him (it)!*
Prendiamo**ne!**	*Let's take some!*
Mi dica!	*Tell me!*
Non **si** preoccupi!	*Don't worry!*
Non parlar**mene!**	*Don't tell me about it!*

6. When a pronoun attaches to a one-syllable **tu** form of the imperative (**da', fa', va',** etc.), the apostrophe is dropped and the first consonant of the pronoun is doubled, except in the case of **gli.**

Dimmi cosa c'è!	*Tell me what's wrong!*
Fatti vivo!	*Keep in touch!*
Va**cci** subito!	*Go there right away!*
but **Daglielo!**	*Give it to him!*

A **Dal medico.**   Martedì mattina il dottor Bernardini visita quattro pazienti: una bambina di sei anni, una signora anziana e due giovani fratelli. A tutti dice di fare le stesse cose:

Attività

sedersi su questa sedia	stare a letto e non uscire
descrivere i sintomi	prendere queste medicine
aprire la bocca	non prendere freddo
dire "trentatré"	andare subito a casa

Dire le frasi del dottore, usando l'imperativo in **tu,** in **Lei** e in **voi.**

Esempio: Giovannina, siediti su questa sedia. Descrivi...
          Signora, si sieda su...

B **Che freddo!**   La mamma si preoccupa perché fa molto freddo e Angelino vuole uscire. Completare il dialogo con i verbi all'imperativo.

—Angelino, fa molto freddo. (Coprirsi) bene! (Mettersi) quel maglione
  di lana e non (dimenticare) i guanti! E (ricordarsi) il cappello.
—Mamma, non (preoccuparsi)!
—Angelino, (portare) una sciarpa!
—Mamma, (stare) zitta!
—Angelino, (essere) buono!
—(Scusare), mamma!
—Va bene, ma non (tornare) tardi!

C **Ma io non voglio!**   Un padre ordina alla figlia di fare certe cose. La figlia replica. Creare mini-dialoghi seguendo il modello e dando pronomi per gli oggetti diretti e indiretti.

Esempio: pulire la tua stanza
          —Angela, pulisci la tua stanza, per favore.
          —Ma, papà! Non voglio pulirla.
          —Puliscila!

1. mangiare tutti gli spinaci
2. lavare le mani
3. fare i compiti
4. non guardare la TV
5. mettersi la giacca
6. telefonare alla nonna
7. dirmi la verità
8. studiare gli appunti

D **Nel negozio di abbigliamento.**   Completare il mini-dialogo tra una commessa e la cliente usando l'imperativo formale.

COMMESSA: Buongiorno! (Dire a me)!
SIGNORA: Buongiorno! (Fare vedere a me) i nuovi vestiti di Krizia!
COMMESSA: (Venire)! Sono qui i nuovi vestiti di Krizia.
SIGNORA: Che belli! (Sentire), non ci sono per caso i saldi di fine
           stagione?
COMMESSA: No, mi dispiace. (Provarsi i vestiti), comunque!
SIGNORA: Va bene. (Avere) pazienza! Potrei provare anche quei
           pantaloni?
COMMESSA: (Figurarsi)! Certo! (Accomodarsi) pure! (Scusare) un
           attimo, devo rispondere al telefono.
SIGNORA: (Fare) pure!

E **Ordini e comandi.**   Quali imperativi userebbero le seguenti persone nelle situazioni descritte? Usare la fantasia o i suggerimenti indicati.

1. Un professore dice agli studenti quello che devono fare in
   preparazione all'esame finale. (studiare..., ripassare..., leggere
   attentamente il capitolo... ecc.)
2. Una commessa in un negozio di abbigliamento parla con una cliente.
   (venire con me, provarsi questo..., andare al camerino di prova ecc.)
3. Un giovane spiega ad una signora come arrivare all'ufficio postale in
   centro. (andare dritto, girare a sinistra, prendere l'autobus numero...)

Tu vuoi fare l'americano!   Uno studente italiano si è iscritto alla vostra università. Vorrebbe fare la vera esperienza di vita di uno studente universitario americano. Come deve vestirsi? Cosa deve fare la sera? Quali posti deve frequentare? Quali corsi deve seguire? Dargli suggerimenti usando l'imperativo.

Esempio: Se tu vuoi sembrare uno studente americano, mettiti i jeans...

Immagini e parole
Il Made in Italy

Quali occhiali da sole scegliere?

 Parole analoghe.   Le parole in corsivo sono parole analoghe. Trovare il termine equivalente in inglese.

Attività di pre-lettura

1. È una delle *industrie* più importanti.
2. I compratori vengono ad *ammirare* le *collezioni*.
3. Si distinguono per la *semplicità* e l'*eleganza*.
4. Sono conosciuti per gli abiti *provocatori*.
5. Gli abiti di Gianfranco Ferrè sono come opere *architettoniche*.
6. L'*approccio* alla moda è *rilassato*.
7. Gli *accessori* costituiscono un forte *componente* della moda.
8. L'industria *tessile* è importante in Piemonte.

B **Scorrendo il testo.**   Scorrere il testo e le foto in quest'unità. Poi
elencare alcuni/e:

1. stilisti italiani:
2. stoffe:
3. vie importanti per lo shopping:
4. stilisti di abbigliamento per i giovani:
5. accessori agli abiti:

Salvatore Ferragamo

Ⓥ
valentino
PARFUM

MaxMara

GIANFRANCO
FERRE

Armani, Valentino, Versace, Krizia, Gucci, Fendi. Questi
sono alcuni dei nomi che definiscono la moda. Ormai la
moda italiana è internazionale, ed è una delle industrie più
importanti del Paese. Dal design di un abito di un grande
stilista alla produzione dei tessuti preziosi come la seta, c'è
tutta l'arte italiana in un abito Made in Italy!

Ogni anno ci sono le sfilate per le diverse stagioni a Milano,   *buyers*
Firenze e Roma. I compratori° di tutto il mondo vengono ad
ammirare le collezioni degli stilisti italiani e così importano la moda italiana
nei propri paesi. Ma per farsi un'idea dell'ultima moda, non è necessario
assistere alle sfilate: basta guardare una delle tante riviste di moda come
Amica, Grazia o *Vogue Italia,* oppure camminare per le vie del centro delle
grandi città e guardare le vetrine. A Milano, la capitale della moda, le vie dello
shopping di lusso si chiamano Via Montenapoleone, Via della Spiga e Via del
Gesù.

Ogni stilista mantiene nelle proprie creazioni quella nota personale che vale
come una firma:° così gli abiti di Valentino si distinguono per la semplicità e   *signature*
l'eleganza delle loro linee; le giacche di Armani per il taglio moderno ma
elegante; Dolce e Gabbana, Moschino e Romeo Gigli sono conosciuti invece per
i loro abiti trasgressivi e provocatori che piacciono soprattutto ai giovani.
Gianni Versace ama le tinte forti e audaci combinazioni di colore; Gianfranco
Ferrè disegna abiti come opere architettoniche che rivelano i suoi studi di
architettura. Missoni, Laura Biagiotti e Krizia trasformano la maglia di lana in
capolavori.° Per una moda giovane e sportiva, Benetton è popolare; l'approccio   *masterpieces*
alla moda è rilassato.°   *relaxed*

Gli accessori costituiscono un altro forte componente della moda Made in
Italy: chi non conosce i nomi di Gucci e Ferragamo, famosi per le loro scarpe,
stivali, foulard e cinture? Le industrie della bigiotteria° e della gioielleria sono   *costume jewelry*
importantissime in Italia e spesso riflettono l'ultima moda e il gusto raffinato in
questi campi.

L'Italia è la capitale della moda, e come tale produce non solo i capi° dei   *works*
grandi stilisti ma anche il tessuto: la lana e la seta sono due delle stoffe
pregiate° che vengono prodotte in Italia. L'industria tessile è sviluppata°   *prized / developed*
soprattutto in Piemonte e in Lombardia.

Cerca nel tuo guardaroba:° ti sei lasciato conquistare dalla moda italiana?   *closet*
Hai mai comprato scarpe italiane? Hai un vestito o accessorio firmato Made in
Italy?

GIORGIO ARMANI

A **Comprensione: le frasi false.**   Le seguenti frasi sono tutte false. Trovare il modo di correggerle.

1. La moda italiana è limitata al Paese.
2. A Venezia e Napoli ci sono sfilate di moda molto importanti.
3. I compratori vengono solo dalle città italiane per assistere alle sfilate.
4. *Amica* e *Grazia* sono riviste che presentano notizie sportive.
5. Via Montenapoleone è una via di Roma famosa per le gallerie d'arte.
6. La complessità è una caratteristica delle creazioni di Valentino.
7. Dolce e Gabbana e Romeo Gigli sono stilisti tradizionali che piacciono alle persone anziane.
8. Gianni Versace ama il bianco.
9. Benetton presenta una moda formale ed elegante.
10. I tessuti, come la lana e la seta, si producono soprattutto in Sicilia.

B **Comprensione: le domande.**   Rispondere alle seguenti domande.

1. Quali sono gli stilisti italiani più conosciuti nel mondo?
2. Perché si possono facilmente distinguere gli abiti di Moschino da quelli di Valentino?
3. Che cosa ha studiato Gianfranco Ferrè? Come applica questo studio alla moda?
4. Che cose producono Gucci e Ferragamo?
5. Dove si trova l'industria tessile in Italia? Quali tessuti produce?

C **Progetto.**   Trovare in una rivista una pubblicità di stilisti italiani. Trovare una fotografia che ti piace particolarmente. Preparare per la classe una descrizione della fotografia, degli abiti e delle qualità che trovi interessanti.

D **Spunti di conversazione.**   Discutere le seguenti domande e preparare le risposte da presentare alla classe.

1. Come si vestono gli studenti della vostra università? Seguono la moda? C'è molta omogeneità nel modo di vestirsi o molta diversità?
2. Secondo voi, come si vestono i giovani italiani? Sono più eleganti dei giovani americani o no? Guardare nelle foto di questo libro e trovare differenze tra il modo di vestirsi dei giovani italiani e come voi siete vestiti oggi.
3. È importante la moda? O la trovate superficiale? Alcuni dicono "Non mi importa di quello che pensano gli altri." È vero per voi per quanto riguarda la moda?

Ritratto

Cristina Brambilla

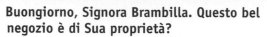

Buongiorno, Signora Brambilla. Questo bel negozio è di Sua proprietà?

Sì, io sono la proprietaria del negozio "L'Eleganza," una boutique di vestiti femminili in Via Manzoni a Milano.

Quando ha cominciato questa attività?

Ho aperto il negozio negli anni '80 quando la moda italiana era in pieno boom. Infatti, le donne compravano e spendevano moltissimo; volevano solo abiti firmati.

E i gusti sono cambiati oggi?

No, non direi questo. Oggi invece, le donne stanno più attente al prezzo e alla qualità. Spesso aspettano i saldi per fare i loro acquisti.

Quali sono le qualità necessarie per un lavoro come il Suo?

Prima di aprire la mia boutique, ho lavorato quindici anni come commessa in un negozio di moda del centro. So come deve essere una brava commessa: graziosa di aspetto, gentile e deve capire subito il gusto e lo stile della cliente.

Ha fatto degli studi particolari per prepararsi a questa carriera?

Quando ero commessa io, le clienti erano soprattutto donne straniere, così ho studiato l'inglese e il francese. A volte uomini in viaggio di lavoro—giapponesi, americani, tedeschi—mi chiedevano di scegliere un vestito di uno stilista italiano, o una borsa o una camicetta Made in Italy, come regalo per la moglie. Era difficile scegliere, ma alla fine il cliente non usciva mai dal negozio a mani vuote! È chiaro, è molto importante sapere le lingue straniere quando si lavora in una città come Milano!

A Comprensione.   Rispondere alle seguenti domande.

1. Che lavoro fa Cristina Brambilla? Da quanto tempo?
2. Come sono i gusti delle donne d'oggi?
3. Cosa faceva la signora Brambilla prima di aprire la sua boutique?
4. Quali sono alcune qualità di una brava commessa?
5. Perché è utile per una commessa conoscere una lingua straniera?
6. Sono sempre soddisfatti i clienti della signora Brambilla?

B Da "L'Eleganza."   Uno di voi fa la parte di Cristina Brambilla nella sua boutique. L'altro va nel negozio "L'Eleganza" per comprare un abito Made in Italy per un'amica negli Stati Uniti. Creare una scena in cui la signora Brambilla saluta il/la cliente, chiede che cosa cerca e aiuta a scegliere alcuni articoli. Il/La cliente paga gli acquisti.

C Temi.   Scrivere una breve composizione su uno dei seguenti argomenti.

1. La moda italiana e la moda negli Stati Uniti: Quali sono le caratteristiche? Chi sono gli stilisti preferiti dai giovani? Qual è uno stile rappresentativo? Che importanza ha la moda per la società americana? E per la società italiana?
2. L'ultima volta in cui sono andato/a in un negozio di abbigliamento: Descrivere che cosa hai comprato o guardato. Ti ha aiutato un commesso? Hai trovato quello che cercavi?
3. Una scena dal dottore: Descrivere l'ultima volta che stavi male. Che cosa avevi? Quali erano i sintomi? Sei stato/a dal dottore? Che cosa ha detto di fare?

Ciak! Italia

A Milano, capitale della moda!   Prima di vedere il videoclip, scegliere degli aggettivi che descrivono i seguenti vestiti.

tradizionale	trasgressivo	elegante	conservatore
coloratissimo	originale	fantasioso	spiritoso
caldo	pratico	morbido	sportivo

1. una maglia di Missoni
2. un vestito di Moschino
3. una pelliccia (*fur coat*) Fendi
4. un abito da sera di Valentino
5. una camicia di Versace
6. una maglia Benetton

B **Quanti stilisti!**   Durante la prima sequenza del video, segnalare di quali stilisti vedete il negozio.

_____ Moschino   _✓_ Giorgio Armani
_✓_ Fendi   _____ Romeo Gigli
_____ Calvin Klein   _✓_ Valentino
_✓_ Krizia   _____ Gucci

C **Chi l'ha detto?**   Indicare se le seguenti frasi sono pronunciate da Piero (P) o da Gabriella (G).

_P_ Non è affatto il tuo genere.
_G_ Ho una festa importante questo weekend,...
_P_ Figurati se mi perdo il divertimento! Vengo con te!
_G_ Tu intanto vai a fare un giro, eh?
_P_ Come sarebbe... vuoi entrare?
_G_ Non ti preoccupare, non mi proverò tutti i vestiti del negozio.

D **Dove sono Piero e Gabriella?**   Dopo aver visto il videoclip, mettere in ordine da 1 a 5 le scene dove vediamo Piero e Gabriella.

_3_ per la strada in Via Montenapoleone
_5_ in un negozio di abbigliamento
_2_ nella Galleria di Milano
_4_ davanti alla vetrina di un negozio elegante
_1_ davanti al Duomo, in Piazza Duomo

E **Me la compro!**   Inventare una conversazione tra commessa e cliente basata su quella del videoclip. Usare alcuni dei seguenti suggerimenti.

Se lo/la/li provi!   C'è in altri colori?
È il modello di punta della collezione.   Vorrei...
Le sta benissimo! La taglia è perfetta!   C'è la mia misura?
Prendo...   Vado a vedere.

Lavorare:
Lavoriamo insieme!

Alcuni operai della Fiat di Torino

Communicative goals

- Expressing desires, opinions, emotions, and doubts
- Talking about professions and the workplace
- Discussing means of transportation

PIEMONTE
Torino

Le professioni

A.1 Si dice così

la professione	*profession*	la fattoria	*farm*
il mestiere	*job, occupation*	il contadino	*farmer*
la carriera	*career*	l'artigiano	*artisan*
l'ufficio	*office*	la casalinga	*housewife*
l'ingegnere	*engineer*	il pensionato	*retired person*
il/la giornalista	*journalist*	diventare/divenire	*to become*
il ragioniere/la ragioniera	*accountant*	svolgere un'attività	*to perform a job*
l'uomo/la donna d'affari	*businessman/woman*	guadagnare	*to earn/to make money*
la fabbrica	*factory*		
l'operaio	*worker*	realizzarsi	*to be successful*

l'avvocato

il/la dentista

Lo sapevi che... ?

Ci sono vari modi per esprimere quale professione si esercita. Comunemente si dice **fare il/la...,** ad esempio **lui fa il medico e lei fa l'ingegnere.** Si può anche dire che **lui è medico e lei è ingegnere.** Oppure si dice che una persona **esercita la professione di medico, esercita la professione di ingegnere.** Quale professione eserciterai tu?

l'idraulico

il falegname

l'architetto

il/la musicista

il/la cantante

l'artista

il medico   l'infermiere/a

A Chi è?   Trovare le risposte corrette ad ogni domanda.

1. Chi lavora alla fattoria?
   a. l'idraulico   b. il contadino   c. il dentista

2. Chi lavora in fabbrica?
   a. l'artigiano   b. la musicista   c. l'operaio

3. Chi lavora in ufficio?
   a. la casalinga   b. il ragioniere   c. il pensionato

4. Quando non funziona il bagno, chi chiami?
   a. l'idraulico   b. il falegname   c. l'avvocato

5. Quando ti fanno male i denti, dove vai?
   a. dal medico   b. dal dentista   c. dall'operaio

6. Chi guadagna di più?
   a. l'operaio   b. la casalinga   c. l'avvocato

7. Chi non lavora più?
   a. il pensionato   b. l'ingegnere   c. l'uomo d'affari

8. Chi produce articoli fatti a mano?
   a. il contadino   b. il ragioniere   c. l'artigiano

B I ferri del mestiere.   Decidere chi usa i seguenti oggetti nel suo lavoro.

1. la macchina fotografica, un registratore, una matita, un blocco di carta
2. l'aspirapolvere, la lavatrice, il forno
3. il termometro, lo stetoscopio, le medicine
4. i colori, le matite, le modelle
5. le note, il pianoforte, la voce
6. il trattore, le piante, gli animali, l'acqua

C La futura professione.   Chiedere al tuo vicino/alla tua vicina quali sono i suoi piani professionali per il futuro. Fare domande come:

Quale lavoro vorresti fare in futuro?
Perché vorresti praticare quella professione?
Quali studi devi fare?
Quali sono alcune attività di quella professione?
Quali caratteristiche richiede quella professione?

A.2 Incontro

Dopo l'esame di Maturità.   *Alcuni studenti del Liceo Classico Massimo d'Azeglio di Torino stanno preparando insieme l'esame di Maturità. Parlano del loro futuro.*

GABRIELLA: Nel Canto IV del *Paradiso,* Dante chiede a Beatrice...
ANGELO: Che barba 'sto Dante! Ragazzi, che ne dite di fare una
             pausa?°

                                                                    take a break

GABRIELLA:	Ma se abbiamo appena cominciato!° Angelo, non è possibile studiare con uno come te!	*but we've just begun*
MARINA:	Dai, Gabriella! Angelo ha ragione: sarà giusto leggere Dante, ma non bisogna mica esagerare! Piuttosto°... avete già deciso voi cosa fare dopo la Maturità? È facile indovinare° cosa farà Gabriella: studiare, studiare, studiare!	*rather* *to guess*
GABRIELLA:	Mi prendete sempre in giro, voi! Voglio diventare ingegnere, perciò è necessario lavorare sodo.	
FEDERICO:	Allora è probabile che ci vedremo al Politecnico: anch'io voglio studiare ingegneria. E tu, Sandra, sai già cosa fare?	
SANDRA:	A dire il vero, vorrei fare un mestiere creativo; non so, l'artista, lo scrittore, lo stilista. Insomma, lavorare con la fantasia.	
MARINA:	Che bella idea! È importante sentirsi liberi e realizzati nel lavoro, come professionista o artigiano o altro...	
ANGELO:	O presentatore alla TV! I presentatori guadagnano moltissimo: prendete Fiorello, per esempio! Che forte! Ormai è ricco sfondato, famosissimo ed è probabile che lo vedremo ancora per molto tempo alla televisione.	
FEDERICO:	E come pensi di fare? Non è facile lavorare in televisione.	
GABRIELLA:	Basta, ragazzi! Bisogna studiare ancora dieci canti di Dante per l'esame d'italiano. Se non superiamo l'esame di Maturità possiamo dire addio° alla nostra carriera!	*farewell*
IN CORO:	Gabriella, sei sempre la solita secchiona!°	*nerd*

A Comprensione: le domande.   Rispondere alle seguenti domande.

Attività

1. Cosa fanno gli studenti del liceo?
2. In quale città si trova il liceo Massimo d'Azeglio?
3. Perché Angelo non vuole più leggere Dante?
4. Cosa farà Gabriella dopo la Maturità? E Sandra? E Federico?
5. Quali sono alcuni mestieri creativi?
6. Perché Angelo vuole lavorare in televisione?
7. Secondo te, che tipo di persona è Angelo?
8. Perché gli amici chiamano Gabriella "secchiona"?

B Che tipo sei?   Leggere le seguenti affermazioni e trovare quelle adatte a te. Poi leggerle ai compagni, che ti suggeriranno una professione o un mestiere appropriato.

■ Amo la natura: vorrei poter lavorare sempre all'aria aperta. Chiuso/a in un ufficio, sicuramente morirei.

■ Amo l'ordine, la matematica, le regole, la logica. Non sopporto le cose né le persone illogiche.

■ Nella mia professione mi piacerebbe poter aiutare la gente: i bambini, gli anziani, i poveri. Non dobbiamo pensare solo a noi stessi.

■ Per me è molto importante fare un'attività creativa: dipingere, disegnare, fare fotografie, scrivere, cioè usare sempre la fantasia.

- Non c'è dubbio: voglio essere un uomo/una donna di successo. Quello che mi interessa di più è guadagnare bene.
- Mi piace leggere, studiare, imparare. Peccato che alla fine dell'università dobbiamo lavorare. Preferirei poter stare sempre all'università.

 Gabriella e Angelo ... dieci anni dopo.   Rileggere l'**Incontro** e poi usare la fantasia per immaginare quello che succede nei dieci anni successivi a Gabriella, la "secchiona," e ad Angelo, che vorrebbe fare il presentatore televisivo. Com'è andato poi l'esame di Maturità? Hanno fatto l'università? Quali lavori hanno trovato? Hanno realizzato i loro progetti?

Esempio: Gabriella ha superato la Maturità con un voto di 60 e lode. Poi si è iscritta al Politecnico di Torino, dove...
Il povero Angelo invece ha preso 36,...

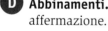 **Lo sapevi che... ?**

L'esame della Maturità è l'esame finale che ogni studente italiano deve superare per ottenere il diploma di scuola superiore. L'esame è composto di (*comprises*) prove scritte e orali, dette "colloquio." Le prove scritte sono due: un tema d'italiano e una prova scelta dal Ministero della Pubblica Istruzione su una materia particolare relativa all'indirizzo della scuola frequentata (il liceo classico, scientifico, linguistico ecc.). Il voto massimo è 60, il minimo è 36.

D **Abbinamenti.**   Trovare nella colonna a sinistra la risposta corretta a ogni affermazione.

1. Leggi qualcosa di interessante?
2. È vero che hai uno zio ricco?
3. Vuoi giocare con il mio nuovo videogioco?
4. È possibile? O mi stai prendendo in giro?
5. Dai, Antonio! Su! Abbiamo solo più dieci problemi!
6. Quando dai l'esame di latino?
7. Vuoi vedere il nuovo film di Amelio? Mi piacerebbe vederlo.

a. È assolutamente vero quello che dico.
b. A luglio. Per questo devo lavorare sodo.
c. No! Che barba 'sto libro.
d. Basta! Non ne posso più di matematica. Facciamo una pausa!
e. A dire il vero, non mi piace andare al cinema.
f. Che forte! Amo "Battaglia Mortale"!
g. Ricco sfondato no, ma guadagna abbastanza bene.

n altre parole

'sto	this, this darn (slang)
prendere in giro qualcuno	to tease someone
lavorare sodo	to work hard
a dire il vero	to tell the truth
che forte!	cool!
ricco sfondato	filthy rich
basta!	enough! enough already!

E **Non mi dire!**   Reagire alle seguenti affermazioni usando un'espressione da **In altre parole.**

1. —Ho due biglietti per il concerto di Madonna, e ho prenotato la cena in quel ristorante che ti piace. Che ne dici?
   —_____!

2. —Non so se conosci la famiglia Agnelli, ma sono i proprietari della Fiat e abitano a Torino.
   —Come no! _____!

3. —Sandra, sei in ufficio giorno e notte! Non possiamo mai uscire per andare al cinema!
   —Devo _____! Ho un progetto molto importante che voglio finire.

4. —Ho una bella notizia (news)! Hai vinto un milione di dollari!
   —_____!

5. —Mamma, possiamo mangiare il gelato prima della cena? Possiamo giocare a calcio? Possiamo andare a letto a mezzanotte?
   —_____! Adesso pulite le vostre stanze! Non voglio sentire storie!

F **Mini-dialoghi.**   Completare i seguenti mini-dialoghi usando l'espressione idiomatica giusta.

| fare una pausa | fare colazione | fare la casalinga |
| fare un giro | fare freddo | fare il liceo |

1. —Com'è andata la vostra vacanza in montagna?
   —Non me ne parlare! Il tempo era un disastro: ha sempre piovuto e _____!

2. —_____ è molto difficile.
   —Hai ragione. Tutti i giorni bisogna cucinare, pulire, mettere in ordine. Non si finisce mai!

3. —Quando _____, mi piaceva studiare il latino.
   —Davvero? Io l'ho sempre detestato!

4. —Abbiamo lavorato sodo per tutta la mattina.
   —Sì, è proprio ora di _____. Andiamo a prenderci un caffè.

5. —Perché siete in ritardo?
   —Ci siamo alzati tardi e poi ci siamo fermati in un bar a
   _____ .

6. —Devo comprare un regalo per Alessandra. Hai qualche idea?
   —Perché non _____ in centro a vedere le
   vetrine?

A.3 Punti grammaticali

Espressioni impersonali

—È **difficile** diventare professore?	—*Is it difficult to become a professor?*
—Sì, **bisogna** studiare molto!	—*Yes, it's necessary to study a lot!*
—È **possibile** superare l'esame senza studiare?	—*Is it possible to pass the exam without studying?*
—No, **è indispensabile** studiare ed **è importante** fare i compiti.	—*No, studying is indispensable and it's important to do homework.*

1. Impersonal expressions (**espressioni impersonali**) consist of a *verb + adjective or noun* or simply a verb; impersonal expressions have no personal subject. They are expressed in the third-person singular and are often followed by an infinitive.

   È facile trovare la strada?   *Is it easy to find the street?*
   Basta guardare bene la cartina.   *It's enough to look carefully at the map.*

2. Some of the most common impersonal expressions are:

è bene	*it's good*	è facile	*it's easy*
è male	*it's bad*	è difficile	*it's difficult*
è meglio	*it's better*	è opportuno	*it's appropriate*
è importante	*it's important*	è interessante	*it's interesting*
è (im)possibile	*it's (im)possible*	basta	*it's enough*
è (im)probabile	*it's (im)probable*	bisogna	*it's necessary*
è incredibile	*it's incredible*	sembra	*it seems*
è necessario	*it's necessary*	pare	*it seems*

A **Nel mondo del lavoro.**   Collegare (*link*) le espressioni della prima colonna con quelle della seconda colonna per formare una frase di senso compiuto.

Attività

1. Per lavorare in televisione
2. Se vuoi fare carriera
3. Se vuoi diventare infermiera
4. Per sentirsi realizzati
5. Quando hai un appuntamento
6. Se vuoi diventare attore
7. Quando la fabbrica chiude
8. Quando non hai esperienza

a. è molto difficile trovare lavoro.
b. bisogna avere molta fortuna.
c. non è bene arrivare in ritardo.
d. è inevitabile licenziare (*to fire*) gli operai.
e. è meglio studiare recitazione.
f. non è importante guadagnare molto.
g. è indispensabile lavorare sodo.
h. non occorre andare all'università.

B **Le cose importanti per tutti.** Alcuni ragazzi parlano dei loro studi e indicano delle cose importanti da fare. Riscrivere le loro frasi secondo il modello.

Esempio: Lavoriamo sodo. (È importante)
È importante lavorare sodo.

1. Decidiamo da dove cominciare. (È necessario)
2. Ricordiamo tutti i concetti più importanti. (Non è facile)
3. Vado in biblioteca. (È bene)
4. Troviamo un posto tranquillo per studiare. (È meglio)
5. Studiamo cinque minuti. (Non basta)
6. Hai gli appunti delle lezioni del semestre? (È indispensabile)
7. Sei puntuale alle lezioni. (È importante)
8. Rileggo l'ultimo capitolo. (È opportuno)
9. Studiamo sempre insieme. (È interessante)
10. Finiamo i primi dieci canti del *Paradiso*. (Bisogna)

C **Cosa ne pensate voi?** Esprimere le vostre opinioni completando le seguenti frasi in maniera logica.

1. Per fare il giornalista, è necessario...
2. Per diventare un attore, è importante...
3. Per sentirsi realizzati, è indispensabile...
4. Quando lavori in fabbrica, non è necessario...
5. Quando lavori in ufficio, è necessario...
6. Quando sai parlare una lingua straniera, è facile...
7. Per trovare un buon lavoro, bisogna...
8. Se vuoi fare carriera, è meglio...

Il congiuntivo presente dei verbi regolari

Tu **prendi** un taxi perché è tardi.	È importante che tu **prenda** un taxi perché è tardi.
You are taking a cab because it's late.	*It's important that you take a cab because it's late.*
Salvatore **guadagna** molto.	Non credo che Salvatore **guadagni** molto.
Salvatore earns a lot.	*I don't believe Salvatore earns very much.*
Tu **capisci** bene l'italiano.	Penso che tu **capisca** bene l'italiano.
You understand Italian well.	*I think you understand Italian well.*
I bambini **dormono** di notte.	Sono contenta che i bambini **dormano** di notte.
The babies sleep at night.	*I'm glad the babies sleep at night.*

1. Verbs in the indicative mood generally express statements of fact or certainties. The subjunctive (**il congiuntivo**) is another mood, used to express necessity, uncertainty, doubt, desire, and emotion. The subjunctive is less commonly used in English; an example is: *I wish it were true.*

2. The subjunctive is used primarily in dependent clauses introduced by **che**. The verb or verbal expression in the independent clause determines whether the indicative or the subjunctive is used in the dependent clause. Some verbs and expressions that call for the subjunctive are:

avere bisogno	*to need*	**essere contento**	*to be happy*
pensare	*to think*	**avere paura**	*to be afraid*
desiderare	*to desire*	**essere triste**	*to be sad*
volere	*to want*	**dubitare**	*to doubt*
preferire	*to prefer*	**(non) credere**	*to (not) believe*
sperare	*to hope*		

Impersonal expressions like those in the previous section (**è necessario, è importante, è bene, sembra,** etc.) may also introduce the subjunctive.

3. To form the present subjunctive of regular verbs, drop the infinitive suffix and add the following endings.

	parlare	**prendere**	**partire**	**finire**
io	parli	prenda	parta	finisca
tu	parli	prenda	parta	finisca
lui/lei/Lei	parli	prenda	parta	finisca
noi	parliamo	prendiamo	partiamo	finiamo
voi	parliate	prendiate	partiate	finiate
loro	parlino	prendano	partano	finiscano

The **noi** form in the present subjunctive is identical to the **noi** form in the present indicative.

4. Verbs ending in **-care** or **-gare** (such as **dimenticare, giocare, pagare**) require an **h** between the stem and endings to represent the hard **c** or **g** sound.

Non è necessario che voi **paghiate,** offro io!	*It's not necessary that you pay, it's my treat!*
È naturale che i bambini **giochino.**	*It's natural that the children play.*
Basta che io non **dimentichi** le chiavi!	*It's enough if I don't forget the keys!*

Verbs ending in **-iare, -ciare,** or **-giare** (such as **studiare, lasciare, mangiare**) do not double the **i.**

È importante che io **studi** stasera.	*It is important that I study tonight.*
Sembra che Luisa **mangi** con Pino.	*It seems that Luisa is eating with Pino.*
È necessario che Lei **lasci** la chiave qui.	*It's necessary that you leave the key here.*

5. Because the first-, second-, and third-person singular forms are identical, it is often necessary to specify the subject to avoid confusion.

Sembra che **Margherita** non **conosca** Michele.
Sembra che **tu** non **conosca** Michele.

6. The subjunctive is used when the subject of the dependent clause differs from that of the independent clause. If the subject is the same, the infinitive is used. The infinitive is sometimes preceded by the preposition **di.** Compare:

Change in subject	*Same subject*
Spero che tu vinca la partita.	Spero di vincere la partita.
I hope you win the game.	*I hope I win the game.*
Voglio che Roberto mangi.	Voglio mangiare.
I want Roberto to eat.	*I want to eat.*
È importante che loro studino.	È importante studiare.
It's important that they study.	*It's important to study.*

A Cosa vogliono i genitori?   Alcuni amici che hanno superato l'esame di Maturità stanno parlando del loro futuro. Completare le frasi con la forma corretta del congiuntivo presente del verbo indicato tra parentesi.

    —Mio padre vuole che io (iscriversi) alla Facoltà di Giurisprudenza e che (diventare) avvocato come lui. Mia madre è più comprensiva; per lei è più importante che io (seguire) una carriera che mi piace. Preferisce che io (prendere) tempo per pensarci bene.
    —I miei invece sono tremendi. Desiderano che io (seguire) dei corsi di ragioneria. Non vogliono che io (finire) come mio fratello maggiore, che ha studiato al Conservatorio di musica e adesso è senza lavoro.
    —Ragazzi, ma voi siete fortunati! Mio padre insiste che io (trovare) un lavoro e che (aiutare) a pagare le spese di casa!

B Bisogna che cambino.   Trasformare le seguenti frasi secondo il modello.

Esempio: Mauro non parla inglese. *Credo che* Mauro non parli inglese.

1. Suo cugino lavora in fabbrica. Mi sembra che...
2. Giulia e Cristina finiscono gli studi. È ora che...
3. Io cammino di più. Bisogna che...
4. Voi partite subito. Non è necessario che...
5. Luigi mi prende in giro. Non voglio che...
6. I signori Colarusso preferiscono viaggiare in autobus. È strano che...
7. Voi parlate una lingua straniera. Bisogna che...
8. Io seguo il professore nel suo ufficio. È necessario che...
9. Noi apriamo la finestra. Bisogna che...
10. I miei fratelli diventano bravi professionisti. Noi speriamo che...

Attività

C **Barbara, che secchiona!**   Barbara è molto studiosa e dà sempre dei consigli ai suoi amici. Completare le frasi con il congiuntivo presente del verbo dato.

1. È necessario che gli studenti (rispondere) bene alle domande del professore.
2. Ho paura che Alberto non (leggere) abbastanza; deve leggere di più!
3. Bisogna che io (convincere) Andrea a studiare di più.
4. È importante che voi (capire) quel che dice il professore.
5. Dubito che loro (prendere) bene gli appunti in classe.
6. Credo che voi (dormire) durante le lezioni.
7. Nino, è giusto che tu (ricevere) un buon voto quando hai studiato.
8. È ora che voi (decidere) cosa fare dopo la Maturità.

D **Le colonne.**   Formare delle frasi logiche utilizzando un'espressione della prima colonna, un soggetto della seconda colonna, e un'espressione della terza.

Papà non vuole che	io	partire un po' presto
Speriamo che	Renata	pagare con la carta di credito
Mi sembra che	i professori	diventare medico
È possibile che	tu	guadagnare molto
Siamo contenti che	Roberto	realizzarsi
Bisogna che	tu e tua sorella	lavorare sodo
È meglio che	gli amici	decidere una futura professione
		superare l'esame di maturità
		leggere quegli articoli

E **Che stress!**   Simona parla dell'esame di Maturità, che deve dare domani. Indicare la forma corretta del verbo.

A parte lo stress, devo dire che sono contenta che l'ora dell'esame (essere/sia) arrivata. I miei vogliono tanto che io (prendere/prenda) un bel voto, ma io sono più realista: spero solo di (superare/superi) l'esame. Credo di (essere/sia) abbastanza preparata per l'esame. Spero che il professor Vannini (essere/sia) di buon umore. Ho paura che lui mi (fare/faccia) delle domande sugli autori latini, e temo di non (conoscerli/li conosca) molto bene. Penso di (studiare/studi) ancora un paio di ore oggi pomeriggio, e poi è probabile che stasera Franco mi (aiutare/aiuti) con la geometria. E poi bisogna che io (ricordare/ricordi) di portare il mio portafortuna. Se no...

F **Lavorare in televisione.**   Un vostro amico, iscritto al primo anno di università, vuole lasciare gli studi e cercare un lavoro nel campo della televisione. Dategli dei consigli su cosa studiare, come iniziare la carriera, dove andare. Usare frasi come:

È importante che tu...   Bisogna che tu...
È necessario che tu...   È bene... ecc.

Lo sapevi che... ?

𝒯 orino, il capoluogo del Piemonte, nel 1800 è al centro del Risorgimento, periodo storico che porta all'Unità d'Italia (1815–1871). Nel 1861 i Savoia, sovrani del Piemonte, diventano Re d'Italia e Torino diventa la prima capitale dell'Italia Unita. In seguito la capitale si trasferisce per breve tempo a Firenze e poi nel 1871 definitivamente a Roma. Oggi Torino è conosciuta soprattutto come città industriale, sede della maggiore industria automobilistica italiana, la Fiat.

Il Palazzo Carignano, sede del primo parlamento italiano (1861–1865)

I mezzi di trasporto

B.1 Si dice così

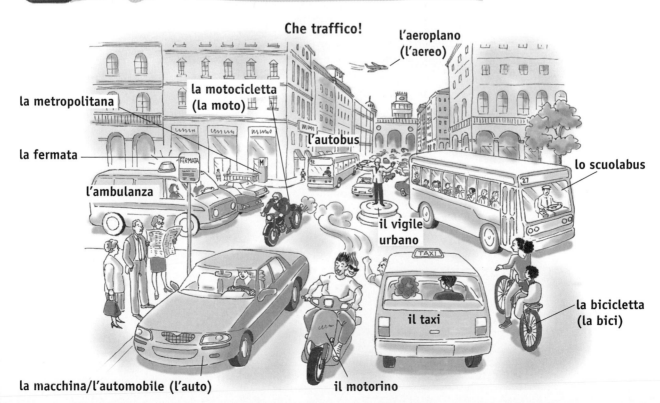

Che traffico!

l'aeroplano (l'aereo)

la metropolitana

la motocicletta (la moto)

la fermata

l'autobus

lo scuolabus

l'ambulanza

il vigile urbano

il taxi

la bicicletta (la bici)

la macchina/l'automobile (l'auto)

il motorino

Parole utili

il mezzo di trasporto	*means of transportation*	prendere la patente	*to get a driver's license*
la patente	*driver's license*		
la multa	*ticket/fine*	spostarsi/muoversi	*to get around (a city)*
il traghetto	*ferry*	salire su	*to get on*
la nave	*ship*	scendere da	*to get off*
il vaporetto	*steamship*	timbrare il biglietto	*validate the ticket*
il passeggero	*passenger*	posteggiare/	*to park*
l'autista	*driver*	parcheggiare	
il tassista	*taxi driver*	fare il pendolare	*to commute*
il controllore	*conductor*	dare un passaggio a	*to give someone a lift*
il/la pendolare	*commuter*	qualcuno	
usato/a	*used*	accompagnare	*to go with someone*
di seconda mano	*second-hand*	qualcuno	
guidare	*to drive*		

Lo sapevi che... ?

L'industria delle automobili in Italia è molto
grande. La Fiat (Fabbrica Italiana Automobili
Torino), situata a Torino, e l'Alfa Romeo
(Associazione Lombarda di Fabbricazione di
Automobili) a Milano sono le più grandi fabbriche di
automobili di massa. L'Italia è anche molto
conosciuta per le macchine sportive di lusso, come
la Ferrari, la Lamborghini e la Maserati, tutte
prodotte nella regione Emilia-Romagna. Le
motociclette e i motorini sono prodotti da parecchie
ditte famose: Moto Guzzi, Piaggio, Cagiva e Gilera
sono le più conosciute.

Brava

A **Definizioni.**   Trovare nella colonna a destra la definizione per ogni
parola a sinistra.

Attività

1. la fermata **f**
2. lo scuolabus **h**
3. la patente **a**
4. l'autista **g**
5. fare il pendolare **c**
6. parcheggiare
7. l'ambulanza
8. il motorino **d**

a. il permesso di guidare
b. lasciare l'automobile in un determinato
   posto
c. andare al lavoro a molta distanza da casa
d. una piccola motocicletta, popolare fra i
   giovani
e. il mezzo che porta i pazienti all'ospedale
f. il posto dove i passeggeri aspettano
   l'autobus
g. la persona che guida
h. il mezzo che porta i bambini a scuola

B **Quale mezzo?**   Devi andare in Italia per motivi di lavoro. Decidere quale
mezzo di trasporto useresti per fare i seguenti viaggi.

per andare da New York a Milano
per andare da Milano a Modena
per andare dalla stazione del treno
  all'albergo (mezzo chilometro)

per andare dall'albergo alla fabbrica
  della Lamborghini, un po' fuori
  città
per andare poi a Venezia
per girare la città di Venezia

C **Quali mezzi preferisci?**   Fare le seguenti domande ad un altro
studente/un'altra studentessa.

1. Hai la macchina? Che tipo? L'hai comprata nuova o di seconda mano?
2. Hai mai preso una multa? Perché? Quanto hai dovuto pagare?
3. Prendi mai l'autobus? Per andare dove? Bisogna aspettare molto
   tempo?
4. Hai mai fatto un viaggio in treno? Dove sei andato/a? Ti è piaciuto?
   Perché?
5. Prendi mai il taxi? Per andare dove? Costa molto?
6. Ti piace viaggiare in nave?

Nella vostra città.   Discutere i mezzi di trasporto più usati nella vostra zona. Come si muove la gente nella vostra città? Usa l'auto o i mezzi pubblici? Quali? C'è la metropolitana? Quante persone si spostano in bicicletta? Come vanno a scuola i bambini? È difficile trovare parcheggio? C'è molto traffico? Presentare alla classe i risultati della vostra indagine.

B.2 Incontro

In cerca di un passaggio.   *Donatella e Valentina sono sorelle. Donatella vuole andare in centro ma non sa come arrivarci. Cerca un passaggio.*

DONATELLA: Vale, mi puoi accompagnare in centro? Oggi vorrei andare a Torino a fare due passi e vedere un po' le vetrine.

VALENTINA: Purtroppo, pare che io non possa darti un passaggio. Sai che ho appena preso la patente e papà teme che io non guidi ancora abbastanza bene. Ma vengo volentieri con te. Telefoniamo a Gina: credo che anche lei abbia un impegno in centro oggi.

DONATELLA: Stiamo fresche! Ho litigato° con Gina ieri. Sarà difficile° che mi dia un passaggio... Vale, cosa facciamo adesso?   *I argued / it's unlikely*

VALENTINA: È probabile che ci sia un autobus tra poco—guardiamo l'orario. Be', perché non proviamo a telefonare a Luca? Forse lui ci darà un passaggio!

DONATELLA: Sei sempre la solita! È possibile che tu non sappia che non si può andare in moto in tre?

VALENTINA: Ah, già, è vero! Che peccato! Allora, perché non prendiamo un taxi?

DONATELLA: Sì, il taxi!!! Non guadagno ancora una lira!

VALENTINA: Ho trovato!° Basta chiamare quel ragazzo ... come si chiama?   *I've got it!*
Vincenzo, il tuo ammiratore segreto! È probabile che abbia già la patente, ed è un tipo carino.° Sono sicura che lui ha   *he's a nice guy*
una cotta per te ... magari lui ci accompagna. Che ne dici?

DONATELLA: Sarà carino, ma io non lo sopporto proprio! Però se credi che abbia già la patente... Dai, chiamalo!

A **Comprensione: le frasi false.**   Le seguenti frasi sono tutte false.   **Attività**
Riscriverle con le informazioni corrette dall'**Incontro.**

1. Donatella e Valentina sono compagne di scuola.
2. Donatella cerca un passaggio per andare al lavoro.
3. Valentina ha la patente da molto tempo.
4. Donatella va sempre d'accordo con Gina.
5. Gli autobus passano raramente.
6. Luca ha una macchina lussuosa.
7. A Donatella piace l'idea di prendere un taxi.
8. Donatella ha molti soldi.
9. Vincenzo è il fidanzato di Donatella.
10. Valentina è innamorata di Vincenzo.

Lo sapevi che... ?

*L*a rete delle autostrade italiane si estende dalle Alpi fino alla Sicilia. Per entrare in autostrada si ritira un biglietto, e all'uscita si paga con i contanti, la carta di credito o la Viacard, una tessera speciale che si compra prima del viaggio. In Italia le autostrade sono molto care, in confronto a quanto si paga normalmente negli Stati Uniti; però a sud di Napoli e in Sicilia sono gratis. Esiste il limite di velocità sulle autostrade italiane (al massimo 130 chilometri l'ora), ma purtroppo non è sempre osservato dagli automobilisti.

Un cartello stradale. Quale autostrada dobbiamo prendere?

 L'ammiratore segreto.   Rileggere l'**Incontro** e poi creare la conversazione telefonica tra Donatella, che cerca un passaggio, e Vincenzo, l'amico.

Esempio: Pronto, chi parla?
—Pronto, Vincenzo?
—Sì, sono io.
—Vincenzo, non so se ti ricorderai di me. Sono Donatella, la ragazza del corso di... Senti, Vincenzo...

In altre parole

avere un impegno	*to have an engagement*
star fresco	*to be in trouble*
avere una cotta per	*to have a crush on*
sei sempre il solito/la solita	*you'll never change*
non lo/la sopporto proprio	*I really can't stand him/her/it*

 C Cioè...   Trovare l'espressione di **In altre parole** che corrisponde ad ogni frase.

1. Sono un po' innamorato di quella persona, cioè...
2. Abbiamo un grosso problema, cioè...
3. Mi dispiace, non posso venire con voi. Ho da fare, cioè...
4. Tu non cambierai mai, cioè...
5. Non mi piace per niente quel tipo. Lo odio! Cioè...

Mi dai un passaggio?   Creare una conversazione secondo i seguenti suggerimenti.

> *S1:* Vorresti andare in centro ma non hai ancora la patente e non ti piace prendere l'autobus. Chiedi al fratello/alla sorella maggiore un passaggio. Lui/lei non vuole, ma tu insisti.

> *S2:* Un fratello/una sorella minore vuole un passaggio per andare in centro. Tu non hai voglia di accompagnarlo/la e cerchi tutte le scuse possibili per non uscire (hai un altro impegno, la macchina non parte, aspetti una telefonata ecc.). Alla fine accetti, ma ad una condizione: che...

B.3 Punti grammaticali

Il congiuntivo presente dei verbi irregolari

Ho paura che loro **siano** in ritardo.	*I'm afraid they're late.*
Mi dispiace che voi non **possiate** venire.	*I'm sorry that you can't come.*
È importante che tu mi **dia** un passaggio.	*It's important that you give me a lift.*
Vuoi che io **venga** con te?	*Do you want me to come with you?*

1. The following verbs have irregular present subjunctive forms:

andare:	vada, vada, vada, andiamo, andiate, vadano
avere:	abbia, abbia, abbia, abbiamo, abbiate, abbiano
bere:	beva, beva, beva, beviamo, beviate, bevano
dare:	dia, dia, dia, diamo, diate, diano
dire:	dica, dica, dica, diciamo, diciate, dicano
dovere:	debba, debba, debba, dobbiamo, dobbiate, debbano
essere:	sia, sia, sia, siamo, siate, siano
fare:	faccia, faccia, faccia, facciamo, facciate, facciano
piacere:	piaccia, piacciano
potere:	possa, possa, possa, possiamo, possiate, possano
rimanere:	rimanga, rimanga, rimanga, rimaniamo, rimaniate, rimangano
sapere:	sappia, sappia, sappia, sappiamo, sappiate, sappiano
stare:	stia, stia, stia, stiamo, stiate, stiano
uscire:	esca, esca, esca, usciamo, usciate, escano
venire:	venga, venga, venga, veniamo, veniate, vengano
volere:	voglia, voglia, voglia, vogliamo, vogliate, vogliano

2. Remember that the **noi** form of the present subjunctive is identical to the **noi** form of the present indicative. For many irregular verbs, the **noi** form is a key to predicting the subjunctive stem (**abbiamo–abbia, possiamo–possa, facciamo–faccia, diamo–dia, sappiamo–sappia,** etc.). Note that the **loro** form is similar to the singular persons, but ends in **-no.**

A **I mezzi di trasporto.**   Completare le frasi con il congiuntivo presente del verbo dato.

1. Prima di salire sull'autobus, bisogna che tu (avere) il biglietto.
2. Non credi che la metropolitana (essere) più veloce?
3. Pensi che Claudia e Patrizia (andare) ai giardini in bicicletta?
4. Sembra che voi non (dovere) prendere l'aereo.
5. È meglio che tu non (bere) prima di guidare.
6. Mi dispiace che tu (dovere) viaggiare per molte ore in treno.
7. Sembra che Rossana e Patrizia non (sapere) cosa fare.
8. Vogliono che io (venire) con loro alla festa.
9. Giorgio non crede che a noi (piacere) camminare molto.
10. Cosa credi che lui (volere) da noi—un passaggio?

B **Progetti per il fine settimana.**   Gianluca pensa a quello che vuole fare questo fine settimana. Completare il brano con il congiuntivo presente di un verbo della lista; usare ogni verbo solo una volta.

9 esserci   5 avere   4 chiamare
1 decidere   7 partire   7 fare
8 potere   6 piacere   3 rimanere

Bisogna che io _____ cosa fare questo fine settimana. Mi sembra che _____ molto caldo, quindi non è il caso che io _____ chiuso in casa da solo. È meglio che io _____ subito Luisa e Francesco per sapere se sono liberi. Speriamo che loro non _____ già altri impegni. Penso che a Luisa _____ molto nuotare, così è probabile che noi _____ per il mare. È possibile che io _____ usare l'automobile di mio fratello, così non dovremo prendere il treno. Sembra che _____ uno sciopero dei treni e chissà quando finirà!

Lo sapevi che... ?

Per guidare una macchina in Italia bisogna avere compiuto diciotto anni e avere superato un esame con prova scritta e una prova pratica dietro al volante! Dopo aver ottenuto la patente, bisogna pagare una tassa speciale ogni anno per mantenerla valida. È possibile guidare una moto già a quattordici anni; è obbligatorio l'uso del casco (*helmet*), e al massimo si può stare in due su una moto. È anche obbligatorio l'uso delle cinture di sicurezza quando si viaggia in auto.

Una vigilessa che dirige il traffico

Ci raccomandiamo!   Prima di lasciare i loro due bambini con la nuova baby-sitter, i signori Paolini hanno fatto mille raccomandazioni alla povera ragazza. Immaginare quello che le hanno detto.

Esempio: Non vogliamo che tu (invitare amici, fare telefonate, addormentarsi ecc.)
È essenziale che i bambini (andare a letto alle otto, fare il compito, non guardare la televisione ecc.)
È possibile che noi (tornare presto ecc.)

D **Quel che voglio io...**   Dire che cosa vuoi che facciano le seguenti persone, secondo il modello.

Esempio: il professore d'italiano
Voglio che il professore d'italiano non ci dia compiti stasera.

il mio migliore amico/la mia migliore amica
il decano (*dean*) dell'università
i miei genitori
il presidente degli Stati Uniti

E **Problemi e soluzioni.**   Elencare i problemi legati al trasporto pubblico della vostra città o zona geografica, come l'insufficienza dei parcheggi, le strade in cattive condizioni, il rumore, l'inquinamento (*pollution*), il costo del biglietto. Poi proporre alla classe le vostre soluzioni ai problemi.

Esempio: Noi crediamo che l'Azienda dei Trasporti della città debba...
È necessario che la gente sia più...
Bisogna che tutti provino a...

L'industria e il commercio

C.1   Si dice così

la ditta, l'azienda	*company, business*	**la borsa**	*stock market*
l'impiegato	*employee*	**la crisi**	*crisis*
il libero professionista	*self-employed person*	**la disoccupazione**	*unemployment*
la segretaria	*secretary*	**il disoccupato**	*unemployed person*
il/la dirigente	*executive*	**lo sciopero**	*strike*
il/la collega	*colleague*	**fare sciopero**	*to strike*
il capo (*inv.*)	*boss*	**migliorare**	*to improve*
il sindacato	*union*	**peggiorare**	*to worsen*
il prodotto	*product*	**evitare**	*to avoid*
lo stipendio	*salary*		

A **Alcuni termini economici.**   Completare le seguenti frasi.

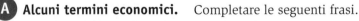

1. Una fabbrica produce...
2. Il direttore o la persona che comanda è...
3. I soldi che una persona guadagna sono...
4. Quando i lavoratori protestano e non lavorano fanno...
5. Quelli che lavorano per una grande ditta sono gli...
6. Quando una persona rimane senza lavoro, è...
7. Il contrario di migliorare è...
8. Un'organizzazione che protegge (*protects*) i diritti degli operai è...

Attività

Lo sapevi che... ?

In Italia esiste "la tredicesima," cioè un altro stipendio mensile, che è una specie di bonus, oltre ai dodici stipendi per ogni mese dell'anno. Normalmente, "la tredicesima" è data poco prima di Natale. In certi settori, come per esempio in quello bancario, gli impiegati ricevono addirittura una "quattordicesima" in estate.

B **Mini-dialoghi.**   Completare i seguenti mini-dialoghi con un vocabolo opportuno.

1. —Domani la Fiat resterà chiusa.
   —Perché? Gli operai _____?
2. —Oggi è il tuo primo giorno di lavoro. Ti presento agli altri
   _____?
   —Sì, grazie, mi farebbe molto piacere conoscerli.
3. —La nuova crisi sta creando tanti problemi.
   —Lo so. La _____ è molto alta; ci sono tante persone senza lavoro.
4. —Cosa fa tua cugina Silvia?
   —Fino a poco tempo fa era _____ di un avvocato, ma non le piaceva l'orario. Così ha deciso di lavorare per se stessa; è
   _____.
5. —È in ripresa (*recovering*) la lira?
   —Non lo so. La _____ di Milano non ha ancora chiuso.

C **Dirigenti e sindacati.**   Nel mondo dell'industria, cosa vogliono i dirigenti delle aziende e cosa vogliono i sindacati? Fare una lista degli obiettivi delle due parti. Poi presentarla alla classe.

Esempio: —I dirigenti vogliono che la produzione sia in aumento.
            —I sindacati vogliono che le condizioni degli operai migliorino.

Suggerimenti:

   I sindacati: ricevere la tredicesima, non fare sciopero, avere stipendi alti
   I dirigenti: guadagnare molti soldi per la ditta, tenere basso il costo della produzione, migliorare la produzione

C.2 **Incontro**

In sala riunioni.   *Nella sala riunioni di una grande industria automobilistica. L'ingegner Ferrero e alcuni colleghi parlano dell'ultimo modello di automobile.*

FERRERO: Cari colleghi, siamo qui tutti insieme perché è giusto che io vi dica ancora grazie per il vostro buon lavoro. Il nuovo modello esce domani, malgrado° gli scioperi e i disagi.° Quest'azienda   *in spite of / trouble* ha sempre cercato di mantenere buoni rapporti con i sindacati. Parlo per tutti i dirigenti quando dico che stiamo cercando di migliorare la produzione mentre evitiamo la disoccupazione. Bene. Ora do la parola all'ingegner Bertoni. Prego, Marisa.

BERTONI: Le ultime previsioni indicano che il mercato dell'automobile è in ripresa.° Sicuramente l'esportazione di quest'auto ci aiuterà a superare° la crisi. Mi congratulo con voi e con tutti i colleghi che hanno collaborato al progetto.

on the upswing
overcome

BOERO: Ingegner Bertoni, secondo Lei, perché questo modello sarà un successo? Ci dia il Suo parere.

BERTONI: Certo, ingegnere! Per viaggiare in città questa macchina è la migliore che ci sia. È l'ideale per muoversi nel traffico e per parcheggiare. E un'altra cosa importante: quest'auto consuma poca benzina.° Dobbiamo tutti pensare all'ambiente,° all'inquinamento,° al futuro dei nostri figli.

gasoline / environment
pollution

FERRERO: A proposito, non crede anche che quest'auto sia adatta ai giovani? È molto sportiva!

BERTONI: È sportiva, ma pratica. Piacerà certamente ai giovani che vogliono una macchina funzionale ma anche divertente.

FERRERO: È un prodotto di cui possiamo essere orgogliosi° tutti. E ora scusatemi, devo proprio scappare. Ho un'altra riunione … con i capi del sindacato! Non vogliamo che facciano sciopero proprio quando deve uscire il nuovo modello! Non sarebbe una bella pubblicità!°

proud

advertisement

Lo sapevi che... ?

Titoli quali **dottore, ingegnere, architetto** e **avvocato** sono usati frequentemente al posto del nome quando si parla ad una persona che esercita quella professione. È simile all'uso in inglese di *professor,* o *doctor* quando ci si riferisce ad un dottore di medicina. Ad esempio, in Italia si sente molto spesso "Buongiorno, ingegnere!" "Buongiorno, avvocato!"

A **Comprensione: le domande.**   Rispondere alle seguenti domande.

Attività

1. Dove si svolge la scena del dialogo?
2. Di quale progetto parla l'ingegner Ferrero?
3. Quali sono alcuni problemi che hanno avuto durante la produzione del nuovo modello?
4. Cosa stanno cercando di fare i dirigenti della ditta?
5. Secondo l'ingegner Bertoni, come va il mercato automobilistico?
6. Perché l'ingegner Bertoni crede che la loro auto sia la migliore sul mercato?
7. Quali sono i vantaggi del nuovo modello di automobile?
8. Dove deve andare l'ingegner Ferrero?

La nuova, rivoluzionaria X.   Siete i dirigenti di una grande ditta. Decidere fra di voi come si chiama la ditta e che tipo di prodotto fabbricate. Siete molto orgogliosi di introdurre sul mercato un nuovo modello rivoluzionario. Fare una riunione per discutere:

il nome della ditta
il prodotto: il nome del nuovo modello, il prezzo, le qualità
come presentarlo al pubblico

Poi presentare il prodotto alla classe.

In altre parole

mantenere buoni rapporti	*to maintain good relations*
dare la parola a qualcuno	*to give someone the floor*
congratularsi con...	*to congratulate*
secondo te, Lei, lui ecc.	*in your, his, etc., opinion*
dare il proprio parere	*to express one's opinion*
a proposito	*that reminds me/speaking of which*
dovere scappare	*to have to run*

C Sostituzioni.   Sostituire ogni espressione in corsivo con un'espressione da **In altre parole.**

1. Scusatemi, non posso restare a cena. *Devo andare via subito.*
2. *Se volete la mia opinione,* l'economia è in ripresa.
3. La direzione di questa ditta *è sempre andata d'accordo* con i sindacati.
4. Che bella macchina! *Parlando di quello,* sai che ho preso la patente?
5. Adesso *lasciamo parlare* il vicepresidente che ha alcune idee interessanti.
6. Avete fatto un bellissimo lavoro. Voglio *esprimervi la mia felicità e ammirazione.*
7. Lei che lavora nel settore dell'industria, ci può *esprimere cosa ne pensa?* La disoccupazione aumenterà?

D Mini-dialoghi.   Completare i seguenti mini-dialoghi con un'espressione da **In altre parole.**

1. —Ho vinto la partita di tennis!
   —Davvero? Mi _____ con te.
2. —Ho letto il giornale stamattina, e dice che la crisi sta finendo.
   —_____, hai visto quell'articolo sulla disoccupazione?
3. —Io credo che sia importante parlare di questo problema.
   —Dottor Mandelli, ci può _____?
4. —Adesso concludo, e _____ all'avvocato De Angelis.
   —Grazie, dottor Pandolfini.
5. —Io penso che sia una buon'idea. Cosa ne pensa Luca?
   —_____, è un'ottima idea!

Comprare un'automobile. Leggere ancora l'**Incontro** e poi creare un dialogo secondo i seguenti suggerimenti.

S1: Hai visto in televisione una pubblicità per un nuovo modello di automobile e ti interessa molto. Vai dal concessionario (*dealer*) per vedere di persona com'è l'auto. Non hai intenzione di comprarla subito, ma vuoi avere delle informazioni sul prezzo, sul consumo di benzina, sui colori.

S2: Sei il venditore di automobili. Hai trenta automobili rosse del nuovo modello sportivo e le vuoi vendere. Cercare di convincere il/la cliente a comprarne una subito.

C.3 Punti grammaticali

L'uso del congiuntivo e le congiunzioni

Benché faccia molto freddo, Giorgio esce stasera.	*Even though it's very cold, Giorgio is going out tonight.*
Ti do un passaggio **di modo che** tu possa venire alla festa.	*I'll give you a lift so that you can go to the party.*
Noi non andiamo al cinema **a meno che non** venga anche tu.	*We're not going to the movies unless you come too.*

1. Thus far you have learned that the subjunctive is used after impersonal expressions

È importante che Giulio **faccia** bene l'esame.	*It's important that Giulio does well on the exam.*

or verbal expressions of necessity, uncertainty, doubt, desire, and emotion

Penso che Stefano **abbia** un appuntamento oggi.	*I think Stefano has an appointment today.*

when the subject of the dependent clause is different from that in the independent clause.

2. The subjunctive also follows some conjunctions (**congiunzioni**). A conjunction joins two complete phrases. Some conjunctions that commonly take the subjunctive are:

affinché **perché** **di modo che**	*so that*	**a condizione che** **purché** **a patto che**	*provided that*
sebbene **benché** **nonostante che**	*although*	**a meno che non** **prima che** **senza che**	*unless* *before* *without*

Alicia studia **affinché** possa vincere una borsa di studio.	*Alicia studies so that she can win a scholarship.*
Ti accompagno alla stazione **sebbene** io non abbia voglia di uscire.	*I'll accompany you to the station, although I don't want to go out.*
Ti do una mano ora **a condizione che** tu mi faccia un favore.	*I'll give you a hand now provided that you do me a favor.*
Prima che usciate, fate il compito.	*Before you go out, do the homework.*
Voglio comprare quel regalo **senza che** mia madre lo sappia.	*I want to buy that gift without my mother knowing it.*

3. The subjunctive is also used in a relative clause introduced by a superlative or a negative.

È il più bravo atleta che io **conosca**.	*He's the best athlete I know.*
È la migliore auto che **ci sia** in Italia.	*It's the best car there is in Italy.*
Non conosco nessuno che **parli** quattro lingue.	*I know no one who speaks four languages.*
Non c'è niente che ti **possa** far piacere?	*Isn't there anything that would please you?*

A Abbinamenti. Scegliere una frase della seconda colonna per completare le frasi della prima colonna.

Attività

1. Si parla ancora di crisi e di disoccupazione...
2. Andrò in macchina alla festa...
3. Non comprerò il nuovo modello...
4. Discutiamo tutti gli aspetti del nuovo modello...
5. Presentiamo il nuovo modello...
6. Collaboro al progetto...
7. Mio padre mi comprerà una nuova macchina...

a. sebbene il motore sia ottimo, perché non mi piace il disegno.
b. di modo che il pubblico sappia quanto è straordinario.
c. a condizione che io mi laurei quest'anno.
d. benché l'economia sia in ripresa.
e. a condizione che partecipi anche l'Ingegner Bertoni.
f. purché ci sia parcheggio.
g. prima che finisca la riunione.

B Opinioni e pareri. Completare le frasi in maniera logica.

1. Ho deciso di studiare ... affinché...
2. Qualche volta mi sento triste benché...
3. Aiuto i miei amici a patto che...
4. Mi piace guardare la televisione nonostante che...
5. Lascerò quel lavoro a meno che...
6. Molte persone continuano a fumare benché...
7. Lavoro durante il fine settimana di modo che...
8. Studio italiano ogni sera affinché...

Creare la frase.   Trovare nella seconda colonna la conclusione logica alla frase. Legare le due parti usando una congiunzione appropriata.

1. Usciamo stasera   sia molto difficile trovarne uno.
2. Puoi lavorare in quest'ufficio   venga anche tu.
3. Non trovi un lavoro   possiamo fare una bella vacanza.
4. Lui lavora   ti laurei bene.
5. Non andiamo al cinema   io sia molto stanca.
6. Lavoro giorno e notte   guadagni tantissimi soldi.
7. Cerco un lavoro   piova.
8. Lavoro dopo le mie lezioni tu sappia una lingua straniera.

Cosa pensano i giovani di oggi?   Un giornale italiano recentemente ha pubblicato un lungo articolo sui giovani e le loro opinioni. Leggere le citazioni prese dall'articolo ed esprimere le proprie opinioni su quello che dicono, usando espressioni come

credo che la prima persona abbia ragione...
penso che sia triste ma vero che...
benché i giovani laureati... ecc.

1. I miei mi hanno sempre detto di lavorare sodo, perché questo è l'unico modo per avere successo. Adesso vedo che è più importante chi conosci, non quello che sai.
2. Volevo sempre fare qualcosa per aiutare gli altri. Adesso invece vedo che per la società il successo vuol dire avere molti soldi.
3. Alcuni miei compagni, dopo tanti anni di studio, non trovano lavoro o non sanno cosa vogliono fare. Figuratevi che un mio amico che si è laureato in filosofia due anni fa adesso fa il cameriere nel ristorante di suo padre.
4. Che delusione quando ho finito l'università e ho trovato che tutti quei corsi che ho seguito non mi hanno preparato per il "vero" mondo. Troppa teoria e poca pratica.

 # Il colloquio di lavoro

D.1 Si dice così

il lavoro	*job*	**l'impianto industriale**	*industrial plant*
il colloquio di lavoro	*job interview*	**le ferie**	*holidays*
l'attività	*activity/business*	**cercare/trovare un lavoro**	*to look for/to find a job*
il campo	*field*		
l'imprenditore/	*entrepreneur*	**fare domanda di lavoro**	*to apply for a job*
l'imprenditrice		**riuscire a**	*to succeed/to manage to*
il personale	*personnel*		
l'annuncio di lavoro	*job announcement*	**assumere**	*to hire*
l'inserzione di lavoro	*classified ad*	**impiegare**	*to employ*
il curriculum	*résumé*	**licenziare**	*to fire*
lo stage	*internship*	**fare carriera**	*to have a career*

A **O l'uno o l'altro.**   Rispondere alle seguenti domande in modo appropriato.

1. Quando cerchi un lavoro, cosa puoi fare?
   a. leggere gli annunci sul giornale   b. andare in ferie

2. Se la ditta ha bisogno di personale, che cosa fa?
   a. assume nuovi impiegati   b. licenzia tutti gli impiegati

3. Dove lavora un avvocato?
   a. in un impianto industriale   b. in uno studio legale

4. Quando ti presenti per un colloquio di lavoro, che cosa prepari?
   a. il tuo curriculum   b. un'inserzione

5. Ad agosto generalmente le aziende sono chiuse. Perché?
   a. per sciopero   b. per ferie

6. Vedi sul giornale un'inserzione per un lavoro che ti interessa. Che fai?
   a. faccio la domanda   b. faccio carriera

B **Che cosa ha detto?**   Vittoria ha sostenuto (*had*) un colloquio di lavoro recentemente. Cercare di indovinare quali erano le domande.

— _How did you hear this job_? *Come ti senti del lavoro?* *Come hai saputo del lavoro?*
—Ho visto l'inserzione pubblicata sul giornale. *have a degree?*
— _What education_____ ? *Che cosa (education) hai tu?* *Sei laureata?*
—Sì, mi sono laureata a luglio in lingue straniere.
— _What experience_____ ? *Che cosa (experience) hai tu?* *Hai delle esperienze di lavoro?*
—L'estate scorsa ho fatto uno stage presso (*at*) una casa editrice.
— _Why do you deserve this job_? *Perché vuoi questo lavoro?*
—Perché sono una persona seria e preparata, e non ho paura di lavorare.
— _when can you start_____ ? *Quando può incominciare?*
—Dice sul serio? Posso cominciare anche domani!

C **Cosa ne pensi tu?**   Fare le seguenti domande ad un amico/un'amica.

1. Quando vai ad un colloquio di lavoro, come bisogna vestirsi? Perché?
2. Hai mai sostenuto un colloquio di lavoro? Com'è andato? Che cosa ti hanno domandato?
3. Quando hai bisogno di trovare lavoro, come lo cerchi?
4. Che cosa fai per prepararti per un colloquio di lavoro?
5. Che cosa ti interessa di più in un lavoro? Lo stipendio? L'opportunità di fare carriera? Le ferie pagate? Essere creativo/a?

D.2 **Incontro**

Il colloquio di lavoro.   *Enrico incontra Vincenzo in un bar del centro.*

ENRICO: Ciao, Vincenzo! Che ci fai qui tutto elegante?
VINCENZO: Eh ... tra mezz'ora ho un colloquio di lavoro.
ENRICO: Davvero? In bocca al lupo.
VINCENZO: Crepi!

ENRICO: Che tipo di lavoro cerchi?

VINCENZO: Mi piacerebbe trovare un lavoro creativo, magari insieme ad altri giovani architetti che progettano edifici, impianti industriali ... o magari il restauro di vecchi palazzi.

ENRICO: Ho capito, ma sai, bisogna essere realisti... Se riesci a trovare un lavoro, guadagnerai un po' di soldi e così, man mano puoi cercare il tuo lavoro ideale.

VINCENZO: Lo spero tanto. Ti saluto,° Enrico! Non vorrei essere in   *goodbye*
             ritardo!

(Nell'ufficio dell'architetto Marina Volpe)

VOLPE: Buongiorno, signor Bassetti.

VINCENZO: Buongiorno.

VOLPE: Si accomodi° pure.   *make yourself comfortable*

VINCENZO: Grazie.

VOLPE: Allora, Lei si è laureato in architettura di recente. Mi dica, ha esperienza in questo campo?

VINCENZO: Sì, l'anno scorso ho fatto uno stage presso° uno studio di   *at*
             architettura.

VOLPE: Bene. Senta, come imprenditrice, libera professionista e madre di famiglia, non ho più tempo per respirare! In questo momento qui in ufficio abbiamo tanti progetti tra le mani. Sto cercando nuovi laureati da assumere perché abbiamo veramente troppa carne sul fuoco! Ho visto il suo curriculum e vedo che è molto preparato. Le può interessare un posto qui da noi?

VINCENZO: Sì, sarei molto interessato.

VOLPE: Nel frattempo,° Le presento mia figlia. Lavora qui con me.   *in the meantime*
             Anche lei si è laureata alla facoltà di architettura. Donatella!

DONATELLA: Salve! Oh, ciao, Vincenzo! Che fai di bello?

VINCENZO: Veramente, sono qui per un colloquio di lavoro.

VOLPE: Allora, vi conoscete?

DONATELLA: Ma certo! Vincenzo era tra i migliori studenti della facoltà. Senti, Vincenzo, mia madre è un capo molto esigente,° te lo   *demanding*
             dico io! *(Squilla il telefonino)* Scusatemi, devo scappare! Mi chiamano per il restauro del palazzo Gancia! Ciao, Vincenzo! Fatti vivo, mi raccomando!

Lo sapevi che... ?

Per ottenere un posto di lavoro in un ente (*agency*) pubblico (scuola, università, poste, trasporto oppure uffici comunali, provinciali, regionali o ministeri), oltre a possedere i requisiti richiesti per tale lavoro, è necessario superare un concorso pubblico. Il bando di concorso (*announcement*) è pubblicato su un giornale speciale chiamato *Gazzetta Ufficiale*. Sulla *Gazzetta Ufficiale* si trovano i termini della domanda e le necessarie informazioni per i candidati. Normalmente per i pochi posti disponibili si presentano migliaia di candidati alle prove d'esame.

4ª SERIE SPECIALE   Anno 136° - n. 98
                                  L. 2.550

Dicembre n. 6
Spedizione in abbonamento
postale (50%) - Roma

GAZZETTA UFFICIALE
DELLA REPUBBLICA ITALIANA

Comprensione: A chi si riferisce?   Decidere a chi si riferisce ogni frase: ad Enrico, a Vincenzo, all'architetto Volpe o a Donatella.

1. È vestito in maniera elegante.
2. Gli interessa il restauro di vecchi palazzi.
3. Suggerisce di essere realista.
4. Si è laureato in architettura recentemente.
5. È un'imprenditrice molto occupata.
6. Cerca giovani architetti per il suo studio.
7. Lavora con sua madre.
8. È un capo molto esigente.
9. Era tra i migliori della facoltà.
10. Deve rispondere al telefono.

 Preparandosi per il colloquio.   Avete mai sostenuto un colloquio di lavoro? Quali sono alcune domande tipiche durante un colloquio di lavoro? Fare una lista di almeno sei domande appropriate. Poi preparare delle risposte opportune.

Esempio: —Ha esperienza in questo campo?
          —Beh, veramente no, ma sono una persona che impara molto
           rapidamente.

C Cercasi...   Leggere attentamente le inserzioni riprodotte. Immaginare di essere le persone descritte poco sotto: a quali inserzioni risponderanno? Se c'è più di una possibilità, indicarla.

1. Stai cercando un lavoro nel campo della finanza. Hai venticinque anni e sei alla tua prima esperienza.
2. Vorresti un lavoro che ti permette di lavorare con la gente, possibilmente nel campo del turismo.
3. Sei molto bravo/a con i computer. Non ti piace lavorare con la gente—preferisci lavorare da solo/a.
4. Stai cercando un lavoro part-time perché sei ancora studente all'università di Milano.
5. Ti piacerebbe lavorare per un'azienda internazionale. Parli bene anche il francese.

MARKETING
ricerca ambosessi max 30 anni, anche prima esperienza, per villaggi turistici Italia/estero: animatori, hostess, mini-club, sportivi.
049-65.16.66•075-57.27.817

PROGRAMMATORI
ambiente Windows tecnologia 00. Esperienza in applicativi gestionali.
Edicta Srl piazza Maria Adelaide 5, Milano
Telefono 29.51.40.06
Fax 29.40.69.01

Azienda Internazionale
ricerca
10 collaboratori
per attività operativa ed organizzativa, possibilità part time.
02-21.33.605

SOCIETÀ FINANZIARIA
CERCA PERSONALE
laureati
ottimo inglese, francese
settore commerciale
Telefonare ore ufficio
02-18.54.72

Laureati/Diplomati
area economico-finanziaria, con esperienza vendita servizi, cercasi quali account-venditori nello sviluppo di convenzione assicurativa Milano-Lombardia.
Tel. 039-23.02.152

In altre parole

in bocca al lupo!	*good luck!*
crepi!	*thanks!*
man mano	*little by little*
tra le mani	*on my plate*
troppa carne sul fuoco	*too many irons in the fire*
che fai di bello?	*what are you up to?*
fatti vivo/a!	*keep in touch!*

D Come rispondere?   Che cosa dici nelle seguenti situazioni? Usare un'espressione da **In altre parole.**

1. Una tua amica non è tranquilla perché si occupa di troppi progetti allo stesso tempo.
2. Un tuo amico deve dare l'esame di Maturità domani ed è molto nervoso.
3. Una persona ti dice "In bocca al lupo!" perché vai a sostenere un colloquio di lavoro.
4. Una tua amica con cui vorresti mantenere il contatto deve partire perché ha accettato un lavoro in un'altra città.
5. Entri in un bar e vedi alcuni tuoi amici seduti ad un tavolino.

E Mini-dialoghi.   Completare i mini-dialoghi con un'espressione da **In altre parole.**

1. —Claudia, _____ questo weekend?
   —Purtroppo, devo lavorare! Ho tanti progetti, davvero

   _____ .

2. —Ciao, Daniele. _____?
   —Sto studiando—ho un esame oggi.
   —Davvero? _____!
   —_____!

3. —Ciao, Beppe!
   —Ciao, Elisa! È tanto che non ci vediamo.
   —Eh, lo so. Scusa, devo scappare. Ma, _____!

F Due paesi a confronto.   Rispondere alle domande e discutere in classe.

1. Negli Stati Uniti, bisogna laurearsi prima di cercare lavoro?
2. Quanto tempo è tipico per le ferie negli Stati Uniti: una settimana? due settimane? un mese? di più? e in Italia?
3. Si usa molto il telefonino negli Stati Uniti? e in Italia?
4. È normale lavorare mentre si studia negli Stati Uniti? Che tipo di lavoro fanno normalmente gli studenti? e in Italia?
5. Lavori durante l'estate? Hai amici che lavorano d'estate? Quali sono i lavori tipici che fanno gli studenti? In Italia è così?
6. È facile trovare un lavoro dopo la laurea negli Stati Uniti? e in Italia?

D.3 Punti grammaticali

I pronomi relativi

L'uomo **che** lavora in fabbrica è mio padre.	*The man who works in the factory is my father.*
Mi piace il lavoro **che** ho trovato.	*I like the job that I found.*
Non capisco **ciò che** lui dice.	*I don't understand what he is saying.*
Ripeto **quel che** lui ha detto.	*I am repeating what he said.*
Quello stilista **i cui** vestiti sono molto cari, è il mio preferito.	*That designer, whose clothes are very expensive, is my favorite.*

1. Relative pronouns (**i pronomi relativi**) connect two clauses. The relative pronoun refers to a person or thing in the main clause. When joining two independent phrases, there is an element common to both phrases which may be the subject or the object in the sentence.

<u>Mio fratello</u> abita a Milano.	<u>Mio fratello</u> lavora per la Pirelli.
<u>Mio fratello</u>, **che** abita a Milano, lavora per la Pirelli.	*My brother, who lives in Milan, works for Pirelli.*
<u>Il ragazzo</u> è un mio amico.	Sto parlando <u>al ragazzo</u>.
<u>Il ragazzo</u> **a cui** sto parlando, è un mio amico.	*The boy to whom I am speaking, is a friend of mine.*

2. **Che** (*who, whom, that, which*) is the most frequently used relative pronoun. It is invariable and can refer to people and things.

La macchina **che** hai comprato è giapponese.	*The car (that) you bought is Japanese.*
La ragazza **che** ho salutato è mia cugina.	*The girl (whom) I said "hi" to is my cousin.*
Il giornale **che** ho preso ha le inserzioni di lavoro.	*The paper (that) I got has classified ads.*

3. **Cui** (*which, whom*) is used after a preposition and is also invariable.

Il progetto **a cui** collabori è interessante.	*The project on which you are collaborating is interesting.*
L'uomo **per cui** lavora Marco è un mio amico.	*The man for whom Marco is working is a friend of mine.*
La donna **di cui** parlo è un'imprenditrice famosa.	*The woman about whom I am speaking is a famous entrepreneur.*
L'azienda **a cui** scrivo offre posti di lavoro ai laureati.	*The business to which I am writing offers jobs to graduates.*

When **cui** is preceded by an article, it indicates possession and corresponds to *whose*. The article agrees with the noun it modifies.

L'artista **le cui** opere sono al museo abita a Roma.	*The artist whose works are in the museum lives in Rome.*
L'architetto **i cui** palazzi sono post-moderni è di Milano.	*The architect whose buildings are post-modern lives in Milan.*

4. Il quale (la quale/i quali/le quali) can replace both **che** and **cui.** The number and gender are determined by the preceding noun. When used with a preposition, the article contracts with the preposition as appropriate.

La fabbrica **che/la quale** produce tante automobili è a Torino.	*The factory that makes so many automobiles is in Turin.*
Il signore **a cui/al quale** chiedi informazioni è simpatico.	*The man (whom) you asked for information is nice.*
La riunione **in cui/nella quale** è stato presentato il nuovo modello ha avuto successo.	*The meeting at which the new model was presented was a success.*

5. Quello che, ciò che, or **tutto quello che/tutto ciò che** (*what, that which,* or *all that*) refers to things and abstractions.

Non ho capito **quel che/quello che/ciò che** hai detto.	*I don't understand what you said.*
Mi piace **tutto quel che/tutto ciò che** ha disegnato.	*I like everything he designed.*
Ciò che/Quel che credi non è vero.	*What you think isn't true.*
Non è oro **tutto ciò che** brilla.	*All that glitters is not gold.*

6. Dove may be used in place of **in cui** or **nel/nella quale** to refer to places.

Il paese **dove/in cui/nel quale** sono nata è molto bello.	*The town where/in which I was born is very pretty.*

A **L'elemento in comune.**   Collegare le seguenti frasi con un pronome relativo, come nell'esempio.

Attività

Esempio: Ho visto *il film.* Tu mi hai parlato *del film.*
           Ho visto il film di cui tu mi hai parlato.

1. La storia è incredibile. Manuela mi ha raccontato la storia.
2. L'auto consuma molta benzina. Ho comprato l'auto tre mesi fa.
3. Non conosco quell'attore. Tutti parlano di quell'attore.
4. Sei andato alla festa di Carnevale? Marco ha organizzato la festa.
5. Lo stadio è vicino a casa nostra. Noi giochiamo a calcio nello stadio.
6. Ho scritto una lettera alla mia amica. La mia amica abita in Giappone.
7. Lo scrittore non concede interviste. I libri dello scrittore sono famosi.
8. L'attrice recita molto bene. I film dell'attrice sono famosi.
9. Come sono andate le ferie? Tu hai trascorso le ferie a Bardonecchia.
10. Gli amici sono vecchi compagni di scuola. Tu mi hai visto con gli amici.   con cui

B **Il lavoro dei miei sogni.**   Completare il seguente brano con i pronomi relativi dati.

alle quali	che	che
che	ciò che	con cui
dei quali	quel che	quello che

Ho finalmente trovato il lavoro _____ desideravo! Non crederai mai a _____ ti racconto ora! Dunque, dopo aver fatto mille domande di lavoro _____ nessuno mi ha mai risposto, ieri ho letto per caso sul giornale un'inserzione _____ diceva: "Cercasi giovane laureato _____ sia disposto a viaggiare in Europa." Era proprio _____ cercavo. Andare all'estero e fare nuove esperienze! Così mi sono presentato per il colloquio di lavoro. La persona _____ ho parlato mi ha posto molte domande. Io ero nervosissimo, ma devo aver fatto una bella figura, perché alla fine del colloquio mi hanno assunto. Mi hanno già presentato i colleghi, molti _____ sono giovani e simpatici. Credo proprio di aver trovato _____ ho sempre desiderato!

C **Il mondo del lavoro.**   Collegare le frasi con un pronome relativo.

1. La segretaria è bravissima. Il dirigente ha bisogno di molto aiuto.
2. L'uomo è un architetto conosciuto. Sua moglie è ingegnere.
3. Quella coppia ha aperto un'azienda di importazioni. I loro figli studiano all'estero.
4. Telefono al mio collega domani. Il mio collega è in Giappone per motivi di lavoro.
5. Il progetto mi interessa molto. Parlo del progetto in questo momento.
6. L'imprenditore guadagna molto bene. Io lavoro per l'imprenditore.
7. Normalmente non leggo questo giornale. Ho trovato l'inserzione sul giornale.

D **È una cosa che...**   Definire i seguenti termini usando frasi come:

È una persona che... (lavora in un...)
È un luogo in cui... (mettiamo...)
È un oggetto con cui... (puoi fare...)
È una cosa che... (usiamo per...)

1. una casalinga	4. una fermata	7. le ferie
2. una fattoria	5. l'inflazione	8. un imprenditore
3. un traghetto	6. uno sciopero	

E **Preferenze personali.**   Completare le frasi in maniera logica.

1. Voglio trovare un lavoro in cui io posso...
2. Preferisco lavorare per una ditta che...
3. Mi piace avere i colleghi con i quali...
4. Certo non mi piace lavorare con le persone che...
5. Spero di avere un capo che...
6. Quello che cerco in un lavoro è...

Immagini e parole

L'Italia: quinta potenza industriale al mondo

Una manifestazione in piazza

A **Conoscete i prodotti italiani?**   Trovare l'azienda italiana nella colonna a destra che fabbrica il prodotto nella colonna a sinistra.

Attività di pre-lettura

1. computer	a. Perugina
2. macchine	b. Fila
3. cioccolatini	c. Ferragamo
4. vestiti eleganti	d. Berio
5. scarpe	e. Parmalat
6. motociclette	f. Riunite
7. vestiti sportivi	g. Fiat
8. latte	h. Armani
9. olio d'oliva	i. Olivetti
10. vino	j. Moto Guzzi

B **I temi principali.**   Scorrere (*skim*) il brano che segue e decidere quale paragrafo parla dei seguenti argomenti.

_____ l'importanza dell'industria del turismo in Italia

_____ la zona geografica più industrializzata dell'Italia

_____ alcuni settori economici importanti in Italia

_____ la posizione dell'Italia nell'economia internazionale

_____ la produzione alimentare

_____ alcune aziende importanti in Italia

_____ l'industria della moda e la sua importanza

Anche se conserva una tradizionale impronta agricola° soprattutto in   *agricultural stamp*
alcune aree del paese, l'Italia è uno degli stati del G7, cioè il gruppo
delle sette nazioni più industrializzate del mondo: gli Stati Uniti, il
Canada, il Giappone, la Germania, l'Inghilterra e la Francia. Infatti, l'Italia
occupa la quinta° posizione tra questi paesi.   *fifth*

Tra i settori principali dell'industria italiana si possono segnalare quelli
legati° al turismo, alla moda, ai prodotti alimentari e al mercato   *tied to*
automobilistico.

Più di cento milioni di turisti visitano l'Italia ogni anno, cioè un numero che
è quasi il doppio della popolazione dell'intero paese. Di conseguenza, il settore
del turismo si è molto sviluppato. Ci sono servizi per ogni categoria di turista,
dalle catene di grandi alberghi alle piccole pensioni, dai ristoranti alle trattorie.

Quando si parla di moda, si parla di tutto ciò che la riguarda, dai grandi
stilisti all'industria tessile che rappresenta una delle maggiori industrie del
paese. Bisogna ricordarsi anche degli accessori prodotti in Italia: oggetti in
cuoio come le borse, le scarpe e le cinture.

Come il Made in Italy, la dieta mediterranea è ormai famosa in tutto il
mondo. L'Italia offre un contributo rilevante° nella produzione di olio d'oliva,   *important*
di pomodori in scatola e di altri alimenti. Notevole° è il fatto che l'Italia sia il   *notable*
maggiore produttore di vino in tutto il mondo e che sia anche il numero uno
nella produzione del pomodoro, dell'uva e del kiwi.

L'industria italiana è identificabile in alcuni grandi nomi: la **Fiat,** oltre ad
essere la maggiore industria automobilistica del paese, è anche una grande
società di investimenti; l'**Olivetti** è una delle maggiori industrie europee di
prodotti di alta tecnologia elettronica; la **Barilla** è il più grande complesso
industriale nel campo alimentare; la **Mediaset** è un gruppo aziendale che
controlla il settore di distribuzione (Standa, Euromercato) e di informazione
(canali televisivi ed editoria).

L'area di maggior concentrazione industriale è quella conosciuta ancor oggi
con il nome di "Triangolo industriale," cioè l'area compresa fra le città di
Torino, Milano e Genova. Oltre alle grandi industrie, in Italia si contano

innumerevoli imprese°   *enterprises*
medio-piccole che
normalmente sono
controllate direttamente
da una famiglia. Queste
imprese costituiscono la
spina dorsale economica
del paese e offrono un
diverso modello
economico di successo.

La Borsa di Milano

A **Comprensione: vero o falso?**   Indicare se le seguenti frasi sono vere o false e poi correggere quelle false.

Attività

1. Il G7 è formato dalle sette città più industrializzate d'Italia.
2. Ci sono cento milioni di abitanti in Italia.
3. In Italia ci sono grandi alberghi e anche piccole pensioni.
4. L'industria tessile è di minore importanza in Italia.
5. L'Italia produce più vino di ogni altro paese.
6. In Italia si coltiva anche il kiwi.
7. L'Olivetti è importante nel campo automobilistico.
8. La zona tra Milano, Torino e Genova è una zona agricola.

B **Comprensione: le domande.**   Rispondere alle seguenti domande.

1. Tradizionalmente, che tipo di impronta aveva l'Italia?
2. Di quale gruppo fa parte l'Italia come paese industrializzato? Quale posizione occupa l'Italia in questo gruppo?
3. Quanti turisti visitano l'Italia ogni anno?
4. Che cosa produce l'industria tessile?
5. Di quali alimenti l'Italia è il maggiore produttore?
6. Come si chiama la maggiore compagnia di informatica in Italia?
7. Di cosa si occupa la Mediaset?
8. Che cosa costituisce la spina dorsale economica del paese?

C **Spunti di conversazione.**   Discutere insieme i seguenti argomenti.

1. Avete a casa prodotti "Made in Italy"? Quali prodotti sono? Vestiti? Prodotti alimentari? Articoli per la casa? Descrivere al gruppo i vari prodotti, dove li hai comprati, se sono di alta qualità ecc.
2. Quali sono i settori più importanti dell'economia americana? Quali sono alcune aziende importanti negli Stati Uniti? Quali sono alcuni prodotti tipici americani? Se voi doveste (*if you were to*) scegliere cinque prodotti rappresentativi degli Stati Uniti, quali sarebbero?
3. Secondo voi, l'industria rovina un paese con un'impronta agricola? Quali sono i vantaggi che l'industria porta? Gli svantaggi? Come cambia la vita della gente?

Lo sapevi che... ?

I "Gianduiotti" sono un tipico cioccolatino prodotto in Piemonte. La crema del Gianduiotto è una squisita combinazione di cioccolata e nocciole. Questi cioccolatini hanno una forma triangolare e sono conosciuti in tutta l'Italia.

Ritratto

Mariangela Braida

Di dov'è Lei?

Sono nata a Novara, ma attualmente° vivo e lavoro a Cuneo, una piccola città nelle Alpi Marittime.

currently

Che lavoro fa?

Sono assistente del Direttore Marketing in una grande industria dolciaria piemontese. La nostra ditta produce biscotti, panettoni, torte, uova di cioccolato e merendine. Forse la conosce—si chiama Ferrero.

Ha studiato all'università?

Ho frequentato la Facoltà di Economia e Commercio a Torino, e mi sono laureata con il massimo dei voti. Devo dire che la preparazione della mia università era ottima per il lavoro che svolgo.

Viaggia per il Suo lavoro?

Viaggio moltissimo, mio malgrado.° Non è che mi piaccia molto! Devo spostarmi frequentemente. Prendo l'aereo dall'aeroporto torinese di Caselle. Spesso vado a Parigi, Francoforte, Londra, Amsterdam o in altre città europee.

unfortunately/unwillingly

Dunque parla una lingua straniera?

Sì, certo! Parlo correntemente l'inglese e il francese; durante gli anni dell'università ho seguito dei corsi di lingua all'estero in Inghilterra e anche in Francia. Mi è stato molto utile perché spesso la laurea non basta per trovare un buon lavoro... All'inizio i problemi maggiori erano legati soprattutto alle differenti mentalità che ho riscontrato° nelle diverse nazioni in cui lavoravo ... spesso sono diverse le abitudini,° le usanze, i gusti della gente...

encountered
customs

Ma dice che non Le piace viaggiare. Come mai?

Purtroppo quando viaggio per motivi di lavoro è molto stancante,° e poi restano poche energie per la mia vita personale. Ho un fidanzato che vive e lavora a Milano, così ci vediamo solo durante il fine settimana. →

tiring

> **Allora, come pensa di risolvere questo problema?**
>
> Per il momento, va bene così. Per tutti e due è importante la carriera e il nostro lavoro ci piace moltissimo. Abbiamo poco tempo libero durante la settimana, ma cerchiamo di rilassarci durante il weekend, di stare tranquilli insieme, magari in qualche posto fuori città. Abbiamo pensato che quando ci sposeremo, potremo vivere a Torino, così faremo i pendolari per andare a lavorare. È assai comune in Italia al giorno d'oggi!

Attività

A **Comprensione.**   Rispondere alle seguenti domande.

1. Dov'è nata Mariangela Braida? Dove abita? E il suo fidanzato?
2. Qual è il suo attuale incarico di lavoro?
3. Cosa produce un'industria dolciaria?
4. Quale facoltà ha frequentato? Con quali voti si è laureata?
5. Perché Mariangela è andata all'estero durante gli anni dell'università?
6. Quale aspetto del suo lavoro le piace di meno?
7. Cosa fa Mariangela durante il weekend?
8. Dov'è probabile che vivranno Mariangela e il suo fidanzato quando si sposeranno? Cosa dovranno fare per andare a lavorare?

B **Una vita stancante.**   Immaginare una tipica giornata di Mariangela Braida. Fare un elenco delle azioni della sua giornata. A che ora si alza? Fa colazione? A che ora esce di casa? Va in ufficio o all'aeroporto? Se viaggia per lavoro, dove va? Telefona al fidanzato? Che altro deve fare? A che ora si addormenta?

C **Il mio lavoro ideale.**   Scegliere una professione che ti piacerebbe esercitare. Rispondere alle domande di un compagno/una compagna. Domande possibili: Quali aspetti del tuo lavoro ti piacciono di più? di meno? Devi viaggiare molto? Dove? Lavori con il computer? Devi parlare una lingua straniera? Incontri molte persone? Ti sei realizzato/a?

D **Temi.**   Scrivere una breve composizione su uno dei seguenti temi.

1. Il mio lavoro ideale: quali aspetti del lavoro mi interessano di più? Bisogna viaggiare molto? Dove? Bisogna sapere una lingua straniera?
2. Creare uno spot pubblicitario per un prodotto italiano.
3. Un colloquio di lavoro. Dialogo.
4. Due mondi a confronto: paragonare (*compare*) le tue percezioni (*perceptions*) del mondo di lavoro negli Stati Uniti con quello in Italia. Come sono le opportunità di trovare un lavoro, le ferie, l'atteggiamento verso il lavoro?

A **Torino monumentale.**   Prima di vedere il videoclip, indicare in quale città si possono trovare i seguenti monumenti. Osservare bene il videoclip per trovare quelli che sono a Torino!

_____ la galleria Subalpina   _____ Piazza S. Marco
_____ il Colosseo   _____ Piazza Carignano
_____ la Mole Antonelliana   _____ le Due Torri
_____ la Scala   _____ Piazza Navona
_____ il Po

B **Il mondo del lavoro.**   Prima di vedere il videoclip, indicare in ordine di preferenza gli aspetti della vita lavorativa che sono importanti per te.

_____ avere amici con cui lavorare   _____ non avere orari fissi
_____ lavorare in un bell'ufficio   (_schedules_)
_____ essere creativi   _____ guadagnare bene
_____ essere competitivi   _____ lavorare senza stress
                                        _____ viaggiare

C **Da Pepino.**   Mentre vedete la prima sequenza del videoclip, segnalare le cose che sentite con una S e le cose che vedete con una V.

__V S__ un telefonino che squilla   __V__ operai della Fiat
__V__ il giornale   __V S__ qualcuno che ordina un
__V__ le tazze del caffè   cappuccino
__S__ gente che parla   __V__ la macchina del caffè
_____ un'ambulanza   __V S__ una radio con musica
                                        __V__ giovani manager

D **Milano o Torino?**   Mentre vedete il videoclip, indicare se le seguenti frasi sono dette di Milano (M) o di Torino (T).

1. Piero: E tutto costa di più! __M__
2. Gabriella: È così vivace e piena di novità! __M__
3. Piero: Credo che sia più vivibile! __T__
4. Gabriella: Non ne posso più di...! __T__
5. Piero: E si dice che si lavori meno...! __T__

E **Comprensione.**   Dopo aver visto il videoclip, scegliere la risposta giusta alle seguenti domande.

1. Cosa bevono Piero e Gabriella?
   a. una Cocacola   b. un cappuccino

2. Dove sono Piero e Gabriella?
   a. in un bar   b. in ufficio

3. Che tempo fa?
   a. fa bel tempo   b. piove

4. In quale città sono?
   a. sono a Torino   b. sono a Milano

5. Quando escono dal bar, incontrano un amico...
   a. di Piero   b. di Gabriella

6. Dove fanno un giro?
   a. in campagna   b. in centro

F **Vita da manager!**   Per primo indicare chi ha detto la battuta (*line*), Piero (P) o Gabriella (G), e poi discutere il valore indicato. Quali valori della vita lavorativa sono importanti per te?

_____ Penso che tu sia un vero amico...   avere amici con cui lavorare

_____ Per me è importante non avere   non avere orari fissi
        orari fissi,

_____ È possibile che siano tutti così   non essere tutti uguali
        noiosi, tutti così uguali, banali...

_____ Hai scelto questa carriera per   viaggiare
        poter viaggiare!

_____ Non è detto che lui sia felice...   essere felici

_____ Pensa! Scriveva poesie!   essere creativi

Viaggiare: Andiamo in vacanza!

Alla stazione ferroviaria di Milano

Communicative goals

- Describing past actions
- Making travel plans
- Taking a train or plane
- Expressing doubts and emotions about past events
- Making negative statements

SARDEGNA

 **Le ferie**

A.1 Si dice così

le ferie	*holidays*	**il bagaglio**	*baggage/luggage*
la vacanza/le vacanze	*vacation*	**il bagaglio a mano**	*carry-on bag*
il viaggio	*trip*	**la valigia**	*suitcase*
la settimana bianca	*a traditional winter vacation week spent skiing*	**festivo**	*weekend/holiday*
		feriale	*weekday*
la festa	*party/holiday*	**fare la valigia**	*to pack a suitcase*
la sagra	*traditional local festival*	**fare camping**	*to go camping*
la processione	*procession*	**andare in vacanza**	*to go on vacation*
i fuochi d'artificio	*fireworks*	**trascorrere le vacanze**	*to spend one's vacation*
gli auguri	*(best) wishes/ congratulations*	**celebrare/festeggiare**	*to celebrate*

Lo sapevi che... ?

Il Capodanno inizia l'anno; è tradizionale buttare via delle vecchie cose, ad esempio le pentole, per inaugurare il nuovo anno. La stagione delle feste finisce con l'Epifania, quando arriva la Befana portando dei regali ai bambini. Il Carnevale è festeggiato con balli in maschera, soprattutto a Venezia e a Viareggio. Due feste segnano alcuni momenti importanti della storia italiana: la festa della Repubblica che celebra la creazione dello stato italiano, e la festa della Liberazione che ricorda la fine della Seconda guerra mondiale nel 1945.

un sacco di belle cose

La Befana

A **La parola giusta.** Indicare la parola o l'espressione che completa ogni frase.

Attività

1. Quando si festeggia un compleanno, si fanno (gli auguri / le ferie).
2. Prima di partire per un viaggio bisogna (celebrare il Natale / fare le valige).
3. Mercoledì, giovedì e venerdì sono (giorni festivi / giorni feriali).
4. Sette giorni dedicati allo sci si chiamano (Ferragosto / la settimana bianca).
5. Durante alcune feste importanti ci sono (i bagagli / i fuochi d'artificio).
6. Il mese di agosto in Italia è il periodo (di Carnevale / delle ferie).

B Mini-dialoghi.   Completare i seguenti mini-dialoghi in modo appropriato.

1. —Hai già deciso come _____ il Natale?
   —Conosci il detto, no? 'Natale con i tuoi, Pasqua con chi vuoi'!
2. —Non so quale costume indossare per _____. Hai qualche idea?
   —Be', perché non ti vesti da astronauta?
3. —Cosa avete fatto a Capodanno?
   —A mezzanotte abbiamo guardato _____. Erano bellissimi!
4. —Perché c'è tutta quella gente per strada?
   —Oggi è Sant'Efisio e qui si porta la statua del santo in _____ per le vie del paese.
5. —Barbara, sei mai stata a vedere la _____ della fragola a Nemi?
   —Sì, ci vado ogni anno. È una bellissima festa per celebrare un prodotto importante di quella zona.
6. —Vi auguro una buona Pasqua.
   —Grazie per _____ e per l'uovo di cioccolato!

C Due paesi a confronto.   Guardare il calendario e rispondere alle seguenti domande.

1. Quali sono le feste estive e le feste invernali in Italia? E negli Stati Uniti?
2. Quali feste celebrate negli Stati Uniti non sono celebrate in Italia?
3. C'è la festa del lavoro negli Stati Uniti? È il 1° maggio?
4. Qual è la festa più importante dell'estate negli Stati Uniti? E in Italia?
5. Il Carnevale è celebrato negli Stati Uniti? Dove? C'è una festa simile?

D Tutti amano le feste.   Chiedere ad alcuni altri studenti:

- quale giorno festivo preferiscono e perché
- quali sono alcune tradizioni associate a quella festa
- se hanno tradizioni in famiglia per quella festa.

Poi presentare le informazioni alla classe.

FESTIVITÀ E RICORRENZE 1999

1 gennaio	Capodanno
6 gennaio	Epifania
6–13 marzo	Carnevale
22 aprile	Pasqua
25 aprile	Anniversario della Liberazione (1945)
1 maggio	Festa del Lavoro
2 giugno	Festa della Repubblica
15 agosto	Assunzione (Ferragosto)
1 novembre	Ognissanti
4 novembre	Festa dell'Unificazione Nazionale
8 dicembre	Immacolata Concezione
25 dicembre	Natale

A.2 Incontro

Un viaggio in Sardegna. *Annamaria sta andando a trovare la sua famiglia in Sardegna. Bruno trascorre le vacanze sull'isola. Sono arrivati a Olbia con il traghetto e ora sono sul treno diretto verso la Costa Smeralda.*

BRUNO: Scusa, è occupato questo posto?

ANNAMARIA: No, è libero. Accomodati pure.

BRUNO: Bene, allora metto il sacco a pelo qui sopra. Ecco fatto!° Io vado all'isola di Caprera. E tu? *there, that's done!*

ANNAMARIA: Vado fino a La Maddalena, in Costa Smeralda. Vado dai miei nonni; ogni estate vengo in Sardegna a trovare i miei parenti.

BRUNO: Che colpo!

ANNAMARIA: Come mai hai scelto di andare all'isola di Caprera?

BRUNO: I ragazzi con cui lavoro conoscono un bel campeggio lì. Io sono di Milano e ora in città è pazzesco: non si respira e i negozi sono tutti chiusi per ferie.

ANNAMARIA: Conosci la Sardegna?

BRUNO: No, non ci sono mai° stato. Figurati che prima di oggi non avevo mai preso un traghetto! *never*

ANNAMARIA: Davvero?

BRUNO: Sì, e per un pelo non lo prendevo anche questa volta! Sono arrivato in ritardo e ho scoperto che avevo dimenticato il biglietto a casa. Lo confesso, sono un po' imbranato° quando viaggio. Quest'inverno volevo fare una settimana bianca con degli amici, ma non avevo pensato di prenotare l'albergo, e così è andato tutto a monte. *dense, confused*

ANNAMARIA: Non parlare di settimana bianca! Questo treno è senza aria condizionata e io sono sudata fradicia. Fa un caldo bestiale e tu parli di neve! Questo viaggio non finisce mai! Non vedo l'ora di arrivare.

BRUNO: Anch'io! Farò un bel bagno in mare appena arrivo. E di sera, cosa si fa di bello da queste parti?

ANNAMARIA: Un sacco di cose interessanti! Forse non lo sai, ma la settimana di Ferragosto c'è la sagra del paese. Mi raccomando, non perdertela!° La processione per il santo patrono è così bella, e alla sera ci sono feste, fuochi d'artificio, musica in piazza. È proprio divertente! *don't miss it!*

BRUNO: Accipicchia! Quasi quasi vengo con te ... o magari ci possiamo incontrare alla festa del santo patrono?

Lo sapevi che... ?

*I*n Italia la festa del santo patrono della città è molto sentita. Tutti i negozi chiudono e normalmente ci sono fuochi d'artificio la sera. Alcune feste da ricordare sono le seguenti:

Venezia	San Marco	il 25 aprile
Firenze, Torino, Genova	San Giovanni Battista	il 24 giugno
Roma	San Pietro e Paolo	il 29 giugno
Palermo	Santa Rosalia	il 4 settembre
Napoli	San Gennaro	il 19 settembre
Milano	Sant'Ambrogio	il 7 dicembre

San Francesco (il 4 ottobre) è il santo patrono di tutta l'Italia.

A **Comprensione: le domande.**   Rispondere alle seguenti domande.

Attività

1. Dove va Annamaria? Quali sono i suoi progetti per Ferragosto?
2. Dove sta andando Bruno? Come trascorre le sue ferie?
3. Com'è Milano in quel periodo?
4. Che cosa ha fatto Bruno per la prima volta?
5. Cosa è successo quando Bruno è arrivato al traghetto?
6. Che cosa è successo l'inverno scorso a Bruno?
7. Perché Annamaria non vuole che Bruno parli di settimana bianca?
8. Come andranno a finire le vacanze di Bruno, secondo te?

B **Preferenze personali.**   Fare le seguenti domande ad un compagno/una compagna.

1. Come trascorri le vacanze estive generalmente? Lavori? Studi? Fai dei viaggi? Vai al mare? Al lago? In montagna?
2. Con chi ti piace andare in vacanza? Con la famiglia? Con gli amici? Da solo/a?
3. Hai mai fatto una settimana bianca? Dove? Ti sei divertito/a?
4. Ti piacciono i fuochi d'artificio? Quando li hai visti l'ultima volta?

C **Un incontro straordinario!**   Immaginare di essere su un treno in Sardegna. Raccontare ad un amico/un'amica cosa è successo quando hai conosciuto una persona affascinante (*fascinating*). L'amico/a ti farà domande per conoscere tutti i particolari di questo incontro straordinario. Modellare il dialogo secondo le seguenti domande.

Esempio: —Come si chiama?
            —Dove andava?
            —Perché viaggiava in treno?
            —Che cosa ti ha detto? Lavora? Studia?

In altre parole

è pazzesco!	*it's mind-boggling!/it's insane!*
per un pelo	*by the skin of one's teeth*
andare a monte	*to come to nothing*
sudato fradicio, bagnato fradicio	*soaked with sweat, soaking wet*
un sacco di...	*a ton of . . .*
quasi quasi	*just maybe/possibly*

D Abbinamenti.   Trovare nella lista a destra una risposta opportuna per ogni frase a sinistra.

1. Come ti sembrano i nostri progetti per le vacanze?
2. Signorina, Le dispiace se apro un po' il finestrino?
3. Franca, è vero che ti sei rotta (*broke*) il ginocchio?
4. Beppe, finalmente sei qui! Il treno sta per partire!
5. Mamma, il nonno mi ha detto che da bambina non ti piaceva studiare.
6. Ti è piaciuto il Carnevale di Venezia?

a. Scusami per il ritardo! Per un pelo perdevamo il treno!
b. Purtroppo sì. Vuol dire che la settimana bianca andrà a monte.
c. Bellissimi. Quasi quasi vengo anch'io!
d. Era pazzesco! Ogni sera feste, balli, fuochi d'artificio...
e. Faccia pure. Anch'io sono sudata fradicia.
f. Non credergli! Tuo nonno racconta un sacco di storie.

A Carnevale, ogni scherzo vale!

Un sacco di...   Trasformare le frasi senza cambiarne il senso, seguendo il modello.

Esempio: Il Dottor Bianchi ha molti pazienti.
Il Dottor Bianchi ha un sacco di pazienti.

1. Mi diverto in Sardegna perché ho tanti parenti lì.
2. Sul treno c'era moltissima gente.
3. Mio cugino ha una collezione enorme di francobolli rari.
4. Riccardo sa molte cose.
5. La casa dei miei nonni è piena di stanze.
6. Hanno speso moltissimi soldi in vacanza.

 Andare in Sardegna.   Tu ed un amico/un'amica volete fare una settimana di vacanze in Sardegna. Siccome (*Since*) vorreste vedere tutta l'isola, forse porterete anche l'automobile. Guardare l'orario e decidere:

- In quale data partirete? Quando tornerete?
- A che ora partirà il traghetto, e a che ora arriverete in Sardegna?
- Quanto costerà il viaggio?
- Porterete la macchina? Perché?

Poi spiegate alla classe i vostri progetti di viaggio.

---

sardinia ferries Tourship Group   **ORARI 97**

LIVORNO–GOLFO ARANCI

GIUGNO

PARTENZA	M 1	M 2	G 3	V 4	S 5	D 6	L 7	M 8	M 9	G 10	V 11	S 12	D 13	L 14	M 15	M 16	G 17	V 18	S 19	D 20	L 21	M 22	M 23	G 24	V 25	S 26	D 27	L 28	M 29	M 30	ARRIVO
09.30											★	★		★	★			★	★	★	★						★	★	★	★	18.45
21.30																															07.15

LUGLIO

PARTENZA	V 1	S 2	D 3	L 4	M 5	M 6	G 7	V 8	S 9	D 10	L 11	M 12	M 13	G 14	V 15	S 16	D 17	L 18	M 19	M 20	G 21	V 22	S 23	D 24	L 25	M 26	M 27	G 28	V 29	S 30	D 31	ARRIVO
09.30				★	★		★			★	★	★	★			★	★	★	★	★		★	★	★	★							18.45
21.30																																07.15

AGOSTO

PARTENZA	L 1	M 2	M 3	G 4	V 5	S 6	D 7	L 8	M 9	M 10	G 11	V 12	S 13	D 14	L 15	M 16	M 17	G 18	V 19	S 20	D 21	L 22	M 23	M 24	G 25	V 26	S 27	D 28	L 29	M 30	M 31	ARRIVO
09.30								★																								18.45
21.30									★	★			★	★	★	★	★		★	★	★	★	★			★	★	★	★			07.15

tariffe adulti traversata	09.30	21.30	auto
economica	34.000	45.000	70.000
budget	39.000	63.000	90.000
prima classe	55.000	70.000	150.000
di lusso	75.000	80.000	190.000

★ prezzo speciale: 2 persone + auto A/R: 220.000

A.3 Punti grammaticali

Il trapassato prossimo

Quando siamo arrivati a Milano, **avevamo** già **visitato** la Sardegna.	*When we arrived in Milan we had already visited Sardinia.*
Sono arrivata alla stazione dopo che il treno **era** già **partito.**	*I arrived at the station after the train had already left.*
Michele ha mangiato la cena, dopo che **aveva lavorato** tanto.	*Michael ate dinner after he had worked a lot.*
Non **aveva** mai **visto** un film così bello.	*She had never seen such a beautiful film.*
Non **avevi** mai **votato** prima?	*You had never voted before?*

1. **Il trapassato prossimo** (past perfect) is used to describe a past action that preceded another past action. It corresponds to the English *I had spoken, we had eaten,* etc.

1. Trapassato prossimo	2. Passato prossimo	Presente

Maria <u>aveva</u> già <u>mangiato</u> quando <u>è andata</u> al cinema.

2. **Il trapassato prossimo** is a compound tense formed with the imperfect of **essere** or **avere** plus the past participle of the verb. The past participle agrees with the subject when the verb is conjugated with **essere.**

mangiare		andare	
avevo mangiato	avevamo mangiato	ero andato/a	eravamo andati/e
avevi mangiato	avevate mangiato	eri andato/a	eravate andati/e
aveva mangiato	avevano mangiato	era andato/a	erano andati/e

3. Sentences containing the **trapassato prossimo** often use words such as **già** (*already*), **prima** (*before*), **dopo che** (*after*), **appena** (*as soon as*), and **quando** (*when*) to indicate that one action preceded another.

Avevamo **già** studiato l'italiano
  quando siamo andati in Italia.

*We had already studied Italian
  when we went to Italy.*

Non avevamo **mai** preso un aereo prima.

*We had never taken a plane
  before.*

Lucia non si era **ancora** vestita
  quando Mario è arrivato.

*Lucia had not yet dressed
  when Mario arrived.*

Mi ero **appena** alzata
  quando mia madre mi ha chiamato.

*I had just gotten up when
  my mother called me.*

Note that **già, mai, appena,** and **ancora** are placed between the auxiliary verb and the past participle.

Attività

A **Un viaggio disastroso.** Completare il brano mettendo i verbi tra parentesi nel trapassato prossimo.

È stato un viaggio disastroso. Per cominciare, mi sono alzato tardi perché (dimenticare) di mettere la sveglia (*alarm clock*) la notte prima. In macchina ho scoperto che (lasciare) il portafoglio a casa. Quando finalmente sono arrivato al porto, il traghetto già (partire). Meno male che c'era un altro traghetto. Ho trovato un posto libero accanto ad un signore che (fumare) un sigaro. Che profumo! Quando sono arrivato in Sardegna era così tardi che i miei amici (decidere) di non aspettarmi più e (tornare) a casa. Purtroppo la mia amica Gabriella non mi (dare) il suo numero di telefono. Io non (fare) mai un viaggio così pieno di problemi!

B **Uno dopo l'altro.** Decidere quale azione succede prima e quale dopo, e costruire una frase con gli elementi dati. Ricordare di usare **dopo che, quando** o **appena.**

Esempio: noi / studiare l'italiano / fare un viaggio in Italia
    Dopo che avevamo studiato l'italiano, abbiamo fatto un viaggio in Italia.

1. noi / fare la valigia / partire
2. mia madre / preparare la cena / fare la spesa
3. tu / ricevere un pacco / aprire il pacco
4. Elena / scrivere la lettera / spedire la lettera
5. io / incontrare l'amico / invitare l'amico al cinema
6. gli studenti / studiare / dare l'esame
7. voi / vestirsi / uscire
8. io / comprare il biglietto / salire sull'autobus

C **Una mattina tipica.**   Legare le seguenti azioni una dopo l'altra, in maniera logica, e formare delle frasi usando il trapassato prossimo, secondo i modelli.

Esempio: alzarsi / lavarsi la faccia / lavarsi i denti
           Dopo che mi ero alzato, mi sono lavato la faccia. Quando mi ero lavato la faccia, mi sono lavato i denti.

1. svegliarsi
2. vestirsi
3. preparare la colazione
4. leggere il giornale
5. farsi la doccia
6. scendere giù in cucina
7. bere il caffè
8. uscire per andare a lezione

D **Perché...**   Completare le seguenti frasi in maniera logica come nel modello.

Esempio: Ho preso un brutto voto all'esame perché...
           ... non mi ero preparata bene. /
           ... non avevo dormito la notte.

1. Ieri sera non avevo fame perché...
2. Ho fatto tardi a lezione perché...
3. Ho dovuto pagare con la carta di credito perché...
4. Mia madre non era contenta di me perché...
5. Non c'era niente da mangiare in cucina perché...
6. Il viaggio è andato a monte perché...

E **Non l'avevo mai fatto prima.**   Pensare a tutte le cose nuove che hai fatto nel primo semestre all'università. Poi raccontarne almeno tre ad un compagno/una compagna, dicendo che non le avevi mai fatte prima.

Esempio: —Vivo con un compagno di camera. Non avevo mai avuto prima un compagno di camera.

B Alla stazione ferroviaria

B.1 Si dice così

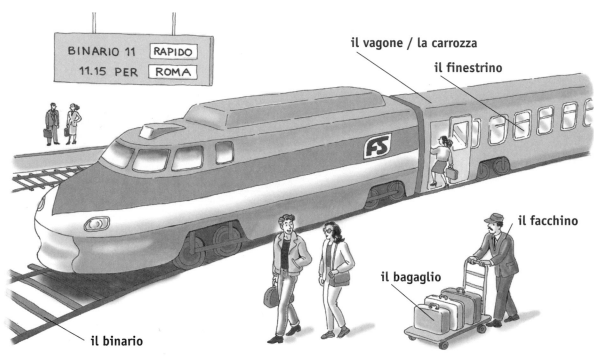

BINARIO 11 | RAPIDO
11.15 PER | ROMA

il vagone / la carrozza

il finestrino

il facchino

il bagaglio

il binario

il passeggero / la passeggera

Parole utili

la stazione ferroviaria	train station	l'andata e ritorno	round trip
il treno	train	la prima classe,	first class,
diretto, locale	direct, local	seconda classe	second class
espresso, rapido, IC	express, rapid, Intercity	la sala d'attesa	waiting room
il supplemento rapido	extra charge for fast trains	l'arrivo	arrival
la coincidenza	connection	la partenza	departure
il posto (a sedere)	seat	il ritardo	delay
lo scompartimento	compartment	essere in orario	to be on time
il controllore	conductor	essere in partenza/	to be leaving/
la biglietteria	ticket office	in arrivo	arriving
lo sportello	ticket window	perdere il treno	to miss a train
il biglietto	ticket		

Lo sapevi che... ?

In Italia, come in Europa in generale, si viaggia moltissimo in treno. Spesso ci sono vagoni-ristoranti sui treni. Per lunghi viaggi si può dormire sul treno in un vagone-letto (simile ad una camera d'albergo) o in cuccette, dove i posti a sedere di uno scompartimento di notte diventano dei lettini.

A **Quale?**   Scegliere l'espressione corretta.   **Attività**

1. Avete tante valige pesantissime, così chiamate (il facchino / il controllore).
2. Il vagone ha molti (scompartimenti / finestrini) dove ci sono i posti a sedere.
3. Aspettiamo il treno sul (vagone / binario).
4. Compro un biglietto (al finestrino / allo sportello).
5. Gli studenti vogliono spendere meno; comprano un biglietto di (seconda / prima) classe.
6. Quando una persona cambia treno a Bologna per arrivare a Milano, prende (la cittadinanza / la coincidenza).
7. Il treno da Olbia arriva puntuale alle 11.00. È (in orario / in partenza).
8. Per andare da Roma a Milano in meno tempo possibile, prendi un treno (diretto / espresso).
9. Quando viaggi sul treno rapido o Intercity, bisogna pagare (il ritardo / il supplemento rapido).
10. Vuoi andare da Sassari a Cagliari e poi da Cagliari a Sassari. Compri un biglietto di (andata e ritorno / seconda classe).

B **Un biglietto del treno.**   Annamaria ha fatto recentemente un viaggio in treno. Guardare il biglietto che ha comprato e rispondere alle seguenti domande.

1. Da dove è partita Annamaria?
2. Qual era la destinazione del suo viaggio?
3. Quanti chilometri di distanza ci sono tra quelle due città?
4. In quale classe viaggiava, prima o seconda?
5. Quanto è costato il biglietto?
6. Quando ha comprato il biglietto?

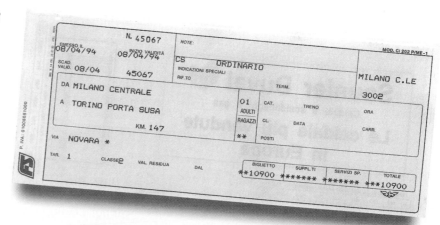

Alla biglietteria. Tu lavori alla biglietteria della stazione ferroviaria di Milano. Un turista americano (l'altro studente/l'altra studentessa) viene allo sportello perché vuole andare a Genova. Chiedere:

- dove deve andare.
- quando viaggia.
- quale tipo di biglietto vuole comprare, cioè un biglietto semplice o di andata e ritorno.
- in quale classe preferisce viaggiare.

Poi preparare il biglietto e dire al viaggiatore quanto deve pagare.

Lo sapevi che... ?

La Ferrovia dello Stato (F.S.) è la compagnia nazionale dei treni in Italia. Ci sono diversi tipi di treno che variano molto nel servizio. Il treno locale è il meno rapido di tutti: si ferma a tutte le stazioni tra la città di partenza e quella di arrivo. Il treno diretto è anche piuttosto lento. Un treno espresso fa un viaggio più o meno diretto, cioè senza troppe fermate, e il biglietto non è costoso. I treni rapidi e Intercity richiedono un supplemento rapido, però sono molto veloci e non si fermano in molte stazioni. Il "Pendolino" è il treno più rapido in assoluto; costa molto ed è obbligatoria la prenotazione.

B.2   Incontro

In partenza.   *Due amici, Carlo e Paolo, s'incontrano davanti ai binari. Sono alla stazione di Cagliari.*

PAOLO: Salve, Carlo!

CARLO: Ciao! Ma che sorpresa! Che ci fai qui tu? Credevo che tu fossi ancora a Roma e che tornassi in Sardegna solo d'estate!

PAOLO: Come vedi, sono a casa. Non vado da nessuna parte; ho solo dato un passaggio a mia madre. Voleva che io la portassi in macchina, ma c'era traffico e siamo arrivati in ritardo. Così ha perso il treno e ora deve aspettare il prossimo. E tu, che fai di bello?

CARLO: Vado a Sassari per un colloquio di lavoro. Il mio treno parte tra un quarto d'ora.

PAOLO: Colloquio di lavoro? Ma non sapevo che ti fossi laureato!

CARLO: Non mi sono ancora laureato. Comunque, dovrei finire la tesi tra un paio di mesi. Senti, Paolo, ti saluto—il mio treno è in partenza sul binario cinque. Scappo! Ciao!

PAOLO: Ciao, Carlo! In bocca al lupo per il colloquio!

CARLO: Crepi!

Paolo torna dalla mamma, che sta chiamando un facchino.

SIGNORA: Facchino! Facchino! È libero?
FACCHINO: Prego, signora. A Sua disposizione.
SIGNORA: Grazie. Queste sono le mie valige.
FACCHINO: Benissimo. Ne ha tante, signora! Quanto bagaglio! Dove lo porto?
PAOLO: Eccomi! Il prossimo treno parte dal binario tre fra venti minuti. È un rapido, così ti ho comprato il supplemento.
SIGNORA: Santo cielo! Fra venti minuti! Sbrighiamoci!
PAOLO: Non ti preoccupare, mamma. Vado a prenderti il giornale all'edicola, così lo potrai leggere durante il viaggio. Abbiamo ancora un sacco di tempo.
SIGNORA: Mica tanto, sai. Sbrigati, per favore. Se no, perderò il treno un'altra volta!

A Comprensione: vero o falso?   Indicare se le seguenti frasi sono vere o false e correggere quelle false.

Attività

1. Carlo e Paolo sono in Liguria.
2. Paolo è alla stazione per accompagnare sua madre.
3. Paolo e sua madre sono venuti alla stazione con l'autobus.
4. Carlo parte per Sassari tra quindici minuti.
5. Carlo ha finito gli studi universitari.
6. La madre di Paolo viaggia con molte valige.
7. Paolo ha comprato il supplemento rapido per sua madre.
8. La madre ha paura di perdere un altro treno.

B Un lungo viaggio.   Tu e un amico/un'amica state partendo per un viaggio in treno che durerà almeno dieci ore. Discutere di tutte le cose che porterete con voi per non annoiarvi durante il lungo viaggio.

Esempio: —Perché non portiamo... ? Così possiamo...
           —Buona idea! E io porto anche...

Lo sapevi che... ?

In Italia è necessario timbrare o convalidare il biglietto prima di salire sul treno altrimenti il biglietto non è valido. Quando si compra un biglietto per il treno, il biglietto è valido per tre mesi, per tutti i treni che fanno quel viaggio, in qualsiasi giorno a qualsiasi ora. Bisogna solo ricordarsi di comprare un supplemento rapido se il treno è un rapido o un Intercity!

n altre parole

da nessuna parte	*nowhere*
comunque	*anyway/at any rate*
un paio di...	*a couple of . . .*
a Sua (tua) disposizione!	*at your service*
santo cielo!	*good heavens!*
mica tanto	*not really*

C La risposta giusta.   Trovare nella lista a destra una risposta opportuna per ogni domanda a sinistra.

1. Dove vai stasera, Gianfranco?
2. Facchino! Mi può aiutare con queste valige?
3. Che lungo viaggio in traghetto! Quando arriviamo ad Olbia?
4. Ti piace viaggiare in aereo?
5. Ma non dovevi prendere il treno?
6. È in partenza il treno?

a. A Sua disposizione, signora.
b. Non ancora. Andiamo comunque al binario. Parte fra poco.
c. Da nessuna parte. Resto a casa.
d. Pazienza! Arriviamo tra un paio d'ore.
e. Santo cielo! Hai ragione! Devo scappare!
f. Mica tanto. Preferisco il treno.

D Alla stazione.   Completare il brano con un'espressione da **In altre parole.**

Gabriella e Alberto si sono incontrati per caso alla stazione ferroviaria.

GABRIELLA: Dove vai di bello, Alberto?

ALBERTO: _____, sto aspettando un amico che arriva da Parigi.

GABRIELLA: Davvero? Io vado a Parigi fra _____ di settimane, quando finisce l'anno accademico.

ALBERTO: Che bello! Parli bene il francese allora.

GABRIELLA: _____, sai. _____ intendo studiare il francese mentre sono a Parigi. Quando arriva questo amico?

ALBERTO: Doveva essere già qui, ma il suo treno è in ritardo. _____! Stanno annunciando che il treno non arriverà per un'altra ora!

GABRIELLA: _____, prima o poi arriverà e dopo avrete tanto tempo per stare insieme! Ciao, Alberto!

Conversazione sul treno.   Finalmente parti per le vacanze. Sul treno con te c'è un altro/un'altra giovane, evidentemente in vacanza anche lui/lei. Creare una conversazione in cui chiedi:

- dove sta andando
- da dove viene
- come trascorrerà le vacanze (Con chi sarà? Che cosa farà? Quando dovrà tornare a casa?)

Rispondere alle domande e poi invitare il nuovo amico/la nuova amica a trascorrere una giornata di vacanza con te.

B.3   Punti grammaticali

Il congiuntivo imperfetto

Pensavo che tu **fossi** italiana.	*I thought you were Italian.*
Era bene che io non **portassi** molto bagaglio.	*It was a good thing I didn't bring a lot of baggage.*
Credevamo che voi **partiste** a maggio.	*We thought you were leaving in May.*
Avevo paura che i miei amici **si perdessero** a Roma.	*I was afraid my friends would get lost in Rome.*

1. **Il congiuntivo imperfetto** (imperfect subjunctive) is used in a dependent clause when the verb in the independent clause is in a past tense or in the conditional. It is used in the same way as the present subjunctive, for example, after verbs of necessity, uncertainty, doubt, desire, or emotion. Compare:

—Sapevi che Mario **era** argentino?	*—Did you know Mario was Argentinian?*
—No, credevo che **fosse** italiano!	*—No, I thought he was Italian!*

The imperfect subjunctive is used when the action of the dependent clause is contemporaneous to or later than the action of the independent clause.

2. **Il congiuntivo imperfetto** is highly regular and is formed by dropping the infinitive ending and adding the following endings:

arrivare	prendere	dormire	finire
arriv**assi**	prend**essi**	dorm**issi**	fin**issi**
arriv**assi**	prend**essi**	dorm**issi**	fin**issi**
arriv**asse**	prend**esse**	dorm**isse**	fin**isse**
arriv**assimo**	prend**essimo**	dorm**issimo**	fin**issimo**
arriv**aste**	prend**este**	dorm**iste**	fin**iste**
arriv**assero**	prend**essero**	dorm**issero**	fin**issero**

Note that the endings are the same except for the characteristic vowel preceding the ending (**a, e, i**).

3. Essere, dire, bere, and **fare** are irregular and have the following forms:

essere: fossi, fossi, fosse, fossimo, foste, fossero
dire: dicessi, dicessi, dicesse, dicessimo, diceste, dicessero
bere: bevessi, bevessi, bevesse, bevessimo, beveste, bevessero
fare: facessi, facessi, facesse, facessimo, faceste, facessero

Stare and **dare** are irregular in the same way:

stare: stessi, stessi, stesse, stessimo, steste, stessero
dare: dessi, dessi, desse, dessimo, deste, dessero

4. Compare the following:

Credo che lei **venga** alla festa.
I think she is coming to the party.

Credevo che lei **venisse** alla festa.
I thought she was coming to the party.

Esco benché **faccia** freddo.
I'm going out although it's cold.

Sono uscito benché **facesse** freddo.
I went out although it was cold.

Sembra che quel treno **parta.**
It seems that train is leaving.

Sembrava che quel treno **partisse.**
It seemed that train was leaving.

Attività

A Programmi andati a monte.   I signori Galletti hanno invitato i tre figli, che abitano in altre città, a tornare a casa per Pasqua. Purtroppo il programma di pranzare tutti insieme è andato a monte. Completare le frasi con il congiuntivo imperfetto dei verbi dati.

1. Paolo credeva che il suo treno (arrivare) puntuale a mezzogiorno. Invece è arrivato in stazione con tre ore di ritardo. Era strano che lui non (essere) con noi per il pranzo di Pasqua!
2. Non pensavamo che Roberta (venire) in macchina; credevamo che (prendere) il treno. Benché (piovere), Roberta ha deciso di guidare. Era necessario che lei (accompagnare) anche la zia Lina. Quando non sono arrivate, ci siamo preoccupati: avevamo paura che lei (stare) male.
3. Stefania ha telefonato per dirci che era possibile che i suoi bambini (avere) l'influenza. Ha detto che era meglio che loro (restare) a casa questa volta e che noi (festeggiare) senza di loro.

B Le colonne.   Creare delle frasi originali prendendo un elemento da ogni colonna, legando il tutto con la congiunzione **che.** Mettere il secondo verbo al congiuntivo imperfetto.

Esempio: Era importante che gli studenti lavorassero sodo.

Era importante	**che** Margherita	avere tanti figli.
Temevo	il treno	sapere cantare così bene.
Non eravamo sicuri	voi	lavorare sodo.
Era necessario	gli studenti	fare colazione.
Non sapevi	tu	dire la verità.
Credevate	Massimiliano	essere così pieno di gente.
Bisognava	io	trascorrere le ferie con noi.
L'insegnante pensava		bere un bicchier d'acqua.
		prendere appunti.

Non lo sapevo. Reagire alle seguenti frasi come nel modello.

Esempio: La Sardegna è un'isola.
Non sapevo che fosse un'isola.

1. Il paesaggio della Sardegna varia molto da una costa all'altra.
2. Le città principali dell'isola sono Sassari e Cagliari.
3. La Sardegna ha una grande ricchezza mineraria.
4. Nelle acque della Sardegna si pesca il tonno.
5. Nelle montagne abbondano i cinghiali (*wild boars*).
6. I sardi parlano un dialetto molto particolare.
7. Il turismo è molto importante per l'economia sarda.

 La luna di miele (*honeymoon*) **di Luca e Stefania.**   Luca e Stefania sono due sposi che hanno trascorso la luna di miele in Sardegna, un viaggio con dei momenti bellissimi ma anche con dei momenti di tensione. Ora commentano il loro viaggio. Completare le seguenti frasi.

Luca dice: Stefania dice:

Ero contento che tu...   Sembrava che il viaggio...
Non sapevo che tua madre...   Mi dispiaceva molto che...
Mi sembrava impossibile che tu...   Non sapevo che dentro la valigia...
Non mi è piaciuto il fatto che tu...

Cosa pensavi da piccolo?   Parlare con un amico/un'amica delle cose a cui credevi quando eri piccolo. Rispondere all'osservazione, come nel modello.

Esempio: —Da piccolo credevo che la scuola fosse molto grande.
—È vero, anche a me sembrava che la scuola fosse enorme.

All'agenzia di viaggio

C.1 Si dice così

le informazioni (*f. pl.*)	*information*	la tariffa	*rate/price*
il programma	*travel plans*	le tariffe (*pl.*)	*price list*
il dépliant	*brochure*	con pensione completa,	*with meals, with*
la disponibilità	*availability*	con mezza pensione	*breakfast and dinner*
la destinazione	*destination*	economico	*cheap*
la prenotazione	*reservation*	di lusso	*deluxe*
l'alta/la bassa stagione	*high/low season*	pernottare	*to spend the night*
l'auto a noleggio	*rental car*	informarsi	*to find out*
l'ospite (*m., f.*)	*guest*	fare una prenotazione/	*to reserve*
la pensione	*small hotel*	prenotare	
l'ostello	*hostel*	noleggiare	*to hire/rent*
		economizzare	*to economize*

A **Le definizioni.**   Trovare nella lista una parola o un'espressione per ogni definizione data.

1. Cercare il modo di non spendere troppo *economizzare*
2. Il periodo in cui molta gente frequenta un luogo turistico
3. Il progetto per un viaggio o per una vacanza *il programma*
4. I prezzi dei vari servizi in un albergo *la tariffa*
5. Pagare per l'uso limitato di un'automobile
6. Con i pasti inclusi *con*
7. L'ordine di riservare una camera in un albergo o un tavolo al ristorante
8. Dormire in un albergo o pensione *pernottare*

B **Villa Paradiso.**   Guardare attentamente il dépliant di "Villa Paradiso" e poi rispondere alle seguenti domande.

Villa Paradiso — Porto Cervo
Albergo a Quattro Stelle ★ ★ ★ ★

LE TARIFFE	bassa stagione	alta stagione
camera singola	72.000	96.000
camera doppia	145.000	225.000
camera matrimoniale	130.000	200.000
con servizi		
con mezza pensione	65.000/persona/notte	

Sconto di 25%–gruppi di 4+ persone
Tariffe speciali per sposi

Servizi extra:

Autonoleggio

Babysitting

Telefax

Attività sportive

1. Villa Paradiso è un albergo di lusso o una pensione? Come lo sai?
2. Quanto costa una camera doppia durante la bassa stagione? E in alta stagione?
3. Ci sono i bagni in tutte le camere?
4. Quanto si deve pagare in più se uno vuole mangiare in albergo?
5. Fanno prezzi speciali? A chi?
6. Quali sono alcuni dei servizi offerti dall'albergo? Spiegare l'utilità di ogni servizio.

All'agenzia di viaggio.   Creare una conversazione basata sulle indicazioni date.

S1: Hai passato un periodo di stress e ora vuoi riposarti al mare. Vai all'agenzia di viaggio per programmare un indimenticabile viaggio al mare—ma non vuoi spendere molto. Chiedere informazioni all'agente.

S2: Sei un agente di viaggio. Un giovane manager viene nel tuo ufficio e vuole informazioni per un viaggio al mare. Rispondere alle domande del cliente, e raccomandare l'albergo di tuo cugino, la Villa Paradiso.

Lo sapevi che... ?

*L*a Sardegna, la seconda isola più grande del Mediterraneo dopo la Sicilia, ha una storia ricca e antica. I nuraghi sono delle interessanti case-fortezze in pietra dalla insolita forma a cono. Per lungo tempo l'economia della Sardegna era basata sull'agricoltura e sull'allevamento delle pecore; un prodotto molto tipico è infatti il formaggio sardo "pecorino". Oggi la Sardegna è una destinazione popolare di turisti da tutto il mondo.

Il mare limpido di una spiaggia in Sardegna

C.2 Incontro

Destinazione: Sardegna!   *Valentina e Carlo sono una giovane coppia che abita in Toscana. Stanno programmando la vacanza in Sardegna.*

VALENTINA: Carlo, amore, sei andato all'agenzia di viaggio oggi?

CARLO: Sì, tesoro. Mi sono informato per la nostra vacanza in Sardegna.

VALENTINA: Bene! Non vedo l'ora di andarci! Hai preso qualche dépliant?

CARLO: Naturalmente. Guarda questa foto della spiaggia di Porto Cervo!

VALENTINA: Magnifica! Vorrei visitare sia la Costa Smeralda sia l'interno, le montagne. Che isola affascinante! Spero che tu abbia già prenotato i biglietti aerei.

CARLO: No, non li ho ancora prenotati. Non pensavo che fosse necessario.

VALENTINA: Ma come? Carlo, è possibile che tu sia stato all'agenzia senza fare nemmeno una prenotazione? Manca solo un mese alla data di partenza!

CARLO: Ma se non abbiamo ancora deciso che tipo di sistemazione° vogliamo! Intanto, c'è tempo. — *arrangements*

VALENTINA: Mica tanto, sai. Dobbiamo sbrigarci se vogliamo trovare posto in albergo. Penso che tu debba tornare subito all'agenzia a sistemare tutto. Io preferisco un bell'albergo di lusso, ma certo una pensione sarebbe più economica.

CARLO: Ehi! Perché non andiamo in campeggio? Mi piace dormire sotto le stelle!

VALENTINA: Hai ragione, Carlo. Abbiamo tante cose da discutere.° — *many things to discuss*

Il giorno dopo, Valentina va da sola all'agenzia di viaggio.

IMPIEGATO: Prego, signora. Mi dica!

VALENTINA: Vorrei prenotare un biglietto aereo di andata e ritorno Pisa–Cagliari. Vorrei anche delle informazioni sugli alberghi di prima categoria per la Costa Smeralda...

IMPIEGATO: Quando vuole partire, signora?

VALENTINA: Lunedì 3 agosto.

IMPIEGATO: Ecco fatto. Le serve altro? Avrà bisogno di un'auto a noleggio?

VALENTINA: No, grazie. Devo prenotare l'albergo anche oggi?

IMPIEGATO: Non necessariamente, però Le consiglio di decidere entro la fine di questa settimana. Le suggerisco di sfogliare° alcuni dépliant—prenda pure! Guardi questa spiaggia dell'isola di Caprera. Che posto romantico per trascorrere le vacanze! — *to leaf through*

VALENTINA: Lo spero tanto!

A Comprensione: le parole mancanti. Scegliere l'espressione che completa ogni frase in maniera corretta.   **Attività**

1. Valentina e Carlo hanno intenzione di trascorrere le vacanze
   a. in Toscana.   b. a Pisa.   c. in Sardegna.

2. Carlo è andato all'agenzia di viaggio per
   a. fare un campeggio.   b. informarsi.   c. litigare.

3. Valentina vorrebbe visitare la costa della Sardegna e anche
   a. le stelle.   b. l'interno.   c. i dépliant.

4. Carlo non ha comprato i biglietti perché non gli sembrava che
   a. fosse necessario.   b. andassero in treno.   c. costassero molto.

5. Partono per le vacanze
   a. domani.   b. l'anno prossimo.   c. fra un mese.

6. A Carlo piace dormire
   a. all'aria aperta.   b. in un albergo di lusso.   c. sull'aereo.

7. Il giorno dopo Valentina va all'agenzia di viaggio
   a. da sola.   b. con sua madre.   c. con Carlo.

8. Secondo l'agente di viaggio, l'isola di Caprera sarebbe un posto
   a. a sedere.   b. economico.   c. romantico.

B **La posta elettronica.**   Hai ricevuto il seguente messaggio da un amico/un'amica in posta elettronica, ma non puoi leggerlo tutto. Completare il brano con un vocabolo o un'espressione opportuna. Poi rispondere al messaggio.

Ciao, bello/a! Fra pochi mesi è estate e tutti parlano già di
_____ . Quest'anno mi piacerebbe _____ in
un'isola. Non so se andare in Sicilia o in Sardegna. Devo anche
decidere se andare in aereo o via mare. In questo caso, è meglio
_____ subito il traghetto, perché in estate sono sempre
molto affollati. Sono stata all' _____ per prendere alcuni
dépliant, così posso scegliere _____ o una pensione. Non
voglio spendere molto, perciò vorrei trovare un _____ o un
_____ per gli studenti. Che ne dici? Vuoi venire con me?

In altre parole

tesoro, amore	*darling, love*
sia... sia...	*both*
manca solo (un mese)	*it's just (a month) away*
intanto	*in the meantime*
entro (una settimana)	*within/in (a week)*
prenda/prendi pure	*help yourself*
lo spero tanto!	*I hope so!*

C **Sostituzioni.**   Sostituire le parole in corsivo, adoperando un'espressione da **In altre parole.**

1. Non vedo l'ora di partire per le vacanze. Immagina, Carlo, *fra sette giorni* saremo sulle spiagge della Costa Smeralda.
2. Signora, ecco alcuni dépliant che forse troverà interessanti. Prego, *può prenderne quante ne vuole.*
3. Carola *e anche* Gila amano dormire sotto le stelle.
4. Che gioia! *Dobbiamo aspettare solo un mese* per la fine delle lezioni.
5. Vado a chiamare l'Alitalia. *Nel frattempo* può guardare questo orario perché dovrà scegliere un volo.
6. L'agente dice che non è troppo tardi per trovare un posto in un albergo decente. *Speriamo bene!*

D **Sia l'uno sia l'altro.**   Inventare una frase usando gli elementi dati secondo il modello.

Esempio: Giulio / Antonella / andare al mare quest'estate
          Sia Giulio sia Antonella vanno al mare quest'estate.

1. mia madre / mio padre / volere andare in Grecia
2. l'albergo / la pensione / costare l'ira di Dio
3. il treno diretto / il treno locale / essere lenti
4. l'ostello / il campeggio / costare di meno
5. Roberto / Laura / viaggiare all'estero quest'anno

E **Valentina e Carlo vanno in vacanza.**   Come saranno le vacanze di Valentina e Carlo? Rileggere l'**Incontro** e con un altro studente/un'altra studentessa inventare la prossima conversazione tra i due. Che tipo di albergo prenoterà Valentina? Come reagirà (*react*) Carlo? Sarà d'accordo o no con lei? Cosa faranno poi?

Esempio: Valentina: Carlo, dopo che avevamo parlato l'ultima volta, sono andata in agenzia, e ho prenotato un albergo di lusso...
          Carlo: Ma Valentina! Non avevamo discusso abbastanza! E ti ho detto, preferisco fare campeggio, o almeno...

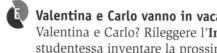
C.3   **Punti grammaticali**

Il congiuntivo passato

Spero che l'aereo non **sia** già **partito**.	*I hope the plane hasn't already left.*
Sembra che Andrea **abbia dimenticato** il portafoglio.	*It seems that Andrea forgot his wallet.*
Sono contenta che tu **abbia ricevuto** bei regali per il tuo compleanno.	*I'm glad you received nice gifts for your birthday.*
È bene che loro **si siano informati** all'agenzia prima del viaggio.	*It's good that they got information at the agency before the trip.*

1. **Il congiuntivo passato** (past subjunctive) is used when the independent clause is in the present tense, but the action of the dependent clause occurred before that of the independent clause.

2. The past subjunctive is formed with the present subjunctive of **essere** or **avere** and the past participle of the verb.

vedere		andare	
abbia visto	abbiamo visto	sia andato/a	siamo andati/e
abbia visto	abbiate visto	sia andato/a	siate andati/e
abbia visto	abbiano visto	sia andato/a	siano andati/e

3. Compare the following:

Penso che il treno **parta.**

Penso che il treno **sia** già **partita.**

Credo che lei **mangi** ora.
I think she is eating.

Non so se lei **vada** alla festa.
I don't know if she's going to the party.

Credo che il bambino **abbia** già **mangiato.**
I think the child has already eaten.

Non so se lei **sia andata** alla festa.
I don't know if she went to the party.

A **È possibile che abbiano viaggiato.**   Completare ogni frase con il congiuntivo passato del verbo dato.

Attività

1. Penso che Giuseppe (andare) in Francia l'anno scorso.   *sia andato*
2. È bene che tu (prenotare) già i biglietti aerei.
3. Sembra che i signori Simonetti (partire) già per le vacanze.   *siano partiti*
4. Spero che tu non (vedere) già questo film.
5. Sono contenta che voi (comprare) i biglietti in anticipo.   *abiate*
6. Luciano pensa che Silvia (andare) all'agenzia di viaggio ieri.
7. Dubitate che noi (conoscere) Sophia Loren? Perché non ci credete?   *abbiamo*
8. È male che io non (prendere) l'ombrello.   *abbia preso*

P. 136
↵
135

B **Vacanze indimenticabili.**   Completare il brano con il congiuntivo passato del verbo dato:

Quest'estate Laura e Marco sono andati in vacanza in Sardegna. Credo che loro (scegliere) la Sardegna perché lì il mare è davvero meraviglioso. Penso che Marco e Laura (andare) con i bambini e che (portare) anche il cane. Hanno girato l'isola in auto, perciò pare che (prendere) il traghetto da Genova. È probabile che Marco (prenotare) il traghetto con mesi di anticipo per essere sicuro di avere il posto per l'auto. Sembra che la loro vacanza (essere) indimenticabile e che i bambini (divertirsi) un sacco. Peccato che io (fare) già una prenotazione in un albergo in montagna per Ferragosto!

Una lettera dall'Inghilterra.   Vostro figlio, dopo l'esame di Maturità, è andato a Londra per una vacanza-studio. Commentare la lettera di vostro figlio con frasi come nei modelli, usando il congiuntivo passato.

Esempio: —Sono contento/a che lui abbia fatto...
          —Mi dispiace che lui sia stato...
          —È possibile che la ragazza abbia...
          —Non mi piace il fatto che loro...

> *Londra, 21 Agosto 1996*
>
> *Cara mamma e caro papà,*
> *È successa una cosa incredibile! Ho conosciuto una ragazza inglese fantastica! Ci siamo conosciuti in una discoteca e ci siamo subito innamorati! Infatti oggi pomeriggio le ho chiesto di sposarmi e lei ha subito risposto di sì. Allora ho venduto tutti i miei libri per comprarle un piccolo anello di fidanzamento. I libri non mi servono più perché ho lasciato gli studi per sempre. Ho accettato un lavoro come lavapiatti in un ristorante indiano. Abbiamo deciso di sposarci fra una settimana. Potete venire alle nostre nozze?*
>
> *Vi abbraccio forte. A presto,*
> *Luca*
>
> *P.S. Se venite, per favore potete portare anche dei soldi, perché ho già finito i due milioni di lire che mi avete dato prima di partire.*

Il congiuntivo trapassato

Credevo che tu **avessi** già **visitato** la Sardegna l'anno scorso.

I thought you had already visited Sardinia last year.

Era bene che lei **fosse arrivata** puntuale per il treno.

It was a good thing she had arrived punctually for the train.

—Avevi paura che io non **avessi prenotato** l'albergo?

—Were you afraid I hadn't reserved a hotel room?

—Sì, temevo che **ti fossi dimenticato!**

—Yes, I was afraid you'd forgotten!

1. **Il congiuntivo trapassato** (past perfect subjunctive) is used to describe a past action in the dependent clause that preceded another past action in the independent clause. Compare the following:

il congiuntivo imperfetto	*il congiuntivo trapassato*
Ero contenta che **facesse** bel tempo per la partita.	Ero contenta che **avesse fatto** bel tempo per la partita.
I was glad the weather was nice for the game.	*I was glad the weather had been nice for the game.*
Credevo che gli studenti **leggessero** *Via col vento.*	Credevo che gli studenti **avessero letto** *Via col vento.*
I thought the students were reading Gone with the Wind.	*I thought the students had read Gone with the Wind.*

2. **Il congiuntivo trapassato** is formed with the imperfect subjunctive of **essere** or **avere** and the past participle of the verb:

vedere		andare	
avessi visto	avessimo visto	fossi andato/a	fossimo andati/e
avessi visto	aveste visto	fossi andato/a	foste andati/e
avesse visto	avessero visto	fosse andato/a	fossero andati/e

Attività

A Destinazioni turistiche.   Volgere le frasi al passato, utilizzando il congiuntivo trapassato secondo il modello.

Esempio: Penso che Gilberto abbia già prenotato l'albergo. Pensavo che...
            Pensavo che Gilberto avesse già prenotato l'albergo.

1. Mi sembra che Beppe sia andato in Sicilia.
   Mi sembrava che...
2. Sembra che Caterina sia arrivata senza problemi.
   Sembrava che...
3. Pare che i cugini siano partiti per la Spagna.
   Pareva che...
4. Enrico viaggia in prima classe benché abbia perduto il lavoro.
   Enrico ha viaggiato in prima classe benché...
5. Spero che voi siate riusciti a trovare un volo diretto.
   Speravo...
6. È strano che Giulia e Carlo abbiano deciso di rimanere a casa.
   Era strano...

B Un malinteso (*misunderstanding*).   Completare ogni frase con il congiuntivo trapassato del verbo dato.

Carola e Luigi dovevano incontrarsi alla stazione. Purtroppo era molto affollata (*crowded*); peccato che loro non (vedersi) tra la gente. Quando Carola non ha visto Luigi, pensava che lui (dimenticarsi) dell'appuntamento. Luigi invece credeva che Carola (andare) già via. Però Luigi non sapeva che Carola (aspettare) mezz'ora. Carola pensava che Luigi (dire) "Ci vediamo alle 11 alla biglietteria." Luigi credeva che Carola gli (dare) l'appuntamento per le 10.30.

C **Cari genitori, auguri!** I signori Volpe stanno celebrando il cinquantesimo anniversario del loro matrimonio. I loro cinque figli, con l'aiuto di molti altri parenti ed amici, hanno organizzato una festa per loro.

Dopo una ricca cena e una torta enorme, il figlio maggiore ha brindato (*toasted*) alla coppia felice. Dopo il brindisi un'orchestra ha suonato la canzone preferita dei signori Volpe e tutti hanno ballato insieme a loro. Alla fine della festa i figli hanno presentato ai genitori un bellissimo regalo: un viaggio a Parigi.

Il giorno dopo i signori Volpe commentavano la festa della sera prima. Inventare le loro reazioni usando frasi come:
—I signori erano contenti che i figli avessero organizzato...
—La madre era sorpresa che...
—Il padre era felice che...

All'aeroporto

D.1 Si dice così

l'aereo / l'aeroplano

volare, il volo

decollare, il decollo

atterrare, l'atterraggio

Parole utili

l'accettazione	*check-in (desk)*	il controllo del bagaglio	*baggage check*
l'aeroporto	*airport*	la dogana	*customs*
il volo/il volo di linea	*flight*	proseguire per...	*to continue on to . . .*
il volo diretto	*nonstop flight*	consegnare	*to hand over/to give*
l'assistente di volo/hostess	*flight attendant*	imbarcare	*to board*
la cintura di sicurezza	*seatbelt*	allacciare	*to fasten*
lo scalo	*stopover*	passare la dogana	*to go through customs*
la tappa	*leg (of a journey)*	dichiarare	*to declare*
la carta d'imbarco	*boarding pass*	fare scalo	*to make a stopover*

All'aeroporto di Roma

Attività

A **Viaggiando per il mondo.**   Completare i brani con vocaboli ed espressioni appropriati.

1. I signori Puliti stanno partendo per la Sardegna. Sono all'aeroporto per il loro _volo_ delle 15.10. Vanno al banco Alitalia e consegnano i loro _____ all'impiegata. Poi danno tutte le loro _____ all'impiegato; mamma mia, quanto pesano! _Il volo_ dura solo un'ora ed è diretto: quindi non ci sono _scali_ da fare.

2. Lucia e Marco viaggiano in aereo. _Lo hostess_ annuncia ai passeggeri che fra pochi minuti l'aereo _decolla_. I passeggeri non devono fumare e devono _allacciare_ le cinture di sicurezza. Il loro viaggio è molto lungo: l'aereo fa _scalo_ a Londra prima di volare verso New York. Da lì Lucia e Marco prenderanno _l'aereo_ per New Orleans.

3. Quando si fa un viaggio all'estero, i passeggeri devono mostrare i loro passaporti e i loro bagagli al controllo della _dogana_. Prima di salire sull'aereo, i passeggeri possono leggere il numero del loro posto sulla _____.

B **Voli da Cagliari.**   Guardare bene l'orario dei voli da Cagliari e poi rispondere alle seguenti domande.

Cagliari

giorni	par.	arr.	volo/coin.	scalo
Napoli NAP				
1234567	20.20	23.15	BM1348/M82	FCO
1234567	06.55	11.35	BM101/AZ1010	FCO
1234567	10.25	15.06	BM111/AZ1014	FCO
1234567	15.25	18.05	BM217/BM138	FCO
New York NYC				
1234567	10.25	16.30	BM111/AZ608	LIN
Olbia OLB				
1 3	11.55	13.30	IG951	0
6	12.20	13.55	IG947	0
Pisa PSA				
123 567	06.55	11.00	BM101/AZ1214	FCO

FCO = Fiumicino, Roma   LIN = Linate, Milano

1. Quanti voli ci sono per Napoli ogni giorno? A che ora parte il primo? Quando parte l'ultimo?
2. Quando parte il volo per New York? A che ora arriva a New York? Fa scalo? Dove?
3. Quanti voli ci sono per Olbia? Ci sono ogni giorno? Bisogna fare scalo?
4. Dove fa scalo il volo per Pisa? A che ora parte? A che ora arriva? È un volo giornaliero?

C **Da Olbia a Napoli.**   Sei in Sardegna per le vacanze, ma all'improvviso devi tornare a Napoli per un problema in ufficio. Telefonare ad un agente dell'Alitalia (l'altro studente/l'altra studentessa) per avere informazioni sui voli Olbia–Napoli di domani. Chiedere quanti voli ci sono, a che ora parte ognuno, a che ora arriva, se bisogna fare scalo e quanto costa il biglietto.

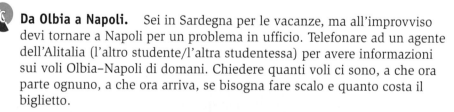

Realia 9-2

D.2 Incontro

In volo.   *La signorina Ford è una fotomodella. Ora è diretta a Milano per le sfilate di moda. L'ingegner Mulas è una donna d'affari dell'Olivetti. Tutti e due sono passeggere sul volo 230 dell'Alitalia, Cagliari–Milano.*

SIG.NA FORD:	Mamma mia! Per un pelo perdevo l'aereo. Scusi, ma il mio posto è quello vicino al finestrino.
ING. MULAS:	Oh, mi dispiace. La faccio passare subito.
SIG.NA FORD:	Grazie. (*mentre passa*) Scusi ancora, eh. C'era un traffico stamattina ... e quel tassista... Va be', lasciamo perdere. Finisce che° ho sempre l'acqua alla gola quando viaggio.
ING. MULAS:	Era qui in vacanza?
SIG.NA FORD:	No, sono in Italia per lavorare—ora vado a Milano per le sfilate. Faccio la modella.
ING. MULAS:	Che bel mestiere! È la prima volta che viene in Sardegna?
SIG.NA FORD:	No, no. C'ero già stata diverse volte° in passato. E Lei?
ING. MULAS:	Io sono sarda. Ma senti, ci possiamo dare del tu, no?
SIG.NA FORD:	D'accordo, certo.
ING. MULAS:	Lavoro a Milano, però faccio un mestiere molto meno affascinante in confronto al tuo. Sono un'ingegnere dell'Olivetti. Ora vado a Milano ma proseguo per Los Angeles. Ho la coincidenza per il volo internazionale all'aeroporto di Malpensa.
SIG.NA FORD:	È un volo diretto Milano–Los Angeles?
ING. MULAS:	No, fa scalo a Chicago. Infatti, al ritorno mi fermerò un paio di giorni là. Sarà l'ultima tappa del mio viaggio.
SIG.NA FORD:	Ma io sono nata a Chicago! Allora ti consiglio° qualche posticino davvero speciale!
VOCE DELLA HOSTESS:	Preghiamo i signori passeggeri di allacciare le cinture di sicurezza. Ricordiamo inoltre ai passeggeri che è vietato fumare durante il decollo. Il bagaglio a mano dev'essere posto al sicuro, sotto il sedile davanti a voi.
ING. MULAS:	Bene, in questo caso potrai anche suggerirmi cosa posso portare ai miei figli come regalo dagli Stati Uniti.
SIG.NA FORD:	Ben volentieri!

it ends up that

several times

I'll recommend to you

A **Comprensione.**   Rispondere alle seguenti domande con frasi complete.

Attività

1. Dove inizia il volo e dove finisce? Qual è la linea aerea?
2. Che mestieri fanno le due donne? Qual è il mestiere più interessante, secondo te?
3. Perché la signorina Ford arriva in ritardo? Dove va?
4. Dove va l'ingegner Mulas dopo Milano? Perché?
5. Cosa ricorda l'hostess ai passeggeri?
6. Cosa pensa di suggerire la signorina Ford all'ingegner Mulas? Che altro vorrebbe sapere l'ingegnere?

Cosa portare dagli Stati Uniti?   L'ingegner Mulas sta per tornare in Italia, ma non ha ancora comprato i regali per la sua famiglia. Inventare un dialogo in cui l'ingegner Mulas domanda ad un vero americano/una vera americana dei suggerimenti per dei regali per la sua famiglia. Fare una lista con almeno due regali appropriati per ciascuno.

- Giovannina, 4 anni, che ama tutti i personaggi Disney
- Alberto, 11 anni, appassionato di sport
- Maddalena, 18 anni, che adora la musica rock e la moda americana
- Pino, il marito, fanatico dei computer e di Internet

 Paura di volare?   Fare le seguenti domande ad un compagno/una compagna.

1. Ti piace viaggiare in aereo? Hai volato molto? Dove?
2. Hai paura di volare? Qual è la parte del volo che ti piace di meno?
3. Qual è il volo più lungo che hai mai preso? Cosa fai normalmente durante un volo?
4. Quando è stato l'ultima volta che hai viaggiato in aereo? Com'è andato? Quale linea hai preso?
5. Ci sono voli diretti in Italia dalla tua città? Con quale linea? Se uno vuole andare in Italia dalla tua città, come deve fare?

In altre parole

lasciare perdere	*to forget about it*
avere l'acqua alla gola	*to be at the end of one's rope*
darsi del tu/del Lei	*to use the tu form/Lei form with each other*
in confronto a	*compared to*
un posticino	*a nice little spot*
è vietato	*it is prohibited*

 A te la parola!   Cosa dici nelle seguenti situazioni?

1. Su un volo Torino–Roma c'è una persona che accende una sigaretta.
2. Stai preparando un tema per un corso di storia. Hai scritto solo due pagine, e il tema dev'essere di dieci pagine. Lo devi consegnare domani.
3. Dopo mezz'ora di discussione tu ed un'amica non avete ancora deciso quale film vedere.
4. Una tua amica vuole invitare un amico ad una cena romantica in un piccolo ristorante della tua città. Ti chiede se conosci un posto adatto.
5. Sei in aereo e dopo un quarto d'ora di conversazione piacevole con un altro passeggero, vorresti essere più informale con questa persona.

Lo sapevi che... ?

*L*e persone che vivono in Sardegna sono sardi. Chi viene da Milano è milanese, chi di Firenze fiorentino. Sai da quale città provengono le seguenti persone? napoletani, parmigiani, torinesi, palermitani, piacentini, veneziani, aretini, baresi, perugini, pescaresi.

E **Mi dispiace ... è vietato!**   Dire che le seguenti cose sono vietate nelle situazioni descritte, come nel modello.

Esempio: fumare / sull'aereo   Mi dispiace, è vietato fumare sull'aereo.

1. parlare / all'autista
2. sputare (*to spit*) / per strada
3. ballare / sui tavoli
4. calpestare (*to walk on*) / l'erba
5. buttare / l'immondizia (*trash*) per strada
6. sporgersi (*to lean out*) / dal finestrino del treno
7. fare fotografie / nel museo

 Un viaggio orrendo.   È vero che quando si viaggia, le cose non vanno sempre perfettamente. Immaginare un viaggio in aereo dove ogni particolare del viaggio finisce male e poi raccontarlo ad un compagno/una compagna. Alcune situazioni possibili: ritardi, voli perduti, cattivo tempo, compagni di viaggio antipatici, cibo disgustoso ecc.

Esempio: —Non puoi immaginare che viaggio spaventoso ho fatto! C'era accanto a me una signora che parlava continuamente di... Per quattro ore ho dovuto... Finalmente...
   —Ma quello non è niente in confronto al mio viaggio! Ascolta questo...

D.3 **Punti grammaticali**

I negativi

Non mi piace **affatto** quel ristorante.	*I don't like that restaurant at all.*
Non ho mangiato **niente** tutto il giorno.	*I didn't eat anything all day.*
Non c'era **nessuno** nello scompartimento.	*There was no one in the compartment.*
Non beve **né** il tè **né** il caffè.	*He drinks neither tea nor coffee.*
Nulla è accaduto.	*Nothing happened.*

1. In addition to the simple negative formed by placing the word **non** before the verb, there are several other negative expressions that are used in combination with **non.**

non ... **nulla, niente**	*nothing*
non ... **nessuno**	*nobody*
non ... **nessuno/a**	*not any, not one*
non ... **affatto**	*not at all*
non ... **più**	*not any more*
non ... **mai**	*never*
non ... **ancora**	*not yet*
non ... **né ... né**	*neither . . . nor*
non ... **neanche, neppure, nemmeno**	*not even*

The usual construction of these expressions is **non** + *verb* + *second negating word.*

Non va **più** da quel medico.	*She doesn't go to that doctor anymore.*
Non ha **neppure** una lira.	*He hasn't even got one lira.*
Non viene **neanche** Giuseppe.	*Not even Giuseppe is coming.*

2. With compound verbs, **ancora, più,** and **mai** are generally placed between the auxiliary verb and the participle.

Non ho **ancora** viaggiato in Cina.	*I haven't traveled to China yet.*
—E Gino? —**Non** l'ho **più** visto.	*—And Gino? —I didn't see him again.*
Tina **non** ha **mai** visto quel film.	*Tina has never seen that film.*

3. **Nessuno, niente,** and **nulla** may be used as subjects. Used in this way, they precede the verb and **non** is not used.

Niente funzionava in quell'ufficio.	*Nothing worked in that office.*
Nessuno ha potuto rispondere.	*No one could answer.*

4. **Nessuno** can be a pronoun or an adjective. As an adjective, it expresses the idea *not any, not a single one.* It follows the same pattern as the indefinite article **uno.** The noun that it modifies is always in the singular.

Non ha **nessuna** prenotazione per il volo.	*He has no reservation for the flight.*
Non hai fatto **nessuno** sbaglio all'esame.	*You didn't make any mistakes on the exam.*
La libreria **non** ha **nessun** libro di fantascienza.	*The bookstore doesn't have a single science-fiction book.*
Non ho **nessuna** voglia di uscire.	*I have no desire to go out.*

A Risposte negative.   Rispondere alle domande usando l'espressione negativa indicata.

Esempio: Chi c'è alla porta? (nessuno)   Non c'è nessuno.

1. Hai visitato il Giappone? (mai)
2. È presidente Reagan? (più)
3. Ti sei laureato? (ancora)
4. Che cosa fai stasera? (niente)
5. Hai molti amici tedeschi? (nessuno)
6. Conosci personalmente Madonna? (affatto)
7. Parli il russo e il cinese? (né ... né)
8. Dormi spesso negli alberghi a quattro stelle? (mai)

B Non è vero per niente.   Cambiare la frase al negativo secondo il modello.

Esempio: Ho una macchina.   Non ho nessuna macchina.

1. C'è qualcuno al telefono.
2. Andiamo sempre in vacanza al mare.
3. Dormo ancora con l'orsacchiotto (*teddy bear*).
4. Mangio i fagioli e i piselli.
5. Conosco molte persone che vivono in Russia.
6. Giulia beve la birra e il vino.
7. Ho una motocicletta giapponese.
8. Io parlo già correntemente l'italiano.

C Non ho niente da dichiarare!   Arrivi all'aeroporto internazionale di Burgoslavia. Quando passi la dogana, l'agente sospettoso ti fa alcune domande. Rispondere con espressioni negative.

1. Che cosa hai da dichiarare?
2. Ci sono piante o prodotti alimentari dentro la valigia?
3. Hai più di duemila dollari?
4. Hai parenti in Burgoslavia?
5. Hai mai avuto contatto con ribelli politici burgoslavi?
6. Sei mai stato/a arrestato/a?
7. Che cosa c'è dentro quella borsa?

D Albergatori bugiardi (*liars*).   Il dépliant del tuo albergo diceva che l'albergo è di prima categoria, frequentato da turisti famosi e internazionali. Spiegava che l'albergo ha camere comodissime e spaziose, e che c'è la piscina, il campo da tennis, il minigolf. Diceva pure che c'è qualcuno a tua disposizione e che ti puoi divertire in ogni momento della giornata. Dopo un soggiorno di due giorni, hai capito che gli albergatori sono bugiardi. Commentare le tue esperienze, come nell'esempio.

Esempio: —Il dépliant diceva che l'albergo è di prima categoria. È una bugia perché non c'è neanche la TV in camera...

E Esperienze personali.   Fare le seguenti domande ad un altro studente/un'altra studentessa.

1. Che cosa non hai mai fatto e invece vorresti fare?
2. Che cosa non fai più di ciò che facevi una volta?
3. Quali città e quali monumenti vorresti visitare?
4. Che cosa non ti piace affatto? Perché?
5. Che cosa non faresti mai? Perché?
6. C'è una cosa che nessuno sa fare meglio di te?

Immagini e parole
Dove andiamo in vacanza?

Giovani turisti con zaini e sacchi a pelo in attesa di un treno

 Sostituzioni.   Trovare nella colonna a destra una parola o un'espressione con un significato simile a quello di ogni parola in corsivo.

Attività di pre-lettura

1. le città *si svuotano* d'estate
2. *dappertutto* c'è un grande silenzio
3. il 60% *possiede* una casa di vacanza
4. un periodo di *riposo* al mare
5. le fresche *brezze* del Mediterraneo
6. i campeggi sono *affollati*
7. molti studenti fanno le vacanze *all'estero*
8. i turisti *si spingono* in ogni direzione

a in tutta la città
b. vanno
c. tranquillità
d. vento
e. fuori dall'Italia
f. diventano vuote
g. pieni di gente
h. ha

 Che cosa vuol dire "vacanze" per voi?   Guardare la seguente lista di parole ed espressioni e sceglierne cinque che tu associ all'idea di "vacanze". Poi spiegare al compagno/alla compagna quali termini hai scelto e perché. Puoi aggiungere altre espressioni, a piacere.

Esempio: —Perché il fresco del mare ti ricorda le vacanze?
          —Perché a Ferragosto faccio sempre i bagni in mare.

andare all'estero	la chiusura delle scuole	cambiare aria
i boschi	il caldo soffocante	riposare
l'estate	il grande silenzio	la montagna
il fresco del mare	i laghi	studiare
le città deserte	lo zaino in spalla	sciare
i negozi e gli uffici chiusi	l'ombrellone	il tempo libero

Il mese di agosto in Italia è sinonimo di ferie. Le grandi città si svuotano: le strade sono deserte; non c'è traffico e dappertutto regna° un grande silenzio. Negozi, uffici e fabbriche sono chiusi e la gente lascia il caldo soffocante per trovare il fresco al mare, sotto l'ombrellone, o in montagna, tra laghi e boschi.

reigns

Fin dal primo anno di lavoro, ogni impiegato o operaio può contare generalmente su tre settimane di ferie in estate. Recenti statistiche rivelano che circa il 60% degli Italiani possiede una casa di vacanza dove trascorrere le proprie ferie. Spesso le famiglie programmano un periodo di riposo al mare seguito da un successivo periodo in montagna. È molto importante per gli Italiani "cambiare aria"; si considerano le fresche brezze del Mediterraneo così importanti alla salute quanta l'aria pura delle Alpi.

Finita la scuola, molti studenti trascorrono parte delle loro vacanze all'estero —Inghilterra, Germania, Francia, Stati Uniti— per una vacanza-studio. La vacanza-studio è di solito organizzata da scuole di lingua private. Gli studenti vivono in un *college* o presso una famiglia. Oltre a studiare, possono praticare sport e fare escursioni. Per molti giovani si tratta della prima esperienza di vita lontani dall'Italia, dalle proprie abitudini, e … dal controllo di papà e mamma. È un modo divertente di visitare un paese e nel frattempo imparare una lingua straniera. Per chi ama andare in vacanza in campeggio, con tenda e sacco a pelo, occorre prenotare un posto con mesi di anticipo. In Italia esistono pochi campeggi, e spesso sono affollati.

Agli Italiani piace molto viaggiare: i turisti italiani si spingono in ogni direzione del mondo, a gruppi, in comitive,° con lo zaino in spalla, giovani coppie o intere famiglie. Per programmare le loro vacanze e decidere dove andare, gli Italiani prendono informazioni dalle molte agenzie di viaggio presenti in tutte le città, o dai numerosissimi giornali specializzati in viaggi che suggeriscono sempre nuove destinazioni e nuovi itinerari.

group, party

Il mare e i monti della Sardegna

A **Comprensione: completare le frasi.**   Completare in maniera corretta le seguenti frasi con parole ed espressioni dalla lettura.

Attività

1. Ad agosto le grandi città italiane...
2. Sono chiusi...
3. La gente cerca il fresco...
4. I lavoratori generalmente ricevono...
5. Più della metà degli Italiani hanno...
6. Spesso gli Italiani, dopo un periodo al mare, vanno...
7. Molti studenti vanno all'estero per...
8. Per informazioni sul turismo, gli Italiani vanno...

Due mondi a confronto. Discutere le differenze tra gli Stati Uniti e
l'Italia per quanto riguarda le vacanze e i viaggi. Parlare dei seguenti
argomenti:

- periodo di tempo dedicato alle vacanze
- destinazioni turistiche
- mezzi di trasporto più comuni
- attività preferite per le vacanze
- una tipica vacanza italiana in confronto a una tipica vacanza
  americana

Spunti di conversazione. Discutere i seguenti argomenti per poi
presentare le vostre conclusioni alla classe.

1. Qual è la destinazione turistica dei vostri sogni? Scegliere il luogo
   ideale delle vostre vacanze e spiegare alla classe perché lo avete scelto.
2. I preparativi: cosa bisogna fare prima di partire per una vacanza di tre
   settimane in un paese straniero? Discutere come organizzate il vostro
   programma, e che cosa fate prima di partire.
3. Vacanza-studio: vi piace l'idea? Dove vorreste andare per una vacanza-
   studio e perché?

Ritratto

Tita Ledda

**Buongiorno, Signora Ledda. Che tempo
magnifico!**

Sì, siamo davvero viziati° qui in Sardegna,   *spoiled*
perché fa spesso bellissimo!

Ci può dire che lavoro svolge?

Sono la proprietaria° di questo villaggio   *owner*
turistico. Mio padre era direttore d'albergo a
Cala Gonone e così ho imparato da lui come
dirigere° un albergo. Nel 1985 abbiamo   *to run*
aperto questo villaggio di vacanza qui vicino
a Palau, e da allora svolgo il lavoro di
amministratore finanziario.

Quante camere avete a disposizione dei turisti?

Non abbiamo nessuna camera, nel senso tradizionale. Ci sono trenta
bungalow che ospitano famiglie o gruppi fino a otto persone. Sono dei
mini-appartamenti molto confortevoli: hanno la TV, il telefono, l'aria
condizionata e una grande terrazza sul mare.   →

Com'è organizzato il villaggio?

C'è una spiaggia privata con un nostro bagnino. Il villaggio offre la possibilità di fare ginnastica nella nostra palestra con un insegnante e corsi di nuoto in piscina.

Per mangiare, gli ospiti vanno fuori o offrite altri servizi qui?

Abbiamo un ristorante interno, due bar (uno è sulla spiaggia!) e un self-service. Certamente, offriamo specialità locali, sarde. Di sera, i nostri animatori° preparano spesso degli spettacoli e per i giovani c'è anche una discoteca.

recreation directors

Da dove vengono i vostri clienti?

La maggior parte sono persone che vengono dalle grandi città del nord: Torino, Milano, Firenze, Genova. Ma ci sono anche molti tedeschi, olandesi, danesi... Loro sono proprio innamorati della nostra isola.

E Lei, Signora Ledda, dove va in vacanza?

In vacanza io? Purtroppo non ho molto tempo per andare in vacanza e comunque non posso mai lasciare l'albergo durante la stagione turistica. Però quando l'albergo è chiuso mi piace trascorrere delle vacanze rilassanti in un centro di agriturismo, dove posso fare passeggiate a cavallo, raccogliere fiori, seguire corsi di cucina macro-biotica e ... fare sane dormite!°

healthy sleep

Signora Ledda, ancora un'ultima domanda: qual è il suo vero nome?

Tita è il soprannome che mi hanno dato da piccola. Il mio vero nome è Maria Vittoria, come la nonna.

 A **Comprensione: vero o falso.**   Indicare se le seguenti frasi sono vere o false, e poi correggere quelle false.

Attività

1. In Sardegna fa sempre bel tempo.
2. Anche il padre della signora Tita era albergatore.
3. Il villaggio turistico è aperto da cinque anni.
4. Non ci sono camere tradizionali nel villaggio.
5. I bungalow sono molto rustici.
6. Non c'è né una piscina né un bar.
7. La maggior parte dei clienti viene dal sud d'Italia.
8. Di sera non c'è niente da fare al villaggio.
9. Quando Tita va in vacanza, preferisce un centro urbano.
10. Tita è un soprannome per Maria Vittoria.

Un lavoro estivo.   Uno/a di voi fa la parte della signora Ledda. L'altro/a è uno studente universitario/una studentessa universitaria che cerca un lavoro per l'estate al villaggio turistico come bagnino, cuoco, facchino o animatore. Creare un colloquio in cui:

- vi salutate
- la signora spiega brevemente come funziona il villaggio
- il/la giovane spiega quale lavoro vuole svolgere e perché, e le sue qualifiche per questo lavoro
- la signora prende una decisione

C **Temi.**   Scegliere uno dei seguenti argomenti e scrivere una composizione.

1. Descrivere un lungo viaggio che hai fatto: quando è stato? Con chi l'hai fatto? Con quali mezzi hai viaggiato? Hai avuto problemi? Cosa consiglieresti a persone che vogliono fare lo stesso viaggio?
2. State trascorrendo una settimana di vacanza in un villaggio turistico in Sardegna. In una breve lettera a un amico/un'amica, descrivere la vostra vacanza. Espressioni utili:

Cara mamma (*Dear Mom*)   Bacioni (*Hugs and kisses*)
Caro (Luigi) (*Dear Luigi*)   Con affetto/Un abbraccio (*Love*)
Carissimi amici (*Dear friends*)   Il tuo/La tua (*Yours truly*)

Ciak! Italia

A **All'aeroporto.**   Prima di vedere il videoclip, mettere in ordine le cose che bisogna fare per viaggiare.

_____ aspettare nella sala d'attesa   _____ fare il check-in
_____ imbarcarsi sull'aereo   _____ andare all'accettazione
_____ scegliere il posto finestrino   _____ prenotare il volo
     o corridoio   _____ comprare il biglietto
_____ fare il controllo del bagaglio

B **Che cosa ha detto?**   Ascoltare bene il dialogo e scegliere la risposta che completa la frase. Poi indicare chi ha pronunciato la battuta e metterle in ordine.

1. Avete   a. la prenotazione?   b. l'accettazione?
2. Due biglietti per   a. Sassari.   b. Cagliari.
3. Posso pagare con   a. contanti?   b. Bancomat?
4. Sì, sul volo delle   a. sedici.   b. quindici.

C **Chi lo dice?**   Mentre guardate il videoclip, dire se le seguenti battute sono pronunciate da Piero (P), Gabriella (G) o l'impiegato (I). Poi mettere nell'ordine giusto da formare la conversazione.

_____ Va be', prendo io il posto finestrino.   _____
_____ Avete bagaglio?   _____
_____ No, solo bagaglio a mano.   _____
_____ Sarà un vero piacere!   _____

D **Quanti desideri!**   Nel videoclip, Piero e Gabriella esprimono tanti desideri. Completare le frasi in maniera corretta collegando un elemento da ciascuna colonna.

1. Se avessi saputo
2. Non mi sembra che
3. Vorrei che
4. Se avessi soldi

a. tu parlassi un po' di meno, e lavorassi un po' di più.
b. me ne comprerei una uguale.
c. avrei fatto le vacanze in Sardegna l'anno scorso.
d. tu oggi abbia lavorato tanto.

E **Appunti sulla Sardegna.**   Dopo aver visto il videoclip, guardare gli appunti che Gabriella ha preso sull'isola di Sardegna e rispondere alle seguenti domande.

Cagliari: la capitale, la città più grande
Costa Smeralda: spiagge incantevoli, posto turistico, alberghi di lusso
Sassari: seconda città dell'isola, zona medioevale, festival folcloristico
Caratteristiche: Origini spagnole; panorami spettacolari; i nuraghi
Prodotti tipici: formaggio-pecorino sardo; pizzo

pizzo *lace*

1. Per fare una vacanza in un bell'albergo di lusso, dove vai?
2. Come si chiamano le due città più grandi dell'isola?
3. Per andare ad un festival tipico dell'isola, dove vai?
4. Cosa porti a casa dalla Sardegna come souvenir?
5. Quali sono le origini dell'isola?
6. Come caratterizzi il paesaggio sardo?

UNITÀ 10

Divertirsi: Usciamo stasera!

Scena dal film *Il Postino* (1994) con Massimo Troisi e Maria Grazia Cucinotta

Communicative goals

- Constructing hypothetical phrases
- Talking about what we wish would happen
- Modifying words
- Talking about theater, cinema, and music
- Specifying how long something has been going on

CAMPANIA

Gli spettacoli, il teatro e il cinema

A.1 Si dice così

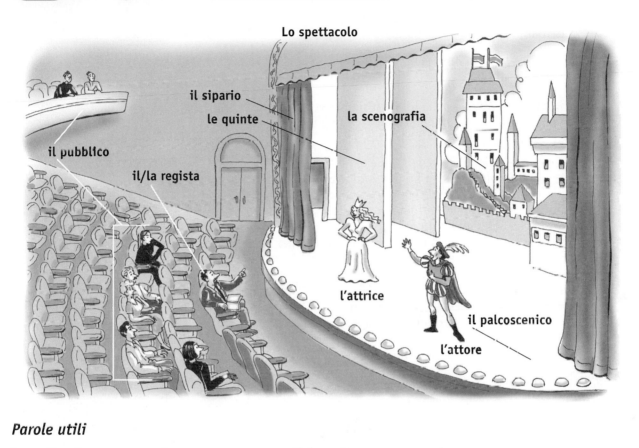

Lo spettacolo

il sipario
le quinte
la scenografia
il pubblico
il/la regista
l'attrice
il palcoscenico
l'attore

Parole utili

lo spettacolo	*show*	il dramma	*drama*
la rappresentazione	*performance*	la commedia	*comedy*
il commediografo	*playwright*	la tragedia	*tragedy*
il critico	*critic*	il provino	*audition*
la recensione	*review*	combinare la serata	*to make plans for the evening*
la sceneggiatura	*script*	recitare	*to act/speak lines*
il debutto	*debut*	applaudire	*applaud*
il/la protagonista	*protagonist*	fischiare	*to boo (to whistle)*
il ruolo	*role*	dare un film	*to show a film*
il successo	*success*	girare un film	*to film*
il fiasco	*flop*		

A **C'è qualcosa che non va!**   Trovare l'elemento che non corrisponde alla definizione data.

1. Quale di queste parole non è una parte del teatro?
   le quinte   il palcoscenico   il provino   il sipario

2. Quale non è un genere (*genre*) teatrale?
   il regista   la tragedia   il dramma   la commedia

3. Qual è una cosa che non fa il pubblico?
   guardare   recitare   fischiare   applaudire

4. Quale non è una persona?
   il critico   il regista   l'attrice   la recensione

B **Le definizioni.**   Trovare nella lista qui sopra i vocaboli che corrispondono alle seguenti definizioni.

1. chi scrive la recensione
2. quello che fa il pubblico se lo spettacolo piace
3. il personaggio principale di un pezzo di teatro o di un film
4. fare programmi per la sera
5. un uomo che interpreta un ruolo in un film
6. la prima volta che un attore recita in scena
7. quando un'attrice recita sola davanti a un regista per ottenere la parte
8. uno spettacolo che non piace al pubblico

C **L'ultimo spettacolo.**   Descrivere ad un compagno/una compagna l'ultimo spettacolo che hai visto. Come s'intitolava? Chi era l'autore? Che genere era, una commedia o un dramma? Chi era il regista? Gli attori hanno recitato bene? Com'era la scenografia? Dove e quando hai visto lo spettacolo? Ti è piaciuto? Era un successo o un fiasco?

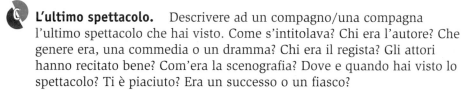

Lo sapevi che... ?

La tradizione teatrale in Italia risale al (*dates back to*) sedicesimo secolo, con la Commedia dell'arte. Famoso per le sue commedie in rima era Carlo Goldoni, che visse a Venezia nel Settecento. Tra i nomi illustri del teatro italiano moderno ricordiamo Luigi Pirandello (nato in Sicilia), che scrisse il celeberrimo (*very famous*) *Sei personaggi in cerca d'autore,* e il napoletano Eduardo De Filippo che ha scritto testi nel dialetto napoletano come *Filumena Marturano*.

D **Al Teatro Lirico.**   Guardare il programma per la stagione del Teatro
Lirico e poi rispondere alle domande.

---

al Teatro Lirico/Compagnia di Teatro di Luca De Filippo

da martedì 16 gennaio a domenica 4 febbraio 1996

Uomo e galantuomo

feriali ore 20.30
domenica ore 16
pomeridiana per
le scuole 18
gennaio ore 15

di Eduardo De Filippo
regia di Luca De Filippo
scene di Bruno Garofalo
con Luca De Filippo, Angela Pagano e Nicola Di Pinto

Elledieffe - Compagnia di Teatro di Luca De Filippo

---

al Teatro Lirico/Compagnia di Teatro di Luca De Filippo

da martedì 6 a domenica 18 febbraio 1996

Il contratto

feriali ore 20.30
domenica ore 16

di Eduardo De Filippo
regia di Luca De Filippo
scene di Bruno Garofalo
costumi di Silvia Polidori
con Luca De Filippo, Angela Pagano e Nicola Di Pinto

Elledieffe - Compagnia di Teatro di Luca De Filippo
Taormina Arte

---

1. Come si intitolano le due commedie in programma?
2. Chi è l'autore delle commedie?
3. Chi è il regista delle due produzioni? Chi sono gli attori?
4. Quando cominciano le rappresentazioni di *Uomo e galantuomo*? E quando va in scena *Il contratto*?
5. Se uno vuole vedere *Il contratto* di venerdì, a che ora comincia lo spettacolo? E di domenica?
6. Quale titolo ti interessa di più? Perché?

A.2   Incontro

Che facciamo di bello stasera?   *È venerdì. Mario telefona alla sua amica
Renata per sapere cosa ha in programma per la serata.*

MARIO: Pronto? Ciao, Renata. Sono Mario. Cosa fai stasera? Hai già
combinato qualcosa?

RENATA: Be', in verità non ho la più pallida idea... Potremmo andare al
cinema, se fosse uscito qualche nuovo film interessante.

MARIO: Lascia perdere il cinema per questa volta! Perché non vieni con
me a teatro? Ho due biglietti per la commedia di Eduardo De
Filippo. Lo spettacolo debutta proprio stasera.

RENATA: Se fossi in te, inviterei Antonella al posto mio. Lei è quella
appassionata di teatro! Io preferisco il cinema e adoro i registi
italiani. O forse non ricordi più i miei gusti?°   *tastes*

MARIO: Cosa c'entra Antonella? Io voglio uscire con te! Senti, e se
andassimo a teatro questa sera e al cinema domani, ti andrebbe
bene?

RENATA: D'accordo.

MARIO: Sai già che film vorresti vedere domani?

RENATA: Aspetta, do un'occhiata al giornale... All'Odeon danno un
vecchio film di Francesca Archibugi—è una storia drammatica,
ma molto commovente.° All'Ariston c'è un film di Gabriele   *moving*
Salvatores, una storia di vecchi amici che fanno un viaggio in
Marocco. Ah, ho trovato!° Al Nazionale c'è una rassegna° di   *I've got it! / retrospective*

film di Visconti. Domani danno *Rocco e i suoi fratelli*. Se non l'hai ancora visto, non perderei questa occasione.

MARIO: Ci sto! Mi piace Visconti. A che ora inizia il film?

RENATA: Alle venti e trenta. Allora, scappo! Mi devo preparare per il teatro. A più tardi, Mario!

Lo sapevi che... ?

Il Festival del cinema di Venezia è uno dei più importanti festival internazionali per il cinema. Ha luogo ogni settembre. Una speciale giuria di esperti premiano i film più belli e gli attori più bravi che vengono da tutto il mondo al Lido di Venezia.

film famosi

Film	Regista	Anno
Roma, città aperta	Rossellini	1945
Ladri di biciclette	De Sica	1948
La strada	Fellini	1954
Rocco e i suoi fratelli	Visconti	1960
La dolce vita	Fellini	1960
Il conformista	Bertolucci	1970
Pasqualino Settebellezze	Wertmüller	1975
Nuovo Cinema Paradiso	Tornatore	1988
Mediterraneo	Salvatores	1990

A **Comprensione: le domande.** Rispondere alle domande con frasi complete.

Attività

1. Perché Mario telefona alla sua amica Renata?
2. Cosa ha combinato Renata per stasera?
3. Mario invita Renata a fare cosa?
4. Perché Renata dice "Se fossi in te, inviterei Antonella"?
5. Renata preferisce il teatro o il cinema?
6. Quali sono alcuni film che si possono vedere questo fine-settimana?
7. Cosa fanno Mario e Renata stasera? E domani sera?

Preferenze personali.   Intervistare un compagno/una compagna per sapere

- se va spesso al cinema. Quante volte alla settimana?
- che tipo di film preferisce.
- attore/attrice preferito/a, regista preferito/a.
- se preferisce vedere i film al cinema o in videocassetta.
- se va mai a teatro; che tipo di spettacolo gli/le piace.
- se conosce qualche film italiano. Quale?

 Scegliere un film.   Siete due amici che vorrebbero andare al cinema. Guardare la seguente lista dei film che danno stasera e decidere fra di voi quale film vedere, a quale cinema e a che ora.

Esempio   —All'Odeon questa sera danno un film americano, *Apollo 13*. Lo spettacolo inizia alle 20.15. Mi piacerebbe tanto vederlo.
        —Perché invece non andiamo a vedere il film di... È al Cinema ... e inizia alle...

n altre parole

non avere la più pallida idea	*not to have the faintest idea*
se fossi in te...	*if I were you . . .*
essere appassionato/a di	*to love something*
cosa c'entra/c'entrano... ?	*what's . . . got to do with it?*
dare un'occhiata a	*to glance at*
(non) ci sto	*it's (not) all right with me*

D Abbinamenti.   Trovare nella lista a destra la risposta appropriata per ogni frase a sinistra.

1. Vuoi vedere il giornale?
2. Mi sembra che tutti i politici...
3. Abbiamo un altro biglietto per la partita. Che ne dici di venire con noi?
4. Questo mese ho visto quindici film.
5. Chi era il regista di *Rocco e i suoi fratelli*?

a. Sì, ci sto! Sono appassionato di pallacanestro.
b. Boh! Non ho la più pallida idea!
c. Accidenti! Tu sei veramente appassionata di cinema!
d. Sì, grazie. Voglio dare un'occhiata alle recensioni teatrali.
e. Ma cosa c'entrano i politici? Stiamo parlando di moda!

E Se fossi in te...   Alcuni amici ti chiamano e ti descrivono le seguenti situazioni. Dare consigli usando la frase **se fossi in te** + *il condizionale*.

Esempio: —Non so quale sciarpa comprare, quella nera o quella grigia.
           —Se fossi in te, comprerei quella nera.

1. Che problema! Arrivo a casa e ci sono due messaggi sulla segreteria telefonica: Mario che mi invita a teatro stasera e Claudio che mi propone una cenetta in un ristorante romantico, sempre per questa sera. Che devo fare?
2. Che disastro! I miei genitori insistono che io studi ragioneria ma la odio! Non mi darebbe nessuna soddisfazione. Io sono un tipo artistico e loro non lo capiscono.
3. Da quando ho detto a Flavia che non mi piaceva il suo vestito di Moschino, non parla più con me, e non risponde alle mie telefonate. Che posso fare?
4. Sono disperata! In ufficio il mio direttore mi ha detto che c'è una crisi economica e la ditta licenzierà molte persone. Poi mi ha chiesto di scrivere trenta lettere per lui, mettere in ordine la sua scrivania e portargli un caffè. Che devo fare?

Il provino.   Due giovani attori stanno facendo il provino per una nuova commedia del famoso commediografo Filippo Di Eduardo, *Renata e Mario vanno a teatro.* È una storia buffa di due amici che non vanno d'accordo perché uno ama il teatro e l'altro preferisce il cinema. Usando le battute (*lines*) dell'**Incontro,** create una scena in cui i due attori recitano (con emozione) davanti al regista. Alla fine del provino, il regista reagisce alle due recitazioni.

A.3   Punti grammaticali

Il periodo ipotetico

Se **avessi** i soldi, **andrei** a teatro.	*If I had the money, I would go to the theater.*
Pino **farebbe** un viaggio in Italia, se non **dovesse** lavorare.	*Pino would take a trip to Italy if he didn't have to work.*
Se **potessimo** scegliere, **prenderemmo** due posti in prima fila.	*If we could choose, we would get two front-row seats.*
Mi **faresti** un favore se te lo **chiedessi?**	*Would you do me a favor if I asked you?*

1. A hypothetical sentence (**il periodo ipotetico**) consists of a condition, expressed with *if*, and its consequences. Hypothetical situations can be actual, probable, or impossible: *If it rains, I won't go to the beach; If I had a million dollars, I'd buy a villa in Italy; If I had seen the car coming, I wouldn't have had the accident.* In the **periodo ipotetico,** the dependent clause is introduced by **se** (*if*), and the independent clause states the consequence of the hypothesis.

2. When the condition is actual or possible, the *if* clause is in an indicative tense (present, future, or past). When the *if* clause is expressed in the future tense, the main clause must also be expressed in the future.

Se **fa** bello domani, **vado** alla spiaggia.	*If it's nice tomorrow, I'm going to the beach.*
Se **farà** bello domani, **andrò** al mare.	*If it's nice tomorrow, I'll go to the beach.*
Se **finiamo** di studiare, **potremo** andare a teatro stasera.	*If we finish studying, we can go to the theater tonight.*
Se non **hai letto** il libro, non **puoi** capire la discussione.	*If you haven't read the book, you can't understand the discussion.*

3. When the condition is imaginary (whether possible, improbable, or impossible), the *if* clause is in the subjunctive. When the imaginary condition exists in the present moment, the *if* clause is in the imperfect subjunctive (**congiuntivo imperfetto**) and the main clause is in the conditional (**condizionale**).

Se fossi una brava cantante, **canterei.**	*If I were a good singer, I would sing.*
Se lui **potesse** parlare italiano, **parleremmo** molto.	*If he could speak Italian, we would speak a lot.*
Lo **inviteresti** a teatro, **se** lo **conoscessi?**	*Would you invite him to go to the theater if you knew him?*
Se i porci **avessero** ali, **volerebbero.**	*If pigs had wings, they would fly.*

When the imaginary condition existed only in the past, the *if* clause is in the past perfect subjunctive (**congiuntivo trapassato**) and the main clause is in the past conditional (**condizionale passato**).

Avrei risposto al telefono, **se** l'**avessi sentito.**	*I would have answered the phone if I had heard it.*
Se avessimo comprato i biglietti, **saremmo potuti andare** al concerto.	*If we had bought the tickets, we would have been able to go to the concert.*
Se tu non **fossi arrivata** in ritardo, non **avremmo perso** il treno.	*If you hadn't arrived late, we wouldn't have missed the train.*

Remember that it is the *if* clause, containing the word **se,** that is in the subjunctive.

 A **Per la verifica.**   Completare le seguenti frasi con il congiuntivo imperfetto del verbo dato.

1. Andrei a teatro più spesso, se io (avere) tempo.
2. Se voi (essere) liberi, uscireste con noi?
3. Lucia sarebbe felice se lei (potere) andare al Festival del cinema di Venezia.
4. Se i biglietti (costare) meno, potremmo andare a teatro ogni sera.
5. Cosa diresti se noi (uscire) con quelle ragazze?
6. Se l'attore (recitare) meglio, avrebbe più successo.
7. Ti capirei se tu (parlare) più lentamente.
8. Se i miei amici (sapere) che sono uscito senza di loro, si arrabbierebbero (*get angry*) molto.
9. Se tu (finire) il tuo compito, potresti andare allo spettacolo.
10. I critici scriverebbero una buona recensione se lo spettacolo (essere) più divertente.

Attività

B **Che cosa farebbero?**   Creare delle frasi logiche con gli elementi presi da ciascuna colonna. Mettere i verbi al tempo giusto, come nel modello.

Esempio: **Se Marcello avesse il numero di Sandra, le telefonerebbe.**

Se io	non essere stanco	fare una settimana bianca
Se i ragazzi	avere un pezzo di gesso	leggere *El Cid*
Se Patrizia	sapere sciare	fare un campeggio
Se voi	studiare di più	potere vedere il Papa
Se Tommaso	avere una tenda	uscire con noi
Se tu e Rino	vedere quel film triste	scrivere alla lavagna
Se l'insegnante	conoscere lo spagnolo	prendere voti migliori
	andare a Roma	parlare perfettamente
	vivere in Italia	piangere

Cosa faresti se... ?   Formulare delle domande con le espressioni date e poi rispondere in maniera appropriata.

Esempio: che cosa fare / se avere più tempo
          Che cosa faresti, se avessi più tempo?
          —Se avessi più tempo, andrei a lezione di pianoforte. E tu?

1. cosa fare / avere una voce bellissima
2. dove lavorare / sapere bene l'italiano
3. dove andare / avere un sacco di soldi da spendere
4. come reagire / prendere una F in italiano
5. chi scegliere / dovere stare su un'isola deserta per un anno con una sola persona
6. cosa fare / essere invisibile

D **Ah, se fosse vero!**   Completare le seguenti frasi in maniera logica.

1. Se fossi il Presidente degli Stati Uniti...
2. Se avessi cinque milioni di dollari...
3. Se potessi cambiare la mia università...
4. Se potessi conoscere una persona famosa...
5. Sarebbe davvero meraviglioso se...
6. Il mondo sarebbe migliore se...
7. Se potessi tornare nel passato...

Se fossi nato/a in Italia!   Immaginare come sarebbe stata diversa la tua vita se fossi nato/a e vissuto/a in Italia. Raccontare al compagno/alla compagna alcune differenze, usando il congiuntivo trapassato e il condizionale passato.

Esempio: —Se io fossi nata in Italia non mi avrebbero chiamata Tracy...
          —Se fossi nato in Italia, probabilmente non avrei giocato a...
          —Se fossi nato in Italia avrei frequentato...

Se tu fossi un/una regista.   Che tipo di film faresti se tu fossi regista? Dove lo gireresti (*film it*)? Chi sarebbero gli attori? Spiegare a un altro studente/un'altra studentessa il film che ti piacerebbe girare.

Esempio: Se io fossi un regista famoso, farei un film dal mio libro preferito...

La musica classica e l'opera lirica

B.1 Si dice così

Prova d'orchestra

la tromba

il clarinetto

la batteria

il flauto

il violino

il/la musicista

il direttore/la direttrice d'orchestra

Parole utili

il compositore	*composer*	la musica classica	*classical music*
il conservatorio	*conservatory*	l'opera lirica/la lirica	*opera*
la prova	*rehearsal*	il/la cantante	*singer*
gli strumenti musicali	*instruments*	il/la solista	*soloist*
la nota	*musical note*	intonare	*to tune*
la melodia	*melody*	assistere ad un concerto	*to attend a concert*

Lo sapevi che... ?

L'italiano è la lingua internazionale della musica. Moltissimi termini musicali sono in italiano; forse riconoscerai alcune delle seguenti espressioni: **il tenore, il soprano, l'aria, l'opera, il libretto, crescendo, diminuendo, allegro ma non troppo, con brio.**

Attività

A **Abbinamenti.**   Abbinare elementi della colonna a sinistra con parole ed espressioni della colonna a destra.

1. dove si studia la musica
2. do, re mi, fa, sol, la, si, do
3. chi scrive la musica
4. un insieme di musicisti
5. chi suona o canta da solo/a
6. chi suona uno strumento musicale
7. pezzi di Vivaldi, di Bach
8. accordare uno strumento con un altro

a. l'orchestra
b. intonare
c. le note della scala
d. la musica classica
e. il conservatorio
f. il/la solista
g. un/una musicista
h. il compositore

B **Un gioco musicale.**   Per ogni categoria nell'elenco, nominare il maggior numero di elementi possibili. Chi ne trova di più, vince.

Esempio: opere liriche
  —*Aida* è un'opera lirica.
  —Anche *Madama Butterfly* è un'opera lirica.

1. opere liriche
2. strumenti musicali
3. compositori
4. tenori
5. direttori d'orchestra
6. teatri famosi

C **Adagio-prestissimo.**   La musica classica utilizza quasi sempre termini italiani. Ecco alcuni esempi di tempo, in ordine di velocità.

lento   *very slowly*
adagio   *slowly*
andante   *at an even, walking pace*
allegro   *quickly*
presto   *very fast*

A turno, provare a ripetere i seguenti scioglilingua (*tongue twisters*) nei cinque tempi elencati.

—Trentatré trentini trotterellando entrano in Trento.
—Apelle, figlio di Apollo, fece una palla di pelle di pollo. Tutti i pesci vennero a galla per vedere la palla di pelle di pollo, fatta d'Apelle, figlio di Apollo.
—Sopra la panca la capra campa, sotto la panca la capra crepa.

Lo sapevi che... ?

Uno dei teatri più famosi in tutto il mondo per l'opera lirica si chiama La Scala ed è a Milano. Quando un cantante, un musicista o un direttore d'orchestra fa il proprio debutto alla Scala, è un segno di grandissimo successo.

La Scala, il famoso teatro di opera lirica di Milano

B.2 Incontro

Andiamo al concerto!   *Lucia è una giovane musicista che suona il violino in un'orchestra di studenti del Conservatorio di Napoli. Lucia vuole invitare la sua amica Cecilia ad assistere ad un concerto.*

LUCIA: Vorrei proprio tanto che tu venissi al nostro concerto. Mi piacerebbe che tu mi ascoltassi suonare.

CECILIA: Quando è il concerto?

LUCIA: Alla fine del mese. Ormai manca poco e io non mi sento ancora pronta.° Ho sempre paura di prendere una stecca!   *ready*

CECILIA: Tu? Ma cosa dici? Con il violino in mano tu fai miracoli, proprio come San Gennaro!

LUCIA: Cecilia, non prendermi in giro! Vorrei che tu non scherzassi sempre e mi prendessi sul serio, una volta tanto! Abbiamo studiato tanto e ci siamo impegnati a fondo° nelle prove, perciò   *were committed* vorremmo che il concerto fosse perfetto.

CECILIA: Lucia, stai tranquilla! Andrà tutto a gonfie vele. Non devi preoccuparti e soprattutto, devi riposarti un po'.

LUCIA: Hai ragione—è ora di rilassarmi. Dimmi, e tu che programmi hai per i prossimi giorni?

CECILIA: Be' ... a me e ai ragazzi della compagnia° piacerebbe andare al   *in the "gang," group* concerto di Pino Daniele. Lui suona musica un po' diversa da quella che suoni tu!

LUCIA: In effetti è molto differente da Vivaldi! Però quasi quasi vengo anch'io a sentire Pino Daniele.

CECILIA: E io vengo al tuo concerto di musica classica. Ma ti avverto,°   *I'm warning you*
            sono stonata come una campana.

LUCIA: Cecilia, non è come il karaoke! Non devi cantare, devi solo
            ascoltare!

A **Comprensione: le frasi false.**   Correggere le seguenti frasi false con
l'informazione giusta.

1. Lucia suona il clarinetto in un'orchestra professionale.
2. Lucia non vorrebbe che Cecilia venisse a sentirla suonare.
3. Il concerto sarà fra tre mesi.
4. Lucia si sente calma e tranquilla per il successo del concerto.
5. Cecilia crede che Lucia non sia molto brava a suonare.
6. Cecilia non prende in giro Lucia.
7. Lucia e i suoi compagni hanno fatto poche prove.
8. Cecilia e i ragazzi della compagnia hanno intenzione di andare a
   sentire un concerto di musica classica.
9. Cecilia canta bene.
10. Pino Daniele e Antonio Vivaldi sono due compositori classici.

B **Musica classica o musica leggera?**   Discutere con i compagni le
caratteristiche di questi due generi di musica. Quale ascoltate di più? In
quali occasioni ascoltate la musica leggera? E la musica classica? Qual è
più stimolante? Trovare almeno tre aggettivi per descrivere la musica
classica e tre per descrivere la musica leggera.

C **Non mi sento pronto/a!**   Certo che recitare davanti al pubblico è
un'esperienza emozionante! Raccontare al compagno/alla compagna di
un'esperienza personale quando hai dovuto parlare, recitare o suonare
davanti a un gruppo di persone. Parlare di

■ che cosa hai dovuto fare.
■ chi era il pubblico.
■ come ti sei preparato/a.
■ come ti sentivi prima.
■ com'è andata.
■ come ti sentivi dopo.

Esempio: L'anno scorso ho dovuto presentare una relazione in classe e...

In altre parole

prendere una stecca	*to hit a sour note*
prendere qualcosa/qualcuno sul serio	*to take someone/something seriously*
una volta tanto	*once in a while*
andare a gonfie vele	*to go smoothly/to have smooth sailing*
essere stonato come una campana	*to be tone-deaf*

D **Sostituzioni.**   Sostituire le parole in corsivo con un'espressione da **In altre parole** (p. 379).

1. Se sapessi cantare, mi piacerebbe diventare un tenore. Purtroppo *non so cantare per niente*.
2. Abbiamo iniziato un nuovo progetto al lavoro e fino adesso tutto *va benissimo*.
3. Carlo, lo so che tu sei molto occupato con il lavoro, ma *qualche volta* devi anche rilassarti.
4. È stato un bellissimo spettacolo, ma proprio nel momento più importante il soprano ha *cantato una nota sbagliata*.
5. Cerco sempre di aiutare mio figlio e di dargli buoni consigli, ma lui non mi *ascolta*.

F **Che facciamo di bello?**   Vorresti invitare il compagno/la compagna a fare qualcosa di bello stasera. Il giornale elenca molte possibilità. Guardare la lista degli spettacoli e sceglierne uno. Poi telefonare al compagno/alla compagna per invitarlo/la. Decidere dove trovarvi, a che ora, cosa fare dopo lo spettacolo ecc.

Esempio: —Pronto?
          —Mirella? Ciao, sono Flavio.
          —Flavio! Ciao! Come stai?
          —Benone... Senti, che ne dici di andare stasera a...
          —Che cosa c'è in programma? ecc.

Lo sapevi che... ?

*D*urante il Risorgimento, il movimento dell'unificazione d'Italia, gli Italiani esprimevano il loro patriottismo usando un codice segreto, il nome del compositore Giuseppe Verdi. Poiché l'Italia fu occupata da nazioni straniere, gli Italiani dovevano nascondere i sentimenti nazionalistici. Quando scrivevano sui muri "W Verdi," in realtà usavano un acronimo per acclamare il re, cioè dicevano "Viva **V**ittorio **E**manuele, **R**e **D**'Italia."

B.3 Punti grammaticali

Il condizionale con il congiuntivo

Vorrei che tu **venissi** con me a teatro.	*I would like you to come to the theater with me.*
Preferirei che loro non **parlassero** durante il concerto.	*I would prefer that they not talk during the concert.*
Sarebbe bello se **potessimo** uscire stasera.	*It would be nice if we could go out tonight.*
Sarebbe stato fantastico se **avessimo potuto** conoscere Zucchero dopo il concerto.	*It would have been great if we could have met Zucchero after the concert.*

1. The conditional and the subjunctive are often used together to express desires. A desire in the present is expressed with the **condizionale presente** + **congiuntivo imperfetto**.

Vorrei che tu **venissi** alla mia festa stasera.	*I would like you to come to my party tonight.*

A desire in the past is expressed with the **condizionale passato** + **congiuntivo trapassato**.

Avrei voluto che tu **fossi venuto** alla mia festa sabato scorso.	*I would have liked you to have come to my party last Saturday.*

2. Necessity, uncertainty, doubt, desire, or emotion expressed in the conditional calls for the imperfect subjunctive. If expressed in the past conditional, the past perfect subjunctive is used. Compare:

Voglio che tu mi **dia** una mano.	*I want you to give me a hand.*
Vorrei che tu mi **dessi** una mano.	*I would like you to give me a hand.*
Avrei voluto che tu mi **avessi dato** una mano.	*I would have liked you to have given me a hand.*
Sono contenta che lui **possa** venire a cena.	*I'm happy he can come to dinner.*
Sarei contenta se lui **potesse** venire a cena.	*I would be happy if he were able to come to dinner.*
Sarei stata contenta se lui **fosse potuto** venire a cena.	*I would have been happy if he had been able to come to dinner.*

Quanti desideri!   Completare le seguenti frasi con il verbo dato al congiuntivo imperfetto o trapassato, secondo i modelli.

Esempi: Mi piacerebbe che mio fratello mi *aiutasse*.
          Sarebbe stato bello se voi *foste andati* in Italia.

1. Mia madre vorrebbe che io (studiare) di più.
2. Avrei voluto che Giorgio mi (portare) a ballare.
3. I nostri amici desidererebbero che tu (prenotare) i biglietti per il concerto.
4. Sarebbe bello se noi (potere) andare al concerto di Pino Daniele.
5. Ci sarebbe piaciuto che voi (venire) con noi in discoteca sabato scorso.
6. Noi vorremmo che tu (fare) il provino per il ruolo principale.
7. Sarebbe meglio che Giuseppe non (cantare) ad alta voce.
8. Ti piacerebbe che io (prendere) una stecca? Mascalzone!

B **Tutti amano la musica.**   Costruire una frase con gli elementi dati come nel modello. Usare i verbi al condizionale presente e al congiuntivo imperfetto, in maniera appropriata.

Esempio: tu / desiderare / io / suonare / il pianoforte
          Tu desidereresti che io suonassi il pianoforte?

1. tu / volere / noi / ascoltare / lo stereo
2. io / desiderare / tu / accompagnarmi / in discoteca
3. mi / piacere / noi / potere / assistere ad un concerto di musica classica
4. mio padre / volere / io / fare più esercizio con il mio violino
5. io / sperare / loro / non dimenticare / i biglietti per il concerto
6. a Claudio / piacere / i suoi genitori / comprare / un nuovo stereo
7. il musicista / desiderare / gli spettatori / applaudire al concerto
8. io / volere / la cantante / essere / più brava

C **Due brani.**   Completare i brani usando il tempo opportuno.

1. Sarebbe stato bello se noi (trovare) biglietti per il concerto di Teresa De Sio. Ma Rocco voleva che noi (andare) in discoteca. Giulia era indifferente—le piacerebbe che noi (prendere) sempre le decisioni su cosa fare, dove andare, come trascorrere la serata. E cosa dice Michele alla fine? Avrebbe preferito che (rimanere) tutti a casa!

2. Ti piacerebbe che noi (suonare) un po' di musica insieme? D'accordo, ci sto. Vorrei che Angela (dirigere) il complesso perché è la più brava. A Stefano piacerebbe che noi (cantare) in coro a tutto volume. Vorremmo che la nostra musica (piacere) ai vicini di casa. Mia madre avrebbe preferito che noi (vedersi) in un locale invece che a casa nostra!

 Cosa vogliono da me?!   Dire al compagno/alla compagna le cose che gli altri vorrebbero che tu facessi.

Esempio: —Mio padre desidererebbe che io...
          —Invece i miei genitori vorrebbero che io...
          —Il mio fratello minore sarebbe contento se io...
          —I miei professori preferirebbero che io...
          —Alla mia migliore amica piacerebbe che io...

Lo sapevi che...?

In Italia durante la stagione estiva si possono ascoltare molte opere liriche in teatri all'aperto. Per esempio, l'*Aida* è un classico spettacolo del programma estivo dell'Arena di Verona, mentre Luciano Pavarotti e altri tenori si esibiscono spesso alla Terme di Caracalla a Roma.

La musica leggera

C.1 Si dice così

la musica leggera/popolare	*pop music*	il testo	*lyrics*
il disco	*record*	la batteria	*drums*
il CD	*CD*	la cantilena	*singsong*
il lettore CD	*CD player*	alto/basso volume	*high/low volume*
la cassetta	*cassette*	alzare/abbassare il volume	*to turn up/turn*
il registratore	*tape deck*		*down the volume*
l'impianto stereofonico	*stereo system*	a tutto volume	*loud*
la canzone	*song*	canticchiare	*to hum*
il complesso	*band*	dal vivo	*live*
il cantautore/la cantautrice	*singer-songwriter*		

Lo sapevi che...?

Il Festival di San Remo è un famoso festival della musica leggera italiana. San Remo, una città in provincia di Imperia (Liguria), è famosa per la sua produzione di fiori. Ma ogni febbraio, ormai da molti anni, diventa la sede di questa gara di canto (*song competition*). Sui giornali e alla TV per qualche giorno non si parla d'altro. La canzone che vince è "la miglior canzone italiana" di quell'anno e viene scelta da una giuria.

Alcuni compact di cantautori popolari

Definizioni musicali.   Trovare nella lista qui sopra parole o espressioni che corrispondono alle seguenti definizioni.

1. un gruppo di musicisti
2. sono le parole di una canzone
3. la cosa che si mette nel registratore
4. quando si canta sottovoce
5. è la componente del complesso che crea il ritmo
6. un musicista che canta le proprie (*his/her own*) canzoni
7. non registrato
8. quando la musica è suonata molto forte

 Vi piace la musica?   La vostra classe ha ricevuto una lettera da un ragazzo italiano, appassionato di musica leggera. Vuole conoscere le preferenze dei giovani americani per quanto riguarda (*as regards*) la musica. Preparate un breve discorso in cui discutete sui seguenti argomenti:

- il complesso più popolare fra gli studenti della vostra università.
- un cantautore/una cantautrice che vi piace in questo momento.
- alcune canzoni che vi piacciono in questo momento.
- una canzone che non sopportate più.
- CD o cassette che avete comprato recentemente.
- se sono più popolari le cassette, i CD o i dischi.
- una buona marca per un impianto stereofonico.

Il concerto di Zucchero.   Sei andato/a ieri sera a sentire un concerto del tuo cantautore preferito, Zucchero. Spiegare ad un compagno/una compagna com'era il concerto. Dov'era? A che ora è cominciato lo spettacolo? Dove hai comprato il biglietto? Ti sei divertito/a?

cantautori italiani

Cantautore	Disco
Zucchero Sugar Fornaciari	Spirito DiVino
Claudio Baglioni	Io sono qui
Ligabue	Buon compleanno, Elvis!
Jovanotti	Lorenzo 1990–1995
Lucio Dalla	Attenti al lupo
Gianna Nannini	L'America
Vasco Rossi	Vita spericolata

C.2 Incontro

Che giornataccia!   *Il gruppo di amici di Cecilia s'incontra tutte le sere davanti alla gelateria vicino a Castel dell'Ovo a Napoli. È una calda sera.*

CECILIA: Ehi, ragazzi! Che giornataccia! Questa mattina uno stupido gattone nero mi ha attraversato la strada.

FRANCO: Che jella!

CECILIA: E poi a scuola ho preso un votaccio di scienze, a pranzo ho rovesciato° la bottiglia di vino sulla tovaglia, e questa sera il mio caro fratellino ha preso la mia auto senza chiedermi il permesso° e così io sono a piedi! Qualcuno di voi mi ha fatto il malocchio?   *overturned*   *permission*

RINO: Ma figurati! Possibile che capitino tutte a te? Ieri ti ho chiamato, ma non eri a casa. Cosa hai fatto?

CECILIA: Sono andata con Franco a comprare l'ultimo disco di Pino Daniele. La sua musica è troppo forte! Il concerto è piaciuto anche a te, vero, Lucia?

LUCIA: Sì, sì, ma non sopporto la musica a tutto volume. E questa sera che facciamo? Un giretto in città?

FRANCO: Perché non andiamo alla pizzeria che c'è vicino alla spiaggetta? Dopo possiamo prenderci un gelato e mangiarlo in riva al mare.

RINO: Io ci sto, e voi, ragazze?

CECILIA: Che barba! In quel postaccio non c'è mai anima viva!

Quali gusti sceglieresti tu?

A **Comprensione.**   Decidere quale delle espressioni completa correttamente ogni frase.

Attività

1. Gli amici di Cecilia si incontrano alla fine di una bella giornata. Infatti fa
   a. fresco.   b. freddo.   c. caldo.

2. Cecilia e i suoi amici s'incontrano normalmente
   a. in discoteca.   b. davanti alla gelateria.   c. a scuola.

3. Cecilia ha preso un brutto voto in
   a. scienze.   b. inglese.   c. anatomia.

4. Cecilia crede che qualcuno le abbia fatto
   a. un giretto.   b. rovesciare il vino.   c. il malocchio.

5. Quando Rino ha telefonato ieri, Cecilia era fuori a
   a. comprare un disco. b. prendere un gelato. c. vedere un concerto.

6. Secondo Cecilia, la musica di Pino Daniele è
   a. noiosa.   b. molto bella.   c. a tutto volume.

7. A Lucia non piace la musica
   a. di Pino Daniele.   b. a tutto volume.   c. leggera.

8. La pizzeria che piace a Franco è
   a. vicino al mare.   b. molto popolare.   c. lontana dal mare.

B **Perché capitano tutte a me?**   Ieri era una giornataccia, una cosa antipatica dopo l'altra. Descrivere al compagno/alla compagna la tua giornata, dall'inizio alla fine.

Esempio: —Che giornataccia ieri!
          —Ah sì? Cosa ti è successo?
          —Prima di tutto mi sono alzato tardi e ho perso il treno. Poi...

In altre parole

che jella!	*what bad luck!*
fare il malocchio a qualcuno	*to give someone the evil eye*
capitare tutte a qualcuno	*for everything (unpleasant) to happen to someone*
forte	*cool (slang)*
non sopportare qualcosa/qualcuno	*to be unable to stand something/someone*
non c'è anima viva	*there's not a living soul around*

C **Preferenze personali.**   Esprimere la propria opinione secondo il modello, usando una delle due espressioni.

Esempio: i film di Woody Allen
Che forte! Sono i miei film preferiti!
Che barba! Non li sopporto proprio!

1. il film *Casablanca*
2. la musica rap
3. i Guns 'n Roses
4. Heather Locklear
5. i cappellini da baseball
6. Brad Pitt
7. la Ferrari Testarossa
8. sciare

D **Che jella!**   Completare il seguente dialogo usando un vocabolo o un'espressione in elenco.

il malocchio   superstizioso/a   un portafortuna (*lucky charm*)
portare fortuna   che jella

SERGIO: Eleonora, tu sei _____?
ELEONORA: No, affatto. Perché mi fai questa domanda?
SERGIO: Be', sta' a sentire cosa mi è successo oggi. Ho rotto uno specchio e mentre uscivo di casa un gatto nero mi ha attraversato la strada. A pranzo mi è caduto il sale sulla tavola... _____! Ho paura che mi succederà qualcosa di terribile!
ELEONORA: Ma va! Basta non credere al _____.
SERGIO: Può darsi, ma io ho messo in tasca un piccolo _____. Non si sa mai!
ELEONORA: Non avrai mica in tasca un cornetto rosso o un ferro di cavallo!!
SERGIO: Be', ho un piccolo quadrifoglio (*four-leaf clover*)... sai, male non fa e mi può sempre _____.

 Siete superstiziosi/e?   Intervistare il compagno/la compagna per sapere

- se è superstizioso/a.
- a quali superstizioni crede e a quali non crede.
- se crede che certi oggetti o attività portino fortuna. Quali?
- se crede che certi oggetti o attività portino sfortuna. Quali?
- se crede al malocchio.

C.3   Punti grammaticali

I suffissi

Michele voleva una macchina, ma ha comprato una **macchinona!**	*Michael wanted a car, but he bought a huge car!*
Sergio è un ragazzo molto simpatico— è proprio **caruccio.**	*Sergio is a very nice boy— he's really very sweet.*
Federico è molto antipatico e disonesto—è un **ragazzaccio!**	*Federico is very unpleasant and dishonest—he's a bad boy.*
Che brutto film che abbiamo visto— un vero **filmaccio!**	*What an awful film we saw— a really terrible film!*
I miei amici hanno comprato una **casetta bellina.**	*My friends bought a pretty little house.*

1. Many Italian words may be modified by adding suffixes that slightly change their meaning. The suffixes **-ino, -etto, -ello,** and **-uccio** indicate smallness or endearment.

una mano—una manina	un uomo—un omino
un ragazzo—un ragazzino	una bocca—una boccuccia
un libro—un libricino	un fiore—un fiorellino
una borsa—una borsetta	un monte—un monticello

2. The suffixes **-uccio/a** and **-uzzo/a** indicate familiarity, for the diminutive form.

una via—una viuzza (*a cute little street*)
caro—caruccio (*very sweet, dear*)

3. The suffixes **-one/a** and **-otto/a** indicate largeness.

una donna—un donnone	una porta—un portone
un uomo—un omone	un ragazzo—un ragazzotto
una scarpa—uno scarpone	un giovane—un giovanotto

Note that the suffix **-one** usually changes feminine words to masculine.

4. The suffixes **-accio/a** and **-astro/a** indicate that something is bad.

un ragazzo—un ragazzaccio	una giornata—una giornataccia
un poeta—un poetastro	un libro—un libraccio

un fiore e un fiorellino

una macchina e una macchinona

una borsa e una borsetta

una donna e un donnone

una parola e una parolaccia

5. Suffixes should not be used indiscriminately. The meaning may depend on the correct use of a suffix. For example, a small book is a **libricino,** whereas a **libretto** contains the words to an opera.

un tacco   un tacchino

un mulo   un mulino

una pulce   un pulcino

un'aquila   un aquilone

una botte   un bottone

A **Il piccolo, il grande e il brutto.**   Dire se le seguenti cose sono piccole, grandi o brutte secondo l'esempio.

Esempio: giornataccia   È una brutta giornata.

1. casone   3. finestrino   5. alberone   7. gonnella
2. macchinetta   4. lavorone   6. votaccio   8. lampadina

B **Stella stellina.**   Aggiungere il suffisso appropriato per formare la parola richiesta.

Esempio: una piccola stella: stellina

1. un uomo grande e grosso
2. occhi grandi e aperti
3. una piccola cucina
4. un libro con poche pagine
5. una via piccola e stretta
6. un piccolo appartamento
7. un'insalata tenera (*tender*) e leggera
8. un film noioso e antipatico

C **Sostituzioni.**   Sostituire alle parole in corsivo un nome alterato appropriato.

Esempio: Il mio *grande amico* mi ha dato un *piccolo regalo*.
          Il mio *amicone* mi ha dato un *regalino*.

1. La mia *piccola villa* è vicino a un *piccolo monte*.
2. Angela abita in quella *piccola via* in un *piccolo appartamento*.
3. Giorgio ha riempito due *grandi pagine* di problemi matematici.
4. I bambini portano i loro *piccoli zaini* a scuola, pieni di *grandi libri*.
5. Il *ragazzo cattivo* ha detto tante *brutte parole*.
6. Ci incontriamo davanti *alla chiesa piccola* vicino al teatro.
7. La *piccola casa* dei miei zii è in un *piccolo paese* vicino ad Amalfi.
8. I nostri amici hanno mangiato due *grandi piatti* di spaghetti in quel *piccolo ristorante*.

D **Ti piace o no?**   Creare domande e rispondere al negativo come nel modello.

Esempio: libro
          —Ti piace quel libro?
          —Non lo sopporto! È un libraccio!

1. ragazzi   3. giornale   5. vino
2. film   4. canzoni   6. attore

La discoteca

D.1 Si dice così

la discoteca	*discotheque/club*	**la tangenziale**	*service road*
il locale (notturno)	*(night) spot/club*	**la velocità**	*speed*
il (punto di) ritrovo	*meeting place*	**il volante**	*steering wheel*
il/la ballerino/a	*dancer*	**la stazione di servizio**	*service station*
il ballo lento	*slow dance*	**il distributore**	*gas pump*
la pista da ballo	*dance floor*	**la benzina**	*gasoline*
scatenarsi	*to let oneself go*	**il sorpasso**	*passing (another car)*
l'autostrada	*superhighway*	**fare il pieno**	*to fill the gas tank*
l'autista	*driver*		

Lo sapevi che... ?

"La febbre del sabato sera" colpisce moltissimi giovani italiani. Le discoteche sono un ritrovo molto popolare, non solo nelle città ma anche nei piccoli centri. Durante il fine-settimana le discoteche aprono anche al pomeriggio per i giovanissimi (14–17 anni). La costa adriatica dell'Emilia Romagna è famosa per i suoi locali notturni di dimensioni straordinarie che in estate richiamano numerosissimi giovani, italiani e stranieri.

Attività

A In discoteca/In macchina.   Scegliere la parola che dà un senso compiuto alla frase.

1. È pericoloso fare (sorpassi/locali) su una piccola strada di campagna.
2. A molti giovani piace (fare il pieno/scatenarsi) in discoteca.
3. Compriamo la benzina alla (pista da ballo/stazione di servizio).
4. La persona al volante è (il ballerino/l'autista).
5. Una discoteca o un club si chiama anche (un locale/una tangenziale).
6. Sull'autostrada bisogna fare attenzione (al punto di ritrovo/alla velocità).

B Mariangela al volante.   Completare il seguente brano con una parola appropriata.

Stasera Mariangela può usare la macchina della mamma, ma è senza benzina. Prima di andare sull' _____ si ferma alla _____ per fare _____. Mariangela è al volante. È un'ottima _____. A lei piace guidare, ma è anche molto prudente. Non supera mai il limite di _____ e non fa mai _____ pericolosi. Mariangela guida molto bene!

Preferenze personali.   Intervistare un altro studente/un'altra studentessa per sapere

- se gli/le piace ballare.
- se balla bene o male.
- dove ha imparato a ballare.
- se gli/le piace andare in discoteca.
- se gli/le piace scatenarsi sulla pista da ballo.
- la canzone preferita per ballare.

D.2 Incontro

Andiamo a ballare!   *Cecilia, Lucia, Rino e Franco sono in automobile. Stanno andando a ballare in una discoteca a Sorrento.*

CECILIA:	Franco, passami la cassetta di Teresa De Sio così la ascoltiamo.
FRANCO:	Con la tua musica ci stai proprio stressando! Sono stufo di sentire quelle canzoni—le ascoltiamo da settimane!
CECILIA:	Tu non capisci un tubo di musica!
FRANCO:	E tu, pensa a guidare, piuttosto! Sai come si dice: Donne al volante, pericolo costante!
LUCIA:	Che maschilista!°
RINO:	Piantatela! Dov'è la discoteca? Conoscete la strada?
CECILIA:	È un po' fuori mano. Da qui ci vogliono quaranta minuti. Prima di prendere la tangenziale è meglio che facciamo benzina. Possiamo fare il pieno al distributore più avanti.
RINO:	E chi paga?
FRANCO:	Stiamo freschi, allora! Era meglio restare a casa mia. Potevamo fare qualcosa di bello, prendere qualcosa da bere o andare a mangiare Da Gennarino.
LUCIA:	Com'è questa discoteca? È all'aperto?° Io non sono una brava ballerina...
RINO:	Non ti preoccupare, Lucia. Se non vuoi scatenarti in pista, puoi sempre ballare i lenti con me.
LUCIA:	Con piacere!
FRANCO:	Senti, senti ... ehi, Cecilia! Va' piano! Tieni le mani sul volante e non fare sorpassi! La strada è pericolosa!°
CECILIA:	Cavoli! Se non vuoi che guidi io, allora scendi pure!
FRANCO:	Scherzavo! Per me tu guidi benissimo, sei anche l'autista più carina che io conosca!
LUCIA E RINO:	Senti, senti...

what a chauvinist

outside

dangerous

Lo sapevi che... ?

In questi ultimi anni si parla spesso del triste fenomeno "la strage del sabato sera." Si riferisce al sempre maggior numero di incidenti automobilistici causati dai giovani, nella notte del sabato sera, dopo la chiusura delle discoteche. In Italia è proibito guidare se si sono bevute bevande alcoliche, ma non tutti rispettano questa legge, con conseguenze spesso tragiche.

Attività

A **Comprensione.**   Decidere a chi si riferiscono le seguenti frasi: a Cecilia, a Franco, a Rino o a Lucia.

1. Sta guidando la macchina.
2. Dice che non sa ballare bene.
3. È stanco di sentire la musica di Teresa De Sio.
4. Ha paura delle donne che guidano.
5. Le piacciono le canzoni di Teresa De Sio.
6. Vorrebbe ballare i lenti con Lucia.
7. S'arrabbia perché Franco la critica.
8. Dice che la macchina è senza benzina.
9. Avrebbe preferito restare a casa o mangiare fuori.

B **Un invito nella nuova discoteca.**   Creare una conversazione basata sui seguenti suggerimenti.

S1: Tu e un gruppo di amici andate domani sera in una nuova discoteca. Ora telefoni al compagno/alla compagna per invitare anche lui/lei.

S2: Un amico/un'amica ti telefona per invitarti ad andare a ballare domani sera. Ti interessa, ma prima vuoi sapere dove va, con chi, a che ora e che tipo di locale è. C'è anche un problema: tu non sai ballare molto bene.

In altre parole

stressare qualcuno	*to cause someone stress/get on their nerves*
essere stufo di	*to be fed up with/be sick of*
non capire un tubo	*not to understand at all*
piantala! piantatela!	*stop it!*
fuori mano	*out of the way*
senti, senti!	*listen to this!/get a load of this!*
cavolo/i!	*darn! (literally, cabbages!)*

C **Come rispondere?**   Scegliere una risposta appropriata ai seguenti commenti.

1. Tu stai guidando troppo veloce! Attenzione! La strada è pericolosa!
2. Ma dov'è questo nuovo locale? Siamo in macchina da un'ora e non siamo ancora arrivati!
3. Vai prima a destra, poi dopo il benzinaio vai a sinistra, prosegui per un chilometro, poi prendi la curva e dopo dieci minuti sei arrivato. Capisci?
4. Oggi ho incontrato Filippo e ha detto che Luciano e Patrizia escono insieme. Vanno a ballare ogni sera in discoteca!
5. Perché dobbiamo sempre sentire la musica che piace a te? Perché non sentiamo qualcos'altro?

D **Mini-dialoghi.**   Completare i seguenti mini-dialoghi usando un'espressione appropriata.

1. —Non ne posso più di sentirti parlare. _____!
   —Va bene, va bene. Ora sto zitto.
2. —Dov'è la vostra casa di campagna?
   —È lontana dal paese, in un posto isolata. In effetti, è un po'
   _____.
3. —Francesca, come vanno le lezioni d'inglese?
   —Insomma, quando la maestra parla rapidamente, io non
   _____.
4. —Hai già finito il tuo compito? _____! Sei velocissimo!
   —E tu? Non l'hai ancora finito?
5. —Andrea, sai per caso se tua sorella esce con qualcuno?
   —_____! Allora la trovi carina? Non lo sapevo!

E **La lezione di guida.**   Tu e il compagno/la compagna siete in macchina. State andando in un nuovo locale. Tu sai guidare bene, ma il compagno/la compagna critica ogni movimento che fai. Ti dice di non superare i limiti di velocità, di tenere le mani sul volante, di andare più piano, che non c'è molta benzina ecc. Reagire ai commenti del compagno/della compagna con frasi appropriate.

D.3   Punti grammaticali

La preposizione *da*

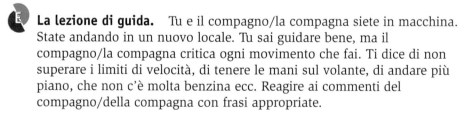

Io vengo **da Salerno**.	*I come from Salerno.*
Stasera vado **da Sofia**.	*Tonight I'm going to Sofia's house.*
Studio l'italiano **da sei mesi**.	*I've been studying Italian for six months.*
Vorrei qualcosa **da mangiare**.	*I'd like something to eat.*

1. The preposition **da** has several idiomatic uses in Italian. The most common is to signify origin, as in

Da dove vieni tu?   *Where are you from?*
Arrivo **dalla scuola.**   *I'm coming from school.*

2. When used with a pronoun or proper name, **da** can mean *at the house of* or *at the office/business of.* When used more broadly (**da noi, da voi ecc.**), it may mean *in our/your country.* Consider the following.

Mangiamo **dalla zia Amalia.**   *We're eating at Aunt Amalia's.*
Se non ti senti bene, vai **dal**   *If you don't feel well, go to the doctor.*
  medico.
Da noi se rovesci il sale sul   *In our country, if you spill salt on the*
  tavolo porta sfortuna.   *table it brings bad luck.*

3. **Da** is used with time expressions and the present tense to indicate how long one has been doing something.

Da quanto tempo conosci   *How long have you known*
  Riccardo?   *Richard?*
Lo conosco **da cinque anni.**   *I've known him five years.*

4. An indefinite object or quantity followed by **da** + *infinitive* describes the purpose of the object or quantity.

C'è molto **da vedere** a Napoli.   *There's a lot to see in Naples.*
Hai qualcosa **da leggere** durante *Do you have something to read*
  il viaggio?   *during the trip?*

An indefinite object or quantity followed by **di** + *adjective* describes the object or quantity.

Ho visto qualcosa **di interessante** *I saw something interesting in*
  sul giornale.   *the paper.*
Beviamo qualcosa **di fresco.**   *Let's drink something refreshing.*
Vorrei qualcosa **di caldo da**   *I'd like something hot to*
  bere—ho freddo.   *drink—I'm cold.*

A **Una festa.**   Completare il brano con la preposizione **da,** semplice o articolata.   **Attività**

Domani sera c'è una festa ___da___ Beppe. Andiamo ___da___ lui dopo cena. La festa è per sua cugina Erica che è venuta ___dagli___ Stati Uniti per una vacanza. Alle feste di Beppe c'è sempre un sacco di gente ___da___ conoscere. Io conosco Beppe ___da___ sette anni, è un mio caro amico. Infatti, lo scorso weekend siamo andati ___da___ suoi genitori perché hanno una casa al mare. ___Dalla___ terrazza si vede una spiaggia bianca.

B *Di o da?*   Completare le frasi con la preposizione appropriata.

1. Che cosa fai _di_ bello stasera?
2. Mariangela ha qualcosa _di_ nuovo—ha comprato uno stereo!
3. Purtroppo, signori, non c'è niente _da_ fare.
4. Enrico ha molto _da_ studiare.
5. Vorrei qualcosa _di_ dolce, forse un gelato.
6. È una persona di poche parole. Ha poco _da_ dire.
7. Non posso uscire stasera, ho troppe cose _da_ finire!
8. Dammi qualcosa _di_ buono ... ho fame!

C **Esperienze personali.**   Rispondere alle seguenti domande usando **da.**

1. Da dove vieni tu? Da dove viene tua madre? E tuo padre?
2. Quando hai mal di denti, da chi vai? E quando ti serve della frutta? E quando la tua macchina è senza benzina?
3. Da voi, a che ora si mangia?
4. Quando torni da scuola, che fai?
5. Da quanto tempo studi l'italiano?
6. Da quanto tempo conosci il tuo migliore amico?

Immagini e parole
Un popolo di artisti

A **Musica o cinema?**   Decidere se i seguenti termini, espressioni e nomi si riferiscono al mondo musicale o a quello cinematografico. Se non ne sei sicuro/a, scorrere il brano per trovare la risposta.

> **Attività di pre-lettura**

1. crescendo
2. cantare
3. registi
4. cantautori
5. Enrico Caruso
6. Federico Fellini
7. *Il Barbiere di Siviglia*
8. *le Quattro Stagioni*
9. neorealismo
10. opere liriche
11. polifonia
12. vincere l'Oscar

B **Quale paragrafo?**   Prima di leggere il brano, trovare il paragrafo che parla di

_____ alcuni musicisti importanti italiani.
_____ il cinema degli anni '80.
_____ cantanti e direttori d'orchestra.
_____ il ruolo importante degli Italiani in tutti i campi artistici.
_____ registi cinematografici importanti.
_____ l'italiano come lingua della musica.
_____ l'opera lirica.
_____ la musica leggera.

Antonio Vivaldi (1678–1741), compositore dei quattro Concerti delle Stagioni

Si dice che l'Italia sia un paese di geniali inventori, di illustri pittori e di grandi santi, ma bisogna riconoscere° che il popolo italiano ha avuto un ruolo importante anche in campo musicale e in tempi più recenti in quello cinematografico.   *recognize*

In Italia la musica è sempre stata di casa.° Basti pensare alla terminologia della musica: la lingua della musica è l'italiano e i termini (ad esempio, *crescendo, diminuendo, allegro, da capo*) sono ormai internazionali. Per di più, l'italiano è una lingua molto musicale, particolarmente adatta° al canto, tanto che addirittura Mozart volle i libretti di alcune sue opere liriche in lingua italiana.   *been familiar* ... *suited*

L'Italia è la patria di sommi° musicisti da Claudio Monteverdi (1567–1643), padre della polifonia, a Domenico Scarlatti (1685–1757), grande compositore dell'epoca barocca e famoso per le sue sonate al clavicembalo.° Antonio Vivaldi (1675–1741) è celeberrimo° per i quattro Concerti delle Stagioni. Altrettanto famoso è Niccolò Paganini (1784–1840) per il suo virtuosismo col violino.   *great* ... *harpsichord* *most renowned*

Nei programmi della stagione lirica in qualsiasi città del mondo, si trova sempre almeno un'opera italiana dell'Ottocento, fra quelle composte da Gioacchino Rossini (1792–1868) come *Il Barbiere di Siviglia,* da Giuseppe Verdi (1813–1901) quali *Nabucco, Aida, Rigoletto,* o da Giacomo Puccini (1858–1924), compositore di *La Bohème, Madama Butterfly* e *Tosca.* Tra i cantanti più famosi si ricordano Enrico Caruso, Luciano Pavarotti e Renata Scotto, per non dimenticare i direttori d'orchestra, fra i quali Arturo Toscanini, Claudio Abbado e Riccardo Muti.

Per farsi un quadro° della musica leggera, bisognerebbe parlare dei cantautori più amati: Lucio Battisti, Lucio Dalla, Claudio Baglioni e Zucchero, tanto per fare qualche nome.° Gli Italiani amano cantare; è facile sentire gli spettatori cantare insieme all'artista non solo durante i concerti di musica popolare, ma pure durante un'aria famosa all'opera lirica.   *to get a picture* ... *just to name a few*

Per quanto riguarda° il cinema, si riconosce universalmente il grande contributo culturale di alcuni maestri del *neorealismo* come Vittorio De Sica e Roberto Rossellini. Molti registi italiani hanno vinto anche l'Oscar, il premio americano riconosciuto come il simbolo della più alta qualità cinematografica, quali Michelangelo Antonioni, Luchino Visconti, Bernardo Bertolucci, Lina Wertmüller e il notissimo e amatissimo Federico Fellini.   *as regards*

A partire dagli anni '80, il cinema italiano ha vissuto un periodo di rinnovata° vitalità, grazie a una nuova generazione di registi come Nanni Moretti, Gabriele Salvatores, Francesca Archibugi, Giuseppe Tornatore e Gianni Amelio, spesso premiati dalla critica internazionale.   *renewed*

Ask students if they have seen any Italian films and write the titles on the board. Try to identify the director and stars of each. Do they know any other films by these directors?

A Comprensione: le frasi false.   Tutte le seguenti affermazioni sono false. Trovare un modo di correggere ognuna.

1. L'Italia è conosciuta come un paese di filosofi.
2. La lingua portoghese è quella più usata per la musica.
3. Mozart è un regista che voleva libretti in italiano per i suoi film.
4. Caruso e Pavarotti sono due compositori di opera lirica.
5. Giuseppe Verdi ha scritto *Tosca*.
6. Due cantautori famosi sono Muti e Toscanini.
7. Nessun regista italiano ha vinto l'Oscar.
8. A partire degli anni '80, il cinema italiano non ha più prodotto film.

B Chi sono?   Usando le informazioni dalla lettura, identificare i seguenti maestri.

Esempio: Antonio Vivaldi
          Antonio Vivaldi era un compositore. Ha scritto i quattro Concerti delle Stagioni.

Claudio Monteverdi   Nanni Moretti   Vittorio De Sica
Domenico Scarlatti   Niccolò Paganini   Zucchero
Luciano Pavarotti

 Preferenze personali.   Fare le seguenti domande al compagno/alla compagna.

1. Conosci una canzone italiana? Come s'intitola?
2. Hai mai visto un'opera lirica? Quale? Chi è il compositore? Ti è piaciuta?
3. Conosci un'aria famosa dell'opera lirica italiana? Come inizia?
4. Hai mai visto un concerto con un musicista italiano?
5. Hai mai visto un film italiano? Chi è il regista?
6. Ti piacciono i film stranieri? Perché?

D Spunti di conversazione.   Discutere con i compagni di classe i seguenti argomenti.

1. Che tipo di musica preferite? Assistete regolarmente ai concerti? Di che tipo? Di musica leggera o classica? Di musica rock o jazz? Di un cantautore famoso/una cantautrice famosa? Ci sono concerti nel campus della vostra università? Come sono?
2. Chi ha mai visto un film italiano? Parlare dei film che avete visto. I film italiani sono differenti dai film americani? In che senso?
3. Com'è la vita sociale alla vostra università? Dove vanno normalmente gli studenti quando escono? Quali sono i locali che frequentano? Cosa si fa in quel locale? Com'è un tipico sabato sera nel vostro campus?

Federico Fellini (1920–1993), grande regista italiano sul set di un suo film

Ritratto

Rocco Ruggieri

Ciao, Rocco! Come hai scelto questo mestiere di attore e come sei entrato nel mondo dello spettacolo?

Quando andavo a scuola, ho recitato in tutti gli spettacoli che preparavamo noi ragazzi dell'oratorio.° Il mio era un quartiere° povero e il teatro dell'oratorio era il nostro divertimento più grande. Mi piaceva il teatro, con il suo palcoscenico, le luci, le quinte, i camerini.

Sunday school / neighborhood

Quindi, sapevi che volevi fare l'attore—drammatico o comico?

Era un mondo di sogni e io, allora, sognavo sempre. Sognavo di diventare come il grande attore napoletano Eduardo De Filippo, o come Massimo Troisi. Mi piaceva la commedia napoletana e volevo far ridere la gente.° Così ho deciso di diventare un attore comico.

make people laugh

Hai frequentato una scuola di recitazione?

Come ti ho detto, ho sempre recitato fin da° ragazzino. Un giorno, tra il pubblico c'era anche un insegnante della scuola d'arte drammatica di Roma. Mi ha invitato a fare un provino. È andato bene, così sono andato a Roma a studiare.

since (I was)

Sei un attore molto giovane. Come hai fatto ad avere successo così presto?

Molta fatica e un po' di fortuna ... o molta fortuna e un po' di fatica. Fa' tu!°

You decide!

Quali sono i tuoi progetti per il futuro?

Sto lavorando in una compagnia di Napoli e stiamo preparando uno spettacolo recitato in dialetto napoletano, molto divertente.

Ti piacerebbe recitare in un film?

Sì, certo. Ho già fatto delle apparizioni in alcuni film per il piccolo schermo.° Ma se potessi scegliere, mi piacerebbe molto lavorare in un grande film, magari con qualche giovane regista emergente.° Comunque, devo dire che il mio cuore resterà sempre sul palcoscenico. Amo il contatto con il pubblico, l'atmosfera del teatro. È la mia vita, come la mia città.

small screen (TV)

up-and-coming

Dati essenziali

Nome Rocco Ruggieri
Nato Torre del Greco (Napoli)
Data di nascita 13.V.73
Stato Nubile
Professione Attore
Hobby Andare in barca a vela, cantare

A Comprensione.   Rispondere alle seguenti domande.

1. Da quando Rocco Ruggieri si interessa di teatro? Come è entrato nel mondo dello spettacolo?
2. Com'era il quartiere dove Rocco è cresciuto? Come si divertivano i ragazzi?
3. Perché preferisce il comico al drammatico? Chi sono i suoi modelli in questo campo?
4. Ha studiato recitazione? Dove?
5. A che cosa attribuisce il suo successo?
6. Cosa sta facendo ora Rocco? Cosa gli piacerebbe fare in futuro?
7. Quale genere di spettacolo preferisce, il teatro o il cinema? Perché?

B Un'intervista con...   Sei un giornalista della rivista *Chi*. Devi intervistare un noto personaggio del mondo del cinema o della musica (il tuo compagno/la tua compagna). Cosa vuoi sapere della sua vita privata? Del suo lavoro? Preparare prima una lista di domande da fare. Prendere appunti durante l'intervista per poi presentare un breve riassunto alla classe.

C Tema.   Scegliere uno dei seguenti temi da sviluppare in una breve composizione.

1. Scrivere una breve recensione di un film che hai visto recentemente. Ti è piaciuto? Dove era ambientato? Chi era il/la protagonista? Ha recitato bene? Chi era il/la regista?

2. Se io fossi un/una cantante rock... Di cosa parleresti nelle tue canzoni? Suoneresti anche uno strumento musicale? Quale? Dove faresti il tuo primo concerto?

3. Andiamo a ballare. Scrivere un dialogo tra quattro amici che discutono cosa fare. Vogliono uscire, ma c'è chi vuole andare ad un concerto di musica classica, chi vuole andare a prendere un gelato, chi vuole andare a ballare in discoteca fuori città.

Ciak! Italia

A Cosa fai di bello stasera?   Prima di vedere il videoclip, abbinare il divertimento della colonna a sinistra con il luogo dove lo puoi vedere/fare.

1. un'opera lirica di Verdi
2. un film di Nanni Moretti
3. una partita di calcio
4. ballare tutta la notte
5. un concerto di musica leggera

a. al cinema
b. in discoteca
c. in piazza
d. allo stadio
e. al teatro San Carlo

B Comprensione.   Mentre vedete il videoclip, scegliere la risposta giusta a ciascuna domanda.

1. Cosa sta leggendo Gabriella?
   a. un giornale   b. il programma dell'opera lirica

2. Chi programma la serata?
   a. Piero   b. Gabriella

3. Dove vanno quella sera?
   a. ad un concerto di musica   b. all'opera lirica
      folcloristica

4. Come si chiama il teatro a Napoli?
   a. La Scala   b. San Carlo

5. Cosa mangiano dopo lo spettacolo?
   a. la pizza   b. gli spaghetti

6. Quale opera lirica vedono?
   a. l'*Aida*   b. il *Rigoletto*

C Sarà vero?   Vedere il videoclip una seconda volta e dire se le seguenti frasi sono vere o false; correggere quelle false.

1. Piero vuole portare Gabriella a vedere un concerto di Pino Daniele.
2. Gabriella pensa che a Piero piaccia solo la discoteca o la musica leggera.
3. Piero non sa che cosa sia il Teatro San Carlo.
4. Gabriella pensa che l'opera lirica sia solo melodramma con grasse cantanti.
5. Piero ha prenotato due biglietti per uno spettacolo.
6. Piero pensa che al Teatro San Carlo diano *Indiana Jones*.

D Perché l'ha detto?   Dopo aver visto il videoclip, spiegare in una frase completa perché Piero e Gabriella hanno detto le seguenti battute.

1. Gabriella: Mi hai di nuovo preso in giro!
2. Piero: Beh, ho qualche compact disc a casa ... e non solo di Pino Daniele.
3. Gabriella: Scusami, ti ho trattato come un ignorante.
4. Piero: Mi offrirai una pizza dopo il teatro.

E Che bella serata!   Immaginate di essere Piero e Gabriella che escono per andare a Teatro San Carlo per l'opera lirica e poi in una pizzeria dopo lo spettacolo. Creare un dialogo. È contenta Gabriella, o c'è qualcosa che non va? E Piero? È contento della cena offerta da Gabriella? Si sono divertiti? È piaciuto lo spettacolo?

Leggere: Recitiamo una poesia!

Veduta panoramica di Firenze, con il Duomo e Palazzo Vecchio

TOSCANA
Firenze

Communicative goals

- Talking about the distant past
- Expressing opinions about literature and writing
- Indicating sequence of events
- Reporting what others have said
- Talking about mass media

La letteratura

A.1 Si dice così

l'enciclopedia	*encyclopedia*	la poesia	*poetry/ short poem*
il volume	*volume*		
il titolo	*title*	il secolo	*century*
il capitolo	*chapter*	lo scrittore/ la scrittrice	*writer*
la prosa	*prose*		
la narrativa	*narrative/fiction*	l'autore/l'autrice	*author*
il romanzo	*novel*	il poeta/la poetessa	*poet*
il racconto/ la novella	*short story*		
		il capolavoro	*masterpiece*
la trama	*plot*	letterario	*literary*
la raccolta	*collection*	trattarsi	*to be about*
il poema	*long poem*	analizzare	*to analyze*

Lo sapevi che... ?

Un **romanzo rosa** si riferisce a una storia romantica, mentre quando si parla di **giallo** si intende una storia misteriosa e ricca di suspense. Il termine **giallo** deriva dal colore delle copertine di una collana pubblicata in Italia, e tutt'oggi le copertine sono spesso di questo colore. La combinazione di storie fantastiche e di realtà scientifica si chiama **fantascienza**. La **saggistica** è invece il genere letterario che raccoglie le opinioni su determinati argomenti.

A Le definizioni.   Trovare nella lista di **Si dice così** parole che corrispondono a ogni definizione.

Attività

1. Una donna che scrive opere letterarie in versi.
2. Una suddivisione (*subdivision*) di un libro.
3. Un periodo di cento anni.
4. Una breve opera narrativa.
5. Si differenzia dalla poesia.
6. È la storia di un romanzo.
7. Indica il nome di un'opera letteraria.
8. L'opera più bella o importante di uno scrittore.

Ti piace leggere?   Intervistare un altro studente/un'altra studentessa per sapere

- se gli/le piace leggere nel tempo libero.
- che cosa gli/le piace leggere: romanzi? poesia? saggistica?
- chi è lo scrittore preferito/la scrittrice preferita.
- quanti libri legge al mese.
- se compra molti libri o se li prende in prestito alla biblioteca pubblica.
- il titolo dell'ultimo libro che ha letto.

La biblioteca ideale.   Fra poco voi dovete partire per un viaggio di cinque anni su un'astronave (*spaceship*) diretta sul pianeta Saturno. Potete portare dieci libri da leggere nel tempo libero. Quali sono i libri che portereste con voi? Fare un elenco dei dieci libri e spiegare il perché della vostra scelta.

Esempio: —Io sicuramente porterei *I viaggi di Gulliver* perché è un
            capolavoro che unisce la satira politica con l'avventura.
          —E io porterei un grande volume che contiene tutte le poesie di...

A.2 Incontro

Una relazione di letteratura.   *Giacomo e Luisa sono studenti universitari. Stanno preparando una relazione sulla letteratura italiana del Rinascimento.°*   Renaissance
Sono in biblioteca circondati da libri.

GIACOMO: Hai trovato qualcosa in quell'enciclopedia? Quest'antologia
           parla solo della narrativa del novecento.

LUISA: Sì, ma sull'enciclopedia ci sono capitoli e capitoli da leggere.
           Non so proprio da che parte cominciare.

GIACOMO: Aspetta un attimo, bisogna affrontare tutto con calma. Hai
           visto la figuraccia che hanno fatto oggi Elena e Gianni, no? La
           loro relazione sembrava fatta coi piedi. Non vogliamo fare
           come loro, vero?

LUISA: Ho un'idea: perché tu non ti concentri sulla prosa, mentre io
           mi occupo della poesia? A me piacciono più i poeti—Dante,
           Petrarca, Poliziano...

GIACOMO: Chi scrisse "Chiare, fresche e dolci acque," una poesia che mi
           piaceva tanto quando l'abbiamo studiata?

LUISA: Ma fu Petrarca, certo! Ma come, mi prendi in giro? Non
           conosci le *Rime sparse*?

GIACOMO: Certo che le conosco! Stavo scherzando! Però, a dire il vero,
           preferisco mille volte di più scrittori come Boccaccio o
           Machiavelli che scrissero opere divertenti come il *Decameron*
           o *La Mandragola*.

LUISA: Ho visto una rappresentazione della *Mandragola* l'anno
           scorso al Teatro della Pergola! Che buffo!

GIACOMO: Pensa, Machiavelli fu un uomo politico eppure scrisse delle
           commedie! Quando lo mandarono poi in esilio° a San   *in exile*

Casciano si mise a scrivere *Il Principe*—una delle opere di
letteratura italiana più conosciute in tutto il mondo.

LUISA: Ah, i nostri antenati° mandarano tanti grandi scrittori in   *ancestors*
          esilio—pensa al povero Dante!

GIACOMO: Che scocciatura, non poter mai più tornare a casa!

LUISA: Davvero! Senti, allora, organizziamoci bene ora—io parlerò
          un po' dell'origine del sonetto, la canzone, la terza rima.

GIACOMO: E io spiegherò che il romanzo come genere si sviluppò in un
          periodo successivo. Non ci furono romanzi durante il
          Rinascimento, ma solo novelle.

LUISA: Ah, ecco, qui c'è un bellissimo libro che parla della tradizione
          novellistica. To'! Prendilo!

GIACOMO: Mmm, è proprio interessante. Si tratta di una raccolta di saggi.
          Chissà se la nostra relazione piacerà al professore? Vorremmo
          tanto fare una bella figura! Ma dobbiamo proprio parlare
          davanti a tutta la classe? Che fifa!

A **Comprensione: risposte sbagliate.**   Quale delle parole o espressioni date   **Attività**
non completa la frase correttamente?

1. Giacomo e Luisa sono
   a. in biblioteca.
   b. studenti universitari.
   c. poeti.

2. Giacomo e Luisa cercano informazioni
   a. per una relazione.
   b. sui poeti contemporanei.
   c. sulla letteratura rinascimentale.

3. Gianni e Elena
   a. hanno presentato la relazione oggi.
   b. si sono organizzati bene.
   c. hanno fatto una figuraccia.

4. A Luisa piace la poesia mentre Giacomo preferisce
   a. le enciclopedie.
   b. scrittori come Boccaccio.
   c. la letteratura divertente.

5. Niccolò Machiavelli
   a. scrisse "Chiare, fresche e dolci acque."
   b. fu un uomo politico.
   c. scrisse commedie e anche trattati politici.

6. Alla fine Giacomo e Luisa decidono che
   a. Giacomo parlerà dell'origine del romanzo in Italia.
   b. Luisa si occuperà della poesia.
   c. la relazione non piacerà al professore.

n altre parole

aspetta un attimo!	*wait a second!*
fare qualcosa coi piedi	*to do something in a slapdash way*
preferire mille volte di più	*to prefer a thousand times over*
che buffo!	*how funny!*
che scocciatura!	*what a nuisance!*
to'!	*take it!/look at that!*
che fifa!	*how terrifying!*

 La relazione.   Voi due siete studenti e state preparando una breve relazione sulla letteratura italiana per la vostra classe. Usando informazioni contenute nell'**Incontro,** preparare un dialogo da presentare alla classe. Ricordarvi come Giacomo e Luisa hanno deciso di dividere il lavoro: chi parla della poesia e chi della prosa?

C Sostituzioni.   Sostituire le parole in corsivo con un'espressione da **In altre parole.**

1. Mi dispiace dirtelo, caro Giuseppe, ma questa composizione non mi piace per niente. Sembra fatta *in fretta e senza attenzione*.
2. Paola, non andare ancora, ti prego! *Un momento!*
3. Se tu avessi visto il costume di Claudia! Si è vestita da hippie degli anni '60. *Che divertente!*
4. La professoressa dice che non va bene l'argomento della nostra relazione. E dopo tutto il lavoro che abbiamo fatto! Adesso dobbiamo ricominciare da capo. *Che noia!*
5. Maria Luisa, ti ricordi quella maglia che guardavi nella vetrina di quel negozio. *Eccola!* Te l'ho comprata!
6. Dopo aver finito quel libro di Stephen King, non sono riuscito ad addormentarmi. *Che paura!*

 Mille volte di più!   Esprimere le vostre preferenze come nel modello.

Esempio: leggere: Dante / Boccaccio
        —Chi preferisci leggere, Dante o Boccaccio?
        —Dante! Lo preferisco mille volte di più.

1. studiare: filosofia / matematica
2. bere: tè / caffè
3. guardare: la partita / un dramma
4. leggere volentieri: un giallo / un romanzo rosa
5. guidare: una motocicletta / una Mercedes
6. mangiare: cioccolato / carciofi

Euroclub: il più grande club dei libri.   L'Euroclub vi invita ad associarvi al club dei libri con un'offerta speciale: scegliere tre libri a sole 7.800 lire ciascuno. Discutere con il compagno/la compagna quali dei tre libri vi interessano.

A.3   Punti grammaticali

Il passato remoto

Dante **scrisse** la *Divina Commedia*.	*Dante wrote the Divine Comedy.*
Petrarca **nacque** in Toscana.	*Petrarch was born in Tuscany.*
Boccaccio **parlò** il dialetto toscano.	*Boccaccio spoke the Tuscan dialect.*
I miei nonni **abitarono** in Italia quando erano bambini.	*My grandparents lived in Italy when they were children.*
Avevo tanta paura che non **dormii** quella notte.	*I was so frightened that I didn't sleep that night.*
Machiavelli **fu** nel governo di Firenze.	*Machiavelli was in the government of Florence.*

1. **Il passato remoto** (preterit) is a past tense used most commonly to describe actions in the distant past. Often used in writing to describe historical events, it is also known as the historical or narrative past tense.

2. The **passato remoto** of regular verbs is formed by dropping the infinitive suffix and adding the following endings:

abitare	
abit**ai**	abit**ammo**
abit**asti**	abit**aste**
abit**ò**	abit**arono**

vendere	
vend**ei** (vend**etti**)	vend**emmo**
vend**esti**	vend**este**
vend**é** (vend**ette**)	vend**erono** (vend**ettero**)

scoprire	
scopr**ii**	scopr**immo**
scopr**isti**	scopr**iste**
scopr**ì**	scopr**irono**

Several **-ere** verbs have two alternative forms in the first- and third-person singular and third-person plural (**io, lui/lei, loro**).

3. Many irregular verbs follow a 1–3–3 pattern: only the first-person singular and third-person singular and plural are irregular. The **tu, noi,** and **voi** forms are regular, and are based on the infinitive stem.

	scrivere	nascere	vedere	conoscere
1	scrissi	nacqui	vidi	conobbi
	scrivesti	nascesti	vedesti	conoscesti
3	scrisse	nacque	vide	conobbe
	scrivemmo	nascemmo	vedemmo	conoscemmo
	scriveste	nasceste	vedeste	conosceste
3	scrissero	nacquero	videro	conobbero

Note that there are no accents in verbs with two stems.

If one knows the first-person singular and the infinitive of an irregular verb, the entire conjugation is predictable.

leggere:	lessi, leggesti	**chiedere:**	chiesi, chiedesti
scrivere:	scrissi, scrivesti	**decidere:**	decisi, decidesti
vivere:	vissi, vivesti	**mettere:**	misi, mettesti
sapere:	seppi, sapesti	**prendere:**	presi, prendesti
		rimanere:	rimasi, rimanesti
tenere:	tenni, tenesti	**rispondere:**	risposi, rispondesti
venire:	venni, venisti	**scendere:**	scesi, scendesti
volere:	volli, volesti	**sorridere:**	sorrisi, sorridesti
dipingere:	dipinsi, dipingesti		
vincere:	vinsi, vincesti		

4. Some verbs whose forms differ from this pattern in that the **tu, noi,** and **voi** forms do not derive directly from the infinitive are:

dare:	diedi, desti	**stare:**	stetti, stesti
dire:	dissi, dicesti	**fare:**	feci, facesti
bere:	bevvi, bevesti		

5. Essere and **avere** are irregular; **avere** follows the 1–3–3 pattern.

essere	
fui	fummo
fosti	foste
fu	furono

avere	
ebbi	avemmo
avesti	aveste
ebbe	ebbero

Lo sapevi che... ?

A scuola in Italia i bambini imparano il seguente detto che serve a ricordare dati importanti che riguardano persone famose. È utile anche per ricordarsi le forme del passato remoto: **Dove nacque? Dove visse? Cosa fece? Cosa scrisse?**

A **Indovinala grillo** (*Guess, if you can*)!   Cercare di identificare i seguenti nomi, luoghi o date importanti.

1. Fu genovese, ma scoprì l'America con l'aiuto della Spagna.
2. Nacque nel 1265 a Firenze. Scrisse la *Divina Commedia,* nella quale raccontò un viaggio attraverso l'inferno, il purgatorio e il paradiso.
3. L'anno in cui finì la Seconda guerra mondiale.
4. Questa città fu la prima capitale d'Italia. Molti meridionali vi immigrarono per lavorare nelle fabbriche della Fiat.
5. Dipinse una famosa "Primavera."
6. La città in cui vissero e morirono Romeo e Giulietta.
7. Creò un "Cenacolo" (Ultima cena) indimenticabile e inventò l'elicottero.
8. Sorella di Cesare Borgia, fu una donna affascinante. Avvelenò (*poisoned*) volentieri i nemici.

B **Dati della storia.**   Completare le seguenti frasi con il passato remoto del verbo dato.

1. Le guerre del Risorgimento (avere) luogo durante l'Ottocento.
2. George Washington non (dire) mai una bugia.
3. Cesare pronunciò: "(venire), (vedere), (vincere)."
4. Truman (decidere) di bombardare il Giappone.
5. Gli studenti (leggere) tutta la *Divina Commedia*.
6. Molti scrittori americani (andare) in Francia durante gli anni Venti.
7. Dante (conoscere) Giotto.
8. Gli Americani (essere) alleati degli Inglesi.

Attività

C Che fine fece?   Completare il brano con il passato remoto del verbo dato.

   Molti anni fa, io (conoscere) un uomo che (andare) a vivere nella giungla. A dire il vero, io (leggere) sul giornale questa strana notizia che mi (incuriosare) e io (volere) incontrarlo. Appena io (arrivare) a casa sua, questo tale mi (invitare) ad entrare. Noi (sedersi) in giardino e lui mi (offrire) da bere. Noi (bere) del caffè. Lui mi (spiegare) che voleva lasciare la città per andare a studiare gli animali della giungla. L'uomo poco dopo (lasciare) il lavoro, (vendere) l'automobile, (chiudere) la casa e (partire). Di lui non si (sapere) più nulla. Chissà che fine (fare)?

 D Due scrittori illustrissimi.   Tu e il compagno/la compagna dovete presentare una relazione su due figure importanti della letteratura italiana. Ecco alcuni appunti della vostra ricerca. Create due brevi paragrafi su questi due scrittori del Rinascimento includendo le informazioni date.

Niccolò Machiavelli

- 1469–1527
- Firenze
- patriota fiorentino e teorico di scienze politiche
- viaggiare in tutta l'Europa
- fare missioni diplomatiche per il Comune di Firenze
- i Medici lo imprigionare e lo mandare in esilio
- scrivere *Il Principe* e *I ricordi* in esilio
- guadagnarsi la reputazione di cinico

Veronica Franco

- 1546–1591
- Venezia
- cortigiana, amica dell'aristocrazia veneziana
- scrivere sonetti e poesie in terza rima
- 1577: abbandonare la vita libera, dedicarsi ad opere di carità
- il pittore Tintoretto fare un bellissimo ritratto

E La vita degli scrittori.   Pensare al tuo scrittore preferito/la tua scrittrice preferita e poi descrivere ad un altro studente/un'altra studentessa tutto quello che sai della sua vita: quando nacque, dove visse, i libri che scrisse e altre cose che fece durante la vita.

F Quello che fecero.   Completare le seguenti frasi con un verbo al passato remoto.

1. Tanti anni fa in Italia...
2. Alla fine del secolo scorso, le donne...
3. Nel 1989 io...
4. Dieci anni fa, la mia famiglia...
5. Durante la Prima guerra mondiale, gli Stati Uniti...
6. Durante la Rivoluzione francese...
7. Nel 1990 io...
8. Nell'ultima finale dei Campionati del Mondo di calcio, l'Italia...

Lo sapevi che... ?

La prima biblioteca pubblica fu fondata in Italia, nel 1440 da Cosimo de' Medici al convento di San Marco a Firenze. Oggi ci sono biblioteche comunali, cioè del comune, del paese o città, che sono aperte al pubblico. Inoltre ci sono tre Biblioteche Nazionali, enormi istituzioni che contengono anche manoscritti e libri rari; sono a Torino, Firenze e Roma, le tre città che furono anche capitale d'Italia.

La Biblioteca Nazionale di Firenze

B La libreria

B.1 Si dice così

il lettore/ la lettrice	*reader*	**in ristampa**	*reprint*
		in traduzione	*in translation*
la casa editrice	*publishing house*	**esaurito**	*out of print/ sold out*
l'editore	*editor/publisher*		
la copertina rigida	*hardcover*	**illustrato**	*illustrated*
		fornito	*stocked*
l'edizione tascabile	*paperback/ softcover*	**stampare**	*to print*
		pubblicare	*to publish*
la copia	*copy*	**recensire**	*to review*
la collana	*collection/series*	**sfogliare**	*to flip through*

A **Il processo letterario.**   Abbinare l'azione a chi lo esegue.

Attività

1. scrive un manoscritto
2. cura e crea il libro
3. recensiscono i libri
4. sfogliano i libri
5. pubblica il libro
6. legge il libro a casa
7. vende i libri

a. i clienti in una libreria
b. i critici
c. la casa editrice
d. l'autore
e. la lettrice
f. il proprietario di una libreria
g. l'editore

B **In libreria: dialoghi.**   Completare i seguenti dialoghi con vocaboli appropriati.

1. IMPIEGATO: Buongiorno. Mi dica!

     CLIENTE: _____. Vorrei un libro di Italo Calvino.

     IMPIEGATO: Conosce _____?

     CLIENTE: Sì—è *Il barone rampante*. Vorrei il libro in edizione tascabile.

     IMPIEGATO: È fortunata, signora. Ecco l'ultima _____ che abbiamo.

     CLIENTE: Meno male!

2. CLIENTE: Buongiorno! Ha mica una _____ delle Fiabe di Esopo (*Aesop*)?

     IMPIEGATO: Sì, signore. Glielo prendo. È un libro _____ con molti bei disegni. È per un giovane _____?

     CLIENTE: Sì, è per mio figlio.

C **Un regalo per il nipote.**   Uno/una di voi è il proprietario/la proprietaria di una libreria ben fornita. L'altro è un cliente che è andato in libreria per comprare un libro da regalare al nipote che si laurea fra pochi giorni. Creare una conversazione in cui il proprietario/la proprietaria cerca di aiutare il cliente, suggerendo alcuni titoli.

Esempio: —Buonasera. Mi dica, signora.

          —Ah, buonasera. Senta, io vorrei comprare un libro per mio nipote...

          —Che genere preferisce? Gialli? Fantascienza? Quali sono i suoi interessi?

Lo sapevi che... ?

Ci sono molte case editrici in Italia. Le più grandi sono Mondadori, Feltrinelli, Rizzoli, Einaudi, Laterza e UTET. La Rizzoli è conosciuta pure per la pubblicazione di libri illustrati. Rizzoli e Feltrinelli sono anche i nomi di grandi librerie che si possono trovare nelle maggiori città italiane. L'UTET invece è conosciuta per i suoi dizionari e le enciclopedie. E per la letteratura italiana, l'Einaudi è famosissima; tra i grandi scrittori che ci hanno lavorato si trovano i nomi di Italo Calvino, Cesare Pavese e Natalia Ginzburg.

B.2 Incontro

Chi si vede!   *Filippo incontra una vecchia amica in una libreria in centro a Firenze*

PAOLA: Chi si vede!

FILIPPO: Ueh, Paola. Che fai qua?

PAOLA: Ma io sono la proprietaria di questo bel posto! Non lo sapevi? Ho smesso di fare la scrittrice. Sai com'è, ero stufa di non guadagnare mai una lira... Però, come vedi, continuo a occuparmi di libri. Ma dimmi, Filippo, stai cercando un libro in particolare? Se vuoi, ti posso aiutare.

FILIPPO: Prima di tutto, volevo comprare l'ultimo romanzo della Maraini.

PAOLA: Come mi dispiace! È esaurito... È in ristampa e la casa editrice ha promesso di rifornirmi presto. Nel frattempo, ti posso suggerire io qualche nuovo titolo. C'è una nuova collana dell'Einaudi con titoli molto interessanti. Si tratta di autori nuovi, giovani scrittori alla loro prima opera. Sai, ci sono anche dei miei amici.

FILIPPO: Che bello! Mi interesserebbe molto... mi consigli un titolo?

PAOLA: Ma certo, ben volentieri! Seguimi che li guarderemo...

FILIPPO: Ma hai un mucchio di libri qui... È fornitissima questa libreria!

Filippo sfoglia una rivista° letteraria. Riconosce una foto di Paola.   *magazine*

FILIPPO: Ma non mi dire! Questa sei tu!

PAOLA: Ah, sì. Ogni mese organizzo una serata letteraria. Insomma, invito degli autori emergenti° che parlano delle loro opere, o   *up-and-coming* dei critici che recensiscono un libro. Sono di grande successo, questi incontri. A proposito, perché non partecipi anche tu la prossima volta? L'ingresso è libero a tutti. L'importante è amare i libri.

FILIPPO: Affare fatto. Complimenti, Paola. Sei sempre stata una ragazza in gamba! Ma davvero hai smesso di scrivere? Io non ci credo proprio.

PAOLA: Be', qualcosa nel cassetto° ce l'avrei...   *drawer*

A **Comprensione: le domande.**   Rispondere alle domande con le informazioni contenute nell'**Incontro.**

1. Che lavoro fa Paola? Perché ha smesso di fare la scrittrice?
2. Che cosa cerca Filippo? Lo trova nella libreria di Paola? Perché?
3. Cosa suggerisce Paola invece del romanzo della Maraini?
4. Dove vede Filippo una fotografia di Paola? Cosa dice quando la vede?
5. Che cosa c'è alla libreria ogni mese? Chi ci partecipa?
6. È proprio vero che Paola non scrive più?

B **Indovina chi ho visto!**   Immaginare di essere Filippo che parla con un vecchio amico dopo aver incontrato Paola. Completare la conversazione con risposte appropriate.

S1: Indovina chi ho visto oggi! Ti ricordi Paola?
S2: Sì, certo che me la ricordo! Come sta? Che cosa sta facendo?
S1: Sta bene,...
S2: Una libreria? Com'è?   *S1:*...
S2: Ma non scrive più?   *S1:*...
S2: Perché?   *S1:*...
S2: Hai comprato qualcosa? *S1:*...

C **La serata letteraria.**   Uno/una di voi è un giovane scrittore/una giovane scrittrice che ha appena pubblicato il suo primo romanzo. La proprietaria di una libreria ti ha invitato a partecipare a una serata letteraria per leggere brani scelti del romanzo e per rispondere alle domande dei lettori interessati. Gli altri sono i lettori che fanno domande allo scrittore/alla scrittrice. Domande possibili:

In quanto tempo ha scritto il libro?
Come ha avuto l'idea per la trama del romanzo?
Da quanto tempo scrive? Come ha cominciato?
È in corso un secondo romanzo?

In altre parole

smettere di fare qualcosa	*to give up doing something*
non guadagnare una lira	*to not earn a penny*
un mucchio di	*a ton of*
non mi dire!	*don't tell me!*
affare fatto	*done deal/consider it done*
essere in gamba	*to be on the ball, smart*

D **Mini-dialoghi.**   Completare i seguenti dialoghi con una parola o un'espressione adatta:

1. —Sai che cosa ho visto sul giornale? Un articolo su Rosella Nuzio.
   —_____! Quella ragazza che era a scuola
      con noi?
2. —Dove vai, Anna? Non vieni con noi al cinema?
   —Vado in biblioteca! Ho _____ di compiti
      da fare.
3. —Hai visto la fotografia di Fulvio sul giornale? Ha pubblicato un
      nuovo libro.
   —Quel Fulvio! È sempre stato _____!
4. —Senti, se mi dai una mano a pulire un po' qui, poi ti aiuto a
      preparare la cena.
   —_____!
5. —Giacomo, perché hai smesso di scrivere? Ti piaceva tanto la
      letteratura!
   —Eh, sì. Ma purtroppo i poeti _____.

E **Ho smesso, ero stufo!**   Creare mini-dialoghi come nel modello. Uno di
voi domanda all'altro/a se fa ancora le cose suggerite. L'altro/a risponde
che ha smesso di farle, e poi spiega il perché.

Esempio: scrivere poesie
            —Non scrivi più poesie?
            —Ho smesso di farlo perché ero stufo/a di... (perdere
              tempo / trovare rime)

1. frequentare le lezioni di matematica
2. uscire con Vittorio
3. andare in discoteca sabato sera
4. mangiare alla mensa
5. abitare nella casa dello studente
6. lavorare al ristorante

F **Un incontro dopo dieci anni.**   Sono passati dieci anni. Sei in una libreria
e incontri per caso un tuo compagno/una tua compagna di università.
Chiedergli/le come sta, cosa sta facendo, che lavoro fa, dove abita, se si è
sposato/a ecc.

Esempio: —Chi si vede!
            —Flavio? Ma guarda chi si rivede!
            —Giulia! Ma come stai? E cosa fai qui?...
            —Sono tornata a vivere a Siena dopo la laurea... Ti ricordi Beppe?
              Allora,...

B.3 Punti grammaticali

I numeri ordinali

Era l'amore a **prima** vista.	*It was love at first sight.*
L'ufficio è all'**undicesimo** piano.	*The office is on the eleventh floor.*
La **quinta** sinfonia di Beethoven è la mia preferita.	*Beethoven's fifth symphony is my favorite.*
Ero così felice—ero al **settimo** cielo!	*I was so happy—I was in seventh heaven!*
Lorenzo de' Medici visse nel **quindicesimo** secolo.	*Lorenzo de' Medici lived in the fifteenth century.*

1. Ordinal numbers (**i numeri ordinali**) are used to indicate order or rank. The first ten ordinal numbers are as follows:

1°	primo	6°	sesto
2°	secondo	7°	settimo
3°	terzo	8°	ottavo
4°	quarto	9°	nono
5°	quinto	10°	decimo

2. All other ordinal numbers are formed by dropping the final vowel of the cardinal number and adding the suffix **-esimo**.

cento	centesimo	ottantadue	ottantaduesimo

   Numbers ending in **-tré** or **-sei** (**ventitré, trentasei,** etc.) keep the final vowel before adding **-esimo: ventitreesimo, trentaseiesimo.**

3. Ordinal numbers are adjectives, and thus agree in number and gender with the noun they modify. They usually precede the noun. The ordinal number is signified by the symbol ° if the noun is masculine, ª if the noun is feminine.

la 5ª strada	*Fifth Avenue*	**il 15° secolo**	*the fifteenth century*

4. In writing, Roman numerals are usually used to designate centuries, popes, and royalty.

Enrico VIII	Enrico ottavo	*Henry the Eighth*
Giovanni Paolo II	Giovanni Paolo secondo	*John Paul the second*
il secolo XVIII	il diciottesimo secolo	*the eighteenth century*

   In dates, only the first of the month is expressed as an ordinal number.

1 agosto: il primo agosto	14 maggio: il quattordici maggio

5. In Italian, centuries are referred to in two ways.

1200–1300	il Duecento	il tredicesimo secolo
1300–1400	il Trecento	il quattordicesimo secolo
1400–1500	il Quattrocento	il quindicesimo secolo
1500–1600	il Cinquecento	il sedicesimo secolo
1600–1700	il Seicento	il diciassettesimo secolo
1700–1800	il Settecento	il diciottesimo secolo
1800–1900	l'Ottocento	il diciannovesimo secolo
1900–2000	il Novecento	il ventesimo secolo
2000–2100	il Duemila	il ventunesimo secolo

Attività

A Dov'è Adriana?   La piccola Adriana abita in un grande palazzo di dieci piani con un ascensore (*elevator*) moderno. Ad Adriana piace moltissimo viaggiare su e giù nell'ascensore del palazzo. Completare il brano con i numeri ordinali appropriati.

Adriana e la sua famiglia abitano al piano numero sei, cioè al _____ piano. Mentre la mamma è occupata con il fratellino, Adriana è uscita di casa, si è diretta all'ascensore, ed è scesa due piani (ora si trova al _____ piano). Poi è salita cinque piani, cioè al _____ piano. È scesa di nuovo, questa volta otto piani (ora sta al _____ piano). Poi è risalita ancora quattro piani, cioè al _____ piano. È uscita dall'ascensore ed è salita a piedi al piano di sopra (*above*). Non ha trovato la porta di casa sua, e ha cominciato a piangere e a chiamare la mamma. A quale piano si trova ora la piccola Adriana?

B Quando nacque? Quando visse?   Dire in quali secoli nacquero, vissero o morirono le seguenti persone.

Esempio: Dante Alighieri (1265–1321)
          Dante nacque nel 1265, visse nel tredicesimo secolo e morì nel 1321.

1. Alessandro Manzoni (1785–1873)
2. Umberto Eco (1932–presente)
3. Brunetto Latini (1220–1294)
4. Lorenzo de' Medici (1449–1492)
5. Francesco Petrarca (1304–1374)
6. Galileo Galilei (1564–1642)
7. Vittorio Alfieri (1749–1803)
8. Natalia Ginzburg (1916–1991)

C Numero, per favore.   Rispondere alle seguenti domande usando un numero ordinale, secondo il modello.

Esempio: Questa è la lezione numero dieci?
          Sì, è la decima lezione.

1. Questo è il piano numero diciotto?
2. Questa è la pagina numero ventitré?
3. Siamo alla lezione numero undici?
4. Questa è la sinfonia numero cinque?
5. È l'edizione numero sette del libro?
6. Sei all'anno numero tre all'università?
7. Siamo al capitolo numero trenta?
8. Questo quadro è del secolo numero sedici?

Sono tutti...   Leggere ad alta voce le parole elencate usando i numeri ordinali. Poi decidere a quale categoria appartengono. Ecco le possibili categorie: re, anniversario, papa, sinfonia.

1. Riccardo III, Enrico VIII, Elisabetta II, Giorgio III, Edoardo IV
2. Giovanni Paolo II, Pio IX, Giulio II, Gregorio X, Giovanni XXIII
3. 15°: cristallo; 25°: argento; 30°: perle; 50°: oro; 60°: diamante
4. 3ª: Eroica; 6ª: Pastorale; 9ª: Inno alla Gioia
5. Vittorio Emanuele II, Umberto I, Vittorio Emanuele III

La stampa: giornali e riviste

C.1 Si dice così

l'edicola	*newsstand*	**l'inserto**	*section*
il giornalaio	*newspaper vendor*	**la terza pagina/**	*cultural page*
il giornale/il quotidiano	*daily newspaper*	**l'elzeviro**	
la rivista	*magazine*	**la pubblicità**	*advertisement*
il settimanale	*weekly*	**il giornalista**	*journalist*
il mensile	*monthly*	**il cartellone**	*poster/placard*
il periodico	*periodical*	**il numero**	*issue*
l'articolo	*article*	**l'abbonamento**	*subscription*
i titoli	*headlines*	**in omaggio/in regalo**	*free/complimentary*
la rubrica	*column*	**abbonarsi**	*to subscribe*

Attività

A Quale?   Rispondere alle seguenti domande.

1. Un giornalista può avere una rubrica o un cartellone?
2. L'uomo che vende all'edicola si chiama il giornalaio o il quotidiano?
3. Quando una rivista offre un regalo, è in omaggio o in onda?
4. L'elzeviro è il nome dell'editore o la pagina culturale del giornale?
5. Per sapere quel che succede nel mondo, si guardano i titoli o le pubblicità?
6. Quando una persona riceve regolarmente un periodico si chiama un omaggio o un abbonamento?

B Associazioni.   Associare una parola della prima colonna con una della seconda.

1. l'elzeviro   a. la rubrica
2. il quotidiano   b. il settimanale
3. il mensile   c. la terza pagina
4. la rivista   d. il periodico
5. l'articolo   e. il giornale

C **Che cosa leggi tu?**   Con le informazioni date, creare delle domande e delle risposte secondo il modello.

Esempio: —Quale rivista settimanale conosci?
           —Conosco *Panorama, L'Espresso,...* E tu?

1. una rivista settimanale
2. una rivista mensile per le donne
3. un quotidiano popolare
4. un inserto del giornale della domenica
5. un giornalista rispettato/una giornalista rispettata
6. un periodico settimanale che si compra al supermercato
7. un giornale italiano
8. una rivista con bellissime fotografie

D *La Settimana Enigmistica.*   *La Settimana Enigmistica* è un periodico popolare in tutta l'Italia da molti anni. Guardare il titolo di un numero recente e poi rispondere alla domande.

LA RIVISTA DI ENIGMISTICA PRIMA PER FONDAZIONE E PER DIFFUSIONE

LA SETTIMANA ENIGMISTICA

4 Maggio 1996

Anno 65
N. 3345

L. 1.500

Numeri arretrati L. 3.000

Spedizione in abbonamento postale /50 - MILANO

Periodico di parole crociate, rebus, enigmi, passatempi, varietà, umorismo, ecc.

ESCE IL SABATO
Direzione e Redazione
Palazzo Vittoria
Piazza Cinque Giornate 10
20129 - Milano

Telefoni: Direzione e Redazione 02-55.190.591
Distribuzione 02-660.301
Stampa 0362-40.513

ABBONAMENTO
(per 52 numeri) L. 75.000
Versamenti sul Conto Corrente Postale n. 293274
intestato a «Bresi Spa - La Settimana Enigmistica»

1. Quale giorno della settimana esce?
2. Dov'è la sede della direzione del periodico? In quale città? Qual è l'indirizzo? Il numero di telefono?
3. Che tipo di periodico è? Che cosa pubblicano?
4. Qual è la data di questo numero? Da quanti anni si pubblica?
5. Quanto costa un numero della *Settimana Enigmistica*?
6. Quanto costa l'abbonamento al periodico? Per quanto tempo?

Davanti all'edicola alcuni cartelli annunciano le notizie del giorno

All'edicola. *Tutte le mattine, prima di andare in ufficio, Matteo Bellini si ferma all'edicola vicino a casa sua per comprare i giornali.*

MATTEO: Buongiorno! Come andiamo oggi?

GIORNALAIO: Ah, Signor Bellini. Le cose vanno di male in peggio. Ha visto? Hanno annunciato nuove tasse! Questo governo manderà tutto a rotoli!

MATTEO: Eh, sì. Ho letto i titoli sui cartelloni in strada. Che Le posso dire? Secondo il governo, queste tasse sono proprio necessarie per la nostra economia... Prendo *La Repubblica* e *Il Corriere*.

GIORNALAIO: Sa che oggi con *Il Corriere* danno anche un inserto speciale sul cinema?

MATTEO: Davvero? Ma è la terza pagina che mi interessa oggi. Ci dovrebbe essere un articolo sulla narrativa della Seconda guerra mondiale. È scritto da un mio amico. Leggo sempre la sua rubrica perché le sue osservazioni sono molto intelligenti.

GIORNALAIO: Senta, è uscito l'ultimo numero di *Autosport*—in copertina c'è la nuova Maserati. Se Le interessa, lo prenda pure. È lì tra i mensili.

MATTEO: Accidempoli, che macchinone! Va be', lo prendo, e a mia moglie ho promesso l'ultimo numero di *Amica*.

GIORNALAIO: È esaurita, Signor Bellini. Sa com'è, c'è in omaggio una bella borsetta di plastica e le signore sono tutte corse a comprarla.

MATTEO: Non fa niente. Basta così, allora.

GIORNALAIO: Sono £9.000 in tutto.

MATTEO: Ecco a Lei. Grazie, e buongiorno.

GIORNALAIO: Buongiorno e buona lettura!°

Attività

reading

A **Comprensione: le frasi false.**   Correggere le seguenti frasi false con le informazioni giuste dall'**Incontro**.

Attività

1. Matteo compra giornali in libreria.
2. Il giornalaio è contento del governo.
3. Matteo desidera comprare *Il Corriere* e *La Nazione*.
4. Oggi Matteo vuole vedere le notizie sportive.
5. Matteo compra anche una nuova Maserati.
6. Matteo non è sposato.
7. Matteo compra l'ultimo numero di *Amica*.
8. Matteo è arrabbiato (*angry*) perché non può comprare quel che voleva.

B **Sondaggio.**   Fare un sondaggio fra i compagni di classe per sapere

- che cosa preferiscono leggere.
- se leggono di più riviste o giornali.
- la rivista più popolare fra gli altri studenti.
- il giornale più letto.
- se hanno un abbonamento ad una rivista o ad un giornale.

Lo sapevi che... ?

In Italia ci sono giornali locali e giornali a tiratura (*readership*) nazionale, come *La Repubblica* e *Il Corriere della Sera*. I settimanali più conosciuti e letti sono *Panorama* e *L'Espresso*, che contengono informazioni di politica, economia, costume e spettacolo. Fra le riviste femminili più conosciute ci sono *Amica, Grazia* e *Anna*. Esistono anche dei quotidiani specializzati per le notizie sportive, molto diffusi in tutt'Italia: *Il Corriere dello Sport* e *La Gazzetta dello Sport*, stampato su inconfondibili (*unmistakable*) pagine rosa.

città	*giornale*
Roma	*La Repubblica, Il Messaggero*
Napoli	*Il Mattino*
Milano	*Il Corriere della Sera*
Torino	*La Stampa*
Genova	*Il Secolo*
Firenze	*La Nazione*

In altre parole

andare di male in peggio	to go from bad to worse
mandare tutto a rotoli	to ruin
che Le/ti posso dire?	what can I tell you?
accidempoli!	my gosh!/good lord!
sa/sai com'è	you know how it is

C Abbinamenti.   Trovare nella lista a destra la risposta logica per ogni domanda a sinistra, e poi completarla con un'espressione da **In altre parole.**

1. Allora, come vanno le cose al lavoro?
2. Hai visto la copertina dell'*Espresso* oggi? C'è una foto incredibile!
3. Ho l'impressione che i giovani guardino troppo la televisione. Che ne pensa Lei?
4. Ho sentito che hai cambiato lavoro. Ti trovi bene nel nuovo posto?
5. Perché non mi hai telefonato oggi?

a. _____! Non ci posso credere che hanno messo una foto così!

b. _____, cara? Non avevo un minuto libero.

c. Non me ne parlare! Le cose vanno _____!

d. Sì, benissimo, ma _____. Le prime settimane sono le più difficili.

e. Sono d'accordo. Infatti, la televisione _____.

D Accipicchia!   Reagire con meraviglia alle seguenti situazioni, come nel modello. Iniziare ogni frase con una delle seguenti parole esclamative:

Accipicchia!   Accidenti!   Accidempoli!   Acciderba!

Esempio: Il vostro amico Luca è al volante di una nuova Maserati.
            Accipicchia! Ha vinto alla lotteria?

1. La vostra squadra ha segnato un gol all'ultimo momento.
2. Barbara porta al dito un anello con un enorme diamante.
3. I vostri amici fanno un viaggio di tre mesi in Europa.
4. Sul giornale c'è la foto del vostro vicino di casa.
5. Per il compleanno ti hanno regalato un cane.
6. Un tuo compagno con cui devi presentare una relazione non ha fatto ancora niente. La presentazione è domani.

Comprare all'edicola.   Vai all'edicola per comprare

- il giornale della tua città.
- una rivista settimanale di attualità.
- una rivista per un amico che sta male.

Creare una conversazione con il giornalaio (l'altro studente/l'altra studentessa). Prima salutarlo/la, poi chiedergli/le le cose che vuoi e forse qualcos'altro. Poi pagare.

C.3 Punti grammaticali

Che e quale

—**Che** vino preferisci?	—*What wine do you prefer?*
—Preferisco il vino bianco.	—*I prefer white wine.*
—**Quale** vino preferisce?	—*Which wine does he prefer?*
—Preferisce il pinot grigio.	—*He prefers pinot grigio.*
—**Che** buono!	—*How delicious!*
—**Che** film guardi normalmente?	—*What films do you watch normally?*
—Guardo film classici.	—*I watch the classics.*
—**Quale** film guardi?	—*Which film are you watching?*
—*La dolce vita* di Fellini.	—*Fellini's* La dolce vita.

1. **Che** (*what*) and **quale** (*which*) are interrogative adjectives and pronouns. **Che** is used to inquire about a general category of things or people. **Quale** and its plural form **quali** are used to distinguish among specific things or people.

—**Che** libri compri di solito?	—*What books do you normally buy?*
—Compro gialli.	—*I buy thrillers.*
—**Quale** libro stai leggendo?	—*Which book are you reading?*
—*I Promessi Sposi* di Manzoni.	—*Manzoni's* The Betrothed.
—**Quali** quotidiani leggi normalmente?	—*Which newspapers do you usually read?*

2. When the interrogative pronoun **quale** is followed by **è,** it is written **qual è.** Compare:

—**Qual è** la tua rivista preferita, *Amica* o *Grazia*?	—*Which is your favorite magazine, Amica or Grazia?*
—**Quale** compri, *Amica* o *Grazia*?	—*Which one are you buying, Amica or Grazia?*
—**Quali** sono i miei?	—*Which ones are mine?*
—Quelli!	—*Those!*

3. Che may also be used in exclamations.

Che bel film!	*What a beautiful film!*
Che giornataccia!	*What a horrible day!*
Che brutto!	*How ugly!*

A **Quale o che?**   Completare le seguenti frasi in maniera appropriata usando **che, quale** o **quali.**

1. Allora, ragazzi, _____ facciamo domani sera?
2. —_____ giornali hai comprato?
   —Ho comprato *Il Messaggero* e *Bellacasa.*
3. _____ moto vorresti guidare? Una Gilera o un'Aprilia?
4. Non ci posso credere! _____ bella sorpresa!
5. _____ differenza c'è fra un settimanale e una rivista?
6. _____ vento! Pensi che verrà la pioggia oggi?
7. —_____ frutta vorresti comprare?
   —Mah, decidi tu.
8. Ho chiesto al vigile _____ strada fosse la più breve.
9. —Ti piacciono quei fiori?
   — _____?
   —Quelli laggiù.
10. _____ dice il giornale?

B **Leggo anch'io!**   Inserire nella posizione corretta i seguenti interrogativi.

che   quale   chi   quanto   quante   quali

   Ma _____ ha detto che non leggo mai? Proprio oggi ho finito di leggere un bellissimo romanzo, molto molto lungo. Di _____ pagine? Circa 700! _____ lungo, vero? Eppure, vi assicuro, l'ho letto con interesse. È _____ argomento trattava? È una storia fantastica che racconta le avventure di un uomo che viaggia su un'astronave. In _____ secolo è ambientata? Nel ventiduesimo secolo. _____ fantasia, vero? E voi, _____ libri leggete? Romanzi o gialli?

 C **Quali corsi segui questo semestre?**   Creare una serie di domande per sapere cosa fa il tuo compagno/la tua compagna questo semestre. Potrai chiedere

- l'anno all'università e il corso di studio.
- i corsi che sta seguendo.
- i libri che ha dovuto comprare.
- il corso più/meno interessante.
- i compiti da fare questa settimana e le lezioni da preparare.
- il prossimo esame da superare.

La televisione

D.1 Si dice così

il televisore a colori/ in bianco e nero	color/black-and-white television set	la notizia/le notizie	news
la televisione/la TV/ la tivù	television	il programma	program
il telecomando	remote control	il programma a puntate	series
il videoregistratore	VCR	il telefilm	made-for-TV movie
il canale	channel	la pubblicità/lo spot	advertisement
la rete (televisiva)	(television) network	il telespettatore/la telespettatrice	television viewer
la trasmissione	telecast	accendere/spegnere la TV	to turn on/turn off the TV
il presentatore/la presentatrice	announcer	andare in onda	to be on the air
il telegiornalista	newscaster	in diretta/dal vivo	live
il telegiornale/il Tg	news program	registrato	taped

Lo sapevi che... ?

La Rai (Radiotelevisione italiana) è la compagnia nazionale che controlla tre reti televisive (Rai Uno, Rai Due, Rai Tre) e tre canali radiofonici. Ogni anno gli Italiani pagano una tassa (un po' più di cento dollari) per la televisione dello stato che serve a finanziare i programmi e le produzioni di film e telefilm della Rai. Canale 5, Italia 1, Rete 4, Tele Più, Telemontecarlo e Videomusic sono invece canali televisivi di proprietà privata. Rispetto ai canali Rai, queste reti trasmettono molti spot pubblicitari, proprio perché sono reti commerciali.

A **Comprensione.**   Rispondere alle seguenti domande.   **Attività**

1. Quale programma televisivo trasmette le notizie del giorno?
2. Cosa si usa per cambiare i canali della televisione?
3. Chi legge le notizie del telegiornale?
4. Chi annuncia i programmi televisivi?
5. Che cosa si usa per vedere una videocassetta?
6. Come si chiama un programma che non è dal vivo?
7. Cos'è la Rai?

La televisione e la radio: un sondaggio.   Fare un sondaggio fra i compagni in classe per sapere

- quante ore al giorno guardano la TV.
- a che ora la guardano.
- il canale preferito.
- i programmi preferiti.
- quando e per quanto tempo ascoltano la radio ogni giorno.
- i programmi preferiti.
- se preferiscono la radio o la televisione. Perché?

 Il potere (*power*) **del telecomando.**   Il telecomando è diventato uno strumento importantissimo nella vita di oggi. In gruppi di tre o quattro, discutere del vostro uso del telecomando. Qual è la vostra tecnica? Quando cambiate canale? Spesso? Alla fine di un programma? Quando c'è la pubblicità? Continuamente? Litigate mai con gli amici o la famiglia per l'uso del telecomando?

D.2 Incontro

Una lite (*fight*) **davanti alla TV.**   *Teresa e Gianni stanno guardando la televisione.*

TERESA:	Passami il telecomando!
GIANNI:	Scusa, prego? Non vorrai mica cambiare canale proprio adesso? Sto guardando *Tutto il calcio*! Ehi, questa è davvero una notizia bomba! Il Milan ha perso contro la Juve!
TERESA:	Se non ti dispiace, preferirei guardare il telegiornale. Qualcuno di noi deve tenersi aggiornato su quello che succede nel mondo. Oltre al mondo dello sport, s'intende!
GIANNI:	Aspettiamo il Tg 2 delle venti e trenta, va bene? Chissà se oggi legge le notizie quella giornalista carina ... quella ragazza bionda con i capelli lunghi.
TERESA:	A me quella non piace affatto! Si veste sempre con certi abiti scollati!°
GIANNI:	Invece a me piace proprio.
TERESA:	Ci credo bene! Comunque ora cambiamo canale, tanto è in onda la pubblicità. Davvero, Gianni, sei così geloso del telecomando! Ho letto un articolo che dice che gli uomini che vogliono sempre controllare il telecomando sono...
GIANNI:	Zitta! Cosa sta dicendo l'annunciatrice? Sentiamo quali sono i programmi della serata!
L'ANNUNCIATRICE:	Su Rai Uno alle venti e trenta andrà in onda la prima puntata del gioco a premi *Indovinala grillo!* Alle ventitré potrete seguire Tg Uno Notte. Su Rai Due alle

low-cut

venti e quaranta, dopo il telegiornale potete seguire il
telefilm drammatico *Terrore nel buio*. Su Rai Tre alle
venti e trenta Riccardo Frizzi conduce il dibattito su
"La politica dei giorni nostri." Ringraziamo i
telespettatori dell'ascolto e vi auguriamo una buona
serata. Buona visione!

TERESA: Non c'è molta scelta°... Ma perché hai cambiato di   *choice*
nuovo canale?

GIANNI: Accipicchia! Teresa, guarda! È tuo cugino Carlo!

TERESA: Questa poi! Ma perché quel giornalista lo sta
intervistando? Dai, alza il volume!

A **Comprensione: le domande.**   Rispondere alle seguenti domande con una
frase completa.

1. Cosa sta guardando Gianni? Perché è interessato a quel programma?
2. Cosa vorrebbe vedere Teresa? Perché?
3. Perché a Gianni piace la giornalista del telegiornale? Piace anche a
Teresa?
4. Perché Teresa dice che Gianni può cambiare il canale?
5. Di che cosa parlava l'articolo che Teresa ha letto?
6. Perché Gianni dice a Teresa di star zitta?
7. Quali programmi andranno in onda stasera?
8. Finisce che all'improvviso Teresa e Gianni sono interessati a
qualcosa... A che cosa?

B **Programmi preferiti.**   Leggere la seguente lista di programmi televisivi e
ordinarli secondo la propria preferenza (1 al programma meno
interessante; 10 al programma preferito). Poi cercare di indovinare le
preferenze del compagno/della compagna.

Esempio: —Credo che tu preferisca...
—Penso che per te il programma meno interessante sia...

i cartoni animati
una rubrica sportiva
un videoclip di video music
il telegiornale
lo shopping in poltrona
un programma musicale di varietà
un documentario scientifico
un film classico

Attività

Cosa guardare?   Oggi vi sentite male e avete deciso di stare tutto il giorno a casa a guardare la TV. Ecco la pagina dei programmi televisivi di oggi. Scegliere le trasmissioni più interessanti e poi discutere con il compagno/la compagna le vostre scelte. Dovete essere contenti tutti e due!

Esempio: —Alle 11.30 su Italia 1 c'è un programma sportivo che mi interessa.
           —Va bene, però alle 12.50 io vorrei vedere...

VENERDÌ 27 OTTOBRE

RAIUNO ⊙

20.40 → ATTUALITÀ
Sergio Zavoli conduce un'inchiesta sulla fede in Credere, non credere.

MATTINO

6.00	EURONEWS Rubrica 8602
6.30	TG1 Notiziario (ore 7/8/8.30/9/10) 9304911
6.45	UNOMATTINA Attualità 3343973
7.35	TGR ECONOMIA Attualità 7958373
9.35	CUORI SENZA ETA' Telefilm 3518486
	"Segreti di famiglia"
10.00	I CONSIGLI DI VERDE MATTINA Attualità 92640
10.25	PECCATO D'AMORE
	►FILM◄ Drammatico, GB, 1972
	Con Sarah Miles, John Finch
	Regia di Robert Bolt
	TG1 Notiziario nel corso del film 6175718
12.25	CHE TEMPO FA Segue TG1 Flash 8543843
12.35	LA SIGNORA IN GIALLO Telefilm
	"Finché morte non vi separi" 4136602

POMERIGGIO

13.30	TELEGIORNALE Notiziario 5331
14.00	PRONTO? SALA GIOCHI Gioco 8915945
14.40	PROVE E PROVINI A SCOMMETTIAMO CHE...?
	Conduce Fabrizio Frizzi 367911
15.10	PRONTO? SALA GIOCHI Gioco (2ª parte) 948485
15.45	SOLLETICO Varietà per ragazzi
	All'interno del programma:
	Il fantastico mondo di Richard Scarry Cartoni
	Wiva Disney con Aladino Cartoni animati
	Spiderman - L'uomo ragno Cartoni animati
	Zorro Telefilm 5570572
17.25	OGGI AL PARLAMENTO Attualità 8089621
17.35	TG1 FLASH Notiziario
	Viaggiare informati 7782263
17.45	Dalla Sala Nervi in Vaticano
	L'AMORE PIU' GRANDE 1692263

SERA

19.35	CHE TEMPO FA Previsioni meteo 289398
20.00	TELEGIORNALE Notiziario 260
20.30	TG1 SPORT Notiziario sportivo 55379
20.40	CREDERE, NON CREDERE Attualità
	Conduce Sergio Zavoli
	con la collaborazione di Daniele Carminati
	I grandi interrogativi: alle soglie del Duemila
	è ancora possibile credere a un creatore
	dell'universo e dell'uomo? 396447
22.35	TG1 Notiziario 9196805
22.40	NODO ALLA GOLA
	►FILM◄ Giallo, Usa, 1948
	Con James Stewart, Farley Granger
	Regia di Alfred Hitchcock 4381058
24.00	TG1 NOTTE Notiziario Agenda - Zodiaco
	Chiacchiere - Che tempo fa Previsioni 2409
0.30	VIDEOSAPERE Cultura 4544480
1.00	SOTTOVOCE Attualità 2559848
1.15	A QUALSIASI PREZZO
	►FILM◄ Avventura, Italia, 1968
	Con Walter Pidgeon, Ira Fürstenberg

RAIDUE ⬡

20.40 → TALK SHOW
Guardì, Wendy e Magalli a I fatti vostri-Piazza Italia di sera.

7.00	QUANTE STORIE! Varietà per ragazzi
	Tom e Jerry Kids Cartoni animati
	Sharky e George Cartoni animati
	L'albero azzurro Varietà per ragazzi
	Zanna Bianca Telefilm 5118621
8.45	PARADISE BEACH Soap 7142805
9.30	FUORI DAI DENTI Attualità
	Conducono S. Giuliani e F. Oppini 2324485
11.10	IN VIAGGIO CON SERENO VARIABILE Attualità
	Di Osvaldo Bevilacqua 7333373
11.30	MEDICINA 33 Rubrica medica 9378282
11.45	TG2 MATTINA Notiziario 1076718
12.00	I FATTI VOSTRI Talk show
	Conduce Giancarlo Magalli 65398
13.00	TG2 GIORNO Notiziario 3114
13.30	TG2 COSTUME E SOCIETÀ Attualità 84027
13.50	METEO 2
	Previsioni del tempo 4786973
14.00	I FATTI VOSTRI Talk show 22263
14.25	QUANDO SI AMA Soap 2210350
14.50	SANTA BARBARA Soap 1808263
15.35	TG2 FLASH Notiziario 7812485
15.40	UN BAMBINO DI TROPPO
	►FILM◄ Drammatico, Usa, 1993
	Con Michelle Greene, Connor O'Farrell
	Regia di Jorge Montesi 8150973
17.20	TG2 FLASH Notiziario 8630824
17.25	UN MEDICO TRA GLI ORSI Telefilm 5924195
18.10	TGS SPORTSERA Notiziario sportivo 359176
18.25	METEO 2 Previsioni del tempo 7781534
18.35	IN VIAGGIO CON SERENO VARIABILE Att. 7060379
18.45	HUNTER Telefilm
	"Città sotto assedio" (2ª parte) 1611071
19.45	TG2 SERA Notiziario 655553
20.15	TGS LO SPORT Notiziario sportivo 824485
20.40	I FATTI VOSTRI Talk show
	Piazza Italia di sera
	Con Giancarlo Magalli e Wendy Windham
	Regia di Michele Guardi
	In programma una nuova sfida tra
	i "Comitati locali" di due Comuni
	con meno di cinquemila abitanti,
	e il tradizionale gioco della busta. 5921843
23.00	TG2 DOSSIER Attualità 44669
23.45	TG2 NOTTE Notiziario 1753105
0.05	METEO 2 Previsioni del tempo 4021515
0.10	OGGI AL PARLAMENTO Attualità 2760312
0.20	PIAZZA ITALIA DI NOTTE
	Magalli, in pigiama, presenta un libro
	e regala un pensierino della notte. 2766596
0.30	TENERA È LA NOTTE 1315312
1.20	APPUNTAMENTO AL CINEMA Trailers 22705664

RAITRE ◣

15.40 → PALLANUOTO
In programma l'incontro di campionato Pescara-Bogliasco.

6.00	TG 3 MATTINO Attualità - METEO 3 14701
8.30	VIDEOSAPERE - ROBINSON E VENERDÌ 8871373
10.30	VIDEOSAPERE - EDICOLA MEDICA
	VITA PRIVATA DI BENITO MUSSOLINI (10ª puntata)
	VIAGGIO IN ITALIA di Sandro Lai
	INTERVALLO TRAGICO di Federico Zeri 2263
11.00	ISLAM di Alberto Pellegrinetti
	ITALIA IN BICICLETTA - FILOSOFIA 3992
11.30	MEDIA/MENTE - MONDO 3 IL FUTURO DELLA MEMORIA
	TGR LEONARDO di Roberto Antonetto
	SCRITTORI DA MARCIAPIEDE 3379
12.00	TG3 OREDODICI Notiziario 43350
12.15	ORCHESTRA! A cura di Francesca Calò
	Con Sir George Solti, Dudley Moore 665534
12.45	SCHEGGE JAZZ Spezzoni Tv 812060
13.00	VIDEOSAPERE - ITALIA MIA BENCHÉ 18263
13.35	GASSMAN INCONTRA DANTE Cultura 970263
14.00	TGR Notiziari regionali 18060
14.20	TG3 POMERIGGIO Notiziario 2215805
14.45	ARTICOLO 1 Attualità - METEO 3 8023918
15.00	VITA DA STREGA Telefilm 7176
15.30	TGS POMERIGGIO SPORTIVO 89517
15.40	PALLANUOTO "Pescara-Bogliasco"
	Campionato italiano 4050485
16.30	CALCETTO "Portogallo-Italia"
	Campionati europei (qualificazioni) 9973
17.00	DAVVERO Sit com 4682
17.30	LA VOCE DEL PADRONE Rubrica 85195
17.55	MAREMMA PESCA IN LAGUNA Doc. 15114
18.20	VIAGGIATORI DELLE TENEBRE Telefilm
	"Fino alla fine della corsa"
	METEO 3 Previsioni del tempo 800466
19.00	TG3 Notiziario 244
19.30	TGR Notiziari regionali 62621
19.50	PRODUCER CLUB Gioco 832824
20.05	BLOBCARTOON Varietà 8102843
20.15	BLOB. DI TUTTO DI PIÙ Varietà 4080737
20.30	DOPPIO INGANNO
	►FILM◄ Thriller, Usa, 1991
	Con Goldie Hawn, John Heard
	Regia di Damien Harris
	Il marito di Adrienne e un uomo pieno
	di sorprese e di doppiezze. 61973
22.30	TG3 VENTIDUE E TRENTA Notiziario 18447
22.45	TGR Notiziari regionali 9942195
22.55	LINEA 3 Attualità
	Conduce Lucia Annunziata 9863398
23.50	BRUNO MUNARI E IL GIOCO DELL'ARTE
	Di Guglielmo Pellegrini 1207973
0.30	TG3 VENTIQUATTRO E TRENTA - EDICOLA 3
	METEO 3 · Appuntamento al cinema 4546848
1.00	FUORI ORARIO presenta COSE (MAI) VISTE 8206848

In altre parole

notizia bomba	*sensational news*
tenersi aggiornato su	*to keep up to date on*
ci credo bene!	*I believe it!*
zitto!	*shhh!/be quiet!/shut up!*
indovinala grillo!	*guess, if you can!*
questa poi!	*now this!*

D **Mini-dialoghi.**   Completare i mini-dialoghi con una parola o un'espressione adatta.

1. —Oggi ho visto una persona che tu conosci al mercato!
   _____!
   —Non ho la più pallida idea! Dimmi chi è!
2. —Mi dispiace, signora, non può usare questa carta di credito. Non è più valida.
   —Che giornataccia! Ho perso le chiavi della macchina, ho dimenticato il compleanno di un amico e _____!
3. —Giuseppe, vieni! Dammi una mano a preparare la cena!
   —Sto guardando il Tg. Senti che _____: la squadra nazionale di calcio ha vinto contro la Francia!
4. — Io non guardo mai il Tg. Non mi interessa!
   —Ma scherzi! Io lo guardo sempre: mi piace _____.
5. —Sai che cosa mi ha detto Lucia oggi per telefono?
   —_____ , Silvia, non vedi che sto ascoltando il telegiornale?
6. —È brava questa giornalista. Non perdo mai il telegiornale quando c'è lei.
   —_____! È bellissima!

E **Che notizia bomba!**   State guardando il telegiornale. A turno, creare una notizia per ogni argomento elencato e poi rispondere con un commento appropriato.

Esempio: —Il governo ha deciso di eliminare tutte le tasse.
          —Che notizia bomba! E hai sentito? La squadra americana di pallacanestro ha perso alle Olimpiadi!
          —Mamma mia, che disastro!

notizie politiche	notizie locali
notizie sportive	personalità
spettacolo e sport	previsione meteorologica

F **Amo quello spot!**   Certe volte la pubblicità dà fastidio, ma può essere anche molto divertente. Con un altro studente/un'altra studentessa scegliere uno spot pubblicitario che conoscete e che vi piace o che vi sembra molto efficace. Poi fare una versione italiana dello spot da presentare alla classe.

D.3 Punti grammaticali

Il discorso indiretto

Dice: "**Vado** al cinema."	Dice che **va** al cinema.
Ha detto: "**Vado** al cinema."	Ha detto che **andava** al cinema.
Diceva: "**Andrò** al cinema."	Diceva che **sarebbe andato** al cinema.
Ha detto: "**Sono andato** al cinema."	Ha detto che **era andato** al cinema.
Dirà: "**Vado** al cinema."	Dirà che **andrà** al cinema.

1. **Il discorso diretto** (direct discourse) is the exact quotation of a person's words. **Il discorso indiretto** (indirect discourse) reports a person's words indirectly. Verbs such as **dire, domandare, rispondere,** and **chiedere** are used to introduce indirect discourse.

2. When the introductory verb is in the present tense, no change of tense occurs in the transition from direct to indirect discourse.

Dice: "Leggo un libro."	Dice che legge un libro.
Dice: "Leggevo un libro."	Dice che leggeva un libro.
Dice: "Ho letto il libro."	Dice che ha letto il libro.

3. When the introductory verb is in the future or conditional, a verb expressed in the present tense in direct discourse is expressed in the future or conditional in indirect discourse.

Risponderà: "Arrivo alle nove."	Risponderà che arriverà alle nove.
Direbbe: "Non ho una lira."	Direbbe che non avrebbe una lira.

4. When the introductory verb is in a past tense (**passato prossimo, imperfetto,** or **passato remoto),** the shift from direct to indirect discourse involves these changes in verb tense:

introductory verb	discorso diretto	discorso indiretto
passato prossimo,	presente	imperfetto
imperfetto,	imperfetto	imperfetto
passato remoto	passato prossimo or passato remoto	trapassato
	futuro	condizionale passato
	condizionale	condizionale passato

a. from **presente** to **imperfetto:**
Disse: "Il treno parte."   Disse che il treno partiva.

b. from **imperfetto** to **imperfetto:**
Disse: "Il treno partiva."   Disse che il treno partiva.

c. from **passato prossimo** or **passato remoto** to **trapassato:**
Disse: "Il treno è partito."   Disse che il treno era partito.

d. from **futuro** to **condizionale passato:**
Ha detto: "Il treno partirà."   Ha detto che il treno sarebbe partito.

e. from **condizionale** to **condizionale passato:**
Disse: "Il treno partirebbe."   Disse che il treno sarebbe partito.

5. Certain expressions of time, place, and direction also change when converting direct discourse to indirect discourse:

discorso diretto	*discorso indiretto*
oggi	quel giorno
domani	il giorno dopo
ieri	il giorno prima
questo	quello
qui	là
venire	andare

Lucio disse: "Ho comprato questa rivista ieri in edicola."
Lucio disse che aveva comprato quella rivista il giorno prima in edicola.

6. A question that calls for a yes-or-no answer is introduced with **se** in indirect discourse.

Mi ha domandato "Ti piacciono i romanzi di Calvino?"
Mi ha domandato se mi piacevano i romanzi di Calvino.

A Trasformazioni.   Trasformare la frase dal discorso diretto al discorso indiretto, secondo i modelli.   **Attività**

Esempi: Dice: "Non conosco quel ragazzo."
Dice che non conosce quel ragazzo.

Risponderebbe: "Luigi viene con noi."
Risponderebbe che Luigi andrebbe con loro.

1. Andrea dice: "Mi piace leggere romanzi."
2. Cristina dirà: "È facile trovare un bel ristorante a Roma."
3. Marco risponderebbe: "Vengo con voi."
4. Lina dice: "Mi metto un paio di scarpe."
5. Giorgio annuncerà: "Vado al supermercato."
6. Tu dici: "Ho visto un bel film ieri."
7. Gli studenti hanno confessato: "Non ho fatto il compito."
8. Patrizia dice: "Mi sembra di conoscere quel ragazzo."
9. Alberto insisteva: "Non ero alla festa sabato scorso."
10. Sofia chiede: "Perché non siete venuti voi?"

B **Un messaggio telefonico.**   Hai ricevuto il seguente messaggio sulla segreteria telefonica. Raccontare al tempo presente cosa dice il tuo amico e poi ripeterlo al tempo passato.

Esempio: Franco dice che si trova...
            Franco ha detto che si trovava...

—Ciao! Sono Franco Morelli! Mi trovo qui in città per lavoro. Sono arrivato ieri e dovrò partire domani pomeriggio. Mi piacerebbe tanto vederti. Possiamo parlare dei vecchi tempi. Questa sera sono libero. Mi puoi chiamare in albergo, all'Hotel Ariston.

C **Dice lui/Dice lei.**   Trasformare il dialogo in un brano al discorso indiretto. Attenzione ai pronomi e all'uso appropriato dei verbi **dire** e **chiedere.**

Esempio: Emilio chiede a Caterina se...
            E poi Caterina dice che...

EMILIO: Vuoi andare a vedere il nuovo film di Nanni Moretti?
CATERINA: No, grazie, Emilio. Devo studiare.
EMILIO: Sei sempre la solita secchiona. Potresti invece studiare sabato.
CATERINA: Veramente preferisco prepararmi ora. Non ho letto l'articolo per la lezione.
EMILIO: L'ho letto io oggi. Ti darò i miei appunti.
CATERINA: Mi piacerebbe leggere quest'articolo per conto mio.
EMILIO: Allora, noi potremmo andare a vedere questo film domani. Che ne dici?
CATERINA: Ci penserò.

D **La relazione.**   Hai letto su un giornale il seguente breve articolo sulla politica italiana. Ora riportare quello che c'è scritto nell'articolo.

Esempio: L'articolo ha detto che gli Italiani...

Gli Italiani non sono contenti dell'attuale governo. L'inflazione è in crescita e la disoccupazione ha raggiunto (*reached*) il massimo degli ultimi dieci anni. Se non ci sono cambiamenti, ci saranno scioperi. Il Presidente del Consiglio ha fissato una riunione importante. Ci saranno nuove elezioni prossimamente.

E **Il colloquio di lavoro.**   Descrivere ad un altro studente/un'altra studentessa un colloquio di lavoro che hai sostenuto. Spiegare in discorso indiretto le domande che il datore di lavoro ti ha fatto e anche le tue risposte.

Esempio: Ho fatto la domanda per un lavoro estivo (*summer job*) in un ristorante vicino a casa mia. Il direttore mi ha chiesto se avevo mai lavorato in un ristorante.
           Gli ho detto che...
           Mi ha chiesto quando avrei potuto cominciare a lavorare...
           E poi mi ha detto che...

Le vetrine di una libreria a
Firenze

Immagini e parole
La letteratura italiana

A **Cenni letterari.**   Scorrere il brano sulla letteratura italiana e trovare i
seguenti nomi e riferimenti. Con l'informazione del brano, cercare di
collocarli nel secolo giusto.

Alessandro Manzoni	il *Decameron*
Carlo Goldoni	Lorenzo de' Medici
Francesco Petrarca	Niccolò Machiavelli
il Rinascimento	*Orlando furioso*
Salvatore Quasimodo	Baldassar Castiglione

B **Movimenti culturali.**   Trovare nel seguente brano i nomi dei movimenti
culturali o correnti letterarie italiane che corrispondono alle descrizioni
qui sotto. Indicare dove possibile il secolo a cui appartengono.

1. movimento culturale e artistico caratterizzato dal libero rifiorire delle
   arti e dello studio del periodo classico
2. un concetto di vita e una filosofia basati sulla riscoperta di valori
   umani
3. movimento culturale europeo che propone una sensibilità basata
   sull'individualismo, animato dal sentimento e dal patriottismo
4. corrente letteraria che riporta eventi in termini realistici e che cerca di
   imitare la vita in modo naturale
5. movimento artistico che influisce sul cinema e sulla letteratura dopo la
   Seconda guerra mondiale

Quando si parla delle origini della letteratura italiana, si risale° al   *one harks back*
Duecento, generalmente considerato il secolo che segnò la nascita della
letteratura in volgare.° Alla corte di Federico II a Palermo, la poesia fu   *vernacular language*
influenzata da temi d'amore cortese,° tipici della poesia francese dell'epoca. Il   *courtly love*
maggior poeta della cosidetta scuola siciliana fu Iacopo da Lentini (1210
circa–1260 circa), considerato l'inventore del sonetto.

Nel Trecento la Toscana fu il centro dell'attività letteraria: Dante
(1265–1321), Petrarca (1304–1374) e Boccaccio (1313–1375) nacquero tutti in
Toscana e scrissero le loro opere nella lingua volgare. Furono chiamati le "Tre
Corone° della letteratura italiana" perché i loro capolavori hanno fornito un   *three crowns*
modello di linguaggio letterario. Dante è noto per la sua *Commedia*, un poema
composto di cento canti. Petrarca compose delle poesie nel *dolce stil novo*,
raccolte nelle *Rime sparse*. Boccaccio invece scrisse il *Decameron*, una raccolta
di cento novelle, la prima grande opera in prosa in lingua italiana.

Durante il Rinascimento (il Quattrocento e il Cinquecento) la letteratura fu
influenzata dall'*umanesimo*. La figura di Lorenzo de' Medici (1449–1492), uno
dei maggiori poeti di questo periodo, rappresenta il vero uomo rinascimentale,
perché fu non solo poeta, ma grande uomo politico e un mecenate°   *patron*
importantissimo per le arti.

Nel Cinquecento, la letteratura del Rinascimento toccò il suo punto più alto
con le opere di Ludovico Ariosto (1474–1533) che compose il poema
cavalleresco° l'*Orlando furioso,* e di Torquato Tasso (1544–1595), celebre per la   *poem of chivalry*
sua *Gerusalemme liberata*, due poemi epici narrativi. Il sedicesimo secolo è
anche un periodo in cui il trattato° come genere letterario viene usato da tutti i   *treatise*
più grandi scrittori del secolo: Pietro Bembo (1470–1547) scrisse *Prose della
volgar lingua*, Niccolò Machiavelli (1469–1527) *Il Principe* e Baldassar
Castiglione (1478–1529) *Il Cortegiano*.

Nella storia del teatro bisogna ricordare l'opera del veneziano Carlo Goldoni
(1707–1793) famoso per le sue brillanti e vivaci commedie, ancor oggi di
grande successo.

L'Ottocento fu un secolo di enorme importanza nel panorama della
letteratura italiana. Il romanzo *I promessi sposi*, scritto da Alessandro Manzoni

Luigi Pirandello
(1867–1936) vinse il
premio Nobel nel 1934

(1785–1873), è considerato il più grande romanzo storico della narrativa italiana. Manzoni, un milanese, si occupò anche della "questione della lingua," cioè della formazione definitiva della lingua italiana. Quando Manzoni decise di andare "a sciacquare i panni in Arno,"° fece capire che intendeva usare il toscano per le sue opere. Da allora, il toscano divenne definitivamente la base della lingua italiana. Dell'Ottocento bisogna anche ricordare le raccolte di poesie di Ugo Foscolo (1778–1827) e quelle di Giacomo Leopardi (1798–1837) che segnarono il punto più alto dello spirito del *romanticismo* italiano.

to rinse out his clothes in the Arno

La corrente letteraria chiamata il *verismo* segnò il passaggio tra Ottocento e Novecento; il massimo rappresentante di questo movimento fu uno scrittore siciliano, Giovanni Verga (1840–1922). Un altro siciliano, Luigi Pirandello, è forse lo scrittore italiano più conosciuto all'estero per le sue opere teatrali, come *Sei personaggi in cerca d'autore*, che trattano questioni di realtà e finzione.° Nel 1934 vinse il premio Nobel per la letteratura.

illusion

Altri tre scrittori italiani vinsero il premio Nobel: una donna, Grazia Deledda (1871–1936) ricevette il premio nel 1926 per i suoi romanzi che parlano della sua terra natia°, la Sardegna. Per le loro poesie, invece, vinsero il siciliano Salvatore Quasimodo nel '59, e il ligure Eugenio Montale nel '75.

native

Nella seconda metà del Novecento si inseriscono° le importanti opere di Italo Calvino ed Elio Vittorini. Questi furono non solo autori, ma figure letterarie che contribuirono allo sviluppo della narrativa italiana durante il dopoguerra° con il loro lavoro editoriale. Le loro opere sulla resistenza, insieme a quelle di autori come Cesare Pavese e Beppe Fenoglio, fanno parte anche della corrente letteraria del *neorealismo*. Alcuni autori da ricordare sono Alberto Moravia, Elsa Morante, Natalia Ginzburg, Giorgio Bassani, Dacia Maraini e Primo Levi.

one inserts

postwar period

 Dove nacque? Dove visse?   Abbinare gli scrittori a destra con le descrizioni a sinistra.

Attività

1. Carlo Goldoni
2. Giacomo Leopardi
3. Giovanni Boccaccio
4. Iacopo da Lentini
5. Italo Calvino
6. Grazia Deledda
7. Ludovico Ariosto
8. Luigi Pirandello

a. Visse nel sedicesimo secolo e compose un grande poema cavalleresco.

b. Compose poesie in volgare alla corte di Federico II e inventò il sonetto.

c. Creò brillanti commedie in dialetto veneziano.

d. Conosciuto per le sue commedie, questo siciliano vinse il premio Nobel.

e. Nacque nel diciassettesimo secolo. Fu una figura chiave del *romanticismo*.

f. Visse nel Novecento e vinse il premio Nobel.

g. Contemporaneo di Petrarca, creò una famosissima collezione di cento novelle.

h. Contribuì allo sviluppo della narrativa del dopoguerra.

B **Comprensione: le domande.**   Rispondere alle seguenti domande.

1. Quando si può parlare della nascita della letteratura italiana?
2. Chi sono le "Tre Corone della letteratura italiana"? Che cosa scrissero?
3. Cosa significa "uomo rinascimentale"? Perché Lorenzo de' Medici rappresenta bene questo ideale?
4. Quali tipi di letteratura sono tipici del Cinquecento?
5. Perché Alessandro Manzoni decise di andare in Toscana? Che importanza ha questo momento per la storia della letteratura italiana?
6. Quali letterati italiani ricevettero il premio Nobel per la letteratura?
7. Quali autori hanno scritto della resistenza in Italia?

C **Spunti di conversazione.**   Discutere con i compagni di classe i seguenti argomenti.

1. La storia della letteratura americana o inglese: cosa ne sapete della letteratura in lingua inglese? Quali sono alcuni scrittori importanti? Opere importanti? Movimenti letterari? Che cosa avete letto a scuola?
2. È più bello leggere un libro o vedere un film? Parlare di un film tratto da un romanzo famoso. Quale vi è piaciuto di più? Perché? Quali differenze c'erano tra il film e il romanzo?
3. L'uomo o la donna rinascimentale: Michelangelo, Leonardo da Vinci e Lorenzo de' Medici sono celebri esempi dell'ideale dell'uomo rinascimentale, perché eccellevano in molti campi culturali. Chi potete nominare come uomo o donna rinascimentale dei tempi moderni? Perché? Che cosa fa questa persona?

Ritratto

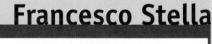

Francesco Stella

Buongiorno. Per piacere, ci parli del Suo mestiere.

Io attualmente insegno all'università di Siena. Lavoro al dipartimento di Lingue e Letterature classiche. Però la mia attività letteraria, se si può chiamarla così, è molto più ampia. Dirigo una rivista letteraria che si chiama *Semicerchio*, e sono uno dei fondatori di un gruppo di poeti che si chiama *Il Cenobio fiorentino*.

Quali sono alcune attività del Cenobio?

Dunque, il Cenobio fiorentino è nato dieci anni fa, quando un gruppo di noi studenti universitari, appassionati di poesia, abbiamo pensato di cominciare a tradurre in italiano poesie straniere, cioè inglesi, francesi, →

tedesche. Volevamo pubblicare la poesia, renderla accessibile alla gente. Così è nata la rivista *Semicerchio*. Poi abbiamo anche organizzato letture di poesia in librerie famose qui a Firenze, o nei palazzi antichi del Rinascimento che fanno da sfondo° ad una serata interessante, stimolante.

background, setting

Perché tanta passione per la poesia ... com'è nata?

C'è da dire che alcuni di noi sono poeti, e che ogni tanto pubblichiamo anche noi. Poi, anche la traduzione di una poesia è un lavoro creativo, perché è davvero difficile se non addirittura° impossibile rendere il linguaggio poetico da una lingua ad un'altra. È un lavoro sottile,° bisogna conoscere benissimo le due lingue e amare le parole.

actually
subtle

E quali sono i programmi dei futuri incontri?

Abbiamo organizzato per il prossimo mese un corso di "scrittura creativa," cioè, abbiamo invitato alcuni poeti italiani a condurre un seminario con dei principianti.° Sarà un mese intensivo di incontri, letture e lavoro creativo. Credo che ci divertiremo tanto!

beginners

 Comprensione.   Rispondere alle seguenti domande.

Attività

1. Che lavoro fa Francesco Stella?
2. In che cosa consiste l'attività letteraria di Francesco Stella?
3. Qual è la storia del gruppo di poeti del Cenobio fiorentino?
4. Quali sono alcune attività che Francesco ha organizzato?
5. Credi che sia difficile tradurre la poesia? Perché?
6. In che cosa consisterà il corso di "scrittura creativa"? Per chi è stato organizzato?

 Un corso di scrittura creativa.   Creare una conversazione telefonica secondo i seguenti suggerimenti.

S1: Sei un membro del Cenobio fiorentino e hai aiutato a creare un nuovo corso di scrittura creativa che comincerà fra poco. Decidere quando comincia il seminario, quando s'incontra la classe (quali giorni e a che ora), quanto costa e anche il programma per il corso, le attività ecc. Quando un principiante telefona per avere informazioni sul corso, rispondere alle sue domande.

S2: Hai visto recentemente una pubblicità per un nuovo corso di scrittura creativa offerta dal Cenobio fiorentino. Siccome hai sempre voluto scrivere racconti e poesie, decidi di telefonare al Cenobio per sentire i dettagli del corso. Vuoi sapere quando comincia, quando ci sono le lezioni, quanto costa e che cosa si farà durante il seminario.

Traduttore, traditore.   Come dice Francesco Stella, la traduzione è un lavoro difficile. Scegliere con un compagno/una compagna una canzone o una breve poesia molto semplice che conoscete in inglese. Fare due traduzioni separate del testo. Poi confrontare la tua con quella del compagno/della compagna. Leggerla ad alta voce in classe.

D **Tema.**   Scegliere uno dei seguenti temi da sviluppare in una breve composizione.

1. Un buon libro è come un amico. È vero questo detto? Perché? Perché è importante leggere?
2. Creare un'intervista con il tuo scrittore preferito/la tua scrittrice preferita. Che cosa vorresti sapere da lui/lei? Quali domande faresti? Inventare le sue risposte.
3. La televisione: parlare delle tue abitudini per quanto riguarda la TV. La guardi molto? Troppo? Quali programmi ti piacciono di più? Perché? Che tipo di programma preferisci? In casa tua ci sono mai liti per il controllo del telecomando?

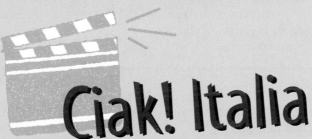

Ciak! Italia

A **Firenze, culla del Rinascimento.**   Prima di vedere il videoclip, abbinare l'opera della colonna a destra all'artista che la fece della colonna a sinistra.

1. Michelangelo
2. Dante Alighieri
3. Brunelleschi
4. Boccaccio
5. Giotto
6. Petrarca
7. Machiavelli

a. le *Rime sparse*
b. il Duomo
c. *Il Principe*
d. il Davide
e. la *Divina Commedia*
f. il *Decameron*
g. il Campanile

B **All'edicola.**   Mentre vedete il videoclip, indicare quali riviste e giornali Piero compra.

_____ *La Nazione*
_____ *La Stampa*
_____ *Quattroruote*
_____ *Tempo*

_____ *La Gazzetta dello Sport*
_____ *Autosprint*
_____ *Panorama*

_____ *Il Vernacoliere*
_____ *Gente*
_____ *Amica*

C In giro per Firenze.   Mentre vedete il videoclip, mettere nell'ordine giusto dove sono Piero e Gabriella durante la gita a Firenze.

_____ al bar le Giubbe Rosse   _____ all'edicola
_____ in piazza   _____ in strada
_____ alla casa di Dante

D Chi lo dice?   Mentre vedete il videoclip, dire se le seguenti battute sono pronunciate da Piero (P), Gabriella (G) o l'amico Francesco (F). Poi mettere nell'ordine giusto da formare la conversazione.

1. _____ Davvero? Grazie, sei molto gentile.   _____
2. _____ Che peccato. Se torni a Firenze, chiamami.   _____
3. _____ È l'ultima volta che ti presento un mio amico.   _____
4. _____ Che bello ieri sera! Hanno recitato proprio bene!   _____
5. _____ Leggerò qualche verso anche io. Ci verrete?   _____
6. _____ No, purtroppo. Partiamo domani.   _____

E Firenze letteraria.   Dopo aver visto il videoclip, indicare a chi si riferiscono le seguenti frasi, a Piero o a Gabriella, mettendo una P o una G accanto alla frase.

1. Gli/le piaceva studiare la letteratura italiana.   _____
2. Non ricorda chi scrisse "Chiare, fresche e dolci acque..." _____
3. Ha molti amici poeti.   _____
4. Parla della poesia italiana e le tre corone.   _____
5. Gli/le piace moltissimo Firenze.   _____
6. Si arrabbia al caffè le Giubbe Rosse.   _____

F La lettura di poesia.   Fare una lettura di poesia. Poi due o tre amici la discutono dopo la presentazione. La recensione è positiva? Modellare una conversazione su quella del videoclip.

UNITÀ

12

Sognare:
Immaginiamo il futuro!

Una manifestazione politica
a Milano

Communicative goals

- Discussing politics
- Comparing cultures
- Talking impersonally
- Talking about Italy's future

**L'ITALIA
Stato d'Europa**

La politica

A.1 Si dice così

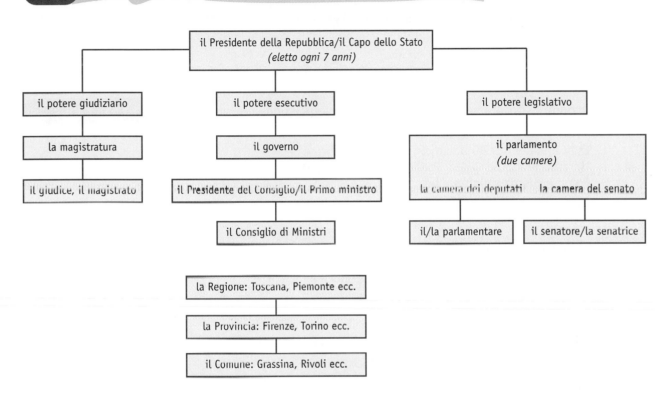

Parole utili

la politica	*politics*	**la disoccupazione**	*unemployment*
la costituzione	*constitution*	**l'inquinamento**	*pollution*
il partito (politico)	*(political) party*	**la droga**	*drugs*
l'elezione (*f.*)	*election*	**attuale**	*current*
il popolo	*people/citizenry*	**affrontare**	*to deal with*
il costume	*habit/custom*	**impegnarsi**	*to commit oneself to*
il cittadino/la cittadina	*citizen*	**garantire**	*to guarantee*
il potere	*power*	**eleggere**	*to elect*
la crisi di governo	*political crisis*	**votare**	*to vote*
la manifestazione/	*demonstration/*	**governare**	*to govern*
la protesta	*protest*		

Lo sapevi che... ?

Le parole **parlamentare, politico, comunista, socialista** ecc. possono essere sia aggettivi sia nomi. Ad esempio:

Lui è un **politico** famoso.   Il sistema **politico** è complicato.

Filippo Turati era un **socialista**   Il partito **socialista** non esiste
importante.   più.

La Pivetti è una **parlamentare**.   L'Italia è una repubblica **parlamentare**.

 A **Definizioni.**   Trovare nella lista una parola o un'espressione per ogni definizione.

1. È il Capo dello Stato italiano.
2. Un altro modo per dire il Presidente del Consiglio.
3. È composto da senatori e deputati.
4. Sono i tre poteri del governo italiano.
5. Il problema della mancanza (*lack*) di un posto di lavoro per ogni cittadino.
6. Sostanze narcotiche.
7. Quello che fanno i cittadini alle elezioni.
8. Regola la vita politica e civile della Repubblica italiana.
9. La contaminazione dell'ambiente.
10. Insieme formano la magistratura.

B **Il governo italiano.**   Guardare lo schema del governo italiano, e poi rispondere alle seguenti domande.

1. Quali sono i tre poteri del governo italiano?
2. Il potere legislativo in Italia, come negli Stati Uniti, è bicamerale. Quali sono i due elementi?
3. In che cosa consiste il governo italiano?
4. Quali differenze ci sono tra il sistema governativo dell'Italia e quello degli Stati Uniti?
5. Conosci il nome di qualche figura politica attuale in Italia? Chi è?

C **Preferenze personali.**   Fare le seguenti domande al compagno/alla compagna.

1. Discuti di politica con i tuoi amici? Ti tieni aggiornato sulla politica nazionale? Come?
2. Segui di più la politica internazionale, nazionale o locale?
3. Voti alle elezioni? Secondo la legge nel tuo paese, a che età è possibile votare?
4. Come giudichi (*judge*) il governatore del tuo stato? E i senatori del tuo stato? E il presidente o il leader del tuo paese?
5. Qual è stata la causa dell'ultima crisi di governo nel tuo paese? Ci sono scandali politici?
6. Per quanto riguarda la politica, sei idealista o realista? In che senso?

Attività

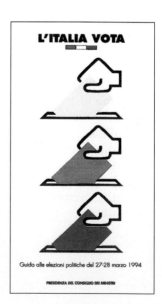

L'ITALIA VOTA

Guida alle elezioni politiche del 27-28 marzo 1994

PRESIDENZA DEL CONSIGLIO DEI MINISTRI

A.2 Incontro

Un dibattito tra amici. *Un gruppo di studenti di diverse nazionalità sono iscritti all'Università Europea di Firenze. Stanno discutendo di politica internazionale.*

ANDREW: Ce la sto mettendo tutta, ragazzi, ma devo dire che non capisco un tubo della politica italiana!

PIERRE: Ma come?! In Italia regnò la monarchia fino al periodo della Seconda guerra mondiale, e poi diventò una repubblica parlamentare...

GIULIANA: Con tanti problemi: la disoccupazione, l'inquinamento, la droga...

MARGARETHE: Dai, Giuliana! Non essere così pessimista! Ci sono problemi economici, sociali e ambientali° in ogni paese. Per esempio il problema dell'immigrazione... Gli immigrati dei paesi extraeuropei rappresentano una nuova realtà che tutta l'Europa deve affrontare. *environmental*

PIERRE: Ecco perché dobbiamo impegnarci a capire ed apprezzare non solo i sistemi politici di tutti i paesi, ma anche i costumi della gente, i problemi sociali. Vogliamo essere cittadini del mondo, no?

ANDREW: Che idealista! Il maggiore problema che devo affrontare io è l'esame di domani sulla Costituzione italiana!

GIULIANA: Ma dai, Andrew! Non sai ancora che il primo articolo della Costituzione italiana dice che l'Italia è una Repubblica democratica fondata sul lavoro? Cosa c'è che non capisci?

ANDREW: Va be', va be'...

PIERRE: Guarda che ti sbagli,° Andrew. Non sono affatto idealista! *you're mistaken*

GIULIANA: E io non sono pessimista! Siamo realisti, tutti e due.

MARGARETHE: Per quanto riguarda la Germania, vi posso garantire che i giovani si impegnano molto nella politica. Ci sono spesso manifestazioni, proteste...

ANDREW: Invece, a me sembra che siate dei grandi sognatori.° Parlate sempre di come cambierete il mondo! *dreamers*

GIULIANA: E allora, scusa, perché hai deciso di studiare la politica?

PIERRE: Non te la prendere, Giuliana. Andrew è solo un po' nervoso per l'esame di domani.

ANDREW: E tu, m'immagino, studi perché diventerai la prima donna italiana Presidente del Consiglio!

GIULIANA: Ci stavo proprio facendo un pensierino...

Lo sapevi che... ?

Il programma Erasmus (chiamato così per il famoso umanista Erasmus da Rotterdam) è un programma di scambio (*exchange*) tra studenti di differenti università europee. Una borsa di studio permette allo studente un soggiorno all'estero presso (*at*) un'altra università. Il periodo di permanenza varia da un minimo di tre mesi all'intero anno accademico. Ovviamente, gli studenti devono sapere la lingua del paese!

Attività

A **Comprensione: le domande.**   Rispondere alle seguenti domande.

1. Perché questi studenti sono a Firenze? Cosa stanno facendo in questo momento?
2. Com'è cambiato il sistema politico in Italia dopo la Seconda guerra mondiale? Com'era prima?
3. Quali sono alcuni problemi dell'attuale Repubblica Italiana?
4. Perché è preoccupato Andrew? Come caratterizza Andrew i discorsi degli altri studenti?
5. Cosa dice il primo articolo della Costituzione italiana?
6. Com'è la situazione in Germania per quanto riguarda i giovani e la politica?
7. Secondo Andrew, perché Giuliana studia scienze politiche? Cosa ne pensa Giuliana?
8. Di che nazionalità sono i quattro studenti? Come lo sai?

B **Lui pensa che/Lei dice che...**   Le seguenti frasi sono parafrasi delle affermazioni degli studenti dell'**Incontro.** Trovare il personaggio a cui si riferiscono e poi comporre nuove frasi iniziando con espressioni come **Giuliana dice che...** o **Andrew pensa che...** Fare tutti i cambiamenti necessari alle frasi originali.

1. È importante apprezzare i sistemi governativi degli altri paesi.
2. I paesi dell'Europa devono affrontare il problema dell'immigrazione.
3. La politica italiana non è facile da capire.
4. In Italia ci sono molti problemi sociali.
5. Dobbiamo capire e apprezzare le differenze culturali e sociali della gente.
6. Gli altri studenti sono idealisti e sognatori.
7. Vogliamo essere cittadini del mondo.
8. Sarebbe bello avere una donna Capo dello Stato.

C **Le elezioni politiche.** Guardare il seguente certificato elettorale (*voter registration certificate*) e poi rispondere alle seguenti domande.

Mod. N. 5 bis (E.P.) f

ELEZIONI POLITICHE - 27 marzo 1994
COMUNE DI MALNATE
CIRCOSCRIZIONE LOMBARDIA 2 COLLEGIO UNINOMINALE N. 3 PER LA CAMERA DEI DEPUTATI
REGIONE LOMBARDIA COLLEGIO UNINOMINALE N. 17 PER IL SENATO DELLA REPUBBLICA

IL SINDACO CERTIFICA CHE

GRASSI ANNA MARGHERITA in REINTJES

è iscritta

	Sez N.	N. di lista
	8	161

TORINO
17.07.1961
SAN SALVATORE VIA MENOTTI

Il presente certificato serve per prendere parte alla votazione per **le elezioni della Camera dei Deputati e del Senato della Repubblica** che avranno luogo **domenica 27 marzo 1994** e **lunedì 28 marzo 1994** nel locale sito in:
SCUOLE ELEMENTARI SAN SALVATORE
VIA S. PELLICO

IL SINDACO

Dall'Ufficio comunale, lì 22 febbraio 1994

1. Come si chiama l'elettrice?
2. In quale comune è iscritta? in quale città? in quale regione?
3. Dove deve andare a votare?
4. Quando avranno luogo le prossime elezioni?
5. Chi ha firmato (*signed*) il certificato elettorale?

In altre parole

mettercela tutta	*to give it one's all*
per quanto riguarda	*as for*
non te la prendere	*don't get angry*
m'immagino	*I would imagine/I guess*
farci un pensierino	*to give it a little thought*

D **Abbinamenti.**   Trovare nella lista a destra una risposta per ogni domanda a sinistra.

1. Non capisco niente di questo articolo sul potere legislativo in Italia.
2. Sono molto offesa: Claudio non è venuto alla mia festa e non ha nemmeno telefonato!
3. Perché non vieni in vacanza in Africa con noi?
4. Per quanto riguarda le elezioni, quando dovremo votare?
5. Pronto, signora Saraceno, c'è Marco?
6. Scusate il ritardo. Ce l'ho messa tutta per essere puntuale!

a. No, non c'è. Vuoi chiedergli com'è andato l'esame, m'immagino.
b. Non te la prendere. È molto distratto in questo periodo: ha due esami la settimana prossima.
c. Fa niente! Siamo in ritardo anche noi!
d. Ho sempre desiderato fare un safari! Quasi quasi ci faccio un pensierino!
e. Sicuramente prima dell'estate, perché dobbiamo decidere il nuovo governo.
f. Eh, la politica italiana è complicata. Per capirla bene devi mettercela tutta.

Una donna Capo dello Stato.   Rileggere la parte finale dell'**Incontro** e poi discutere con il compagno/la compagna della possibilità che una donna diventi presidente degli Stati Uniti. Discutere:

- se e quando potrebbe succedere.
- le qualità che un presidente deve avere.
- possibili candidate alla presidenza.
- il ruolo dell'eventuale marito e famiglia durante i quattro anni di presidenza.

Riportare le conclusioni alla classe.

Lo sapevi che... ?

Anche se le donne italiane hanno ottenuto il voto solo nel 1946, ci sono sempre più donne nella politica italiana. Irene Pivetti diventò Presidente della Camera dei deputati a soli 32 anni. Susanna Agnelli nella sua lunga carriera di donna politica è stata anche Ministro degli Esteri. E Natalia Ginzburg, una famosa scrittrice, fu anche deputata per molti anni.

A.3 Punti grammaticali

La concordanza dei tempi

1. When a sentence contains two clauses, the sequence of the actions they describe (which happens first, which second) determines the correct verb tense. Actions may be simultaneous or one may precede the other.

a. Presente

Maria sa
- che Franco verrà alla festa. — *Maria knows that Franco will come to the party.*
- che Franco viene alla festa. — *Maria knows that Franco is coming to the party.*
- che Franco è venuto/veniva alla festa. — *Maria knows that Franco came/was coming to the party.*

b. Passato

Maria sapeva che
- Franco sarebbe venuto alla festa. — *Maria knew that Franco would come to the party.*
- Franco veniva alla festa. — *Maria knew that Franco was coming to the party.*
- Franco era venuto alla festa. — *Maria knew that Franco had come to the party.*

2. When the subjunctive is called for in the dependent clause, its tense is determined by the tense of the verb in the independent clause and the sequence of the actions. If the action in the dependent clause is in the future with respect to the independent clause, the subjunctive is not used.

c. Presente con il congiuntivo

Paolo pensa
- che tu dirai la verità. — *Paolo thinks that you will tell the truth.*
- che tu dica la verità. — *Paolo thinks that you are telling the truth.*
- che tu abbia detto la verità. — *Paolo thinks that you told the truth.*

d. Passato con il congiuntivo

Paolo pensava che
- tu avresti detto la verità. — *Paolo thought that you would tell/would have told the truth.*
- tu dicessi la verità. — *Paolo thought that you were telling the truth.*
- tu avessi detto la verità. — *Paolo thought that you had told the truth.*

Remember the pairings of the conditional with the imperfect subjunctive, and the past conditional with the past perfect subjunctive.

e. Condizionale con il congiuntivo

Sarebbe bello se io potessi visitare
  l'Italia quest'estate.

*It would be nice if I could visit
  Italy this summer.*

Sarebbe stato bello se io avessi potuto
  visitare l'Italia l'estate scorsa.

*It would have been nice if I had
  been able to visit Italy last
  summer.*

A **Le colonne.**   Costruire delle frasi riunendo elementi dalla prima, dalla
seconda e dalla terza colonna, e mettendo il verbo dipendente al tempo
appropriato.

Attività

Ho chiesto se	gli amici	guardare troppo la TV
Penso che	noi	tenersi aggiornato
È importante che	il giornalista	andare a votare
Mi sembra che	tu	essere troppo idealista
Vorrei che	i candidati	capire altri sistemi governativi
Non pensavo che	tu e Mauro	finire alle 10.30
Elena mi ha chiesto se	il programma	seguire un corso di chimica
Era incredibile che	io	avere le idee chiare
		partecipare al programma

B **Tutti i tempi.**   Completare le frasi con la forma corretta del verbo dato.

1. Ho chiesto se i miei amici (uscire) ieri sera.
2. Lina vorrà sapere se tu (potere) accompagnarla a casa.
3. Abbiamo chiesto se voi (volere) uscire con noi stasera.
4. Chiedevamo se Mario (partire) già.
5. Domanderò se mio fratello (potere) prestarmi la sua macchina.
6. Mi chiedo se (essere) possibile finire tutto il lavoro per domani.
7. Angelo pensa che tu (scrivere) molto bene.
8. Era importante che noi (riportare) i libri in biblioteca il giorno dopo.
9. Non crediamo che Beppe (dimenticarsi) di noi!
10. Vorrei che tu (seguire) le mie istruzioni.

C **Di male in peggio!**   Riscrivere il seguente brano nel passato, cambiando
tutti i verbi necessari.

  Il Ministero della Finanza annuncia oggi che ci saranno nuove tasse
entro due mesi. Il governo assicura il popolo che queste tasse sono
necessarie per affrontare i gravi problemi economici degli ultimi due
anni. Inoltre, il telegiornale riporta che il Presidente del Consiglio si è
concesso un aumento di stipendio del 20%. I cittadini italiani in genere
credono che le cose stiano andando di male in peggio. Vogliono che ci
siano nuove elezioni al più presto possibile.

  Il Ministero della Finanza ha annunciato ieri che...

Il primo mese all'università.   Pensare al primo mese all'università, alle vostre esperienze ed avventure. Poi completare le seguenti frasi in maniera logica.

1. Pensavo che tutti gli altri studenti...
2. I miei amici mi hanno detto che...
3. Avrei voluto che i miei professori...
4. I miei genitori speravano che...
5. Mi sembrava che l'università...
6. Mi sarebbe piaciuto se...
7. Adesso che ci ripenso (*I'm rethinking it*), capisco che...
8. E ora ho cambiato idea: non credo più che...

 Il dibattito.   Voi siete candidati per la presidenza del governo studentesco della vostra università. Partecipate ad un dibattito con tutti i candidati. Rispondere alle seguenti domande usando frasi come **Vorrei che..., Sono convinto/a che..., Mi pare che..., Mi piacerebbe che...** ecc.

1. Secondo Lei, qual è il problema più urgente dell'università?
2. Come crede di poter risolvere questo problema?
3. Se potesse, quale situazione del campus cambierebbe? Perché?
4. Che cosa vorrebbe Lei dall'amministrazione dell'università? E dagli studenti?
5. Che cosa spera per il futuro dell'università?
6. Perché noi dovremmo credere che Lei sia il candidato/la candidata migliore?

L'italiano medio

B.1   Si dice così

l'indagine (*f.*)	*survey*	**simile**	*similar/like*
il paragone	*comparison*	**grave**	*serious*
l'interesse (*m.*)	*interest*	**paragonare**	*to compare*
l'individuo	*individual*	**generalizzare**	*to generalize*
il valore	*value*	**stereotipare**	*to stereotype*
l'orgoglio	*pride*	**giudicare**	*to judge*
la vergogna	*shame*	**accontentarsi di**	*to settle for/*
lo stereotipo	*stereotype*		*to be content with*
medio	*average*	**vantarsi di**	*to boast of*
uguale	*equal*	**godere**	*to enjoy*

A **O l'uno o l'altro.**   Rispondere alle seguenti domande.

1. Una cosa molto seria è simile o grave?
2. Per raccogliere i dati su un argomento, fai un'indagine o uno stereotipo?
3. Quando dici una cosa molto banale, partecipi o generalizzi?
4. Un'idea troppo semplice e generalizzata è uno stereotipo o un orgoglio?
5. Ogni persona è un istituto o un individuo?
6. Quando sei soddisfatto/a di quello che hai, ti vanti o ti accontenti?
7. Quando metti in relazione una cosa con un'altra, fai un paragone o fai un valore?
8. Due cose quasi uguali sono orgogliosi o simili?

 B **Descrizioni stereotipate.**   Con un altro studente/un'altra studentessa, discutere delle immagini stereotipate dei seguenti personaggi (come sono, cosa fanno).

1. la tipica mamma italiana
2. il tipico abitante del tuo stato
3. il classico turista americano in Italia
4. il tipico *Latin lover*
5. il tipico italo-americano
6. l'americano medio

B.2 **Incontro**

Due mondi a confronto.   *Angelo e Cara, due giovani italo-americani, sono a Roma a visitare il loro cugino Emilio.*

ANGELO: Mi stupisco di quante macchine di gran lusso vedo in giro! E che eleganza! Si vede che l'Italia è un paese dove si sta veramente bene.

EMILIO: Ma non è detto. Le apparenze ingannano...° la disoccupazione in Italia è grave e l'economia è un po' in crisi.   *appearances can be deceiving*

CARA: Sì, ma io stavo leggendo il giornale ieri e diceva che più del sessanta per cento delle famiglie italiane hanno una seconda casa! Da noi, non è così.

EMILIO: Ma voi negli Stati Uniti vivete una vita splendida! Vediamo i vostri film e programmi alla televisione... *Beautiful* e *Beverly Hills.* Altro che l'Italia!

CARA: Ma Emilio! Quei programmi non riflettono per niente i veri valori della vita americana! Sono esagerazioni!

EMILIO: Sarà, ma guarda che io mi accontenterei di una bella villetta con giardino, due macchine...

ANGELO: Figurati! E io allora, sai cosa me ne farei° del tuo appartamento qui al centro di Roma con la vista sul Colosseo? Me lo godrei tanto!°   *what I would do with*

I would really enjoy it

EMILIO: Credo che mi piacerebbe vivere negli Stati Uniti. L'unico problema, ecco, sarebbe il lavoro. Si dice che in America vivete per lavorare, mentre noi in Italia lavoriamo per vivere.

CARA: Queste frasi fatte!° Io ne ho sentita un'altra: cioè, che in Italia   *clichés*
          vivete per mangiare, mentre noi in America mangiamo per
          vivere!

ANGELO: Quanti stereotipi! Invece, mi piacerebbe sapere, Emilio, cosa
          pensi veramente della vita in Italia. Come vive l'italiano
          medio?

EMILIO: Così, su due piedi, non saprei come risponderti. Cercherò
          comunque di farti un quadro, anche se sarà banale e
          generalizzato. L'italiano medio ama tanto la famiglia e trascorre
          molto tempo con i figli e con i parenti. Di solito la famiglia
          mangia tutta insieme. È inutile ripeterlo: in Italia si mangia
          bene. L'italiano ama il calcio e tifa normalmente per la squadra
          della sua città. Legge il giornale tutti i giorni ed è abbastanza
          informato sulla politica nazionale. All'italiano medio piace
          stare in compagnia, uscire e prendere il caffè al bar. Gli amici—
          cioè i legami personali, affettivi, sono un valore prezioso. E
          non dimentichiamo le vacanze estive: in agosto, tre settimane
          sotto il sole del mare, o in montagna a riposarsi.

ANGELO: E qual è l'immagine che hai tu dell'americano medio?

EMILIO: Be'... Dollari, hamburger e Cocacola!

CARA: Questo, caro cugino, è davvero uno stereotipo banale! Ci stai
          prendendo in giro!

Lo sapevi che... ?

La Somalia, la Libia e l'Etiopia erano colonie italiane durante il Fascismo. Le persone di questi paesi spesso parlano italiano e hanno la possibilità di emigrare in Italia come cittadini italiani.

Extracomunitari, chiamati anche "Vù cumprà" (vuoi comprare), vendono la loro merce in strada

Comprensione: vero o falso?   Decidere se le seguenti frasi sono vere o false, e poi correggere quelle false.

Attività

1. Cara e Emilio vivono a Roma.
2. Angelo è sorpreso di vedere molte macchine costose.
3. In Italia quasi non esiste la disoccupazione.
4. In Italia più della metà delle famiglie ha una seconda casa per le vacanze.
5. In Italia si possono vedere programmi americani alla televisione.
6. Dall'appartamento di Emilio si vede il Pantheon.
7. Emilio dice che l'italiano medio non si aggiorna sulla politica.
8. Emilio ha un'immagine stereotipata della vita americana.

L'americano medio.   Rileggere la descrizione che Emilio dà dell'italiano medio. Poi pensare agli Stati Uniti e creare una simile descrizione per l'americano medio (anche se è banale e generalizzata!). Quali sono i valori degli americani? i passatempi preferiti? l'atteggiamento verso la famiglia? verso il lavoro? verso il cibo? Come passano le vacanze? Sono informati a proposito di politica? È possibile parlare di "americano medio" o "italiano medio"?

In altre parole

stupirsi di qualcosa	*to be amazed by something*
non è detto	*it's not necessarily the case*
altro che...	*anything but! (ironic)*
sarà...	*maybe so . . .*
su due piedi	*off the top of (one's) head*
fare/farsi un quadro	*to give an idea*

 Mini-dialoghi.   Completare i seguenti mini-dialoghi con parole ed espressioni appropriate.

1. —Ecco la mia casetta!
   —_____ casetta! È enorme! Sembra un palazzo!
2. —Allora, non mi rispondi? Che ne pensi?
   —Be', così _____, non trovo le parole.
3. —Lei legge tutti i giornali. Vedo che è molto informato.
   —Be', con le elezioni imminenti preferisco _____ preciso sulla situazione prima di votare.
4. —Un mio amico dice che ormai l'inglese è diventato la lingua internazionale.
   —_____, ma secondo me è sempre importante sapere bene più di una lingua.
5. —Allora, hai sentito la novità?
   —_____ di quello che mi hai raccontato. Incredibile, davvero!
6. —Hai visto? La coalizione di centro–sinistra ha vinto le elezioni!
   —Va bene, ma _____ che la destra sia finita.

D **Ma cosa credevi?**   Nina, una ragazza italiana, e Jack, un italo-americano del Texas, sono amici. Discutono di stereotipi. Completare la loro conversazione con parole ed espressioni appropriate.

JACK: _____ di quanto le donne siano eleganti a Roma!
NINA: Perché? Cosa credevi? Che fossero tutte grasse, vestite di nero?
JACK: _____ grasse! Sembrano delle fotomodelle.
NINA: Guarda, Jack. Tu t'inganni con un'immagine stereotipata.
JACK: _____, ma nel paese dei miei nonni le donne sono un pochino più "robuste."

E **Prima di studiare l'italiano...**   Con un altro studente/un'altra studentessa, creare una lista di tutte le cose che non sapevate o che credevate prima di studiare l'italiano. Poi dire quello che avete imparato.

Esempio: —Prima di studiare l'italiano, non sapevo che l'Italia avesse...
            —Prima di studiare l'italiano, pensavo che l'Italia fosse...

Lo sapevi che... ?

Goffredo Mameli (1827–1849) fu un patriota italiano del Risorgimento e fu anche poeta. Compose molti canti patriottici, fra cui il fortunato canto "Fratelli d'Italia" che è diventato l'inno nazionale (*national anthem*) dello Stato Italiano. Si chiama anche "l'Inno di Mameli." Nonostante il legame patriottico con il proprio inno nazionale, molti italiani vorrebbero addirittura sostituirlo con una nuova canzone. Ma il governo italiano non ha approvato questa proposta e ancora oggi l'Inno di Mameli è suonato durante l'alzabandiera (*raising of the flag*).

"Fratelli d'Italia"

Fratelli d'Italia, l'Italia s'è desta.
Dell'elmo di Scipio s'è cinta la testa.
Dov'è la Vittoria le porga la chioma,
ché schiava di Roma Iddio la creò.
Corriam, corriam, fratelli su corriam!
Stringiamoci a coorte, siam pronti alla morte.
Stringiamoci a coorte, l'Italia chiamò.
Sì!

B.3 Punti grammaticali

La forma passiva

I punti grammaticali **sono studiati** dagli studenti.	*The grammar points are studied by the students.*
La lettera **è stata scritta** da Michele.	*The letter was written by Michele.*
Il film **sarà visto** dagli studenti domani sera.	*The film will be seen by the students tomorrow evening.*
L'articolo **era scritto** da un giornalista famoso.	*The article was written by a famous journalist.*
Deledda **fu premiata** con il Nobel.	*Deledda was awarded the Nobel.*

1. Transitive verbs—verbs that can have objects—can be either active or passive. A verb is in the active voice when the subject performs the action of the verb. A verb is in the passive voice (**la forma passiva**) when the subject is *acted upon.* The performer of the action is called the agent and is introduced by the preposition **da.**

Sergio	fa	il compito.	*Sergio is doing the homework.*
subject	**verb**	**direct object**	

Il compito	è fatto	da Sergio.	*The homework is done by Sergio.*
subject	**verb**	**agent**	

Molta gente	ha visto	il programma.	*Many people saw the program.*
subject	**verb**	**direct object**	

Il programma	è stato visto	da molta gente.	*The program was seen by many people.*
subject	**verb**	**agent**	

2. The passive is formed with the appropriate tense of **essere** + *past participle.* The past participle always agrees in number and gender with the subject. The preposition **da** introduces the agent.

Francesca **ha mangiato** la mela.	*Francesca ate the apple.*
La mela **è stata mangiata** da Francesca.	*The apple was eaten by Francesca.*
Angelo **preparava** gli spaghetti.	*Angelo was preparing the spaghetti.*
Gli spaghetti **erano preparati** da lui.	*The spaghetti were prepared by him.*
Compreremo le fragole domani al mercato.	*We will buy strawberries tomorrow at the market.*
Le fragole **saranno comprate** da noi domani al mercato.	*The strawberries will be bought by us tomorrow at the market.*

3. The passive can be used without naming the agent:

La macchina è stata riparata.	*The car was repaired.*
La crisi è stata superata.	*The crisis was overcome.*
Il nuovo programma sarà presentato domani.	*The new program will be presented tomorrow.*

A **Il governo italiano.**   Parlare del sistema politico italiano usando la forma passiva come nel modello.

Esempio: i diritti dei cittadini / garantire / la Costituzione
          I diritti dei cittadini sono garantiti dalla Costituzione.

1. i parlamentari / eleggere / il popolo italiano
2. il parlamento / formare / il senato e la camera dei deputati
3. le leggi / scrivere / le due camere legislative
4. il Presidente della Repubblica / eleggere / il parlamento
5. il Presidente del Consiglio / nominare / il Presidente della Repubblica
6. i ministri / scegliere / il Presidente del Consiglio

B **Attivo–passivo.**   Cambiare le seguenti frasi dalla forma attiva alla forma passiva.

Esempio: Abbiamo letto un articolo sugli stereotipi.
          Un articolo sugli stereotipi è stato letto da noi.

1. Il professore ha discusso alcune generalizzazioni sugli italo-americani.
2. Abbiamo fatto un paragone tra l'Italia e gli Stati Uniti.
3. Uno studente ha pronunciato una frase fatta.
4. Abbiamo criticato questo studente.
5. Tutti gli studenti hanno apprezzato molto la discussione.
6. Ora prepareremo un sondaggio da distribuire nelle altre classi.
7. Presenteremo i risultati del sondaggio alla prossima riunione.
8. Non accetteremo più gli stereotipi.

C **Chi l'ha fatto?**   Chi ti ha aiutato a preparare la festa? Con un altro studente/un'altra studentessa, creare domande e risposte come nel modello.

Esempio: inviti / mandare / Marco
          —Chi ha mandato gli inviti?
          —Gli inviti sono stati mandati da Marco.

1. casa / pulire / Mario e Massimo
2. bibite / comprare / Elisa
3. panini / preparare / la zia
4. spumante / portare / Stefano
5. torta / comprare / Michele
6. musica / organizzare / Rosella e Antonella

D **Le responsabilità di casa.**   Chi è responsabile delle varie faccende di casa? Chiedere al compagno/alla compagna chi a casa sua generalmente pulisce la casa, chi fa il bucato (*laundry*), chi fa la spesa, chi cucina, chi riordina la cucina dopo i pasti, chi paga le bollette (*bills*). Domandare anche se a casa sua c'è un giardino e chi lo cura; se la famiglia ha una macchina e chi la guida e chi l'ha comprata; se in famiglia c'è un animale domestico e chi lo cura.

Esempio: —A casa tua, chi pulisce la casa?
          —Di solito la casa è pulita da... (me, mio padre, la donna di servizio)

 L'italo-americano

C.1 Si dice così

l'immigrato	*immigrant*	offensivo	*offensive*
l'antenato	*ancestor*	offendere	*to offend*
la generazione	*generation*	dare fastidio	*to annoy/to bother*
la radice	*root*	rinunciare	*to give up/to forego*
il patrimonio	*heritage*	emigrare	*to emigrate*
il pregiudizio	*prejudice*	immigrare	*to immigrate*
l'immagine	*image*	integrarsi	*to integrate/to assimilate*
il mito	*myth*	confondersi	*to confuse*
il fastidio	*bother/nuisance*	contribuire	*to contribute*
l'integrazione	*integration*		

A **Le parole mancanti.** Completare le seguenti frasi con parole adatte.

Attività

1. I nonni, i bisnonni, sono tutti nostri...
2. Quando una persona vuole sapere da dove viene la sua famiglia, cerca di scoprire le proprie...
3. La divisione tra i genitori e i figli, o i nonni e i nipotini, è una differenza di...
4. Quando una persona parla male degli altri senza capire, a volte è perché ha qualche...
5. Le generalizzazioni su gruppi razziali o etnici sono spesso...
6. Molto spesso i gruppi di immigrati trovano difficoltà nell'assimilazione della nuova cultura, cioè per loro è difficile...
7. Nell'Ottocento, quando gruppi di persone volevano emigrare, era perché avevano un concetto idealizzato dell'America, cioè...
8. Tutta la ricchezza della nostra cultura e della nostra storia è una parte importante di noi, è il nostro...

B **Il contributo degli italo-americani.**
Preparare una lista di italo-americani in tutti i campi—politica, arte, musica, moda, commercio—che hanno contribuito allo sviluppo della società americana. Accanto ad ogni nome, scrivere una frase che riassume brevemente l'attività della persona menzionata.

Una festa del santo patrono in una comunità italo-americana

Siamo un paese di immigrati.

S1: Sei un italo-americano che ha dato un contributo importante alla cultura americana. (Scegliere un nome dalla lista creata in attività B.)

S2: Sei un giornalista di *L'America oggi* e scrivi un articolo su questa persona. Fare domande al soggetto per sapere:

- quando la sua famiglia è immigrata negli Stati Uniti e da dove.
- se hanno incontrato pregiudizi o se è stato facile integrarsi nella cultura americana.
- quali generalizzazioni sugli italo-americani trova offensive.
- che cosa fa per combattere gli stereotipi.
- se è orgoglioso delle sue radici italiane e perché.

C.2 Incontro

Quanti stereotipi.   *Angelo, Cara ed Emilio continuano la loro conversazione sugli stereotipi.*

EMILIO: E ora raccontatemi voi qualcosa sull'immagine degli italiani che vivono all'estero.

ANGELO: Cosa ti interessa sapere, oltre al fatto che non hanno mai rinunciato a mangiare gli spaghetti e le polpettine?°   *meatballs*

CARA: Aspetta un attimo, vuoi sapere qualcosa dell'immagine che noi americani abbiamo degli italiani, o degli italo-americani? Perché secondo me, molte persone si sbagliano, e pensano che la cultura italo-americana coincida con quella italiana.

EMILIO: Cioè, credono che non ci siano differenze tra le "Little Italy" delle città americane e l'Italia reale?

ANGELO: (ridendo) Esatto! A mio parere, è molto complicato paragonare due culture come quella italiana e quella italo-americana— sembra facile, ma non lo è per niente. Io sono di origine italiana e mi dà molto fastidio quando certe persone credono che tutti gli italiani o gli italo-americani siano nella mafia, o coinvolti in storie di mafia. È offensivo.

EMILIO: Ma davvero la pensano così? Be', sono persone piene di pregiudizi contro l'Italia. Parlano a cuor leggero e non dimostrano molta intelligenza.

CARA: Ma no, solo che molti film—anche film famosi e belli come *Il Padrino*—hanno contribuito a formare l'immagine degli italo-americani visti come gangster. Li fanno sembrare dei malviventi.°   *criminals*

EMILIO: Come Al Capone!

ANGELO: Invece, c'è da dire che oramai, da generazioni, gli italo-americani si sono completamente integrati nella cultura americana. Molto spesso non parlano più né la lingua italiana né il dialetto dei nonni. Addirittura° sanno a mala pena in   *really, actually* quale regione d'Italia si trovano le radici del loro albero genealogico!

EMILIO: Che peccato!

CARA: È vero. Ma io devo riconoscere anche il contributo che gli italo-americani hanno dato alla società americana. Nel campo della musica, da Sinatra a Henry Mancini a Madonna; nel cinema con registi come Frank Capra, Martin Scorsese, Francis Ford Coppola e Quentin Tarantino; o nell'arte—ad esempio, l'artista Frank Stella.

ANGELO: Per non parlare di sport: da Joe Di Maggio a Joe Montana, sono delle vere icone!° E non dimentichiamo la politica. Tanti senatori e governatori sono d'origine italo-americana!

EMILIO: Ma finora nessun italo-americano è stato eletto presidente.

ANGELO: Non ancora...

icons

Lo sapevi che... ?

Molti italo-americani hanno contribuito enormemente allo sviluppo della società americana in modi diversi. Alcuni nomi famosi sono Mother Cabrini, la prima santa americana; Giovanni Giannini, il fondatore della banca Bank of America; Geraldine Ferraro, la prima donna ad essere candidata all'alto incarico di vice presidente degli USA; e Lee Iacocca, un grande dirigente d'industria.

A **Comprensione: le domande.** Rispondere alle seguenti domande.

Attività

1. Cosa chiede Emilio ai cugini Angelo e Cara?
2. Qual è il commento sarcastico di Angelo? Lo dice sul serio o per scherzo?
3. Perché secondo Cara molti americani si sbagliano?
4. Secondo Angelo, è facile paragonare due culture come quella italiana e quella italo-americana?
5. Cosa dà fastidio ad Angelo?
6. Cosa dice Emilio a proposito delle persone che credono che tutti gli italiani e italo-americani siano mafiosi?
7. Che cosa ha contribuito a creare un'immagine negativa degli italo-americani?
8. Gli italo-americani sono molto legati all'Italia? Parlano spesso italiano?
9. In quali campi gli italo-americani hanno contribuito allo sviluppo della società americana?

 Una Little Italy. Intervistare un compagno/una compagna per vedere se conosce una comunità italo-americana. Domande possibili:

- Conosci una comunità italo-americana? Dove?
- Sei mai andato/a ad una festa italo-americana, ad esempio una festa del santo patrono?
- Conosci l'origine di questa comunità? Di dove sono questi italo-americani?
- Quali professioni eseguono?
- Quali sono alcuni negozi, ristoranti o aziende italiani di questa comunità?

n altre parole

a mio parere	*in my opinion*
essere d'origine...	*to be of . . . origin*
dare fastidio a qualcuno	*to bother someone*
parlare a cuor leggero	*to speak without thinking*
c'è da dire che...	*it must be said that . . .*
sapere a mala pena	*to hardly know*

C Mini-dialoghi.   Completare i seguenti mini-dialoghi con un'espressione appropriata.

1. —Hai sentito quel che ha detto Maurizio? Sono un po' offesa!
   —Non te la prendere! Parlava _____, e non intendeva offenderti.
2. —Di dove sono i tuoi nonni?
   —Sono venuti da Napoli, infatti, io _____ italiana.
3. —Cosa pensi di questo nuovo film di Tarantino?
   —_____ è il suo migliore.
4. Quelle persone sono piene di pregiudizi! Non le sopporto proprio!
   —Sì, ma _____ che è più una questione di ignoranza che di pregiudizio.
5. —Non mi ricordo più come finisce quella poesia di Petrarca. Chiediamo a Enrico!
   —Ma se Enrico _____ chi è Petrarca! Chiediamo invece a Laura.

D Quanto mi dà fastidio!   Fare una lista di cinque cose o situazioni che ti danno fastidio. Poi comunicarle ad un altro studente/un'altra studentessa e domandare se è del tuo stesso parere.

Esempio: —Mi dà molto fastidio quando sono al cinema e la gente intorno a me parla ad alta voce. Dà fastidio anche a te?
          —Sì, anche a me dà fastidio. / No, a me non dà fastidio.

E Sondaggio: Di che origine sei?   Domandare al maggior numero di studenti possibile quali sono le loro origini. Chiedere la provenienza degli antenati e anche a quale generazione appartengono (prima, seconda ecc.). Poi presentare i risultati del sondaggio alla classe.

C.3 Punti grammaticali

Il *si* passivante

Non **si accettano** assegni.	*Checks are not accepted.*
Non sono accettati assegni.	
Si parlava l'italiano in classe.	*Italian was spoken in class.*
L'italiano era parlato in classe.	
Si è fatto il compito.	*The homework was done.*
Il compito è stato fatto.	
Non **si è visto** nessuno.	*No one was seen.*
Nessuno è stato visto.	

1. The impersonal passive construction (**il si passivante**) is the most commonly used way to express the passive voice, especially if no agent is named. **Il si passivante** uses **si** with the third-person singular or plural active form of a transitive verb. Compare the following:

A casa mia la pasta è mangiata tutti i giorni.	*At my house, pasta is eaten every day.*
A casa mia **si mangia** la pasta tutti i giorni.	
Le lingue straniere sono studiate all'università.	*Foreign languages are studied at the university.*
Si studiano le lingue straniere all'università.	

2. In compound tenses, transitive verbs are conjugated with **essere** in the **si passivante.**

Si sono vendute poche macchine americane in Italia l'anno scorso.	*Few American cars were sold in Italy last year.*
Si sono eliminati molti stereotipi con lo studio delle culture straniere.	*Many stereotypes have been eliminated by the study of foreign cultures.*

A **Trasformazioni.**   Riformulare le seguenti frasi usando il **si passivante**, secondo il modello.

Esempio: A casa nostra, il pesce è mangiato di venerdì.
A casa nostra, si mangia il pesce di venerdì.

1. In Italia la politica è discussa molto.
2. La musica non è ascoltata in biblioteca.
3. Le partite sono giocate di pomeriggio.
4. I risultati delle elezioni sono letti sul giornale.
5. Questi esercizi sono stati fatti in fretta.
6. Il permesso è stato chiesto, prima di entrare.
7. Queste cose non sono dette.
8. Il gelato era mangiato sempre dopo cena.
9. In quale stagione sono fatti i bagni in mare?
10. Dove sono comprati i francobolli?

B **Dove si va?**   Formulare dei mini-dialoghi usando il **si passivante** secondo il modello.

Esempio: comprare / giornali   —Dove si comprano i giornali?
—Si comprano i giornali all'edicola.

1. trovare / profumi e shampoo
2. cambiare / soldi
3. prenotare / un biglietto per un viaggio
4. vedere / una partita di calcio
5. spedire / cartoline e lettere
6. comprare / penne e quaderni

C **I nostri antenati.**   Riformulare le seguenti frasi usando il **si passivante**, secondo il modello.

Esempio: La festa del santo patrono è ancora festeggiata in paese.
Si festeggia ancora la festa del santo patrono in paese.

1. La storia dell'immigrazione è stata tramandata (*passed down*) alla nostra generazione.
2. Molte generalizzazioni sono formate quando non si conosce bene una cultura.
3. L'inglese è stato studiato e imparato.
4. Però il dialetto è parlato poco negli Stati Uniti.
5. Molti pregiudizi sono stati combattuti durante gli anni.
6. Le vecchie tradizioni sono state mantenute malgrado (*despite*) gli anni.
7. La crisi dell'integrazione è stata superata.
8. L'assimilazione totale è stata raggiunta.

D **Così fan tutti.**   Con un altro studente/un'altra studentessa, creare una descrizione generalizzata della vita sociale della vostra università, usando il si passivante o il si impersonale. Dove si va la sera? Dove si mangia il pranzo? E la cena? Quando si studia? Quando non si frequentano le lezioni? Cosa si fa il sabato? E la domenica?

L'Italia in Europa

D.1 Si dice così

la CEE (Comunità economica europea)	European Economic Community	diplomatico	diplomatic
la Commissione europea	European Commission	in futuro	in the future
il consolato	consulate	all'estero	abroad
l'ambasciatore	ambassador	sognare	to dream
l'ambasciata	embassy	realizzare	to bring about/to effect
la diplomazia	diplomacy	raggiungere	to reach
la meta	goal	prevedere	to predict

 Definizioni.   Trovare la parola o l'espressione che corrisponde ad ogni definizione.

Attività

1. sapere in precedenza quel che succederà
2. ufficio che cura la rappresentanza di uno stato all'estero
3. il più alto rappresentante diplomatico di uno stato presso un altro
4. un fine da raggiungere
5. tradurre in realtà
6. abbreviazione che si riferisce all'Europa unita

 Diplomazia e no.   Con un compagno/una compagna fare una lista di alcune qualità necessarie per un ambasciatore. Poi elencare alcune cose che si devono fare durante un incontro con un importante capo di stato straniero e alcune cose che non si devono fare.

Lo sapevi che... ?

In Italia oggi vivono molti "extracomunitari," cioè persone di origine non europea, nate fuori dalla Comunità economica europea (CEE). Spesso gli extracomunitari provengono dal Nord Africa (magrebini e senegalesi) o dall'Asia (filippini). Attirati in Italia con la speranza di una vita migliore, gli extracomunitari sono per lo più costretti a lavori meno desiderabili e faticosi.

D.2 Incontro

Un brindisi al futuro!   *Alcuni anni dopo la laurea, un gruppo di amici si
ritrova per festeggiare Alberto, che da poco è stato trasferito presso l'ambasciata
italiana a Londra.*

BRUNO:	Guardate questa vecchia foto! Vi ricordate come sognavamo il nostro futuro? Eravamo proprio buffi, non vi pare?
PATRIZIA:	Nemmeno per sogno! Alberto era piuttosto carino...
FRANCO:	Si sa, voi ragazze eravate tutte innamorate di lui!
ALBERTO:	Ma ero un secchione!
PATRIZIA:	Eppure si sapeva già che avresti fatto carriera!
ALBERTO:	Però, direi che anche voi non siete stati con le mani in mano. Tu hai fatto carriera come avvocato; Bruno e Viviana sono liberi professionisti; Franco lavora come ricercatore all'università ed Elena è un'ottima interprete a Bruxelles.
ELENA:	Che fine hanno fatto Giulio e Maria?
BRUNO:	So che Maria lavora in Germania per una grande compagnia. È sempre stata un tipo in gamba.
VIVIANA:	Ogni tanto Giulio mi chiama da Madrid. Si è sposato con una ragazza spagnola. Alberto, sai già quando parti?
ALBERTO:	Appena si conoscerà la data della partenza, te la farò sapere. Vorrei ancora trascorrere qualche giorno in santa pace, prima di occuparmi del nuovo lavoro.
ELENA:	Cosa ti mancherà di più° dell'Italia?
ALBERTO:	Le cose che si fanno qui normalmente, come fermarsi al bar con gli amici per un caffè, parlare di calcio il lunedì mattina, andare al mercato...
BRUNO:	Ehi, non parlerai sul serio? Guarda che vai ad abitare a Londra, mica sulla luna!
FRANCO:	Un attimo di attenzione, per favore! Si fa questo brindisi, sì o no? Io propongo di brindare alla carriera di Alberto, perché tenga alta la bandiera tricolore, come si suol dire!
VIVIANA:	Ad Alberto! Congratulazioni!
TUTTI:	Al futuro ambasciatore!
ALBERTO:	Allora, ragazzi, ci si rivede tutti a Londra!

what will you miss most

A A chi si riferisce?   Decidere a quali personaggi menzionati
nell'**Incontro** si riferiscono le seguenti frasi.

Attività

1. Andrà a lavorare a Londra presso l'ambasciata italiana.
2. Crede che Alberto fosse carino nella foto.
3. Trova buffa la vecchia foto degli amici.
4. Vorrebbe trascorrere alcuni giorni in tranquillità.
5. Si è realizzata come avvocato.
6. Tutti sapevano che avrebbe fatto carriera.
7. Ha scelto la carriera accademica.
8. Saluta Alberto con un brindisi.
9. Ama le piccole cose di tutti i giorni, come prendere il caffè al bar.
10. Spera che Alberto resti fedele alle sue radici italiane.

B **Comprensione: le domande.**   Rispondere alle seguenti domande.

1. Perché gli amici si ritrovano per festeggiare Alberto?
2. Che cosa si vede nella vecchia fotografia?
3. Qual è la situazione attuale di Patrizia? di Franco? di Elena? di Giulio? di Maria? di Bruno?
4. Quali cose mancheranno di più ad Alberto quando sarà a Londra?
5. Cosa dicono gli amici quando brindano ad Alberto?

 Brindiamo ad Alberto!   Alla festa prima della partenza di Alberto per il suo prossimo lavoro a Londra, tutti gli amici propongono dei brindisi in suo onore. Tu sei un vecchio amico/una vecchia amica e anche tu vuoi aggiungere il tuo commento!

Esempio: —Io e Alberto ci conosciamo da...
         —Alberto è un ragazzo...
         —Tutti sapevano che lui avrebbe...
         —Mi ricordo quando eravamo al liceo che Alberto...

In altre parole

nemmeno per sogno	*(I) wouldn't dream of it!/Not at all!*
stare con le mani in mano	*to do nothing*
che fine ha fatto... ?	*whatever happened to . . . ?*
in santa pace	*in peace and quiet*
come si suol dire	*as they say/as the saying goes*

D **Abbinamenti.**   Trovare nella lista a destra una risposta per ogni frase a sinistra.

1. Peccato! Piove, e oggi c'è il matrimonio di Angela.
2. Invece di stare lì con le mani in mano, perché non mi aiuti?
3. Non vedo Laura da mesi. Chissà che fine ha fatto?
4. Ottima questa torta! L'hai fatta tu?
5. Drrrinn! Drrrinn!

a. Mamma, lasciami stare! Sto guardando *Beautiful*!
b. Nemmeno per sogno! L'ho comprata in una pasticceria del centro.
c. Ancora il telefono! Possibile che io non possa ascoltare il telegiornale in santa pace?
d. Sì, ma come si suol dire, "sposa bagnata, sposa fortunata"!
e. Non lo sapevi? Ora vive a Vienna.

In un paese lontano.   Domandare agli altri studenti cosa succederebbe se dovessero andare a vivere in un paese straniero. Di quali cose sentirebbero la mancanza?

Esempio: —Che cosa ti mancherebbe di più degli Stati Uniti se vivessi in
             un altro paese?
          —Mi mancherebbe molto... (il programma televisivo preferito /
             la tecnologia avanzata ecc.)
          —A me mancherebbero... (gli amici / le macchine americane ecc.)

 Una telefonata inaspettata.   Creare una conversazione secondo i seguenti suggerimenti.

S1: Da cinque anni vivi e lavori in uno dei paesi della CEE. Una sera ti trovi solo/a e decidi di contattare un vecchio compagno/una vecchia compagna della classe d'italiano. Rispondere alle sue domande sulla vita lì e poi invitalo/la a venire a trovarti.

S2: Una sera ricevi una telefonata inaspettata dall'Europa, da un vecchio compagno/una vecchia compagna della classe d'italiano, che non vedi da più di cinque anni. Chiedere come sta, cosa sta facendo in Europa, com'è la vita dove abita, se gli/le piace, che cosa gli/le manca dell'America e altre cose che vorresti sapere. Raccontare quel che stai facendo tu.

Lo sapevi che... ?

Alcune regioni—la Sicilia, la Sardegna, il Trentino–Alto Adige, il Friuli–Venezia Giulia e la Valle d'Aosta—godono di una speciale autonomia amministrativa, cioè hanno uno statuto speciale e un governo autonomo con poteri limitati.

 La bacchetta magica (*the magic wand*).   Leggere la seguente descrizione della vita di Arturo Toscanini. Poi riscriverla, volgendo i verbi ai tempi passati appropriati.

Attività di ripasso

Arturo Toscanini nasce a Parma. Il padre di Arturo è un modesto sarto che, come tutti i parmigiani, ha una grande passione per la musica. La sartoria è anche il soggiorno della casa. Mentre si confezionano abiti, spesso si cantano arie di opere liriche e qualcuno talvolta legge i libri classici. È in questa modesta sartoria che Arturo impara ad amare la musica e la letteratura. Quando ha nove anni entra nella Regia Scuola di Musica di Parma da cui ottiene il diploma di composizione in pianoforte e violincello. La prima occasione per dirigere una grande orchestra gli si presenta nel 1886 quando ha solo diciannove anni. A Rio de Janeiro in Brasile a una rappresentazione dell'*Aida*, è chiamato a sostituire il direttore che improvvisamente si è dimesso (*resigned*). Questa rappresentazione è un vero trionfo per Toscanini, che continua a dirigere le più importanti orchestre del mondo.

B W la pallavolo!   Le seguenti frasi sono riportate da un articolo su Julio Velasco, l'allenatore della squadra nazionale italiana di pallavolo. È nato in Argentina ma abita in Italia da molti anni. Cambiare le frasi al discorso indiretto secondo il modello.

Esempio: La pallavolo non è uno sport minore! (Velasco ha detto che...)
           Velasco ha detto che la pallavolo non era uno sport minore.

1. Noi abbiamo il vantaggio di occupare un mondo più piccolo. Nel calcio, è tutto esagerato. (L'allenatore ha detto che...)
2. È importante non separarsi dal mondo reale. (Velasco pensa che...)
3. Nelle partite l'avversario si chiama stress. (L'allenatore ha ricordato ai suoi giocatori che...)
4. La squadra italiana ha vinto la medaglia di campione del mondo nel 1994. Ma si è classificata quinta alle Olimpiadi. (L'allenatore era contento che...)
5. Gli italiani e gli argentini si assomigliano molto: hanno gli stessi difetti! (Velasco ha osservato che...)
6. Dopo una pausa per le vacanze estive, cominceremo gli allenamenti sul serio. (L'allenatore ha ricordato che...)
7. Andremo ai prossimi giochi Olimpici e ce la metteremo tutta per vincere! (Velasco ha affermato che...)

C Brano: una domenica al mare.   Completare il brano con il tempo appropriato del verbo dato.

Domenica scorsa io e Sandro (volere) andare al mare. Il tempo (essere) brutto, quindi (decidere) invece di andare al cinema. Se (fare) un tempo più sereno, (andare) a Portofino. (Essere) per un'altra volta! Al cinema (incontrare) i nostri amici Massimo e Renzo, che (vedere) già la scorsa volta che siamo andati a vedere un film. (Dire, noi) loro: "Ma che (fare) qui voi? (Andare) sempre al cinema?" Renzo (rispondere): "Massimo (volere) che noi (andare) alla spiaggia, ma (guardare) che tempo!" (Essere) tutti d'accordo che (essere) meglio passare la domenica al chiuso. Purtroppo il film (essere) brutto!

D Brano: una telefonata alla mamma.   Completare il brano con il tempo appropriato del verbo dato.

Ieri io (chiamare) i miei genitori per telefono. Mia madre mi (rispondere) e mi (dire) che tre giorni prima loro (cercare) di telefonarmi e (trovare) la linea occupata. Io le (domandare) come loro (stare) e lei mi (spiegare) che la settimana precedente (fare) molto freddo e che papà (prendersi) l'influenza. Io le (parlare) della scuola e le (dare) la notizia dell'esame di latino che io (superare) il giorno prima. Lei mi (dire) che lei e papà (temere) che io (studiare) troppo, che non (riposarsi) e non (divertirsi) abbastanza. Io le (raccontare) invece che la sera prima io (vedere) un bel film. Per finire, mi sono scusata dicendo che se (avere) più tempo, (scrivere) loro una bella lettera lunga per raccontare i miei giorni all'università.

E **Una grande attrice.**   Recentemente hai intervistato la più celebre attrice italiana: Sophia Loren. Ecco alcuni appunti che hai preso durante l'intervista. Scrivere un breve articolo sulla vita e carriera della Loren.

anno di nascita: 1934   luogo di nascita: Pozzuoli (NA)

residenza: Ginevra in Svizzera   città preferita: Roma

sposata con Carlo Ponti (produttore cinematografico)

film internazionali con i maggiori registi e attori

attore preferito: Marcello Mastroianni

premi: l'Oscar per *La ciociara*, ufficiale della Legion d'Onore,
    6 Davide di Donatello, l'Orso di Berlino ecc.

aspetto più importante della vita: i figli

il segreto del suo successo: disciplina e sacrifici

piatto preferito: gli spaghetti

Immagini e parole
L'Italia, Stato d'Europa

A **Definizioni.**   Cercare di spiegare in italiano il significato delle parole in corsivo.

1. scegliere tra *monarchia* e *repubblica*...
2. il periodo del *dopoguerra* è un momento importante...
3. il partito di *maggioranza* al governo...
4. gli *scandali* provocati da un'inchiesta giudiziaria
5. una fase di grande *rinnovamento* politico ed economico...
6. l'Italia testimonia gravi problemi di *disoccupazione*...
7. la società di oggi è più *multiculturale*...

Attività di pre-lettura

B **La politica di casa.**   Quanto sapete della storia politica del vostro paese? Cercare delle risposte alle seguenti domande.

1. Quali sono i partiti politici principali del vostro paese? Qual è il partito di maggioranza? Ci sono anche numerosi partiti minori?
2. Da quando esiste la Costituzione? Da quanto tempo hanno il diritto di votare le donne?
3. Quali sono i momenti storici più importanti del vostro paese? Ci sono stati mai scandali nel governo? Quando?
4. Vivi in una società multiculturale? In che senso?

L' Italia è uno stato "giovane" poiché ha raggiunto l'unità nazionale solo nel 1861. Dopo la Seconda guerra mondiale, un referendum popolare decise quale forma costituzionale dovesse avere l'Italia. Il 2 giugno 1946 fu un giorno importantissimo: per la prima volta votarono anche le donne e fu chiesto agli italiani di scegliere fra monarchia e repubblica. Gli italiani scelsero la repubblica e da allora il 2 giugno è un giorno di festa nazionale.

Il periodo dell'immediato dopoguerra è un momento importante per comprendere la storia politica italiana. Dalle elezioni del giugno 1946

La nuova faccia dell'Italia

nacquero i tre partiti politici principali che per più di quarant'anni influenzarono profondamente la politica del paese: la Democrazia cristiana (Dc), che divenne il partito di maggioranza al governo, il Partito socialista (Psi) e il Partito comunista (Pci). In passato, la politica italiana è stata caratterizzata dalla presenza di numerosissimi partiti politici (Partito repubblicano, Partito liberale, Movimento sociale, Partito social democratico, Partito radicale, i Verdi). Oggi, in seguito agli scandali provocati dalla grande inchiesta giudiziaria dei primi anni '90, nota con il nome "Tangentopoli" o "Mani Pulite," la Dc e il Psi non esistono più, e il Pci si è diviso in due. L'eliminazione di alcuni vecchi partiti ha così dato spazio a nuove formazioni politiche.

Con la nuova Europa, il Vecchio Continente sta vivendo una fase di grande rinnovamento politico e socioeconomico. Anche l'immagine d'Italia sta cambiando: l'arrivo in Italia di immigrati extracomunitari, provenienti dal Senegal, dal Marocco, dalla Tunisia, dalla Polonia, dall'Albania e pure dalle lontane Filippine, ha aperto nuovi dibattiti legati a questioni di razza,° religione e mentalità differenti.

race

È abbastanza tipico riscontrare° il passato con il presente dell'Italia di oggi: le tracce della sua storia sono sempre in evidenza. Le rovine romane, ricordi della formazione della civiltà occidentale, e presenti in tante grandi città, contrastano con segni della modernità, come tram e automobili. L'Italia è fra i paesi più industrializzati del

to compare

Il passato e il presente coesistono nelle città italiane

mondo e tuttavia testimonia gravi problemi di disoccupazione, inquinamento e traffico.

L'Italia, luogo di nascita del Rinascimento, possiede un patrimonio artistico e architettonico che deve essere protetto e curato, una grande responsabilità che comporta spese enormi per il governo ed enti pubblici addetti° ai Beni° Culturali. In questi ultimi anni, si è notato un sempre maggiore intervento di sponsorizzazioni di privati nel recupero, restauro e mantenimento di questo immenso tesoro culturale. Il patrimonio appartiene alla storia della civiltà occidentale, ma rappresenta anche la ricchezza della storia dell'Italia, di cui è giustamente orgoglioso il popolo italiano.

responsible for / goods, property

Ma quale popolo italiano? Con l'influsso di extracomunitari in Italia, e le frontiere della nuova Europa più aperte, la popolazione italiana sta cambiando, la società è sempre più multiculturale. Come conciliare il passato con il presente, o meglio con il futuro? È una sfida° per i giovani italiani, che portano sulle spalle una ricchezza culturale e storica notevole, mentre sognano e lavorano per un futuro migliore.

challenge

Attività

A Comprensione: vero o falso?   Decidere se le seguenti affermazioni sono corrette oppure no. Poi correggere quelle false.

1. L'Italia è uno stato molto vecchio.
2. Le donne ottennero il voto in Italia nel 1925.
3. C'erano tre partiti che controllavano l'Italia dopo la Seconda guerra mondiale: i Democristiani, i Socialisti e i Comunisti.
4. La scena politica attuale in Italia non è differente dagli anni del dopoguerra.
5. Molti italiani stanno emigrando in Tunisia e Polonia.
6. L'industrializzazione ha distrutto ogni traccia della ricca storia italiana.
7. Proteggere il patrimonio artistico del Paese richiede molti soldi.
8. È difficile definire con precisione le caratteristiche del popolo italiano.

B Comprensione.   Rispondere alle seguenti domande con frasi complete.

1. Perché si dice che l'Italia è un paese "giovane"?
2. Perché il 2 giugno 1946 è una data importante per gli italiani?
3. Quali dei tre partiti politici che dominarono il campo politico fino agli anni '90 esistono ancora oggi?
4. Che cos'è "Tangentopoli"? Quali sono stati i risultati di questo fenomeno?
5. Quali sono alcuni dei problemi che l'industrializzazione ha portato all'Italia?
6. Quale sarà la sfida più grande per i giovani italiani?

C Antico e moderno.   Fare una lista di almeno dieci cose che potreste vedere in Italia che testimoniano il ricchissimo patrimonio storico e culturale del Paese. Poi fare un'altra lista di cose che potreste vedere in Italia che dimostrano la vitalità contemporanea.

Esempio: le rovine del Foro Romano   l'aeroporto Leonardo da Vinci

Spunti di conversazione.   Discutere con i compagni di classe i seguenti argomenti.

1. Paragonare il sistema politico in Italia con quello americano. Quali sono le differenze e le somiglianze?
2. Qual è l'immagine dell'Italia vista da fuori? Cosa pensa l'americano medio dell'Italia e degli italiani? Sono valide queste cose o sono solo stereotipi?
3. Quali saranno le sfide più importanti per i giovani degli Stati Uniti? Quali problemi sociali dovranno affrontare?
4. Siete ad una festa per celebrare la decima riunione della vostra classe d'italiano. Salutare gli altri, chiedere cosa fanno e raccontare le vostre avventure degli ultimi dieci anni.

Ritratto

Daniela Monti

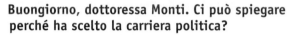

Buongiorno, dottoressa Monti. Ci può spiegare perché ha scelto la carriera politica?

Ho studiato scienze politiche all'Università Europea di Parigi perché volevo avere le idee chiare sul futuro politico dell'Italia e degli altri paesi europei. Volevo essere protagonista della politica e non una semplice spettatrice.

Com'è iniziata la Sua carriera politica?

Dopo la laurea mi sono subito occupata di politica: ho un carattere di ferro e sono una combattente, e così mi sono presentata come candidato per diventare sindaco° della mia città. Con grande sorpresa di *mayor* tutti, sono stata eletta a larga maggioranza. Questa esperienza mi è stata utile per capire i problemi della gente e cosa ci si aspetta da chi governa il paese.

Da sindaco a Europarlamentare: come ha fatto?

Il 10 giugno 1979 ci sono state le elezioni per il primo Parlamento Europeo e, come ho già detto, il mio sogno era proprio quello di diventare una rappresentante dell'Italia tra i parlamentari dell'Unione Europea. E ce l'ho fatta. Ora vivo più a Strasburgo che in Italia, ma sono soddisfatta. La mia vita è molto intensa e devo fare molti sacrifici, ma sento di avere fatto la scelta giusta. Il mio impegno è tutto per l'Europa.   →

> **A Suo parere, ci sarà in futuro una cittadinanza europea, o una moneta unica o una politica estera comune per i Paesi dell'Unione, o sono solamente sogni?**
>
> Come si sa, si parla ancora spesso di "Euroscetticismo,"° ma io per natura sono ottimista. Sono anni che lavoriamo per l'unificazione, e sebbene molte persone ancora non ci credano, io penso che ci arriveremo. Abbiamo ancora tanta strada da fare—non si dimenticano facilmente duemila anni di storia!—ma quando penso al futuro dell'Europa, vedo grandi cose!

"Euroskepticism"

A **Comprensione.**   Rispondere alle seguenti domande.

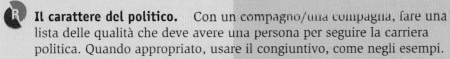

1. Quale preparazione accademica ha Daniela Monti per la sua carriera politica?
2. Perché Daniela è entrata in politica?
3. Come definisce Daniela il suo carattere?
4. Quale è stato il suo primo incarico politico?
5. Dove abita ora Daniela, per lo più? Perché?
6. Come vede Daniela il futuro dell'Europa?

B **Il carattere del politico.**   Con un compagno/una compagna, fare una lista delle qualità che deve avere una persona per seguire la carriera politica. Quando appropriato, usare il congiuntivo, come negli esempi.

Esempio: —È essenziale che abbia un carattere (di ferro/flessibile/duro ecc.)
 —È importante che abbia (molti soldi/una visione del futuro ecc.)
 —È opportuno che sia (onesto/ottimista/scettico ecc.)
 —Non è necessario che (si sia laureato ecc.)

C **Tema.**   Scegliere uno dei seguenti temi e scrivere una breve composizione.

1. Se io fossi il Capo del Governo... (Quali cambiamenti faresti? Di quali problemi ti occuperesti? Come cambieresti il tuo Paese?)
2. Il contributo degli italo-americani nella società degli Stati Uniti.
3. La politica. Segui la politica della tua città? Del tuo Paese? Quella internazionale? Qual è il tuo parere? Ti fidi (*trust*) dei politici? Chi è il tuo leader preferito? Perché?
4. Il futuro. Cosa speri per il futuro del mondo? Sei ottimista o pessimista? Quali sono i valori più importanti da non dimenticare mai?

A I Top Ten.   Prima di vedere il videoclip, scrivere un elenco delle cinque scene che ti sono piaciute di più. In quale episodio erano? Qual era la città? Perché ti sono piaciute queste scene?

B Cosa vogliono?   Mentre vedete il videoclip, indicare che cosa vogliono le seguenti persone, abbinando il nome al desiderio espresso.

Marco   _____ Non vuole lavorare da solo.
Piero   _____ Vuole collaborare sul nuovo progetto.
Gabriella _____ Vuole vedere Piero nel suo ufficio.

C Perché lo dice?   Dopo aver visto il videoclip, scrivere una frase per indicare perché i personaggi dicono le seguenti battute.

MARCO: Piero, senti, prima di andare via puoi passare dal mio ufficio?
PIERO: Per il momento acqua in bocca!
GABRIELLA: Allora, Piero, io me ne vado!
PIERO: C'è una sola persona al mondo più in gamba di me a fare questo lavoro.
GABRIELLA: Tua madre, immagino.

D Come andrà a finire?   Inventare una breve conclusione alla storia di Piero e Gabriella. Lavoreranno insieme sulla nuova guida? Faranno un altro viaggio? Saranno amici?

A. ESSERE E AVERE

Presente	Imperfetto	Futuro	Passato remoto	Congiuntivo presente	Congiuntivo imperfetto	Condizionale presente	Imperativo
ESSERE							
sono	ero	sarò	fui	sia	fossi	sarei	—
sei	eri	sarai	fosti	sia	fossi	saresti	sii
è	era	sarà	fu	sia	fosse	sarebbe	sia
siamo	eravamo	saremo	fummo	siamo	fossimo	saremmo	siamo
siete	eravate	sarete	foste	siate	foste	sareste	siate
sono	erano	saranno	furono	siano	fossero	sarebbero	siano
AVERE							
ho	avevo	avrò	ebbi	abbia	avessi	avrei	—
hai	avevi	avrai	avesti	abbia	avessi	avresti	abbi
ha	aveva	avrà	ebbe	abbia	avesse	avrebbe	abbia
abbiamo	avevamo	avremo	avemmo	abbiamo	avessimo	avremmo	abbiamo
avete	avevate	avrete	aveste	abbiate	aveste	avreste	abbiate
hanno	avevano	avranno	ebbero	abbiano	avvessero	avrebbero	abbiano

B. VERBI REGOLARI

Coniugazione -are   parlare

INDICATIVO presente:	parlo, parli, parla, parliamo, parlate, parlano
Imperfetto:	parlavo, parlavi, parlava, parlavamo, parlavate, parlavano
Futuro:	parlerò, parlerai, parlerà, parleremo, parlerete, parleranno
Passato remoto:	parlai, parlasti, parlò, parlammo, parlaste, parlarono
Passato prossimo:	ho parlato, hai parlato, ha parlato, abbiamo parlato, avete parlato, hanno parlato
Trapassato prossimo:	avevo parlato, avevi parlato, aveva parlato, avevamo parlato, avevate parlato, avevano parlato
CONGIUNTIVO presente:	parli, parli, parli, parliamo, parliate, parlino
Imperfetto:	parlassi, parlassi, parlasse, parlassimo, parlaste, parlassero
CONDIZIONALE presente:	parlerei, parleresti, parlerebbe, parleremmo, parlereste, parlerebbero
IMPERATIVO:	—, parla, parli, parliamo, parlate, parlino
Participio passato:	parlato

Coniugazione -ere   scrivere

INDICATIVO presente:	scrivo, scrivi, scrive, scriviamo, scrivete, scrivono
Imperfetto:	scrivevo, scrivevi, scriveva, scrivevamo, scrivevate, scrivevano
Futuro:	scriverò, scriverai, scriverà, scriveremo, scriverete, scriveranno
Passato remoto:	scrissi, scrivesti, scrisse, scrivemmo, scriveste, scrissero
Passato prossimo:	ho scritto, hai scritto, ha scritto, abbiamo scritto, avete scritto, hanno scritto
Trapassato prossimo:	avevo scritto, avevi scritto, aveva scritto, avevamo scritto, avevate scritto, avevano scritto
CONGIUNTIVO presente:	scriva, scriva, scriva, scriviamo, scriviate, scrivano
Imperfetto:	scrivessi, scrivessi, scrivesse, scrivessimo, scriveste, scrivessero
CONDIZIONALE presente:	scriverei, scriveresti, scriverebbe, scriveremmo, scrivereste, scriverebbero
IMPERATIVO:	—, scrivi, scriva, scriviamo, scrivete, scrivano
Participio passato:	scritto

Coniugazione -ire   partire

INDICATIVO presente:	parto, parti, parte, partiamo, partite, partono
Imperfetto:	partivo, partivi, partiva, partivamo, partivate, partivano
Futuro:	partirò, partirai, partirà, partiremo, partirete, partiranno
Passato remoto:	partii, partisti, partí, partimmo, partiste, partirono
Passato prossimo:	sono partito/a, sei partito/a, è partito/a, siamo partiti/e, siete partiti/e, sono partiti/e

Trapassato prossimo:	ero partito/a, eri partito/a, era partito/a, eravamo partiti/e, eravate partiti/e, erano partiti/e
CONGIUNTIVO presente:	parta, parta, parta, partiamo, partiate, partano
Imperfetto:	partissi, partissi, partisse, partissimo, partiste, partissero
CONDIZIONALE presente:	partirei, partiresti, partirebbe, partiremmo, partireste, partirebbero
IMPERATIVO:	—, parti, parta, partiamo, partite, partano
Participio passato:	partito

Coniugazione -ire (-isc)   capire

INDICATIVO presente:	capisco, capisci, capisce, capiamo, capite, capiscono
Imperfetto:	capivo, capivi, capiva, capivamo, capivate, capivano
Futuro:	capirò, capirai, capirà, capiremo, capirete, capiranno
Passato remoto:	capii, capisti, capí, capimmo, capiste, capirono
Passato prossimo:	ho capito, hai capito, ha capito, abbiamo capito, avete capito, hanno capito
Trapassato prossimo:	avevo capito, avevi capito, aveva capito, avevamo capito, avevate capito, avevano capito
CONGIUNTIVO presente:	capisca, capisca, capisca, capiamo, capiate, capiscano
Imperfetto:	capissi, capissi, capisse, capissimo, capiste, capissero
CONDIZIONALE presente:	capirei, capiresti, capirebbe, capiremmo, capireste, capirebbero
IMPERATIVO:	—, capisci, capisca, capiamo, capite, capiscano
Participio passato:	capito

C. VERBI CONIUGATI CON *ESSERE*

andare   to go
arrivare   to arrive
cadere   to fall
cambiare   to change
costare   to cost
diminuire   to diminish, to decrease
diventare   to become
durare   to last
entrare   to enter
essere (stato)   to be
ingrassare   to put on weight
morire (morto)   to die
nascere (nato)   to be born
parere (parso)   to seem

partire   to leave, to depart
piacere (piaciuto)   to like, to please
restare   to remain, to stay
rimanere (rimasto)   to remain
ritornare   to return
riuscire   to succeed
salire*   to go up, to get in, to climb up
scendere* (sceso)   to go down, to get off
sembrare   to seem
stare   to stay, to be
succedere (successo)   to happen
tornare   to return
uscire   to go out, to leave
venire (venuto)   to come

*Coniugato con **avere** quando è usato con un oggetto diretto:
   Esempio: ho salito le scale a piedi.
   Tutti i verbi **riflessivi** sono coniugati con **essere**:
      Esempio: **nascondersi** to hide oneself
      Passato prossimo: mi sono nascosto, ti sei nascosto, si è nascosto, ...

D. VERBI CON PARTICIPIO PASSATO IRREGOLARE

accendere (acceso)   to turn on, to light
aggiungere (aggiunto)   to add
apparire (apparso)   to appear
aprire (aperto)   to open
assumere (assunto)   to hire
bere (bevuto)   to drink
chiedere (chiesto)   to ask
chiudere (chiuso)   to close
concludere (concluso)   to conclude
conoscere (conosciuto)   to know
convincere (convinto)   to convince
coprire (coperto)   to cover
correre (corso)   to run
correggere (corretto)   to correct
cuocere (cotto)   to cook
decidere (deciso)   to decide
dipingere (dipinto)   to paint
dire (detto)   to say
discutere (discusso)   to discuss
eleggere (eletto)   to elect
esprimere (espresso)   to express
essere (stato)   to be
fare (fatto)   to do, to make
interrompere (interrotto)   to interrupt
leggere (letto)   to read
mettere (messo)   to put
morire (morto)   to die
muovere (mosso)   to move
nascere (nato)   to be born
offrire (offerto)   to offer
parere (parso)   to seem
perdere (perso/perduto)   to lose

permettere (permesso)   to permit
piangere (pianto)   to cry, to weep
prendere (preso)   to take
promettere (promesso)   to promise
proporre (proposto)   to propose
proteggere (protetto)   to protect
raggiungere (raggiunto)   to reach
rendere (reso)   to render
richiedere (richiesto)   to require, to seek
ridere (riso)   to laugh
ridurre (ridotto)   to reduce
rimanere (rimasto)   to remain
risolvere (risolto)   to resolve
rispondere (risposto)   to answer
rompere (rotto)   to break
scegliere (scelto)   to select, to choose
scendere (sceso)   to go down, to get off
scommettere (scommesso)   to bet
scoprire (scoperto)   to discover
scrivere (scritto)   to write
soffrire (sofferto)   to suffer
sorridere (sorriso)   to smile
spegnere (spento)   to turn off, to extinguish
spendere (speso)   to spend
succedere (successo)   to happen
togliere (tolto)   to remove
trasmettere (trasmesso)   to transmit
vedere (visto/veduto)   to see
venire (venuto)   to come
vincere (vinto)   to win
vivere (vissuto)   to live

E. VERBI IRREGOLARI

I verbi elencati sono irregolari solo nei modi e nei tempi indicati.

accendere to turn on

Passato remoto	accesi, accendesti, accese, accendemmo, accendeste, accesero

andare to go

Indicativo presente	vado, vai, va, andiamo, andate, vanno
Futuro	andrò, andrai, andrà, andremo, andrete, andranno
Congiuntivo presente	vada, vada, vada, andiamo, andiate, vadano
Condizionale presente	andrei, andresti, andrebbe, andremmo, andreste, andrebbero
Imperativo	—, va', vada, andiamo, andate, vadano

assumere to hire

Passato remoto	assunsi, assumesti, assunse, assumemmo, assumeste, assunsero

bere to drink

Indicativo presente	bevo, bevi, beve, beviamo, bevete, bevono
Imperfetto	bevevo, bevevi, beveva, bevevamo, bevevate, bevevano
Futuro	berrò, berrai, berrà, berremo, berrete, berranno
Passato remoto	bevvi, bevesti, bevve, bevemmo, beveste, bevvero

chiedere to ask for

Passato remoto	chiesi, chiedesti, chiese, chiedemmo, chiedeste, chiesero

chiudere to close

Passato remoto	chiusi, chiudesti, chiuse, chiudemmo, chiudeste, chiusero

comprendere to understand (see **prendere**)

concludere to conclude

Passato remoto	conclusi, concludesti, concluse, concludemmo, concludeste, conclusero

conoscere to know

Passato remoto	conobbi, conoscesti, conobbe, conoscemmo, conosceste, conobbero

convincere to convince (see **vincere**)

dare to give

Indicativo presente	do, dai, dà, diamo, date, danno
Passato remoto	diedi (detti), desti, diede (dette), demmo, deste, diedero (dettero)
Congiuntivo presente	dia, dia, dia, diamo, diate, diano
Congiuntivo imperfetto	dessi, dessi, desse, dessimo, deste, dessero
Imperativo	—, da', dia, diamo, date, diano

decidere to decide

Passato remoto	decisi, decidesti, decise, decidemmo, decideste, decisero

dire to say, to tell

Indicativo presente	dico, dici, dice, diciamo, dite, dicono
Imperfetto	dicevo, dicevi, diceva, dicevamo, dicevate, dicevano
Passato remoto	dissi, dicesti, disse, dicemmo, diceste, dissero
Congiuntivo presente	dica, dica, dica, diciamo, diciate, dicano
Congiuntivo imperfetto	dicessi, dicessi, dicesse, dicessimo, diceste, dicessero
Imperativo	—, di', dica, diciamo, dite, dicano

discutere to discuss

Passato remoto	discussi, discutesti, discusse, discutemmo, discuteste, discussero

dovere to have to, must

Indicativo presente	devo, devi, deve, dobbiamo, dovete, devono
Futuro	dovrò, dovrai, dovrà, dovremo, dovrete, dovranno
Congiuntivo presente	debba, debba, debba, dobbiamo, dobbiate, debbano
Condizionale	dovrei, dovresti, dovrebbe, dovremmo, dovreste, dovrebbero

eleggere to elect

Passato remoto	elessi, eleggesti, elesse, eleggemmo, eleggeste, elessero

esprimere to express

Passato remoto	espressi, esprimesti, espresse, esprimemmo, esprimeste, espressero

fare to do, to make

Indicativo presente	faccio, fai, fa, facciamo, fate, fanno
Imperfetto	facevo, facevi, faceva, facevamo, facevate, facevano
Passato remoto	feci, facesti, fece, facemmo, faceste, fecero
Congiuntivo presente	faccia, faccia, faccia, facciamo, facciate, facciano
Congiuntivo imperfetto	facessi, facessi, facesse, facessimo, faceste, facessero
Imperativo	—, fa', faccia, facciamo, fate, facciano

interrompere to interrupt (see **rompere**)

leggere to read

Passato remoto	lessi, leggesti, lesse, leggemmo, leggeste, lessero

mettere to put, to place

Passato remoto	misi, mettesti, mise, mettemmo, metteste, misero

morire to die

Indicativo presente	muoio, muori, muore, moriamo, morite, muoiono
Congiuntivo presente	muoia, muoia, muoia, moriamo, moriate, muoiano

muovere to move

Passato remoto	mossi, movesti, mosse, movemmo, moveste, mossero

nascere to be born

Passato remoto	nacqui, nascesti, nacque, nascemmo, nasceste, nacquero

nascondere   to hide

Passato remoto	nascosi, nascondesti, nascose, nascondemmo, nascondeste, nascosero

ottenere   to obtain (see **tenere**)

permettere   to permit (see **mettere**)

piacere   to like, to please

Indicativo presente	piaccio, piaci, piace, piacciamo, piacete, piacciono
Passato remoto	piacqui, piacesti, piacque, piacemmo, piaceste, piacquero
Congiuntivo presente	piaccia, piaccia, piaccia, piacciamo, piacciate, piacciano

potere   to be able

Indicativo presente	posso, puoi, può, possiamo, potete, possono
Futuro	potrò, potrai, potrà, potremo, potrete, potranno
Congiuntivo presente	possa, possa, possa, possiamo, possiate, possano
Condizionale	potrei, potresti, potrebbe, potremmo, potreste, potrebbero

prendere   to take

Passato remoto	presi, prendesti, prese, prendemmo, prendeste, presero

promettere   to promise (see **mettere**)

promuovere   to promote (see **muovere**)

richiedere   to require, to seek (see **chiedere**)

ridere   to laugh

Passato remoto	risi, ridesti, rise, ridemmo, rideste, risero

ridurre   to reduce

Indicativo presente	riduco, riduci, riduce, riduciamo, riducete, riducono
Futuro	ridurrò, ridurrai, ridurrà, ridurremo, ridurrete, ridurranno
Passato remoto	ridussi, riducesti, ridusse, riducemmo, riduceste, ridussero
Congiuntivo presente	riduca, riduca, riduca, riduciamo, riduciate, riducano
Condizionale	ridurrei, ridurresti, ridurrebbe, ridurremmo, ridurreste, ridurrebbero

rimanere   to remain

Indicativo presente	rimango, rimani, rimane, rimaniamo, rimanete, rimangono
Futuro	rimarrò, rimarrai, rimarrà, rimarremo, rimarrete, rimarranno
Passato remoto	rimasi, rimanesti, rimase, rimanemmo, rimaneste, rimasero
Congiuntivo presente	rimanga, rimanga, rimanga, rimaniamo, rimaniate, rimangano
Condizionale	rimarrei, rimarresti, rimarrebbe, rimarremmo, rimarreste, rimarrebbero
Imperativo	—, rimani, rimanga, rimaniamo, rimanete, rimangano

riprendere   to start again (see **prendere**)

rispondere   to answer
Passato remoto	risposi, rispondesti, rispose, rispondemmo, rispondeste, risposero

rompere   to break
Passato remoto	ruppi, rompesti, ruppe, rompemmo, rompeste, ruppero

salire   to go up
Indicativo presente	salgo, sali, sale, saliamo, salite, salgono
Congiuntivo presente	salga, salga, salga, saliamo, saliate, salgano

sapere   to know
Indicativo presente	so, sai, sa, sappiamo, sapete, sanno
Futuro	saprò, saprai, saprà, sapremo, saprete, sapranno
Passato remoto	seppi, sapesti, seppe, sapemmo, sapeste, seppero
Congiuntivo presente	sappia, sappia, sappia, sappiamo, sappiate, sappiano
Condizionale	saprei, sapresti, saprebbe, sapremmo, sapreste, saprebbero
Imperativo	—, sappi, sappia, sappiamo, sappiate, sappiano

scegliere   to choose
Indicativo presente	scelgo, scegli, sceglie, scegliamo, scegliete, scelgono
Passato remoto	scelsi, scegliesti, scelse, scegliemmo, sceglieste, scelsero
Congiuntivo presente	scelga, scelga, scelga, scegliamo, scegliate, scelgano
Imperativo	—, scegli, scelga, scegliamo, scegliete, scelgano

scendere   to go down, to get off
Passato remoto	scesi, scendesti, scese, scendemmo, scendeste, scesero

scrivere   to write
Passato remoto	scrissi, scrivesti, scrisse, scrivemmo, scriveste, scrissero

sedere   to sit
Indicativo presente	siedo, siedi, siede, sediamo, sedete, siedono
Congiuntivo presente	sieda, sieda, sieda, sediamo, sediate, siedano
Imperativo	—, siedi, sieda, sediamo, sedete, siedano

sorridere   to smile (see **ridere**)

spegnere   to turn off
Passato remoto	spensi, spegnesti, spense, spegnemmo, spegneste, spensero

stare   to be
Passato remoto	stetti, stesti, stette, stemmo, steste, stettero
Congiuntivo presente	stia, stia, stia, stiamo, stiate, stiano
Congiuntivo imperfetto	stessi, stessi, stesse, stessimo, steste, stessero
Imperativo	—, sta', stia, stiamo, state, stiano

tenere   to keep

Indicativo presente	tengo, tieni, tiene, teniamo, tenete, tengono
Futuro	terrò, terrai, terrà, terremo, terrete, terranno
Passato remoto	tenni, tenesti, tenne, tenemmo, teneste, tennero
Congiuntivo presente	tenga, tenga, tenga, teniamo, teniate, tengano
Condizionale	terrei, terresti, terrebbe, terremmo, terreste, terrebbero
Imperativo	—, tieni, tenga, teniamo, tenete, tengano

togliere   to take, to remove

Indicativo presente	tolgo, togli, toglie, togliamo, togliete, tolgono
Passato remoto	tolsi, togliesti, tolse, togliemmo, toglieste, tolsero
Congiuntivo presente	tolga, tolga, tolga, togliamo, togliate, tolgano
Imperativo	—, togli, tolga, togliamo, togliete, tolgano

trasmettere   to transmit (see **mettere**)

uscire   to go out

Indicativo presente	esco, esci, esce, usciamo, uscite, escono
Congiuntivo presente	esca, esca, esca, usciamo, usciate, escano
Imperativo	—, esci, esca, usciamo, uscite, escano

vedere   to see

Futuro	vedrò, vedrai, vedrà, vedremo, vedrete, vedranno
Passato remoto	vidi, vedesti, vide, vedemmo, vedeste, videro
Condizionale	vedrei, vedresti, vedrebbe, vedremmo, vedreste, vedrebbero

venire   to come

Indicativo presente	vengo, vieni, viene, veniamo, venite, vengono
Futuro	verrò, verrai, verrà, verremo, verrete, verranno
Passato remoto	venni, venisti, venne, venimmo, veniste, vennero
Congiuntivo presente	venga, venga, venga, veniamo, veniate, vengano
Condizionale	verrei, verresti, verrebbe, verremmo, verreste, verrebbero
Imperativo	—, vieni, venga, veniamo, venite, vengano

vincere   to win

Passato remoto	vinsi, vincesti, vinse, vincemmo, vinceste, vinsero

vivere   to live

Futuro	vivrò, vivrai, vivrà, vivremo, vivrete, vivranno
Passato remoto	vissi, vivesti, visse, vivemmo, viveste, vissero
Condizionale	vivrei, vivresti, vivrebbe, vivremmo, vivreste, vivrebbero

volere   to want

Indicativo presente	voglio, vuoi, vuole, vogliamo, volete, vogliono
Futuro	vorrò, vorrai, vorrà, vorremo, vorrete, vorranno
Passato remoto	volli, volesti, volle, volemmo, voleste, vollero
Congiuntivo presente	voglia, voglia, voglia, vogliamo, vogliate, vogliano
Condizionale	vorrei, vorresti, vorrebbe, vorremmo, vorreste, vorrebbero

Vocabolario italiano-inglese

The Italian-English vocabulary contains most of the basic words and expressions used in the text. A number following an active vocabulary entry refers to the unit where the word first appears; the letter P refers to the *Unità preliminare*. Definitions are limited to those used in the book. Idiomatic expressions are listed under their dominant word. The gender of nouns is indicated by the abbreviation *m.* or *f.* Irregular plurals and nouns used only in the plural form are also indicated. Adjectives are listed by their masculine form. Irregular stress is indicated by a dot under the stressed vowel.

The following abbreviations are used in the vocabulary.

agg.	adjective		*m.*	masculine
avv.	adverb		*n.*	noun
f.	feminine		*pl.*	plural
inf.	infinitive		*p.p.*	past participle
inv.	invariable		*pr.*	pronounce
irr.	irregular			

a, ad at, in, to 1
a proposito that reminds me, speaking of which 8
abbastanza quite P
abbigliamento (*m.*) clothing 7
abbinare to put together 7
abbonamento (*m.*) subscription 11
abbonarsi to subscribe 11
abbronzato suntanned 6
abitare to live 1
abito (*m.*) suit 7; **abiti firmati** designer clothes 7
accessori (*m. pl.*) accessories 7
accidempoli! my gosh! 11
accidenti! darn it! 2
accipicchia! darn it! 4, good heavens! 11
accompagnare (qualcuno) to go with someone 8

accontentarsi (di) to settle (for), to be content (with) 12
accordo (*m.*) agreement; **d'accordo** agreed 1; **essere d'accordo** to agree
aceto (*m.*) vinegar 5
acqua (*f.*) water; **acqua minerale** mineral water 1
addio farewell P, 8
addormentarsi to fall asleep 7
aereo, aeroplano (*m.*) airplane 8
aerobica (*f.*) aerobics 6; **fare aerobica** to do aerobics 6
aeroporto (*m.*) airport 3, 9
affare (*m.*) deal, bargain 4; **affare fatto** done deal, consider it done 11
affittare to rent 3
affitto (*m.*) rent 3; **in affitto** for rent 3

affrontare to deal with 12
afoso muggy 3
agenzia (*f.*) agency; **agenzia di viaggio** travel agency 1
aggiornato up-to-date; **tenersi aggiornato (su)** to keep up to date (on) 11
aglio (*m.*) garlic 5
agnello (*m.*) lamb 4
agosto August 1
aiutare to help 1; **aiuto!** help! 2
albero (*m.*) tree 6
alfabeto (*m.*) alphabet P
allacciare to fasten 9
allegro happy 2
allenamento (*m.*) practice, training 6
allenarsi to train 6
allenatore (*m.*) coach, trainer 6

allieva (*f.*)   student (elementary level)   2

allievo (*m.*)   student (elementary level)   2

allora   then   1

alto   tall   2; **alto volume**   high volume   10

altrettanto   likewise; **altrettanto!** same to you!   5

altro   other; **altro che!**   anything but! (*ironic*)

alunna (*f.*)   student (elementary level)   2

alunno (*m.*)   student (elementary level)   2

amare   to love   3

ambasciata (*f.*)   embassy   12

ambasciatore (*m.*) ambassador   12

ambiente (*m.*)   environment   8

ambulanza (*f.*)   ambulance   8

americano   American   1

ammalarsi   to get sick   7

ammettere (*p.p.* **ammesso**) to admit   4

amore   darling, dear   3

amore (*m.*)   love   9

analizzare   to analyze   11

ananas (*m.*)   pineapple   4

anche   also, too, even; **anch'io** me too   1

ancora   yet   5

andare (*irr.*)   to go   1; **andare a gonfie vele**   to go smoothly, to have smooth sailing   10; **andare a monte**   to come to nothing   9; **andare avanti**   to go on   6; **andare bene/male**   to do well/poorly   2; **andare di male in peggio**   to go from bad to worse   11; **andare dritto**   to go straight ahead   6; **andare in barca a vela**   to sail   6; **andare in onda**   to be on the air   11; **andare in vacanza**   to go on vacation   6

angolo (*m.*)   corner   2

anima (*f.*)   soul; **non c'è anima viva**   there's not a living soul around   10

anno (*m.*)   year   1; **anno scolastico**   school year   2; **ripetere l'anno**   to repeat a grade   2

annoiarsi   to get bored   7

annoiato   bored   2

annunciatore (*m.*)   announcer, newscaster   11

annunciatrice (*f.*)   announcer, newscaster   11

antenato (*m.*)   ancestor   12

anticipo (*m.*)   advance; **in anticipo**   early   2

antipasto (*m.*)   appetizer   5

antipatico   mean, unlikeable   2

antiquariato (*m.*)   antiques   6

antiquario (*m.*)   antique dealer   6

anzi   on the contrary, actually   4

aperto   open   1

apparecchiare   to set the table   5

appartamento (*m.*)   apartment   3

appassionato (*m.*)   fan, admirer; **essere appassionato/a di...**   to love (something)   10

appetito (*m.*)   appetite   5; **buon appetito!**   enjoy your meal!   5

applaudire   to applaud   10

aprile   April   1

aprire (*p.p.* **aperto**)   to open   2

arancia (*f.*)   orange (fruit)   2

arancione (*inv.*)   orange (color)   7

arbitro (*m.*)   referee   6

architetto (*m. or f.*) architect   P, 8

architettura (*f.*)   architecture   2

aria (*f.*)   air

armadio (*m.*)   closet   2

arrabbiarsi   to get angry   7

arrabbiato   angry   11

arredamento (*m.*)   furnishings   3

arredare   to furnish   3

arrivare   to come   1

arrivederci/arriverderLa good-bye   P

arrivo (*m.*)   arrival   9; **essere in arrivo**   to be arriving   9

arte (*f.*)   art; **galleria d'arte**   art gallery   6

articolo (*m.*)   article   11

artigiana (*f.*)   artisan   8

artigiano (*m.*)   artisan   8

artista (*m. or f.*)   artist   8

ascensore (*m.*)   elevator   11

ascoltare   to listen to   1

asilo (*m.*)   nursery school   2

aspettare   to wait for   1; **aspetta un attimo!**   wait a second!   11

assaggiare   to try, to taste   4

assegno (*m.*)   check   4

assistere: assistere ad un concerto to attend a concert   10

assumere   to hire   8

astronave (*f.*)   spaceship   11

atleta (*m. or f.*)   athlete   6

attento   attentive   2

atterraggio (*m.*)   landing   9

atterrare   to land   9

attività (*f.*)   activity

attore (*m.*)   actor   10

attrice (*f.*)   actress   10

attuale   current   12

audace   audacious   7

auguri (*m. pl.*)   (best) wishes, congratulations   9

aula (*f.*)   classroom   1

autista (*m. or f.*)   driver   8

auto (*f.*)   automobile, car   1

autobus (*m.*)   bus

automobile (*f.*)   automobile, car   1; **automobile a noleggio**   rental car   9

autore (*m.*)   author   11

autostrada (*f.*)   superhighway   10

autrice (*f.*)   author   11

autunno (*m.*)   autumn   1

avanti   forward; **avanti!**   come in!   3

avere (*p.p.* **avuto**)   to have   1; **avere... anni**   to be . . . years old   1; **avere bisogno di**   to need   1; **avere caldo**   to feel hot, to be hot   1; **avere da fare**   to have things to do   3; **avere fame**   to be hungry   1; **avere freddo**   to be cold   1; **avere fretta**   to be in a hurry   1; **avere l'acqua alla gola**   to be at the end of one's rope   9; **avere l'acquolina in bocca**   to make one's mouth water   5; **avere la febbre**   to be feverish   7; **avere paura (di)**   to be afraid (of)   1; **avere ragione**   to be right   1; **avere sete**   to be thirsty   1; **avere sonno**   to be sleepy   1; **avere torto**   to be wrong   1; **avere un impegno**   to have an engagement   8; **avere una cotta per**   to have a crush on   8; **avere una fame da lupi**   to be ravenous   5; **avere voglia di**   to want   1;

avvocatessa (*f.*)   lawyer

avvocato (*m. or f.*)   lawyer   P, 8

azienda (*f.*)   firm   3

azzurro   light blue   2

babbo (*m.*)   daddy, father   3

bagaglio (*m.*)   baggage, luggage; **bagaglio a mano** carry-on bag   9

bagnino (*m.*)   lifeguard   6

bagno (*m.*)   bathroom   3

bagnoschiuma (*m.*)   bubble bath   4

ballare   to dance   1

ballerina (*f.*)   dancer   10

ballerino (*m.*)   dancer   10

ballo (*m.*)   dance   10; **ballo lento** slow dance   10; **ballo liscio** ballroom dancing; **pista da ballo** dance floor   10

bambina (*f.*)   child, baby   3

bambino (*m.*)   child, baby   3

banca (*f.*)   bank   3

bancarella (*f.*)   vendor's stand, booth   4

banco (*m.*)   desk   2, counter   5; **stare in piedi al banco** to stand at the counter   5

banconota (*f.*)   bill, paper money   4

bandiera (*f.*)   flag   2

bar (*m.*)   café, coffee shop   3

barba (*f.*)   beard; **che barba!** how boring!   6

barca (*f.*)   boat   2; **barca a vela** sailboat

barista (*m. or f.*)   bartender   5

barzelletta (*f.*)   joke   7

basso   short   2; **basso volume** low volume   10

bastare   to be enough   1; **basta!** enough! enough already!   8

batteria (*f.*)   drums   10

beato te!   lucky you!   6

bello   beautiful, handsome, nice   1; **che bello!** how nice!   2

bene   fine, well   P; **benissimo** very well   P; **benone** terrific   P; **va bene** OK, fine   1

benvenuto   welcome   1

benzina (*f.*)   gasoline   10; **fare il pieno di benzina** to fill up (the gas tank)   10

bianco   white   2

biblioteca (*f.*)   library   2

bicchiere (*m.*)   glass   5

bicicletta (*f.*)   bicycle   1

biglietto (*m.*)   ticket   1; **fare il biglietto** to buy a ticket   9; **biglietto da visita** business card   P; **biglietto di andata e ritorno** round-trip ticket   9; **biglietto di**

sola andata one-way ticket   9; **biglietto di auguri** birthday card   4

bilancia (*f.*)   scale   4

binocolo (*m.*)   binoculars   6

biondo   blond   2

birra (*f.*)   beer   5

bistecca (*f.*)   steak   4

blu (*inv.*)   blue   2

bocca (*f.*)   mouth   7; **avere l'acquolina in bocca** to make one's mouth water   5; **in bocca al lupo** good luck!   2

bollito   boiled   5

borsa (*f.*)   bag   7, stock market   8; **borsa a tracollo** shoulder bag   7

bosco (*m.*)   woods, forest   6

bottega (*f.*)   shop   2

braccio (*m., pl. f.* **braccia**) arm   7

bravo   good, well done   1; **come sei bravo/a!** you're so good (at something)!   2

brindare   to toast

brindisi (*m.*)   toast   5; **fare un brindisi** to offer a toast   5

brivido (*m.*)   chill   7

brodo (*m.*)   broth; **in brodo** in broth   5

bruciare   to burn   5

brutto   ugly, bad; **fa brutto** the weather is bad   3

buca: buca delle lettere mailbox   3

buffo   funny; **che buffo!** how funny!   11

buio (*m.*)   dark; **al buio** in the dark   4

buongustaio (*m.*)   gourmet   5

buono   good   3; **buon appetito!** enjoy your meal!   5; **buon compleanno!** Happy birthday!   1; **buona fortuna!** good luck!   2; **buonanotte!** good night   P; **buonasera!** good evening   P; **buongiorno!** good morning   P; **che buono!** how delicious!   4

buttare   to throw   1; **buttare la pasta** to throw pasta into boiling water   5

caccia (*f.*)   hunting   6

cacciatore (*m.*)   hunter   6

caffè (*m.*)   coffee; café, coffee shop   1

calcio (*m.*)   soccer   6; **giocare a calcio** to play soccer   6

caldo (*m.*)   heat   1; **caldo** hot

calma (*f.*)   calm; **con calma!** take it easy!   1

calza (*f.*)   sock   7

cambiare   to change, to exchange   1; **cambiare casa** to move   3

camera (*f.*)   room   2; **camera da letto** bedroom   3

cameriera (*f.*)   waitress   5

cameriere (*m.*)   waiter   5

camerino (*m.*)   dressing room   7

camicetta (*f.*)   shirt   7

camicia (*f.*)   shirt   7; **camicia da notte** nightgown   7

camminare   to walk   1

campagna (*f.*)   country   3

campeggio (*m.*)   campground   9, camping; **fare campeggio** to go camping   6

campo (*m.*)   field   8; **campo da calcio** soccer field   6; **campo da tennis** tennis court; **campo sportivo** playing field   2

canale (*m.*)   channel   11

cantante (*m. or f.*)   singer   8

cantare   to sing   1

cantautore (*m.*)   singer-songwriter   10

cantautrice (*f.*)   singer-songwriter   10

canticchiare   to hum   10

cantilena (*f.*)   sing-song   10

canzone (*f.*)   song   10

capelli (*m. pl.*)   hair   4

capire   to understand   2; **capirai!** you must be kidding!   4; **ho capito** I get it, I understand   3; **non capire un tubo** not to understand at all   10; **si capisce!** naturally!, of course!   5

capitale (*f.*)   capital   1

capitare   to happen; **capitare tutte a qualcuno** for everything (unpleasant) to happen to someone   10

capitolo (*m.*)   chapter   11

capo (*m. or f.*)   boss   8

capolavoro (*m.*)   masterpiece   11

cappello (*m.*)   hat   7

cappotto (*m.*)   coat   7

carne (*f.*)   meat   4; **troppa carne sul fuoco** too many irons in the fire   8

caro   expensive   4; dear

carota (*f.*) carrot 4

carriera (*f.*) career 8

carta (*f.*) paper, playing card; **carta d'identità** ID card P; **carta d'imbarco** boarding pass 9; **carta di credito** credit card 4

cartella (*f.*) briefcase 2

cartello (*m.*) sign 1

cartellone (*m.*) poster, placard 11

cartina (*f.*) map 6

cartoleria (*f.*) stationery store 4

cartolina (*f.*) postcard 1

casa (*f.*) home, house; **a casa** at home 1; **casa editrice** publishing house 11

casalinga (*f.*) housewife 8

caspita! wow! 6

cassa (*f.*) cash register 4

cassetta (*f.*) audiocassette 2, 10

cassiera (*f.*) cashier 4

cassiere (*m.*) cashier 4

catena (*f.*) chain; **catena di montagne** chain of mountains 1

cattedra (*f.*) teacher's desk 2

cattedrale (*f.*) cathedral 3

cavarsela to manage, to get by; **me la cavo** I get by 1; **te la cavi bene** you get by just fine 1

cavolo!/cavoli! wow! 10

CD (*m., pr. cidi*) compact disc 10; **lettore CD** (*m.*) CD player 10

CEE (*f.*) European Economic Community 12

celebrare to celebrate 9

celibe unmarried (*male*) 3

cena (*f.*) dinner 5

cenare to eat dinner 5

cento one hundred 4

centralinista (*m. or f.*) telephone operator P

centro (*m.*) center; **in centro** downtown 3

cercare to look for 1

cerimonia (*f.*) ceremony 3

che which 3; **che barba!** how boring! 6; **che ne dici di** (+ *inf.*)**?** what do you say to (doing something)? 4; **che ora è/che ore sono?** what time is it? 2

chi he who, she who; **chi?** who?, whom? 1; **chi si vede!** look who's here! 4

chiamare to call; **chiamarsi** to be named, called P

chiaro light (color) 7

chiedere (*p.p.* **chiesto**) to ask (for)

chiesa (*f.*) church 1

chissà who knows 6

chiudere (*p.p.* **chiuso**) to close 2

chiuso closed 1

ciao hi; bye P

ciascuno: a ciascuno il suo to each his own 7

ciclismo (*m.*) bicycle racing 6

cielo (*m.*) sky 6; **santo cielo!** good heavens! 9

ciglio (*m., pl.* **ciglia**) eyelash 7

ciliegia (*f.*) cherry 4

cima (*f.*) peak 6

cinema (*m.*) movie theater, cinema 1

cinematografo (*m.*) cinema 1

cintura (*f.*) belt 7; **cintura di sicurezza** seatbelt 9

cipolla (*f.*) onion 4

circondare to surround 1

città (*f.*) city P

cittadina (*f.*) citizen 12

cittadino (*m.*) citizen 12

clarinetto (*m.*) clarinet 10

classe (*f.*) class (of students) 2; **la prima classe** first class 9; **la seconda classe** second class 9

cliente (*m. or f.*) client, customer 4

clientela (*f.*) clientele 4

cognata (*f.*) sister-in-law 3

cognato (*m.*) brother-in-law 3

cognome (*m.*) last name P

coincidenza (*f.*) connection 9

colazione (*f.*) breakfast 2

colle (*m.*) hill 1

collega (*m. or f.*) colleague 8

collezionare to collect 6

collezione (*f.*) collection 6

collina (*f.*) hill 1

collo (*m.*) neck 7

colonna (*f.*) column 2

colorato colored, colorful 7

colore (*m.*) color 2

coltello (*m.*) knife 5

come how, like, as; **come mai?** how come? why? 2; **come no!** and how! 4; **come si suol dire** as they say, as the saying goes 12; **come va?** how's it going? P

cominciare to begin, start P; **cominciare a** (+ *inf.*) to start, to begin (*to do something*)

commedia (*f.*) comedy 10

commessa (*f.*) salesperson, clerk 4

commesso (*m.*) salesperson, clerk 4

Commissione europea (*f.*) European Commission 12

comò (*m.*) a chest of drawers 3

comodo comfortable 3

compito (*m.*) homework 2

compleanno (*m.*) birthday 1

complesso (*m.*) band 10

compositore (*m.*) composer 10

comprare to buy 1

computer (*m.*) computer 2

comunque anyway, at any rate 9

con with 1; **con calma!** take it easy! 1

condire to dress a salad 5

conferenza (*f.*) lecture 3

confezionare to wrap 4

confezione (*f.*) package 4

confondersi to confuse 12

confronto: in confronto a compared to 9

confusione (*f.*) confusion 1

conoscere (*irr., p.p.* **conosciuto**) to know (a person or place); to meet P; **conoscersi** to meet each other; to know each other P

consegnare to hand over, to give 9

conservare to save, to preserve 2

conservatorio (*m.*) conservatory 10

considerare to consider 1

consigliare (**di** + *inf.*) to advise (to do something), to recommend; **ti consiglio...** my advice to you is . . . 5; **Presidente del Consiglio** prime minister 12

consistere to consist 2

consolato (*m.*) consulate 12
console (*m.*) consul 12
contadina (*f.*) farmer 8
contadino (*m.*) farmer 8
contento happy 1
conto (*m.*) check, bill 1
contorno (*m.*) side dish 5
contribuire to contribute 12
controllore (*m.*) conductor 8
conveniente cheap, reasonably priced 4
conversazione (*f.*) conversation P
copertina (*f.*) cover; **copertina rigida** hard cover (book) 11
coperto (*m.*) cover charge 5
copia (*f.*) copy 11
coppia (*f.*) couple, pair 1
corpo (*m.*) body 7
correggere (*p.p.* **corretto**) to correct
correre (*p.p.* **corso**) to run 2
corretto correct 2
corsa (*f.*) race 6
corso (*m.*) course 2
cosa (*f.*) thing; **cosa, che cosa?** what? 3
così like this, therefore, thus; **così così** so-so P
costare to cost 4; **quanto costa?** how much does it cost? 4
costoso expensive, costly 3
costruire to construct 2
costume (*m.*) habit, custom 12
costume (*m.*) costume 7; **costume da bagno** bathing suit 7
cotone (*m.*) cotton 7
cotto cooked 4
cravatta (*f.*) tie 7; **cravatta a farfalla** bowtie 7
creare to create 2
credere (**a, in**) to believe (in) 4; **ci credo bene!** I believe it! 11
crescere to grow 2
crisi (*f.*) crisis; **crisi di governo** political crisis 12
critico (*m.*) critic 10
crudo raw 4
cucchiaino (*m.*) teaspoon 5
cucchiaio (*m.*) spoon 5
cucina (*f.*) kitchen 3
cucire to sew 7
cuffiette (*f. pl.*) headphones 2
cugina (*f.*) cousin 3

cugino (*m.*) cousin 3
cuoca (*f.*) chef 5
cuocere (*p.p.* **cotto**) to cook 5
cuoco (*m.*) chef 5
cuoio (*m.*) leather 7
cuore (*m.*) heart 1; **a cuor leggero** without thinking 12
curare to care for, to look after 1
curioso curious 1
curriculum (*m.*) résumé 8

da at, from, by; **da anni** for years 6; **da noi, da te** at our place, at your place 6; **da solo** alone 6; **da lì** from there 1
dai! come on! 6
dama checkers; **giocare a dama** to play checkers 6
dare (*p.p.* **dato**) to give 2; **dare fastidio** to annoy, to bother 12; **dare il proprio parere** to express one's opinion 8; **dare la mano** to shake hands; **dare la parola (a qualcuno)** to give someone the floor 8; **dare un esame** to take an exam 2; **dare un film** to show a film 10; **dare un passaggio (a qualcuno)** to give someone a lift 8; **dare una mano** to lend a hand; **dare un'occhiata a** to glance at 10; **darsi del tu/del Lei** to use the tu form/Lei form with each other 9
data (*f.*) date 1
davanti a in front of 1
debutto (*m.*) debut 10
decidere to decide 2
decollare to take off 9
decollo (*m.*) takeoff 9
delizioso delicious 5
denaro (*m.*) money 4
dente (*m.*) tooth 7; **al dente** cooked just right, not overdone (pasta) 5
dentifricio (*m.*) toothpaste 4
dentista (*m. or f.*) dentist 8
dépliant (*m.*) brochure 9
desiderare to wish, to desire 1; **desidera?** may I help you? 4
destinazione (*f.*) destination 9
destra right; **a destra** on, to the right 6

detto (*m.*) saying 1
di of, about, from 1; **di chi? whose?** 3; **di dove sei/è?** where are you from? P; **di lusso** luxurious, deluxe 7; **di nuovo** again 4
dicembre December 1
dichiarare to declare 9
dietro a behind 1
diluviare to pour (rain) 6
dimagrire to lose weight 7
dimenticare to forget 1; **dimenticarsi (di)** to forget 7
dipingere (*p.p.* **dipinto**) to paint 6
diplomatico diplomatic 12
diplomazia (*f.*) diplomacy 12
dire (*p.p.* **detto**) to say 3; **a dire il vero** to tell the truth 8; **c'è da dire che...** it must be said that... 12; **come si suol dire** as they say, as the saying goes 12; **dire sul serio** to say something seriously, honestly 6; **non è detto che...** it's not necessarily the case that 12
diretta: in diretta live (television) 11
direttore (*m.*) director; **direttore d'orchestra** conductor 10
direttrice (*f.*) director 10
direzione (*f.*) direction 1
dirigente (*m. or f.*) executive 8
disastro (*m.*) disaster; **che disastro!** what a disaster! 6
dischetto (*m.*) diskette 2
disco (*m.*) record 10
discoteca (*f.*) discotheque, club 3, 10
discutere (*p.p.* **discusso**) to discuss 2
disegnare to draw 6
disoccupata (*f.*) unemployed person 8
disoccupato (*m.*) unemployed person 8
disoccupazione (*f.*) unemployment 8
dispiacere to be sorry, to mind; **mi dispiace** I'm sorry 2
disponibilità (*f.*) availability 9
disposizione: a Sua (tua) disposizione! at your service 9

distributore (*m.*)   gas pump   10
disturbare   to disturb, to bother   2
dito (*m., pl.* **dita**)   finger   7
ditta (*f.*)   company   8
divano (*m.*)   couch   3
divenire   to become   8
diventare   to become   8
diverso   different   2
divertente   fun   2
divertirsi   to have a good time   7
dividere (*p.p.* **diviso**)   to divide   2
divorziare   to divorce   3
dizionario (*m.*)   dictionary   2
doccia (*f.*)   shower   3
dogana (*f.*)   customs   9; **passare la dogana**   to go through customs   9
dolce (*m.*)   dessert   5
dolce   sweet   5
dolore (*m.*)   pain   7
domandare   to ask   1
domani   tomorrow   1; **dopodomani**   day after tomorrow   1
domenica   Sunday   1
donna (*f.*)   woman   1; **donna d'affari**   businesswoman   8
dormire   to sleep   2
dormitorio (*m.*)   dormitory   2
dottore (*m.*)   doctor   P
dottoressa (*f.*)   doctor   P
dove   where   P; **dov'è?**   where is?   P
dovere   to have to, must   3
dramma (*m.*)   drama   10
dritto   straight; **andare dritto**   to go straight ahead   6
droga (*f.*)   drugs   12
duomo (*m.*)   large church, cathedral   3
durante   during; **durante l'estate**   during the summer   1

ecco   here is/are; there is/are   P
economia (*f.*)   economics, economy   2
economico   economical, cheap   4, 9
economizzare   to economize   9
edicola (*f.*)   newsstand   3, 11
edificio (*m.*)   building   3
editore (*m.*)   editor, publisher   11

edizione (*f.*)   edition, issue; **edizione tascabile**   paperback, softcover   11
elegante   elegant   3
eleggere   to elect   12
elettore (*m.*)   voter   12
elettrice (*f.*)   voter   12
elezione (*f.*)   election   12
emigrare   to emigrate   12
emigrato (*m.*)   emigrant   12
enciclopedia (*f.*)   encyclopedia   11
entrare   to enter   4; **cosa c'entra... ?**   what's . . . got to do with it?   10
entro (una settimana)   within (a week)   9
esame (*m.*)   exam   2; **dare un esame**   to take an exam   2
esattamente   exactly   1
esatto   exactly   1
esaurito   out of print, sold out   11
esclusivo   exclusive   7
esempio (*m.*)   example   P
esposizione (*f.*)   exhibition, art show   6
esserci   to be there   1
essere (*irr., p.p.* **stato**)   to be   1; **essere appassionato di...**   to love (something)   10; **essere d'accordo**   to agree; **essere d'origine...**   to be of . . . origin   12; **essere di**   to be from   P; **essere di stagione**   to be in season   4; **essere goloso**   to have a sweet tooth   5; **essere in anticipo**   to be early   2; **essere in arrivo**   to be arriving   9; **essere in forma**   to be in shape   1; **essere in gamba**   to be on the ball, smart   11; **essere in orario**   to be on time   9; **essere in partenza**   to be leaving   9; **essere in saldo**   to be on sale   7; **essere scemo**   to be a fool   4; **essere senza parole**   to be speechless   5; **essere senza una lira**   to be without a cent   4; **essere stonato come una campana**   to be tone-deaf   10; **essere stufo di**   to be fed up with, sick of   10; **sarà...**   maybe so . . .   12 **siamo in (quattro)**   there are four of us   5
est (*m.*)   east   1

estate (*f.*)   summer   1
estero: all'estero   abroad   12
età (*f.*)   age   1
eterno   eternal   1
evitare   to avoid   8

fa   ago   4
fabbrica (*f.*)   factory   8
faccia (*f.*)   face   7; **avere una faccia brutta**   to look pale, unwell   7
falegname (*m.*)   carpenter   8
famiglia (*f.*)   family   3
famoso   famous   P
fare (*p.p.* **fatto**)   to do, to make   3; **fare aerobica**   to do aerobics   6; **fare attenzione**   to pay attention; **fare bello/brutto**   to be good/bad weather   3; **fare caldo/freddo**   to be hot/cold weather   3; **fare carriera**   to have a career   8; **fare colazione**   to have breakfast   5; **fare delle commissioni**   to do errands   3; **fare due passi**   to take a stroll, to stroll   4; **fare footing**   to jog   6; **fare ginnastica**   to exercise   6; **fare il bagno**   to take a swim   6; **fare il biglietto**   to buy a ticket   9; **fare il malocchio (a qualcuno)**   to give (someone) the evil eye   10; **fare il pendolare**   to commute   8; **fare il pieno**   to fill (the gas tank)   10; **fare il tifo**   to be a fan, to cheer   6; **fare i tirchi**   to be cheap   4; **fare la spesa**   to shop for food   4; **fare la valigia**   to pack a suitcase   9; **fare pena**   to be pitiful   6; **fare qualcosa coi piedi**   to do something in a slapdash way   11; **fare sciopero**   to strike   8; **fare un caldo bestiale**   it's sweltering   3; **fare un freddo cane**   it's freezing   3; **fare un giro**   to go for a stroll   6; **fare/farsi un quadro**   to give an idea   12; **fare una bella/brutta figura**   to make a good/bad impression   7; **fare una domanda**   to ask a question; **fare una passeggiata**   to take a walk   6; **fare una prenotazione**   to reserve   9; **(non) farcela**

(not) to be able to make it, handle it 5; **farci un pensierino** to give it a little thought 12; **farsi male** to hurt oneself; **fare una pausa** to take a break 8
farfalla (*f.*) butterfly
farmacia (*f.*) pharmacy, drugstore 2
farmacista (*m. or f.*) pharmacist 4
fastidio (*m.*) bother, nuisance 12; **dare fastidio** to annoy, to bother 12
fattoria (*f.*) farm 8
favola (*f.*) fairy tale 6
febbraio February 1
febbre (*f.*) fever, temperature 4
femminile feminine P
feriale (*agg.*) weekday 9
ferie (*f. pl.*) holidays 8
fermata (*f.*) stop; **fermata dell'autobus** bus stop 3
festa (*f.*) party, holiday P, 9
festeggiare to celebrate 9
festivo (*agg.*) weekend, holiday 9
fiasco (*m.*) flop 10
ficcanaso nosy person, busybody 3
fidanzata (*f.*) fiancée 3
fidanzato (*m.*) fiancé 3
fifa: che fifa! how terrifying! 11
figlia (*f.*) daughter 1
figlio (*m.*) son 1
figurare: figurati don't mention it 1, just imagine! 2
filosofia (*f.*) philosophy 2
fine (*f.*) end; **che fine ha fatto... ?** what ever happened to . . . ? 12
fine settimana (*m.*) weekend 1
finestra (*f.*) window 2
finire to finish 2; **finito** finished P
fino: fino a until, till 4
fiocco (*m.*) ribbon, knot; **coi fiocchi** excellent, first-rate 12
fiore (*m.*) flower 6
fischiare to boo, to whistle 10
fiume (*m.*) river
flauto (*m.*) flute 10
foglio (*m.*) sheet 2; **foglio di carta** sheet of paper 2
fondato founded 1
fontana (*f.*) fountain 1
forchetta (*f.*) fork 5

forma (*f.*) shape
formaggio (*m.*) cheese 4
fornello (*m.*) stove 5
fornito stocked 11
forno (*m.*) oven, stove 3; **al forno** baked 5
forte strong; **che forte!** cool! 8
fortuna (*f.*) fortune, luck
forza! go! 6
fotografia (*f.*) photograph 1
fotomodella (*f.*) fashion model 7
fra in, within, among, between 1
fradicio soaked; **bagnato fradicio** soaking wet 9; **sudato fradicio** soaked with sweat 9
fragola (*f.*) strawberry 4
francese French 2
francobollo (*m.*) stamp 3
frase (*f.*) phrase, sentence; **frase fatta** cliché 12
fratelli (*m. pl.*) siblings 3
fratello (*m.*) brother 3
freddo cold
frequentare to attend 2
fresco cool, fresh 3; **star fresco** to be in a fine mess 8
friggere (*p.p* **fritto**) to fry 5
frizzante carbonated 5
frutti di mare shellfish 5
fruttivendolo (*m.*) fruit vendor 4
fungo (*m.*) mushroom 2
funivia (*f.*) cable car 6
funzionare to function, to work 2
funzionario (*m.*) functionary 12
fuochi d'artificio (*m. pl.*) fireworks 9
fuori out of, outside; **fuori mano** out of the way 10; **fuori moda** unfashionable 7
futuro (*m.*) future; **in futuro** in the future 12

galleria (*f.*) tunnel; **galleria d'arte** art gallery 6
gamba (*f.*) leg 7; **essere in gamba** to be on the ball, smart 11
gara (*f.*) match, competition 6
garantire to guarantee 12
gasata carbonated 5
gelateria (*f.*) ice-cream store 4
gelato (*m.*) ice cream 4

gemello (*m.*) twin 1
generalizzare to generalize 12
generazione (*f.*) generation 12
genero (*m.*) son-in-law 3
gennaio January 1
gentile polite 1
geografia (*f.*) geography 1
gesso (*m.*) chalk 2
ghiaccio (*m.*) ice 3
già already 4
giacca (*f.*) jacket 7
giallo yellow 2
giapponese Japanese 2
giardino (*m.*) garden 3
ginnastica (*f.*) gymnastics 6; **fare ginnastica** to exercise 6
ginocchio (*m., pl.* **ginocchia**) knee 7
giocare to play 1
giocare (**a** + *n.*) to play (a sport or a game) 6; **giocare a carte** to play cards 6; **giocare a pallone** to play soccer 6
giocatore (*m.*) player 6
giocatrice (*f.*) player 6
gioco (*m.*) game 1
gioiello (*m.*) jewel 7
giornalaio (*m.*) newspaper vendor 11
giornale (*m.*) newspaper 3, 11
giornalista (*m. or f.*) journalist 3, 8, 11
giorno (*m.*) day 1
giovane young 2
giovedì Thursday 1
girare to turn, to go around 1; **girare a destra, a sinistra** to turn right, left 6; **girare un film** to film 10
gita (*f.*) trip, excursion 2
giubbotto (*m.*) short jacket 7
giudicare to judge 12
giudice (*m.*) judge 12
giudizio (*m.*) evaluation 2
giugno June 1
giurisprudenza (*f.*) law 2
godere to enjoy 12
gol (*m.*) goal 6
gola (*f.*) throat 7
goloso greedy; **essere goloso** to have a sweet tooth 5
gonna (*f.*) skirt 7
governare to govern 12
governo (*m.*) government 12
grande big 2

grasso fat 2

grave serious 12

grazie thank you P

grembiule (*m.*) apron 2

grigio gray 7

griglia (*f.*) grill; **alla griglia** grilled 5

guadagnare to earn, to make money 8; **non guadagnare una lira** not to earn a penny 11

guanto (*m.*) glove 7

guardare to look at 1

guarire to heal, to recover 2

guida (*f.*) guide; **guida turistica** guidebook 1

guidare to drive 8

gusto (*m.*) taste; **di buon gusto** in good taste 7

hobby (*m.*) hobby 6

idea (*f.*) idea; **non avere la più pallida idea** not to have the faintest idea 10

identificare to identify

identificazione (*f.*) identification 1

idraulico (*m.*) plumber 8

ieri yesterday 1; **ieri sera** last night 4; **l'altro ieri** day before yesterday, the other day 1

illustrato illustrated 11

imbarcare to board 9

imbucare to mail 3

immaginare to imagine; **m'immagino** I would imagine, I guess 12

immagine (*f.*) image 1, 12

immigrare to immigrate 12

immigrato (*m.*) immigrant 12

imparare to learn 2

impegnarsi to commit oneself to 12

impermeabile (*m.*) raincoat 7

impianto industriale industrial plant 8; **impianto stereofonico, stereo** (*m.*) stereo system 10

impiegare to employ 8

impiegata (*f.*) employee 8

impiegato (*m.*) employee 8

imprenditore (*m.*) entrepreneur 8

imprenditrice (*f.*) entrepreneur 8

in at, in, to 1; **in affitto** for rent 3; **in bocca al lupo!** good luck! 2; **in centro** downtown 3; **in mezzo a** in the middle of 6; **in periferia** on the outskirts, in the suburbs 3; **in piedi** standing 3

incassare to cash a check 4

incontrare to meet 1

incontro (*m.*) meeting, match 1

indagine (*f.*) survey 12

indirizzo (*m.*) address; **indirizzo di studio** major, concentration 2

individuo (*m.*) individual 12

indossare to wear 7

indovinare to guess; **indovinala grillo!** guess, if you can! 11

industria (*f.*) industry 8

infermiera (*f.*) nurse 8

infermiere (*m.*) nurse 8

influenza (*f.*) flu 7

informarsi to find out 9

informatica (*f.*) computer science

informazioni (*f. pl.*) information 9

ingegnere (*m. or f.*) engineer P, 8

ingegneria (*f.*) engineering 2

inglese English 2

ingrassare to gain weight 7

ingrediente (*m.*) ingredient 5

ingresso (*m.*) entrance, foyer 3

innamorarsi (di qualcuno) to fall in love (with someone) 7

inquinamento (*m.*) pollution 8

insegnante (*m. or f.*) teacher 2

insegnare to teach 1

inserto (*m.*) section (newspaper) 11

intanto in the meantime 9

integrarsi to integrate, to assimilate 12

integrazione (*f.*) integration 12

intendere (*p.p.* **inteso**) to intend, to mean; **cosa intendi?** what do you mean? 3; **te ne intendi di...** you understand about, you know a lot about 6

interessato interested 2

interesse (*m.*) interest 12

interrogare to question, to test 2

intervallo (*m.*) recess 2

intervista (*f.*) interview 1

intervistare to interview 3

intonare to tune 10

introduzione (*f.*) introduction 1

invece instead, on the other hand 6

inverno (*m.*) winter 1

inviare messaggi to send messages 2

invitare to invite 3

iscriversi to enroll 2

isola (*f.*) island 1; **isola pedonale** pedestrian street, closed to traffic 6

istruire to instruct 2

italiano (*m.*) Italian person; Italian language P

itinerario (*m.*) itinerary 6

jella, che jella! what bad luck! 10

labbro (*m., pl.* **labbra**) lip 7

laggiù down there 6

lago (*m.*) lake 1

lamentarsi to complain 7

lampada (*f.*) lamp 3

lana (*f.*) wool 7

lasciare to leave 1; **lasciare la mancia** to tip, to leave a tip 5

lassù up there 6

latte (*m.*) milk 4

lattuga (*f.*) lettuce 4

laurea (*f.*) degree 2; **laurearsi** to graduate, to have a degree 2; **laurearsi in...** to major in . . . 2

laureato graduated 2

lavagna (*f.*) blackboard 2

lavarsi to wash (oneself) 7; **lavarsi i denti** to brush one's teeth 7

lavastoviglie (*f.*) dishwasher 3

lavorare to work 1; **lavorare sodo** to work hard 8

lavoro (*m.*) job, work 1; **annuncio di lavoro** job announcement 8; **colloquio di lavoro** job interview 8; **cercare un lavoro** to look for a job 8; **fare domanda di lavoro** to apply for a job 8; **inserzione**

di lavoro classified ad 8;
trovare un lavoro to find a
job 8
legge (f.) law 2
leggere (p.p. **letto**) to read 2
leggero light 7
lettera (f.) letter; **buca delle
lettere** mailbox 3
letterario literary 11
letteratura (f.) literature 2
letto (m.) bed 2
lettore (m.) reader 11
lettrice (f.) reader 11
lettura (f.) reading 1
lezione (f.) class (hour), lesson 2
lì there 3
libero free 2; **libero
professionista** self-employed
person 8
libertà (f.) liberty 12
libreria (f.) bookstore 2, 11
libretto universitario (m.) report
card 2
libro (m.) book 1
licenziare to fire 8
liceo (m.) high school 2
limite: al limite at the very
least 7
limone (m.) lemon 4
lingua (f.) tongue 7; language
lino (m.) linen 7
lira (f.) lira (Italian currency) 4
lirica, opera lirica (f.) opera 10
liscio: liscia noncarbonated 5
locale notturno (m.) nightspot,
club 10
lontano da far from 1
luglio July 1
lunedì Monday 1
lupo (m.) wolf
lussuoso luxurious

macedonia (f.) fruit salad 4
macellaio (m.) butcher 4
madre (f.) mother 1
maestra (f.) elementary-school
teacher 2
maestro (m.) elementary-school
teacher 2
magari perhaps, if only; **magari!**
it would be nice! if only! 2
magazzino, grande magazzino
(m.) department store 4
maggio May 1
maggioranza (f.) majority 12

maggiore older 3; larger 7; **la
maggior parte** majority 9
magistrato (m.) magistrate 12
magistratura (f.) courts 12
maglia (f.) cardigan sweater 7;
maglietta (f.) T-shirt 7;
maglione (m.) sweater 7
magro thin 2
mai ever, never 4
malattia (f.) sickness 7
male badly P
malocchio (m.) evil eye; **fare il
malocchio (a qualcuno)** to give
(someone) the evil eye 10
mamma (f.) mother, mom 3;
mamma mia! wow! gosh! 2
mancare: manca solo (un mese)
it's just (a month) away 9
mancia (f.) tip 5; **lasciare la
mancia** to tip, to leave a tip 5
mandare to send 3; **mandare a
rotoli** to ruin 11
mangiare to eat 1
manifestazione (f.)
demonstration, protest 12
mano (f., pl. **mani**) hand 2; **fatto
a mano** hand-made 7; **fuori
mano** out of the way 10; **di
seconda mano** second-hand
8; **man mano** little by little 8;
stare con le mani in mano to
do nothing 12
mantenere to maintain, to keep;
mantenere buoni rapporti to
maintain good relations 8
mappa (f.) map 6
marca (f.) brand 4
mare (m.) sea 1; **mare calmo**
calm water 6; **mare mosso**
rough seas 6
marito (m.) husband 2
marrone brown 2
martedì Tuesday 1
marzo March 1
maschile masculine P
massimo greatest, largest 7; **è il
massimo** it's the greatest 1
materia (f.) subject 2
matita (f.) pencil 2
matrimonio (m.) wedding 3
mattina (f.) **mattino** (m.)
morning 1
matto mad, crazy; **roba da matti!**
that's crazy! 6
maturo ripe 4

medicina (f.) medicine 2
medico (m. or f.) doctor P, 8
medio average 12
meglio better 7
mela (f.) apple 4
melanzana (f.) eggplant 4
melodia (f.) melody 10
memoria (f.) memory 1
meno male! thank goodness! 2
mensa (f.) cafeteria 2
mensile monthly 11
mentre while 6
mercato (m.) market; **mercato
all'aperto** open-air market 4
merce (f.) goods, merchandise 4
mercoledì Wednesday 1
mese (m.) month 1
messaggio (m.) message
mestiere (m.) job, occupation 8
meta (f.) goal 12
metrò (m.) subway 8
metropolitana (f.) subway 8
mettere (p.p. **messo**) to put 2;
mettercela tutta to give it one's
all 12
mettersi to put on (clothes) 7
mezzanotte midnight 2
mezzo (m.) means; **in mezzo a**
in the middle of 6; **mezzo di
trasporto** means of
transportation 8; **mezzi
pubblici** public
transportation 8
mezzo half 2
mezzogiorno noon 2
mica hardly 6; **non... mica** not
at all; **mica tanto** not really 9
migliorare to improve 8
migliore better 7
miliardo (m.) billion 4
milione (m.) million 4
mille (pl. **mila**) thousand 4
minestra (f.) soup, first
course 5
minestrone (m.) vegetable
soup 4
minimo smallest 7
ministro (m.) minister 12;
Primo ministro prime
minister 12
minore younger 3; smaller
misto mixed 5
misura (f.) size 7
misurare la febbre to take one's
temperature 7

mito (*m.*)   myth   12

mobile (*m.*)   piece of furniture; mobili   furniture   3

moda (*f.*)   fashion   7; alla/di moda   stylish   7; fuori moda unfashionable   7

modella (*f.*)   fashion model   7

modello (*m.*)   design, style   7

moglie (*f.*)   wife   2

molto   much, a lot of, very   P; molto lieto   very pleased to meet you   P

moneta (*f.*)   coin   1

montagna (*f.*)   mountain   1

monte (*m.*)   mountain; andare a monte   to come to nothing   9

monumento (*m.*)   monument   1

morire (*p.p.* morto)   to die   4

mostra (*f.*)   exhibition, art show   6

motocicletta, moto (*f.*) motorcycle   2

multa (*f.*)   ticket, fine   8

municipio (*m.*)   city hall   3

muoversi   to get around (a city)   8

museo (*m.*)   museum

musica (*f.*)   music   10; musica classica   classical music   10; musica leggera   pop music   10

musicista (*m. or f.*)   musician   8

narrativa (*f.*)   narrative, fiction   11

nascere (*p.p.* nato)   to be born   4

naso (*m.*)   nose   7

Natale (*m.*)   Christmas; Babbo Natale   Santa Claus   4; buon Natale!   Merry Christmas!

nato   born   1

nave (*f.*)   ship   8

nazione (*f.*)   nation   1

ne   of it, of them, about it, about them   4

neanche: neanche per sogno   (I) wouldn't dream of it! Not at all!   12

nebbia (*f.*)   fog   3

negoziante (*m. or f.*) shopkeeper   4

negozio (*m.*)   shop   3

nemmeno: nemmeno per sogno   (I) wouldn't dream of it! Not at all!   12

nero   black   2

neve (*f.*)   snow   3

nevicare   to snow   3

niente   nothing; fa niente!   it's nothing   5; non è per niente... it's not at all . . .   3

nipote   nephew, niece   3

nipotina (*f.*)   granddaughter   3

nipotino (*m.*)   grandson   3

noioso   boring   2

noleggiare   to hire, to rent   9

nome (*m.*)   name   P

non   not; non... affatto   not at all   9; non... ancora   not yet   9; non c'è problema!   no problem!   2; non... mai   never   9; non... né... né   neither . . . nor   9; non... neanche, neppure, nemmeno   not even   9; non... nessuno   nobody   9; non... nessuno/a   not any, not one   9; non... nulla, niente   nothing   9; non... più   not anymore   9

nonna (*f.*)   grandmother   3

nonno (*m.*)   grandfather   3

nord (*m.*)   north   1

nota (*f.*)   musical note   10

notizia (*f.*)   piece of news   3; notizia bomba   sensational news   11

notte (*f.*)   night   1

novella (*f.*)   short story   1

novembre   November   1

nozze (*f. pl.*)   wedding   3

nubile   unmarried (*female*)   3

numero (*m.*)   number   P; issue   11

nuora (*f.*)   daughter-in-law   3

nuotare   to swim   6

nuoto (*m.*)   swimming   6

nuovo   new   2

nuvola (*f.*)   cloud   3

nuvoloso   cloudy   3

oasi (*f.*)   oasis   1

occhiali (*m. pl.*)   glasses; occhiali da sole   sunglasses   7

occhio (*m.*)   eye   7

offendere   to offend   12

offensivo   offensive   12

offerta (*f.*)   offer; in offerta   on sale   4

offrire (*p.p.* offerto)   to offer   2; ti offro io   my treat   3

oggi   today   1; oggi pomeriggio   this afternoon   1

ogni   each   2

olio (*m.*)   oil   5

omaggio: in omaggio   free, complimentary   11

ombrello (*m.*)   umbrella   7

ombrellone (*m.*)   beach umbrella   6

onda (*f.*)   wave   6; in onda   on the air   11

operaia (*f.*)   blue-collar worker   8

operaio (*m.*)   blue-collar worker   8

opposizione (*f.*)   opposition   12

ora   now   1

ora (*f.*)   hour, time   2; che ora è/ che ore sono?   what time is it?   2; non vedo l'oro (di)...   I can't wait (to)   1

orario (*m.*)   timetable   1

ordinare   to order   1

orecchino (*m.*)   earring   7

orecchio (*m.*)   ear   7

orgoglio (*m.*)   pride   12

orgoglioso   proud   8

origine (*f.*)   origin; essere d'origine...   to be of . . . origin   12

orologio (*m.*)   clock   2

orto (*m.*)   vegetable garden   3

ospedale (*m.*)   hospital   1

ospite (*m. or f.*)   guest   9

ostello (*m.*)   hostel   9

ottimo   great   5; di ottima qualità   best-quality   4

ottobre   October   1

ovest (*m.*)   west   1

pacchetto (*m.*)   small package   4; fare un pacchetto regalo   to gift-wrap   4

pace (*f.*)   peace; in santa pace   in peace and quiet   12

padella (*f.*)   pan   5

padre (*m.*)   father   1

paesaggio (*m.*)   countryside   6

paese (*m.*)   country, small town   1

pagare   to pay for   1; pagare in contanti   to pay cash   4

pagella (*f.*)   report card   2

pagina (*f.*)   page; la terza pagina   cultural page (newspaper)   11

paio (*m.*)   pair, couple; **un paio di...**   a couple of . . . 9
palazzo (*m.*)   apartment building, palace 3
palcoscenico (*m.*)   stage 10
palestra (*f.*)   gymnasium, gym 6; **andare in palestra**   to go to the gym 6
palla (*f.*)   ball 6
pallacanestro (*f.*)   basketball 6
pallavolo (*f.*)   volleyball 6
pallone (*m.*)   soccer ball; **giocare a pallone**   to play soccer 6
pane (*m.*)   bread 4
panino (*m.*)   sandwich 5
panorama (*m.*)   view 1
pantaloni (*m. pl.*)   pants, trousers 7
pantofola (*f.*)   slipper 7
papà (*m.*)   daddy, father 3
paragonare   to compare 12
paragone (*m.*)   comparison 12
parcheggiare   to park 8
parco (*m.*)   park 6
pareggiare   to tie 6
parente (*m. or f.*)   relative 3
parenti (*pl.*)   relatives 3
parere (*m.*)   opinion; **a mio parere**   in my opinion 12
parete (*f.*)   wall 3
parlamentare (*m. or f.*)   member of parliament 12
parlamento (*m.*)   parliament 12
parlare   to speak 1; **parlare a cuor leggero**   to speak without thinking 12
parola (*f.*)   word P
parte (*f.*)   part, role; **da nessuna parte**   nowhere 9; **la maggior parte**   majority 9
partenza (*f.*)   departure 9; **essere in partenza**   to be leaving 9
partita (*f.*)   game 6
partito (*m.*)   political party 12
passatempo (*m.*)   pastime 6
passeggero (*m.*)   passenger 8
passeggiare   to take a walk 6
passeggiata (*f.*)   walk; **fare una passeggiata**   to take a walk 6
passo (*m.*)   step; **essere a due passi**   to be nearby 4; **fare due (quattro) passi**   to take a walk, to stroll 4
pasto (*m.*)   meal 5
patata (*f.*)   potato 4

patente (*f.*)   driver's license 8; **prendere la patente**   to get a license 8
patrimonio (*m.*)   heritage 12
pattinaggio (*m.*)   skating; **pattinaggio sul ghiaccio**   ice skating 6
pazzesco!, è pazzesco   it's incredible! 9
peccato (*m.*)   sin; **che peccato!**   too bad! 2
peggio   worse 7
peggiorare   to worsen 8
peggiore   worse 7
pelle (*f.*)   skin, leather 7
pelo: per un pelo   by the skin of one's teeth 9
pena: fa pena, che pena   it's pitiful, how pitiful 6
pendolare (*m. or f.*)   commuter 8; **fare il pendolare**   to commute 8
penisola (*f.*)   peninsula 1
penna (*f.*)   pen 2
pensare   to think 2
pensiero (*m.*)   thought; **farci un pensierino**   to give it a little thought 12
pensionata (*f.*)   retired person 8
pensionato (*m.*)   retired person 8
pensione (*f.*)   small hotel 9; **con mezza pensione**   with breakfast and dinner 9; **con pensione completa**   with meals 9
pentola (*f.*)   pot 5
pepe (*m.*)   pepper 5
peperoncino (*m.*)   hot red pepper 5
per   for, through, in order to P; **per carità**   please! for heaven's sake 4; **per cento**   percent; **per di più**   what's more, moreover 7; **per esempio**   for example; **per fortuna**   luckily 2; **per piacere**   please; **per quanto riguarda**   as for 12
pera (*f.*)   pear 4
perché   why, because; **perché no?**   why not? 3
perciò   thus 1
percorso (*m.*)   way, course, route 6
perdere (*p.p.* **perso**)   to lose 6;

perdere il treno   to miss the train 9; **lasciare perdere**   to forget about it 9; **perdersi**   to get lost 7
periferia (*f.*)   outskirts, suburbs; **in periferia**   on the outskirts, in the suburbs 3
periodico   periodical 11
permesso (*m.*)   permission; **permesso?**   with your permission, excuse me 3
pernottare   to spend the night 9
persona (*f.*)   person P
personale (*m.*)   personnel 8
pesante   heavy 7
pesare   to weigh 4
pesca (*f.*)   fishing 6; peach
pescatore (*m.*)   fisherman 6
pesce (*m.*)   fish 4
pescivendolo (*m.*)   fish vendor 4
peso (*m.*)   weight 4
pettinarsi   to comb one's hair 7
petto (*m.*)   chest 7
piacere   to like, to be pleasing to 2
piacere (*m.*)   pleasure; **per piacere**   please P; **piacere!**   pleased to meet you! P
piano (*m.*)   floor; **pianterreno**   ground floor 3
piano   softly, slowly
pianoforte, piano (*m.*)   piano
piantare: piantala! piantatela!   stop it! 10
piantina (*f.*)   map 6
pianura (*f.*)   plain, valley 1
piattino (*m.*)   dessert plate 5
piatto (*m.*)   dish, plate 5; **primo, secondo piatto**   first, second course 5
piazza (*f.*)   square 1
piccante   spicy, hot 5
piccolo   small, little 2
piede (*m.*)   foot 7; **a piedi**   on foot 3; **in piedi**   standing 3; **su due piedi**   off the top of (one's) head 12; **fare qualcosa coi piedi**   to do something in a slapdash way 11
pigro   lazy 2
pioggia (*f.*)   rain 2
piovere   to rain 3
piscina (*f.*)   swimming pool 6
piselli (*m. pl.*)   peas 4
pizzo (*m.*)   lace 7

po', un po' di   a bit of   1
poema (*m.*)   long poem   11
poesia (*f.*)   poetry, short poem   2, 11
poeta (*m.*)   poet   11
poetessa (*f.*)   poet   11
politica (*f.*)   politics   12
pollo (*m.*)   chicken   4
poltrona (*f.*)   armchair   3
pomeriggio (*m.*)   afternoon   1
pomodoro (*m.*)   tomato   4
ponte (*m.*)   bridge   1; long weekend   3
popolo (*m.*)   people, citizenry   12
porta (*f.*)   door   2
portafoglio (*m.*)   wallet   4
portone (*m.*)   main door   3
posate (*f. pl.*)   silverware   5
posta (*f.*)   mail; **posta elettronica** e-mail   P
posteggiare   to park   8
postino (*m.*)   mail carrier   P
posto (*m.*)   place; **posto a sedere** seat   9; **un posticino** a nice little spot   9
potere (*m.*)   power   11, 12
potere (*p.p.* **potuto**)   can, may, to be able   3; **non ne posso più** I can't take it anymore!   6; **può darsi** maybe
povero poor   2; **poverino!** poor thing!   5
pranzare to eat lunch   5
pranzo (*m.*)   lunch   5
prato (*m.*)   field   6
preferire to prefer   2; **preferire mille volte di più** to prefer a thousand times over   11
prefisso telefonico (*m.*)   area code   P
pregiudizio (*m.*)   prejudice   12
prego please   3; **ti prego** I beg you   7
preliminare preliminary   P
premio (*m.*)   prize   7
prendere (*p.p.* **preso**)   to take; **prendere appunti** to take notes   2; **prendere il sole** to sunbathe   6; **prendere in giro (qualcuno)** to tease (someone)   8; **prendere la laurea in** to major in   2; **prendere la patente** to get a license   8; **prendere qualcuno/qualcosa sul serio** to take someone/something seriously   10; **prendere una**

stecca to hit a sour note   10; **prendi/prenda pure** help yourself   9; **non te la prendere** don't get angry   12
prenotare to reserve   9
prenotazione (*f.*)   reservation   9; **fare una prenotazione** to reserve   9
preoccuparsi to worry   7; **non ti preoccupare** don't worry   5
preparare to prepare   1
preparato prepared   2
preparazione (*f.*)   preparation   5
presentare to present, introduce   P
presentazione (*f.*)   introduction   P
presidente (*m. or f.*)   president   12; **Presidente della Repubblica** President   12; **Presidente del Consiglio** prime minister   12
prestare to lend   4
prestito (*m.*)   loan   4
presto early, quickly; **a presto** see you soon
prevedere (*p.p.* **previsto**)   to predict   12
previsione (*f.*)   forecast; **previsioni del tempo** weather forecast   3
prezzo (*m.*)   price   4
primavera (*f.*)   spring   1
primo first   1; **primo piano** second floor   3
principessa (*f.*)   princess   6
problema (*m.*)   problem   1; **non c'è problema!** no problem!   2
processione (*f.*)   procession   9
prodotto (*m.*)   product   4
professione (*f.*)   profession   8
professore (*m.*)   professor   P
professoressa (*f.*)   professor   P
profumeria (*f.*)   perfume-and-soap shop   4
profumo (*m.*)   perfume   4
programma (*m.*)   plan, program   1; **programma a puntate** series (television)   11
prolungare to extend   1
promettere (**di** + *inf., p.p.* **promesso**)   to promise (*to do something*)   4
pronto ready; **pronto?** hello?   P; **pronto in tavola** the meal is ready
prosa (*f.*)   prose   11
prosciutto (*m.*)   ham   4

prossimo next; **alla prossima!** until next time   P
protagonista (*m. or f.*)   protagonist   10
protesta (*f.*)   demonstration, protest   12
prova (*f.*)   test; rehearsal   10
provarsi to try on   7
provino (*m.*)   audition   10
pubblicare to publish   11
pubblicità (*f.*)   advertisement   11
pulire to clean   2
punteggio (*m.*)   score (sports)   6
puntuale punctual, on time   2
purtroppo unfortunately   2

quaderno (*m.*)   notebook   2
quadro (*m.*)   painting   3; **fare/farsi un quadro** to give an idea   12
qual/quale which   P
quando when   3
quanto how much, how many   3
quarto quarter   2
quasi almost; **quasi quasi** I'm of a mind, tempted . . .   9
quello that
questo this; **questa poi!** now this!   11
quotidiano (*m.*)   daily newspaper; (*agg.*) daily

raccogliere (*p.p.* **raccolto**)   to gather   6
raccolta (*f.*)   collection   6, 11
raccomandare: mi raccomando! I'm warning you! Don't forget!   4
racconto (*m.*)   short story   11
radersi to shave   7
radice (*f.*)   root   12
raffreddore (*m.*)   cold   7
ragazza (*f.*)   girl, girlfriend
ragazzo (*m.*)   boy, boyfriend   3
raggiungere to reach   12
ragioniere (*m.*)   accountant   8
rana (*f.*)   frog   6
rappresentazione (*f.*)   performance   10
realizzare to bring about, to effect   12
realizzarsi to be successful   8
recensione (*f.*)   review   10
recitare to act, to speak

lines   10

regalo (*m.*)   gift   4; **in regalo**
free, complimentary   11

regione (*f.*)   region   1

registratore (*m.*)   tape deck   10

registrato   taped   11

remare   to row, to paddle   6

repubblica (*f.*)   republic   1, 12

residenza (*f.*)   residence, city   P

resto (*m.*)   change   4

rete (*f.*)   net; **rete televisiva**
television network   11

ricco   rich   2; **ricco sfondato**
filthy rich   8

ricetta (*f.*)   recipe   5

ricevere messaggi   to receive
messages   2

ricevimento (*m.*)   reception   3

ricevuta (*f.*)   receipt   4

ricordare   to remember   1;
  ricordarsi   to remember   7

ridere (*p.p.* **riso**)   to laugh   2

rifugio (*m.*)   shelter   6

riga (*f.*)   line   2; **a righe**
striped   7

rilassante   relaxing   6

rimanere (*p.p.* **rimasto**)   to
remain   2

rinunciare   to give up, to
forego   12

ripassare   to review   2

riposare   to rest   1

riposo (*m.*)   rest   1

risparmiare   to save   4

rispondere (*p.p.* **risposto**)   to
answer   2

ristampa: in ristampa   reprint   11

ristorante (*m.*)   restaurant   5

ritardo (*m.*)   delay   9; **in ritardo**
late   2; **scusa/scusate il ritardo**
sorry I'm late   5

ritornare   to return, to go back   1

ritratto (*m.*)   portrait   1

riuscire a (+ *inf.*)   to succeed at,
to manage to   8

rivista (*f.*)   magazine   11

roccia (*f.*)   rock   6

romanzo (*m.*)   novel · 11

rompere (*p.p.* **rotto**)   to break   2;
  rompersi   to break a bone   7

rosa (*f.*)   rose

rosa (*inv.*)   pink   2

rosso   red   2

rovine (*f. pl.*)   ruins   1

rubrica (*f.*)   column   11

ruolo (*m.*)   role   10

russo   Russian   2

rustico   rustic   3

sabato   Saturday   1

sabbia (*f.*)   sand   6

sacco (*m.*)   sack; **un sacco di**   a
ton of   9; **sacco a pelo**   sleeping
bag   9

sagra (*f.*)   traditional local
festival   9

sala (*f.*)   room; **sala da pranzo**
dining room   3; **sala d'attesa**
waiting room   9

salato   salty   5

saldi (*m. pl.*)   sales   7

sale (*m.*)   salt   5

salire   to ascend   4; **salire su**   to
get on   8

salotto (*m.*)   living room   3

saltare una lezione   to cut a
class   2

salutare   to greet; to say hello   P

salute (*f.*)   health   7; **salute!**
bless you! (sneeze); **alla salute!**
cheers!

saluto (*m.*)   greeting   P

salve   hello   P

sano   healthy   5

sapere   to know   5; **sapere** (+
inf.)   to know how to   5; **non lo
so**   I don't know   5; **non si sa
mai!**   one never knows!   6;
sa/sai com'è   you know how it
is   11; **sapere a mala pena**   to
hardly know   12

sapone (*m.*)   soap   4

sbagliare   to make a mistake   2

sbagliato   incorrect   2

sbaglio (*m.*)   mistake   1

sbrigarsi: sbrighiamoci!   let's
hurry up!   4

scacchi (*m. pl.*)   chess   6;
  giocare a scacchi   to play
chess   6

scaffale (*m.*)   bookshelf   2

scala (*f.*)   staircase   3

scalare   to climb   6

scalo (*m.*)   stopover   9; **fare scalo**
to make a stopover   9

scappare   to run away, to rush off;
  dovere scappare   to have to
run   8

scarpa (*f.*)   shoe   7; **scarpe da
ginnastica**   sneakers   7

scatenarsi   to let oneself go   10

scavi (*m. pl.*)   excavations   1

**scemo: non fare lo scemo/la
scema!**   don't be a fool!   7

scena (*f.*)   setting   1

scendere (*p.p.* **sceso**)   to descend
2; **scendere da**   to get off   8

sceneggiatura (*f.*)   script   10

scherzare   to joke; **ma scherzi!**
you're joking   1

scherzo (*m.*)   joke

schiena (*f.*)   back   7

sci (*m.*)   skiing   6

sciare   to ski   1

sciarpa (*f.*)   scarf   7

sciocco   stupid   6

sciopero (*m.*)   strike   8; **fare
sciopero**   to strike   8

scocciatura: che scocciatura!
what a nuisance!   11

scolastico   scholastic   2

sconto (*m.*)   discount   4

scontrino (*m.*)   receipt   4

scoprire (*p.p.* **scoperto**)   to
discover   2

scorso   last   4

scrittore (*m.*)   writer   11

scrittrice (*f.*)   writer   11

scrivania (*f.*)   desk   2

scrivere (*p.p.* **scritto**)   to write   2

scuola (*f.*)   school   2; **scuola
materna**   nursery school   2;
scuola elementare   elementary
school   2; **scuola media**
middle school   2; **scuola
pubblica**   public school   2;
scuola privata   private
school   2

scuro   dark   7

scusare   to excuse; **scusi!**   excuse
me!   P

se   if; **se fossi in te**   if I were
you   10

secolo (*m.*)   century   11

secondo   according to; **secondo te**
in your opinion   1

sedersi   to sit down   7

sedia (*f.*)   chair   2; **sedia a sdraio**
lounge chair, deck chair   6

segretaria (*f.*)   secretary   8

segretario (*m.*)   secretary   8

seguire   to follow   2; **seguire la
moda**   to keep up with fashion
7; **seguire un corso**   to take a
course   2; **seguire una lezione**
to take a course   2

semestre (*m.*)   semester   2

sempre   always   1

senatore (*m.*) senator 12
senatrice (*f.*) senator 12
sentiero (*m.*) path 6
sentire to hear, to feel 2; **senti senti!** listen to this!, get a load of this! 10
senza without; **senz'altro** without a doubt 3
sera (*f.*) evening 1
serata (*f.*) evening; **combinare la serata** to make plans for the evening 10
serio serious; **sul serio** seriously, honestly 6
servire to serve 2, 5; **servire a** (+ *inf.*) to be used for 6
servizio (*m.*) service 5
seta (*f.*) silk 7
settembre September 1
settimana (*f.*) week 1; **fine-settimana** (*m.*) weekend 1; **settimana bianca** a traditional winter vacation week spent skiing 9
settimanale weekly 11
sfida (*f.*) challenge P
sfilata (*f.*) fashion show 7
sfogliare to flip through 11
sia... sia... both 9
sigla (*f.*) abbreviation P
signora (*f.*) lady, Mrs. P
signore (*m.*) gentleman, Mr. P
signorile luxurious 3
signorina (*f.*) young lady, Miss P
simile similar, like 12
simpatico nice 2
sindacato (*m.*) union 8
sinistra left; **a sinistra** on, to the left 6
sintomo (*m.*) symptom 7
sipario (*m.*) curtain 10
sistema (*m.*) system 1
slanciato slender 7
smettere (*p.p.* **smesso**) to stop, to quit; **smettere di (fare qualcosa)** to give up (doing something) 11
smoking (*m.*) tuxedo 7
snello slim 7
soffice soft 7
soggiorno (*m.*) living room 3
sognare to dream 12
sogno (*m.*) dream; **nemmeno per sogno! neanche per sogno!** (I) wouldn't dream of it! Not at all! 12
soldi (*m. pl.*) money 4

sole (*m.*) sun 1; **c'è il sole** it's sunny 3; **prendere il sole** to sunbathe 6
solito usual, typical; **di solito** usually 2; **sei sempre il solito/la solita** you'll never change 8
solo (*agg.*) alone; (*avv.*) only; **da solo/a** alone 6
sopportare to stand, to bear, to support; **non sopportare qualcosa/ qualcuno** to be unable to stand something/ someone 10; **non lo/la sopporto proprio** I really can't stand him/her/it 8
sopracciglio (*m., pl.* **sopracciglia**) eyebrow 7
soprattutto above all 3
sorella (*f.*) sister 3
sorpassare to pass (driving) 10
sorpasso (*m.*) passing (another car) 10
sorpresa (*f.*) surprise 2
spagnolo Spanish 2
spalla (*f.*) shoulder 7
sparecchiare to clear the table 5
spazzolarsi to brush one's hair 7
specchio (*m.*) mirror 7
speciale special P
specialità (*f.*) specialty 5
spedire to send 2
spendere (*p.p.* **speso**) to spend 2
sperare to hope; **lo spero tanto!** I hope so! 9
spesa (*f.*) shopping; **fare la spesa** to shop for food 4
spettacolo (*m.*) show 10
spezia (*f.*) spice 5
spiaggia (*f.*) beach 1
spiccioli (*m. pl.*) coins 4
spinaci (*m. pl.*) spinach 4
spogliarsi to undress 7
sportello (*m.*) ticket window 9
sportivo casual 7
sposa (*f.*) bride 3
sposarsi to get married 3
sposato married 1
sposo (*m.*) groom 3
spostarsi to get around (a city) 8
spot (*m.*) advertisement 11
spumante (*m.*) sparkling wine 5
spunto (*m.*) hint, cue
squadra (*f.*) team 6

squillare to ring 6
squisito exquisite 5
stadio (*m.*) stadium 3
stagione (*f.*) season 1; **alta stagione** high season 9; **bassa stagione** low season 9; **essere di stagione** to be in season 4
stamattina this morning 1
stampante (*f.*) printer 2
stampare to print 11
stanco tired 1
stanza (*f.*) room 2
stare (*p.p.* **stato**) to stay, to be; **come stai?/sta?** how are you? P; **(non) ci sto** it's (not) all right with me 10; **stare attento a** to watch 5; **stare bene a qualcuno** to fit someone (clothes) 7; **stare bene** to be well, fine P; **stare con le mani in mano** to do nothing 12; **star fresco** to be in a fine mess 8; **stare in piedi al banco** to stand at the counter 5; **stare male** not to be well P
stato (*m.*) state 1
stazione (*f.*) station 1; **stazione di servizio** service station 10; **stazione ferroviaria** train station 9
stipendio (*m.*) salary 8
stivale (*m.*) boot 1
'sto this, this darn (slang) 8
stoffa (*f.*) cloth 7
stomaco (*m.*) stomach 7
stonato: essere stonato come una campana to be tone-deaf 10
storia (*f.*) history, story 2; **non fare tante storie!** don't complain so much! 6
strada (*f.*) street 1
straniero foreign 3
strano strange 3
stereotipo (*m.*) stereotype 12
stressante stressful 6
stressare (qualcuno) to cause someone stress, get on someone's nerves 10
strumento (*m.*) instrument 10
studente (*m.*) student 2
studentessa (*f.*) student 2
studiare to study 2
studioso studious 2
stufo: essere stufo di to be fed up with, sick of 10
stupirsi (di qualcosa) to be

amazed (by something)   12
su   on, upon, above   1
successo (*m.*)   success   10
sud (*m.*)   south   1
sugo (*m.*)   sauce   5
suocera (*f.*)   mother-in-law   3
suocero (*m.*)   father-in-law   3
suonare   to play (an instrument)   6; to ring
supplemento rapido (*m.*)   supplemental charge for fast trains   9
surgelato   frozen   4
svantaggio (*m.*)   disadvantage   2
svegliarsi   to wake up   7
svolgere: svolgere un'attività   to perform a job   8

tacco (*m.*)   heel   7; **a tacco alto**   with high heels   7
taglia (*f.*)   size   7
tagliare   to cut   5
tangenziale (*f.*)   service road   10
tanto   so much, so many   P; so
tappa (*f.*)   leg (of a journey)   9
tariffa (*f.*)   rate, price list   9
tassista (*m.*)   taxi driver   8
tavola (*f.*)   dinner table   3; **a tavola!** (come) to the table!   5
tavolino (*m.*)   café table   5
tazza (*f.*)   cup   5
tazzina (*f.*)   coffee cup   5
tedesco   German   2
telecomando (*m.*)   remote control   11
telefilm (*m.*)   made-for-TV movie   11
telefono (*m.*)   telephone   P
telegiornale (*m.*, **Tg** *pr.*: **tigì**)   TV news program   2, 11
telespettatore (*m.*)   television viewer   11
televisione, tivù (*f.*)   television   2, 11; **alla televisione/alla TV**   on television
televisore (*m.*)   television set   2, 11; **televisore a colori**   color television set   1; **televisore in bianco e nero**   black-and-white television set   11; **accendere/spegnere la TV**   to turn on/turn off the TV   11
tema (*m.*, *pl.* **i temi**)   essay   1
tempo (*m.*)   time, weather   1; **c'è tempo!**   there's time!   1; **che tempo fa?**   what's the weather

like?   3; **tempo libero**   free time   2
temporale (*m.*)   storm   3
tenda (*f.*)   tent   6
tenere   to keep   2; **tenersi aggiornato su**   to keep up to date on   11
tennis (*m.*)   tennis; **giocare a tennis**   to play tennis; **racchetta da tennis**   tennis racquet   2
terrazza (*f.*)   terrace   3
tesi (*f.*)   thesis   2
tesoro (*m.*)   treasure, darling   9
tessera (*f.*)   identification card, pass; **tesserino universitario** (*m.*)   student identification card   2
tessuto (*m.*)   cloth   7
testa (*f.*)   head   7
testo (*m.*)   lyrics   10
tifare, fare il tifo   to be a fan, to cheer   6
tifoso (*m.*)   fan
timbrare   to stamp; **timbrare il biglietto**   to validate the ticket   8
titoli (*m. pl.*)   headlines   11
titolo (*m.*)   title   11
tornare   to return, to come back   1
torre (*f.*)   tower   1
tosse (*f.*)   cough   7
tovaglia (*f.*)   tablecloth   5
tovagliolo (*m.*)   napkin   5
tra   in, within, among, between   1
traffico (*m.*)   traffic   8
tragedia (*f.*)   tragedy   10
traghetto (*m.*)   ferry   8
trama (*f.*)   plot   11
tramonto (*m.*)   sunset   6
trascorrere le vacanze   to spend one's vacation   9
traslocare   to move   3
trasmissione (*f.*)   telecast   11
trattarsi   to be about   11
treno (*m.*)   train   9; **treno diretto**   direct train   9; **treno espresso**   express train   9; **treno IC**   Intercity train   9; **treno locale**   local train   9; **treno rapido**   rapid train   9; **perdere il treno**   to miss the train   9
triste   sad   2
tromba (*f.*)   trumpet   10
troppo   too much   5
trovare   to find   1; **trovarsi**   to

meet   2
truccarsi   to put on makeup   7
trucco (*m.*)   makeup
turista (*m. or f.*)   tourist   1
tuta (*f.*)   sweatsuit   7

ufficio (*m.*)   office   8; **ufficio postale**   post office   3
uguale   equal   12
ultimo   last   1
umido   humid   3
università (*f.*)   university   P; **iscriversi all'università**   to enroll in college   2
uomo (*m.*, *pl.* **uomini**)   man   1; **uomo d'affari**   businessman   8
uovo (*m.*, *pl. f.* **uova**)   egg   2
uscire   to go out, to exit   2
utile   useful   3
uva (*f.*)   grapes   4

vacanza, vacanze (*f.*)   holiday, vacation   3, 9; **andare in vacanza**   to go on/to take a vacation   9; **essere in vacanza**   to go/be on vacation   3
valigia (*f.*)   suitcase   9; **fare la valigia**   to pack a suitcase   9
valle (*f.*)   valley   6
valore (*m.*)   value   12
vantaggio (*m.*)   advantage   2
vantarsi (di)   to boast (of)   12
vaporetto (*m.*)   steamship   8
vassoio (*m.*)   tray   5
vecchio   old   2
vedere (*p.p.* **visto**)   to see   1; **non vedo l'ora di...**   I can't wait to   1; **visto che**   since   4
vela (*f.*)   sail, sailing   6; **andare a gonfie vele**   to go smoothly, to have smooth sailing   10; **barca a vela**   sailboat
veloce   fast   2
velocità (*f.*)   speed   10; **il limite di velocità**   speed limit
venditore (*m.*)   vendor
venditrice (*f.*)   vendor
venerdì   Friday   1
venire   to come   2; **quanto viene?**   how much does it cost?   4
vento (*m.*)   wind   3
ventoso   windy   3
verde   green   2
verdura (*f.*)   vegetable   4
vergogna (*f.*)   shame   12; **vergognati!**   shame on you!   5

vero true 1
verso toward 1
vestirsi to get dressed 7
vestito (*m.*) dress 7; **vestiti firmati** designer clothes 7
vetrina (*f.*) shop window 4; **in vetrina** in the window 4; **vedere/guardare le vetrine** to window-shop 6
vetta (*f.*) peak 6
via (*f.*) street, road P
viaggiare to travel 1
viaggio (*m.*) trip 9
vicino a near 1; **lì/qui vicino** nearby 1
vicino di casa (*m.*) neighbor 3
videocassetta (*f.*) videocassette 2
videoregistratore (*m.*) VCR 2, 11
vietare to prohibit; **è vietato** (+ *inf.*) it is prohibited 9
vignetta (*f.*) illustration 1
vincere (*p.p.* **vinto**) to win 6

vino (*m.*) wine 3
viola (*inv.*) purple 2
violino (*m.*) violin 10
visitare to visit 1
viso (*m.*) face 7
vitello (*m.*) veal 4
vivere (*p.p.* **vissuto**) to live 2
vivo live, alive, living; **viva...!** long live . . . !; **fatti vivo!** keep in touch! 8; **dal vivo** live 11
vocabolario (*m.*) dictionary 2
voglia (*f.*) desire, wish; **avere voglia di** (+ *inf.*) to want, to feel like 1
volante (*m.*) steering wheel 10
volare to fly 9
volentieri, ben volentieri with pleasure 3
volere to want 3; **ci vuole** is necessary 5; **volendo** if we/you like 3; **voler dire** to mean; **voler bene** to love 3
volo (*m.*) flight 9; **volo diretto** nonstop flight 9

volta (*f.*) time, occurrence; **per la prima volta** for the first time 1; **c'era una volta** once upon a time; **una volta tanto** once in a while 10
volume (*m.*) volume 11; **alto/basso volume** high/low volume 10; **abbassare il volume** to turn down the volume 10; **alzare il volume** to turn up the volume 10
votare to vote 12
voto (*m.*) grade 2
vulcano (*m.*) volcano 1

zaino (*m.*) backpack 2
zia (*f.*) aunt 1
zio (*m.*) uncle 3
zitto silent; **zitto!** be quiet! 11; **stare zitto** to keep quiet
zona (*f.*) area, community 3
zucchero (*m.*) sugar 5
zuppa (*f.*) soup 5

Vocabolario inglese-italiano

abbreviation la sigla P
able: be able potere (*p.p.* potuto) 3
about di 1; **be about** trattarsi 11
above su 1; **above all** soprattutto 3
abroad l'estero, all'estero 12
accessories gli accessori 7
accompany accompagnare 8
according to secondo
accountant il ragioniere 8
act recitare 10
activity l'attività
actor l'attore 10
actress l'attrice 10
actually anzi 4
address l'indirizzo
admirer l'appassionato
admit ammettere (*p.p.* ammesso) 4
advance l'anticipo
advantage il vantaggio 2
advertisement la pubblicità, lo spot 11; **classified ad** l'inserzione di lavoro (*f.*) 8
advise consigliare; **advise** (*to do something*) consigliare (*di* + *inf.*); **my advice to you is . . .** ti consiglio... 5
aerobics l'aerobica 6; **do aerobics** fare aerobica 6
afraid: be afraid avere paura 1
afternoon il pomeriggio 1; **this afternoon** oggi pomeriggio 1

again di nuovo 4
age l'età 1
agency l'agenzia; **travel agency** l'agenzia di viaggio 1
ago fa 4
agree essere d'accordo
agreed d'accordo 1
agreement l'accordo
air l'aria
airplane l'aereo, l'aeroplano 8
airport l'aeroporto 3, 9
alive vivo
all right va bene; **it's (not) all right with me** ci sto/non ci sto 10
almost quasi; **I'm of a mind, tempted** quasi quasi 9
alone solo, da solo/a 6
alphabet l'alfabeto P
already già 4
also anche
always sempre 1
amaze stupire; **be amazed (by something)** stupirsi (di qualcosa) 12
ambassador l'ambasciatore (*m.*) 12
ambulance l'ambulanza 8
American americano 1
among tra, fra 1
analyze analizzare 11
ancestor l'antenato 12
angry arrabbiato 11; **get angry** arrabbiarsi 7; **don't get angry** non te la prendere 12

announcer l'annunciatore, l'annunciatrice 11
annoy dare fastidio 12
answer rispondere (*p.p.* risposto) 2
antiques l'antiquariato; **antique dealer** l'antiquario 6
anything but! (*ironic*) altro che!
anyway comunque 9
apartment l'appartamento 3; **apartment building** il palazzo 3
appetite l'appetito 5
appetizer l'antipasto 5
applaud applaudire 10
apple la mela 4
April aprile (*m.*) 1
apron il grembiule 2
architect l'architetto (*m. or f.*) P, 8
architecture l'architettura 2
area la zona 3
area code il prefisso telefonico P
arm il braccio (*pl. f.* le braccia) 7
armchair la poltrona 3
arrival l'arrivo 9; **be arriving** essere in arrivo 9
art l'arte (*f.*)
art gallery la galleria d'arte 6
art show l'esposizione (*f.*), la mostra 6
article l'articolo 11
artisan l'artigiano, l'artigiana 8
artist l'artista (*m. or f.*) 8
as come

as for per quanto riguarda 12
ascend salire 4
ask domandare 1; **ask (for)** chiedere (*p.p.* chiesto); **ask a question** fare una domanda
assimilate integrarsi 12
at a (*frequently* ad *before a vowel*), da, in 1
at any rate comunque 9
athlete l'atleta (*m. or f.*) 6
attend frequentare 2; **attend a concert** assistere ad un concerto 10
attention l'attenzione (*f.*); **pay attention** fare attenzione
attentive attento 2
audacious audace 7
audition il provino 10
August agosto 1
aunt la zia 1
author l'autore, l'autrice 11
automobile l'auto (*f.*), l'automobile (*f.*) 1
autumn l'autunno 1
availability la disponibilità 9
average il medio 12
avoid evitare 8

baby il bambino, la bambina 3
back la schiena 7
backpack lo zaino 2
bad brutto; **too bad!** che peccato! 2
badly male P
bag la borsa 7; **shoulder bag** la borsa a tracollo 7
baggage il bagaglio 9; **carry-on bag** il bagaglio a mano 9
baked al forno 5
ball la palla 6
band il complesso 10
bank la banca 3
bargain l'affare (*m.*) 4
bartender il/la barista 5
basketball la pallacanestro 6
bathing suit il costume da bagno 7
bathroom il bagno 3
be essere (*irr., p.p.* stato), stare (*p.p.* stato) 1; **be at the end of one's rope** avere l'acqua alla gola 9; **be nearby** essere a due passi 4; **be of . . . origin**

essere d'origine... 12; **be on the ball/smart** essere in gamba 11; **be pitiful** fare pena 6; **be there** esserci 1; **be well, fine** stare bene P; **be . . . years old** avere ... anni 1; **not be well** stare male P
beach la spiaggia 1
bear sopportare
beard la barba
beautiful bello 1
because perché
become diventare, divenire 8
bed il letto 2
bedroom la camera da letto 3
beer la birra 5
begin cominciare P; **begin** (*to do something*) cominciare a (+ *inf.*)
behind dietro a 1
believe (in) credere (*a, in*) 4; **I believe it!** ci credo bene! 11
belt la cintura 7
best ottimo; **best-quality** di ottima qualità 4
better meglio, migliore 7
between tra, fra 1
bicycle la bicicletta 1
bicycle racing il ciclismo 6
big grande 2
bill (*check*) il conto 1; (*paper money*) la banconota 4
billion il miliardo 4
binoculars il binocolo 6
birthday il compleanno 1; **happy birthday!** buon compleanno! 1
bit: a bit of po', un po' di 1
black nero 2
blackboard la lavagna 2
Bless you! (*sneeze*) salute!
blond biondo 2
blue blu (*inv.*) 2; **light blue** azzurro 2
board imbarcare 9
boarding pass la carta d'imbarco 9
boast (of) vantarsi (di) 12
boat la barca 2; **sailboat** la barca a vela
body il corpo 7
boiled bollito 5
boo fischiare 10
book il libro 1
bookshelf lo scaffale 2

bookstore la libreria 2, 11
boot lo stivale 1
bored annoiato 2; **get bored** annoiarsi 7
boring noioso 2; **how boring!** che barba! 6
born nato 1; **be born** nascere (*p.p.* nato) 4
boss il/la capo 8
both sia... sia... 9
bother disturbare 2, dare fastidio 12; il fastidio 12
bowtie la cravatta a farfalla 7
boy il ragazzo 3
boyfriend il ragazzo 3
brand la marca 4
bread il pane 4
break rompere (*p.p.* rotto) 2; **break** (*a bone*) rompersi 7
breakfast la colazione 2; **have breakfast** fare colazione 2
bride la sposa 3
bridge il ponte 1
briefcase la cartella 2
bring about realizzare 12
brochure il depliant 9
broth il brodo; **in broth** in brodo 5
brother il fratello 3
brother-in-law il cognato 3
brown marrone 2
brush one's hair spazzolarsi 7; **brush one's teeth** lavarsi i denti 7
bubblebath il bagnoschiuma 4
building l'edificio 3
burn bruciare 5
bus l'autobus (*m.*)
bus stop la fermata dell'autobus 3
businessman l'uomo d'affari 8
businesswoman la donna d'affari 8
busybody il/la ficcanaso 3
butcher il macellaio 4
butterfly la farfalla
buy comprare 1
by da; **by the way** a proposito 8
bye ciao P

cable car la funivia 6
café il caffè, il bar 1, 3

cafeteria la mensa 2
call chiamare; **be called** chiamarsi P
calm la calma
campground il campeggio 9
camping il campeggio; **go camping** fare campeggio 6
can potere (*p.p.* potuto) 3
capital la capitale 1
car l'auto (*f.*), l'automobile (*f.*) 1; **rental car** l'automobile a noleggio (*f.*) 9
carbonated frizzante, gasata 5
card il biglietto, la carta P; **birthday card** il biglietto di auguri 4; **business card** il biglietto da visita P; **credit card** la carta di credito 4; **identification card (ID)** la carta d'identità, il tesserino universitario P, 2; **playing card** la carta
care for curare 1
career la carriera 8; **have a career** fare carriera 8
carpenter il falegname 8
carrot la carota 4
cash a check incassare 4
cash register la cassa 4
cashier il cassiere, la cassiera 4
cassette la cassetta 2, 10
casual sportivo 7
cathedral la cattedrale, il duomo 3
celebrate celebrare, festeggiare 9
cent: be without a cent essere senza una lira 4
center il centro
century il secolo 11
ceremony la cerimonia 3
chain la catena
chair la sedia 2; **lounge chair, deck chair** la sedia a sdraio 6
chalk il gesso 2
challenge la sfida P
change cambiare 1; **you'll never change** sei sempre il solito/la solita 8
change (*coins*) il resto 4
channel il canale 11
chapter il capitolo 11
cheap conveniente 4, economico 9; **be cheap** (*person*) fare i tirchi 4
check il conto 1, l'assegno 4

checkers la dama 6; **play checkers** giocare a dama 6
cheer tifare, fare il tifo 6
cheers! alla salute!
cheese il formaggio 4
chef il cuoco, la cuoca 5
cherry la ciliegia 4
chess gli scacchi 6; **play chess** giocare a scacchi 6
chest il petto 7
chest of drawers il comò 8
chicken il pollo 4
child il bambino, la bambina 3
chill il brivido 7
Christmas il Natale; **Merry Christmas!** Buon Natale!
church la chiesa 1; **large church** il duomo 3
cinema il cinema, la cinematografo 1
citizen il cittadino, la cittadina 12
citizenry il popolo 12
city la città P
city hall il municipio 3
clarinet il clarinetto 10
class la classe, la lezione 2; **first class** la prima classe 9; **second class** la seconda classe 9
classroom l'aula 1
clean pulire 2
clear the table sparecchiare 5
clerk il commesso, la commessa 4
cliché la frase fatta 12
client il/la cliente 4
clientele la clientela 4
climb scalare 6
clock l'orologio 2
close chiudere (*p.p.* chiuso) 2
closed chiuso 1
closet l'armadio 2
cloth la stoffa, il tessuto 7
clothes gli abiti 7; **designer clothes** gli abiti firmati, i vestiti firmati 7
clothing l'abbigliamento 7
cloud la nuvola 3
cloudy nuvoloso 3
club la discoteca 3, 10
coach l'allenatore (*m.*) 6
coat il cappotto 7
coffee il caffè 1
coffee shop il caffè 1, il bar 3

coin la moneta 1; **coins** gli spiccioli 4
cold freddo; **be cold** avere freddo 1; **it's cold** fa freddo 3; **it's freezing** fa un freddo cane 3
cold (*illness*) il raffreddore 7
colleague il/la collega 8
collect collezionare 6
collection la collezione, la raccolta 6, 11
color il colore 2
colored colorato 7
colorful colorato 7
column la colonna 2, la rubrica 11
comb one's hair pettinarsi 7
come arrivare 1, venire 2
come back tornare 1
come in! avanti! 3
come on! dai! 6
comedy la commedia 10
comfortable comodo 3
commit oneself (to) impegnarsi (a) 12
community la zona 3
commute fare il pendolare 8
commuter il/la pendolare 8
compact disc il CD (*pr. cidi*) 10; **CD player** il lettore CD 10
company la ditta 8
comparable simile 12
compare paragonare 12
compared to in confronto a 9
comparison il paragone 12
competition la gara 6
complain lamentarsi 7; **don't complain so much!** non fare tante storie! 6
complimentary (*free*) in omaggio, in regalo 11
composer il compositore 10
computer il computer 2
computer science l'informatica
concentration (*studies*) l'indirizzo di studio 2
conductor il controllore 8, il direttore d'orchestra 10
confuse confondersi 12
confusion la confusione 1
congratulations gli auguri 9
connection la coincidenza 9
conservatory il conservatorio 10
consider considerare 1; **consider it done** affare fatto 11

consist consistere 2
construct costruire 2
consul il console 12
consulate il consolato 12
content: be content (with) accontentarsi (di) 12
contrary: on the contrary anzi 4
contribute contribuire 12
conversation la conversazione P
cook cuocere (*p.p.* cotto) 5
cooked cotto 4; **cooked just right, not overdone** (*pasta*) al dente 5
cool (*weather*) fresco 3
cool! che forte! 8
copy la copia 11
corner l'angolo 2
correct correggere (*p.p.* corretto); corretto 2
cost costare 4; **how much does it cost?** quanto costa? 4
costly costoso 3
costume il costume 7
cotton il cotone 7
couch il divano 3
cough la tosse 7
counter il banco 5; **stand at the counter** stare in piedi al banco 5
country la campagna 3
countryside il paesaggio 6
couple il paio, la coppia 1; **a couple of . . .** un paio di... 9
course il corso, il percorso 2, 6; **first course** la minestra, il primo piatto 5; **second course** il secondo piatto 5; **take a course** seguire un corso, seguire una lezione 2
courts la magistratura 12
cousin il cugino, la cugina 3
cover (*book*) la copertina; **hard cover** la copertina rigida 11; **softcover book** l'edizione tascabile (*f.*) 11
cover charge il coperto 5
crazy matto; **that's crazy!** roba da matti! 6
create creare 2
crisis la crisi; **political crisis** la crisi di governo 12
critic il critico 10
cue lo spunto
cup la tazza 5; **coffee cup** la tazzina 5

curious curioso 1
current attuale 12
curtain il sipario 10
custom il costume 12
customer il/la cliente 4
customs la dogana 9; **go through customs** passare la dogana 9
cut tagliare 5; **cut a class** saltare una lezione 2

daddy il babbo, il papà 3
daily quotidiano
dance ballare 1; il ballo 10; **ballroom dancing** il ballo liscio; **slow dance** il ballo lento 10; **dance floor** la pista da ballo 10
dancer il ballerino, la ballerina 10
dark il buio, lo scuro 7; **in the dark** al buio 4
darling l'amore (*m.*) 3, il tesoro 9
darn it! accidenti! 2, accipicchia! 4
date la data 1
daughter la figlia 1
daughter-in-law la nuora 3
day il giorno 1; **day before yesterday, the other day** l'altro ieri 1
deaf sordo; **be tone-deaf** essere stonato come una campana 10
deal l'affare (*m.*) 4; **done deal** affare fatto (*m.*) 11; **deal with** affrontare 12
dear l'amore (*m.*) 3; caro
debut il debutto 10
December dicembre 1
decide decidere 2
declare dichiarare 9
degree la laurea 2
delay il ritardo 9
delicious delizioso 5; **how delicious!** che buono! 4
deluxe di lusso 7
dentist il/la dentista 8
department store il magazzino, il grande magazzino 4
departure la partenza 9
descend scendere (*p.p.* sceso) 2
design il modello 7
desire desiderare; la voglia 1

desk il banco 2, la scrivania 2; **teacher's desk** la cattedra 2
dessert il dolce 5
dessert plate il piattino 5
destination la destinazione 9
dictionary il dizionario, il vocabolario 2
die morire (*p.p.* morto) 4
different diverso 2
dinner la cena 5; **eat dinner** cenare 5
diplomacy la diplomazia 12
diplomatic diplomatico 12
direction la direzione 1
director il direttore, la direttrice
disadvantage lo svantaggio 2
disaster il disastro; **what a disaster!** che disastro! 6
discotheque la discoteca 3, 10
discount lo sconto 4
discover scoprire (*p.p.* scoperto) 2
discuss discutere (*p.p.* discusso) 2
dish il piatto 5
dishwasher la lavastoviglie 3
diskette il dischetto 2
disposal la disposizione 9
disturb disturbare 2
divide dividere (*p.p.* diviso) 2
divorce divorziare 3
do fare (*p.p.* fatto) 3; **do aerobics** fare aerobica 6; **do errands** fare le commissioni 3; **have things to do** avere da fare 3; **do nothing** stare con le mani in mano 12; **do something in a slapdash way** fare qualcosa coi piedi 11; **do well/poorly** andare bene/male 2
doctor il dottore, la dottoressa P; **medical doctor** il medico P, 8
door la porta 2; **main door** il portone 3
dormitory il dormitorio 2
down there laggiù 6
downtown in centro 3
drama il dramma 10
draw disegnare 6
dream il sogno 12; sognare 12; **I wouldn't dream of it!, Not at all!** nemmeno per sogno! neanche per sogno! 12
dress a salad condire 5
dressing room il camerino 7

drive guidare 8
driver l'autista (*m. or f.*) 8
drugstore la farmacia 2
drugs la droga 12
drums la batteria 10
during durante

e-mail la posta elettronica P
each ogni 2; **to each his own** a ciascuno il suo 7
ear l'orecchio 7
early presto, in anticipo 2; **be early** essere in anticipo 2
earn guadagnare 8; **not earn a penny** non guadagnare una lira 11
earring l'orecchino 7
east l'est (*m.*) 1
eat mangiare 1
economic economico 4, 9
economics l'economia 2
economize economizzare 9
economy l'economia 2
edition l'edizione (*f.*)
editor l'editore (*m.*) 11
effect realizzare 12
egg l'uovo (*pl. f.* le uova) 2
eggplant la melanzana 4
elect eleggere 12
election l'elezione (*f.*) 12
elegant elegante 3
elevator l'ascensore (*m.*) 11
embassy l'ambasciata 12
emigrant l'emigrato 12
emigrate emigrare 12
employ impiegare 8
employee l'impiegato, l'impiegata 8
encyclopedia l'enciclopedia 11
end la fine; finire 2
engagement: have an engagement avere un impegno 8
engineer l'ingegnere (*m. or f.*) P, 8
engineering l'ingegneria 2
English inglese 2
enjoy godere 12; **enjoy (your meal)!** buon appetito! 5
enough: be enough bastare 1; **enough!, enough already!** basta! 8
enroll iscriversi 2
enter entrare 4
entrance l'ingresso 3

entrepreneur l'imprenditore, l'imprenditrice 8
environment l'ambiente (*m.*) 8
equal uguale 12
errands le commissioni 3; **do errands** fare le commissioni 3
essay il tema (*pl.* i temi) 1
eternal eterno 1
European Commission la Commissione europea 12
European Economic Community la CEE 12
evaluation il giudizio 2
even anche
evening la sera 1, la serata; **good evening** buonasera! P; **make plans for the evening** combinare la serata 10
ever mai 4
evil eye il malocchio; **give (someone) the evil eye** fare il malocchio (a qualcuno) 10
exactly esatto, esattamente 1
exam l'esame (*m.*) 2; **take an exam** dare un esame 2
example l'esempio P, **for example** per esempio
excavations gli scavi 1
excellent coi fiocchi 12
exchange cambiare 1
exclusive esclusivo 7
excursion la gita 2
excuse scusare; **excuse me!** scusi! P; **excuse me** permesso? 3
executive il/la dirigente 8
exercise fare ginnastica 6
exhibition l'esposizione (*f.*), la mostra 6
exit uscire 2; l'uscita
expensive costoso 3, caro 4
express: express one's opinion dare il proprio parere 8
exquisite squisito 5
extend prolungare 1
eye l'occhio 7
eyebrow il sopracciglio (*pl.* i sopracciglia) 7
eyelash il ciglio (*pl.* le ciglia) 7

face la faccia, il viso 7
factory la fabbrica 8
fairytale la favola 6
family la famiglia 3
famous famoso P

fan l'appassionato, il tifoso; **be a fan** tifare, fare il tifo 6
far from lontano da 1
farewell addio P, 8
farm la fattoria 8
farmer il contadino, la contadina 8
fashion la moda 7; **keep up with fashion** seguire la moda 7; **unfashionable** fuori moda 7
fashion show la sfilata 7
fast veloce 2
fasten allacciare 9
fat grasso 2
father il padre 1, il babbo, il papà 3
father-in-law il suocero 3
February febbraio 1
fed up stufo 10; **be fed up with** essere stufo di 10
feel sentire 2; **feel better** guarire 2; **feel like having** avere voglia di (+ *inf.*) 1
feminine femminile P
ferry il traghetto 8
festival la sagra 9
fever la febbre 4; **be feverish** avere la febbre 7
fiancé(e) il fidanzato, la fidanzata 3
fiction la narrativa 11
field il prato 6, il campo 8; **playing field** il campo sportivo 2
fill up (the gas tank) fare il pieno 10
film il film; girare un film 10; **show a film** dare un film
find trovare 1
find out informarsi 9
fine bene, va bene P, 1
fine (*penalty*) la multa 8
finger il dito (*pl.* le dita) 7
finish finire 2; **finished** finito P
fire (*dismiss*) licenziare 8
fireworks i fuochi d'artificio 9
firm l'azienda 3
first primo 1
first-rate coi fiocchi 12
fish il pesce 4
fish vendor il pescivendolo 4
fisherman il pescatore 6
fishing la pesca 6

fit (*clothes*)   stare bene a qualcuno   7
fitting room   il camerino   7
flag   la bandiera   2
flight   il volo   9; **nonstop flight** il volo diretto   9
flip through   sfogliare   11
floor   il piano; **ground floor**   il pianterreno   3; **second floor**   il primo piano   3
flop   il fiasco   10
flower   il fiore   6
flu   l'influenza   7
flute   il flauto   10
fly   volare   9
fog   la nebbia   3
follow   seguire   2
fool: be a fool   essere scemo   4; **don't be a fool!**   non fare lo scemo/la scema!   7
foot   il piede   7; **on foot**   a piedi   3
for   per   P
forecast   la previsione; **weather forecast**   le previsioni del tempo   3
forego   rinunciare   12
foreign   straniero   3
forest   il bosco   6
forget   dimenticare, dimenticarsi 1, 7; **forget it!**   lasciare perdere   9
fork   la forchetta   5
fortune   la fortuna
forward   avanti
founded   fondato   1
fountain   la fontana   1
foyer   l'ingresso   3
free   libero   2; in omaggio, in regalo   11
French   francese   2
fresh   fresco   3
Friday   venerdì   1
frog   la rana   6
from   da, di   1; **be from**   essere di   P; **from there**   da lì   1
frozen   surgelato   4
fruit salad   la macedonia   4
fruit vendor   il fruttivendolo   4
fry   friggere (*p.p.* fritto)   5
fun   divertente   2
function   funzionare   2
functionary   il funzionario   12
funny   buffo; **how funny!**   che buffo!   11

furnish   arredare   3
furnishings   l'arredamento   3
furniture   i mobili   3; **piece of furniture**   il mobile
future   il futuro; **in the future**   in futuro   12

gain weight   ingrassare   7
game   il gioco   1, la partita   6
garden   il giardino   3
garlic   l'aglio   5
gas pump   il distributore   10
gasoline   la benzina   10; **fill up (the gas tank)**   fare il pieno   10
gather   raccogliere (*p.p.* raccolto)   6
generalize   generalizzare   12
generation   la generazione   12
gentleman   il signore   P
geography   la geografia   1
German   tedesco   2
get around (*a city*)   spostarsi   8; **get lost**   perdersi   7
get by   cavarsela; **I get by**   me la cavo   1; **you get by just fine** te la cavi bene   1
get on   salire su   8; **get off** scendere da   8
gift   il regalo   4
gift-wrap   fare un pacchetto regalo   4
girl   la ragazza
girlfriend   la ragazza
give   dare (*p.p.* dato)   2, consegnare   9; **give it one's all** mettercela tutta   12; **give someone a lift**   accompagnare (qualcuno), dare un passaggio (a qualcuno)   8; **give someone the floor**   dare la parola a qualcuno 8; **give up**   rinunciare   12
glance at   dare un'occhiata a   10
glass   il bicchiere   5
glasses   gli occhiali; **sunglasses** gli occhiali da sole   7
glove   il guanto   7
go   andare   1; **go around**   girare 1; **go back**   ritornare   1; **go from bad to worse**   andare di male in peggio   11; **go on** andare avanti   6; **go out**   uscire 2; **go smoothly**   andare a gonfie vele   10; **go straight ahead** andare dritto   6
go!   forza!   6

goal   il gol   6, la meta   12
good   bravo   1, buono   3
good heavens!   santo cielo!   9, accipicchia!   11
good-bye   arrivederci/arrivederLa P
goods   la merce   4
gosh!   mamma mia!   2; accidempoli!   11
gourmet   il buongustaio   5
govern   governare   12
government   il governo   12
grade   il voto   2
graduate   laurearsi   2
graduated   laureato   2
granddaughter   la nipotina   3
grandfather   il nonno   3
grandmother   la nonna   3
grandson   il nipotino   3
grapes   l'uva   4
gray   grigio   7
great   ottimo   5
greedy   goloso   5
green   verde   2
greet   salutare   P
greeting   il saluto   P
grill   la griglia; **grilled**   alla griglia   5
groom   lo sposo   3
grow   crescere   2
guarantee   garantire   12
guess   indovinare; **guess, if you can!**   indovinala grillo!   11
guest   l'ospite (*m. or f.*)   9
guide   la guida
guidebook   la guida
gym   la palestra   6; **go to the gym** andare in palestra   6
gymnasium   la palestra   6
gymnastics   la ginnastica   6

habit   il costume   12
hair   i capelli   4
half   mezzo   2
ham   il prosciutto   4
hand   la mano (*pl. f.* le mani)   2
hand-made   fatto a mano   7
hand over   consegnare   9
handsome   bello   1
happen   capitare; **for everything (unpleasant) to happen to someone**   capitare tutte a qualcuno   10; **what ever happened to . . . ?**   che fine ha fatto... ?   12

happy contento 1, allegro 2
hardly mica 6
hat il cappello 7
have avere (*p.p.* avuto) 1; **have a crush on** avere una cotta per 8; **have a good time** divertirsi 7; **have things to do** avere da fare 3
have to dovere 3
head la testa 7
headlines i titoli 11
headphones le cuffiette 2
heal guarire 2
health la salute 7
healthy sano 5
hear sentire 2
heart il cuore 1
heat il caldo 1
heavy pesante 7
heel il tacco 7; **with high heels** a tacco alto 7
hello pronto, salve P; **say hello** salutare P
help aiutare 1; **may I help you?** desidera? 4; **help yourself** prendi/prenda pure 9; **help!** aiuto! 2
here is/are ecco P
heritage il patrimonio 12
hi ciao P
high alto 2
highway l'autostrada 10
hill il colle, la collina 1
hint lo spunto
hire assumere, noleggiare 8, 9
history la storia 2
hit a sour note prendere una stecca 10
holiday la festa P, la vacanza 3, 9; festivo 9; **holidays** le ferie 8
home la casa; **at home** a casa 1
homework il compito 2
honestly sul serio 6
hope sperare; **I hope so!** lo spero tanto! 9
hospital l'ospedale (*m.*) 1
hostel l'ostello 9
hot caldo; **be hot (weather)** fare caldo; **be/feel hot** avere caldo 1; **it's sweltering** fa un caldo bestiale 3
hot (*spicy*) piccante 5
hotel (small) la pensione 9

hour l'ora 2
house la casa
housewife la casalinga 8
how come; **how's it going?** come va? P; **and how!** come no! 4; **how are you?** come stai?/sta? P; **how come?** come mai? 2; **how many?** quanto 3; **how much?** quanto 3
hum canticchiare 10
humid umido 3
hungry: be hungry avere fame 1; **be ravenous** avere una fame da lupi 5
hunter il cacciatore 6
hunting la caccia 6
hurry: be in a hurry avere fretta 1; **let's hurry up!** sbrighiamoci! 4
hurt oneself farsi male
husband il marito 2

ice il ghiaccio 3
ice cream il gelato 4; **ice-cream store** la gelateria 4
idea l'idea; **give an idea** fare/farsi un quadro 12; **not have the faintest idea** non avere la più pallida idea 10
identification l'identificazione (*f.*) 1; **identification (ID) card** la carta d'identità P, il tesserino universitario 2
identify identificare
if se; **if I were you** se fossi in te 10; **if only . . .** magari
illustrated illustrato 11
illustration la vignetta 1
image l'immagine (*f.*) 1, 12
imagine immaginare; **I would imagine, I guess** m'immagino 12; **just imagine!** figurati! 2
immigrant l'immigrato 12
immigrate immigrare 12
impression: make a good/bad impression fare una bella/brutta figura 7
improve migliorare 8
in a, ad, fra, in, tra 1; **in front of** davanti a 1; **in the middle of** in mezzo a 6; **in order to** per P; **in the meantime** intanto 9
incorrect sbagliato 2
incredible pazzesco!; **it's incredible!** è pazzesco 9

individual l'individuo 12
industry l'industria 8
information le informazioni 9
ingredient l'ingrediente (*m.*) 5
instead invece 6
instruct istruire 2
instrument lo strumento 10
integrate integrarsi 12
integration l'integrazione (*f.*) 12
intend intendere (*p.p.* inteso)
interest l'interesse (*m.*) 12
interested interessato 2
interview l'intervista 1; intervistare 3
introduce presentare P
introduction l'introduzione (*f.*) 1, la presentazione P
invite invitare 3
island l'isola 1
issue l'edizione (*f.*), il numero 11
Italian italiano P
itinerary l'itinerario 6

jacket la giacca 7; **short jacket** il giubbotto 7
January gennaio 1
Japanese giapponese 2
jewel il gioiello 7
job il lavoro 1, il mestiere 8; **job announcement** l'annuncio di lavoro 8; **apply for a job** fare domanda di lavoro 8; **find a job** trovare un lavoro 8; **job interview** il colloquio di lavoro 8; **look for a job** cercare un lavoro 8
jog fare footing 6
joke la barzelletta, lo scherzo 7; scherzare; **you're joking** ma scherzi! 1
journalist il/la giornalista 3, 8, 11
judge il giudice 12; giudicare 12
July luglio 1
June giugno 1

keep mantenere, tenere 2
keep in touch! fatti vivo! 8
key la chiave 1
kid: you must be kidding! capirai! 4
kitchen la cucina 3
knee il ginocchio (*pl. f.* le ginocchia) 7

knife il coltello 5
knot il fiocco
know sapere 5; **know a person or place** conoscere (*irr., p.p.* conosciuto) P; **know each other** conoscersi P; **hardly know** sapere a mala pena 12; **know how to** sapere (+ *inf.*) 5; **I don't know** non lo so 5; **one never knows!** non si sa mai! 6; **you know how it is** sa/sai com'è 11

lace il pizzo 7
lady la signora
lake il lago 1
lamb l'agnello 4
lamp la lampada 3
land atterrare 9
landing l'atterraggio 9
language la lingua
last ultimo 1, scorso 4
late in ritardo 2; **sorry I'm late** scusa/scusate il ritardo 5
lateness il ritardo 9
laugh ridere (*p.p.* riso) 2
law la legge, la giurisprudenza 2
lawyer l'avvocato (*m. or f.*), l'avvocatessa P, 8
lazy pigro 2
learn imparare 2
leather il cuoio, la pelle 7
leave lasciare 1, partire; **be leaving** essere in partenza 9; **leave a tip** lasciare la mancia 5
lecture la conferenza 3
left sinistra; **on the left, to the left** a sinistra 6
leg la gamba 7; **(of a journey)** la tappa 9
lemon il limone 4
lend prestare 4; **lend a hand** dare una mano
lesson la lezione 2
let yourself go scatenarsi 10
letter la lettera
lettuce la lattuga 4
liberty la libertà 12
library la biblioteca 2
license (driver's) la patente 8; **get a license** prendere la patente 8
lifeguard il bagnino 6

light leggero 7; **(color)** chiaro 7
like come 12, piacere; **like this** così P
likewise altrettanto
line la riga 2
linen il lino 7
lip il labbro (*pl. f.* le labbra) 7
lira (*Italian currency*) la lira 4
listen to ascoltare 1; **listen to this!** senti senti! 10
literary letterario 11
literature la letteratura 2
little piccolo 2; **little by little** man mano 8
live abitare 1, vivere (*p.p.* vissuto) 2; **long live . . . !** viva... !
live diretta, in diretta, vivo 11; **live performance** dal vivo 10
living vivo
loan il prestito 4
look after curare 1
look at guardare 1; **look who's here!** chi si vede! 4
look for cercare 1
lose perdere (*p.p.* perso) 6
lose weight dimagrire 7
lot: a lot of molto P
love l'amore (*m.*) 9; amare, voler bene 3; **fall in love (with someone)** innamorarsi (di qualcuno) 7; **love something** essere appassionato di... 10
low basso 2; **low volume** basso volume 10
luck la fortuna; **good luck!** buona fortuna!, in bocca al lupo! 2; **lucky you!** beato te! 6; **what bad luck!** che jella! 10
luckily per fortuna 2
lunch il pranzo 5; **eat lunch** pranzare 5
luxurious signorile 3, di lusso, lussuoso 7
lyrics il testo 10

mad matto (*insane*), arrabbiato (*angry*) 11
magazine la rivista 11
magistrate il magistrato 12
mail la posta; imbucare 3
mail carrier il postino P

mailbox la buca delle lettere 3
maintain mantenere; **maintain good relations** mantenere buoni rapporti 8
major (*studies*) l'indirizzo di studio 2; **major in** laurearsi, prendere la laurea in 2
majority la maggior parte 9, la maggioranza 12
make fare (*p.p.* fatto) 3
makeup il trucco; **put on makeup** truccarsi 7
man l'uomo (*pl.* gli uomini) 1
manage cavarsela, riuscire a (+ *inf.*) 8
map la cartina, la piantina, la mappa 6
March marzo 1; **protest march** la manifestazione 12
market il mercato; **open-air market** il mercato all'aperto 4; **stock market** la borsa 8
married sposato 1
marry sposare; **get married** sposarsi 3
masculine maschile P
masterpiece il capolavoro 11
match l'incontro 1, la gara 6
May maggio 1
may potere (*p.p.* potuto) 3; **maybe** può darsi; **maybe so . . .** sarà... 12
meal il pasto 5; **(hotel) with breakfast and dinner** con mezza pensione 9; **(hotel) with meals** con pensione completa 9
mean antipatico 2
mean intendere (*p.p.* inteso), voler dire; **what do you mean?** cosa intendi? 3
means il mezzo; **means of transportation** il mezzo di trasporto 8
meat la carne 4
medicine la medicina 2
meet incontrare 1, trovarsi 2, conoscere (*p.p.* conosciuto) P; **meet each other** conoscersi P; **meet someone** conoscere (*p.p.* conosciuto) P
meeting l'incontro 1
melody la melodia 10
member of parliament il/la parlamentare 12

memory la memoria 1
merchandise la merce 4
mess: be in a fine mess star fresco 8
message il messaggio; **receive messages** ricevere messaggi 2; **send messages** inviare messaggi 2
middle: in the middle of in mezzo a
midnight la mezzanotte 2
milk il latte 4
million il milione 4
minister il ministro 12
mirror lo specchio 7
Miss signorina P
miss the train perdere il treno 9
mistake lo sbaglio 1; **make a mistake** sbagliare 2
mixed misto 5
model la fotomodella 7, la modella 7
mommy la mamma 3
Monday lunedì 1
money il denaro, i soldi; (*paper*) banconota (*f.*) 4; **make money** guadagnare 8
month il mese 1
monthly mensile 11
monument il monumento 1
morning il mattino, la mattina 1; **good morning** buongiorno! P; **this morning** stamattina 1
mother la madre 1, la mamma 3
mother-in-law la suocera 3
motorcycle la motocicletta, la moto 2
mountain la montagna 1, il monte; **mountain range** la catena di montagne 1
mouth la bocca 7; **make one's mouth water** avere l'acquolina in bocca 5
move cambiare casa, traslocare 3
movie theater il cinema 1
Mr. signore P
Mrs. signora
much molto P, un sacco di 9; **so much** tanto P
muggy afoso 3
museum il museo 1
mushroom il fungo 2

music la musica 10; **classical music** la musica classica 10; **pop music** la musica leggera 10
musical note la nota 10
musician il/la musicista 8
must dovere 3
myth il mito 12

name il nome P; **last name** il cognome P
napkin il tovagliolo 5
narrative la narrativa 11
nation la nazione 1
naturally! si capisce! 5
near vicino a 1; **nearby** lì/qui vicino 1
necessary: is necessary ci vuole 5
neck il collo 7
need avere bisogno di 1
neighbor il vicino di casa 3
neither . . . nor non... né... né 9
nephew il nipote 3
net la rete
network la rete televisiva 11
never mai, non... mai 4
new nuovo 2
news la notizia 3; **sensational news** la notizia bomba 11
newscaster l'annunciatore, l'annunciatrice 11
newspaper il giornale 3, 11; **daily newspaper** il quotidiano
newspaper vendor il giornalaio 11
newsstand l'edicola 3, 11
next prossimo; **till next time** alla prossima! P
nice bello, simpatico 1, 2; **how nice!** che bello! 2; **it would be nice!** magari! 2; **it's nice weather** fa bello 3
niece la nipote 3
night la notte 1; **good night** buonanotte! P; **last night** ieri sera 4
nightspot il locale notturno 10
nightgown la camicia da notte 7
nobody non... nessuno 9
noon il mezzogiorno 2
north il nord 1

nose il naso 7
nosy person il/la ficcanaso 3
not non 6; **not any** non... nessuno/a 9; **not any more** non... più 9; **not at all** non... mica, non... affatto 9; **not even** non... neanche, neppure, nemmeno 9; **not ever** non... mai; **it's not necessarily the case** non è detto che... 12; **not really** mica tanto 9; **not yet** non... ancora 9
notebook il quaderno 2; **take notes** prendere appunti 2
nothing niente; **it's nothing** fa niente! 5; **come to nothing** andare a monte 9
novel il romanzo 11
November novembre 1
now ora 1; **now this!** questa poi! 11
nowhere da nessuna parte 9
nuisance il fastidio 12
number il numero P
nurse l'infermiera, l'infermiere 8
nursery school l'asilo 2

oasis l'oasi (*f.*) 1
occupation il mestiere 8
occurrence la volta
October ottobre (*m.*) 1
of di 1
of course! si capisce! 5
off the top of (one's) head su due piedi 12
offend offendere 12
offensive offensivo 12
offer l'offerta; offrire (*p.p.* offerto) 2
office l'ufficio 8
oil l'olio 5
okay va bene 1
old vecchio 2; **older** maggiore 3
on su 1; **on the air** in onda 11; **on the contrary** anzi 4; **on the other hand** invece 6
once in a while una volta tanto 10
one hundred cento 4
onion la cipolla 4
only solo
open aperto 1; aprire (*p.p.* aperto) 2

opera   la lirica, l'opera lirica   10
operator (*telephone*)   il/la centralinista
opinion   il parere; **in my opinion** a mio parere   12; **in your opinion**   secondo te   1; **give one's opinion**   dare il proprio parere   8
opposition   l'opposizione (*f.*)   12
orange (*color*)   arancione (*inv.*)   7; **orange** (*fruit*)   l'arancia   2
order   ordinare   1
origin   l'origine (*f.*); **be of . . . origin**   essere d'origine...   12
other   altro
out of   fuori; **out of the way** fuori mano   10; **out of print** esaurito   11
outside   fuori
outskirts   la periferia; **on the outskirts**   in periferia   3
oven   il forno   3

pack a suitcase   fare la valigia   9
package   la confezione   4; **package** (*small*)   il pacchetto   4
paddle   remare   6
page   la Pagina; **cultural page**   la terza pagina   11
pain   il dolore   7
paint   dipingere (*p.p.* dipinto)   6
painting   il quadro   3
pair   la coppia, il paio   1
palace   il palazzo   3
pan   la padella   5
pants   i pantaloni   7
paper   la carta
paperback   l'edizione tascabile (*f.*)   11
park   il parco   6; parcheggiare, posteggiare   8
parliament   il parlamento   12
part   la parte
party   la festa   P, 9; **political party**   il partito   12
pass   la tessera
pass (*driving*)   sorpassare   10
passenger   il passeggero   8
passing (*another car*)   il sorpasso   10
pastime   il passatempo   6
path   il sentiero   6
pay for   pagare   1; **pay cash** pagare in contanti   4

peace   la pace; **in peace and quiet** in santa pace   12
peach   la pesca
peak   la vetta, la cima   6
pear   la pera   4
peas   i piselli   4
pedestrian street   l'isola pedonale   6
pen   la penna   2
pencil   la matita   2
peninsula   la penisola   1
people   il popolo   12
pepper   il pepe   5; **hot red pepper**   il peperoncino   5
percent   per cento
perform a job   svolgere un'attività   8
performance   la rappresentazione   10
perfume   il profumo   4; **perfume- and-soap shop**   la profumeria   4
perhaps   magari
periodical   periodico   11
permission   il permesso; **with your permission**   permesso?   3
person   la persona   P
personnel   il personale   8
pharmacist   il/la farmacista   4
pharmacy   la farmacia   2
philosophy   la filosofia   2
photograph   la fotografia   1
phrase   la frase
piano   il pianoforte, il piano
pineapple   l'ananas (*m.*)   4
pink   rosa (*inv.*)   2
place   il posto; **a nice little spot** un posticino   9; **at our place, at your place**   da noi, da te   6
plain   la pianura   1
plan   il programma   1, 11
plate   il piatto   5
play   giocare   1; **play** (*a sport or a game*)   giocare (a + *n.*)   6; **play** (*an instrument*)   suonare   6; **play cards**   giocare a carte   6; **play checkers**   giocare a dama   6; **play chess**   giocare a scacchi   6; **play soccer**   giocare a pallone   6; **play tennis** giocare a tennis
player   il giocatore, la giocatrice   6
please   per piacere, prego   P, 3; **pleased to meet you!** piacere!   P

pleasure   il piacere; **with pleasure**   volentieri, ben volentieri   3
plot   la trama   11
plumber   l'idraulico   8
pocketbook   l'edizione tascabile (*f.*)   11
poem (*long*)   il poema   11, (*short*)   la poesia   11
poet   il poeta, la poetessa   11
poetry   la poesia   2, 11
politics   la politica   12
polite   gentile   1
pollution   l'inquinamento   8
poor   povero   2; **poor thing!** poverino!   5
portrait   il ritratto   1
post office   l'ufficio postale   3
postcard   la cartolina   1
poster   il cartellone   11
pot   la pentola   5
potato   la patata   4
pour (*rain*)   diluviare   6
power   il potere   11, 12
practice   l'allenamento   6
predict   prevedere (*p.p.* previsto)   12
prefer   preferire   2; **prefer a thousand times over**   preferire mille volte di più   11
prejudice   il pregiudizio   12
preliminary   preliminare   P
preparation   la preparazione   5
prepare   preparare   1
prepared   preparato   2
present   presentare   P
preserve   conservare   2
president   il/la presidente, il/la Presidente della Repubblica   12
price   il prezzo   4; **price list**   la tariffa   9
pride   l'orgoglio   12
prime minister   il Presidente del Consiglio, il Primo ministro   12
princess   la principessa   6
print   stampare   11
printer   la stampante   2
prize   il premio   7
problem   il problema   1; **no problem!**   non c'è problema!   2
procession   la processione   9
product   il prodotto   4
profession   la professione   8
professor   il professore, la professoressa   P
program   il programma   1, 11

prohibit vietare; **it is prohibited** è vietato (+ *inf.*) 9
promise (*to do something*) promettere (di + *inf., p.p.* promesso) 4
prose la prosa 11
protagonist il/la protagonista 10
protest la protesta 12
proud orgoglioso 8
public transportation i mezzi pubblici 8
publish pubblicare 11
publisher l'editore (*m.*) 11
publishing house la casa editrice 11
punctual puntuale 2
purple viola (*inv.*) 2
put mettere (*p.p.* messo) 2; **put on** (*clothes*) mettersi 7; **put together** abbinare 7

quarter quarto 2
question interrogare 2
quickly presto
quiet calmo, zitto; **be quiet!** zitto! 11; **keep quiet** stare zitto
quit smettere (*p.p.* smesso); **to give up (doing something)** smettere di (fare qualcosa) 11
quite abbastanza P

race la corsa 6
rain la pioggia 2; piovere 3
raincoat l'impermeabile (*m.*) 7
rate la tariffa 9
raw crudo 4
reach raggiungere 12
read leggere (*p.p.* letto) 2
reader il lettore, la lettrice 11
reading la lettura 1
ready pronto; **the meal is ready** pronto in tavola
reasonably priced conveniente 4
receipt la ricevuta, lo scontrino 4
reception il ricevimento 3
recess l'intervallo 2
recipe la ricetta 5
recite recitare 10
recommend consigliare (di + *inf.*)

record il disco 10
recover (*health*) guarire 2
red rosso 2
referee l'arbitro 6
region la regione 1
rehearsal la prova 10
relative il/la parente, (*pl.*) i parenti 3
relaxing rilassante 6
remain rimanere (*p.p.* rimasto) 2
remind: that reminds me a proposito 8
remember ricordare, ricordarsi 1, 7
remote control il telecomando 11
rent affittare 3, noleggiare 9; l'affitto 3; **for rent** in affitto 3
repeat a grade ripetere l'anno 2
report card il libretto universitario, la pagella 2
reprint ristampa, in ristampa 11
republic la repubblica 1, 12
reservation la prenotazione 9
reserve prenotare, fare una prenotazione 9
residence (*city*) la residenza P
rest il riposo 1; riposare 1
restaurant il ristorante 5
résumé il curriculum 8
retired person il pensionato, la pensionata 8
return ritornare, tornare 1
review la recensione 10; ripassare 2
ribbon il fiocco
rich ricco 2; **filthy rich** ricco sfondato 8
right destra; **be right** avere ragione 1; **on the right, to the right** a destra 6
ring squillare, suonare 6
ripe maturo 4
river il fiume
road la via P
rock la roccia 6
role la parte, il ruolo 10
room la camera, la sala, la stanza 2; **dining room** la sala da pranzo 3; **living room** il salotto, il soggiorno 3; **waiting room** la sala d'attesa 9
root la radice 12
rose la rosa

route il percorso 6
row remare 6
ruin mandare a rotoli 11
ruins le rovine (*f. pl.*) 1
run correre (*p.p.* corso) 2
run away scappare; **have to run** dovere scappare 8
rush off scappare
Russian russo 2
rustic rustico 3

sack il sacco
sad triste 2
sail la vela; andare in barca a vela 6; **have smooth sailing** andare a gonfie vele 10
sailing la vela 6; **sailboat** barca a vela
salary lo stipendio 8
sales i saldi (*m. pl.*) 7; **on sale** in offerta 4; **be on sale** essere in saldo 7
salesperson il commesso, la commessa 4
salt il sale 5
salty salato 5
same to you! altrettanto! 5
sand la sabbia 6
sandwich il panino 5
Santa Claus Babbo Natale 4
Saturday sabato 1
sauce il sugo 5
save conservare, risparmiare 2, 4
say dire (*p.p.* detto) 3; **as they say, as the saying goes** come si suol dire 12; **it must be said that...** c'è da dire che... 12; **say something seriously, honestly** dire sul serio 6; **what do you say to** (*doing something*)? che ne dici di... (+ *inf.*)?
saying il detto 1
scale la bilancia 4
scarf la sciarpa 7
scholastic scolastico 2
school la scuola 2; **nursery school** la scuola materna 2; **elementary school** la scuola elementare 2; **middle school** la scuola media 2; **high school** il liceo 2; **private school** la scuola privata 2; **public school** la scuola pubblica 2
score il punteggio 6

script la sceneggiatura 10
sea il mare 1; **calm seas** mare calmo 6; **rough seas** mare mosso 6
season la stagione 1; **be in season** essere di stagione 4; **high season** l'alta stagione 9; **low season** la bassa stagione 9
seat il posto a sedere 9; **seatbelt** la cintura di sicurezza 9
second-hand di seconda mano 8
secretary il segretario, la segretaria 8
see vedere (*p.p.* visto) 1; **see you soon** a presto P
self-employed person il/la libero professionista 8
semester il semestre 2
senator il senatore, la senatrice 12
send mandare 3, spedire 2
sentence la frase
September settembre 1
series il programma a puntate 11
serious grave, serio 12
seriously sul serio 6
serve servire 2, 5
service il servizio 5; **at your service** a Sua (tua) disposizione 9
service road la tangenziale 10
set the table apparecchiare 5
setting la scena 1
settle for accontentarsi (di) 12
sew cucire 7
shake hands dare la mano
shame la vergogna 12; **shame on you!** vergognati! 5
shape la forma; **be in shape** essere in forma 1
shave radersi 7
sheet il foglio 2; **sheet of paper** il foglio di carta 2
shellfish i frutti di mare (*pl.*) 5
shelter il rifugio 6
ship la nave 8
shirt la camicia, la camicetta 7
shoe la scarpa 7
shop la bottega 2, il negozio 3
shop for food fare la spesa 4
shop window la vetrina 4; **in the window** in vetrina 4; **window-shop** vedere/guardare le vetrine 6

shopkeeper il/la negoziante 4
shopping la spesa
short basso 2
short story la novella 1, il racconto 11
shoulder la spalla 7
show lo spettacolo 10
shower la doccia 3
siblings i fratelli (*pl.*) 3
sick: feel sick stare male; **be sick of** essere stufo di 10
sickness la malattia 7; **get sick** ammalarsi 7
side dish il contorno 5
sign il cartello 1
silent zitto
silk la seta 7
silverware le posate (*f. pl.*) 5
similar simile 12
sin il peccato
sing cantare 1
sing-song la cantilena 10
singer il/la cantante 8; **singer-songwriter** il cantautore, la cantautrice 10
sister la sorella 3
sister-in-law la cognata 3
sit down sedersi 7
size la misura, la taglia 7
skating il pattinaggio; **ice skating** il pattinaggio sul ghiaccio 6
ski sciare 1
skiing lo sci 6; **a traditional winter vacation week spent skiing** la settimana bianca 9
skin la pelle 7; **by the skin of one's teeth** per un pelo 9
skirt la gonna 7
sky il cielo 6
sleep dormire 2; **fall asleep** addormentarsi 7; **be sleepy** avere sonno 1
sleeping bag il sacco a pelo 9
slender slanciato 7
slim snello 7
slipper la pantofola 7
slowly piano
small piccolo 2; **smaller** minore 7; **smallest** minimo 7
sneakers le scarpe da ginnastica 7
snow la neve 3; nevicare 3
so tanto P; **so-so** così così P; **so many** tanto P

soaked fradicio; **soaking wet** bagnato fradicio 9; **soaked with sweat** sudato fradicio 9
soap il sapone 4
soccer il calcio 6; **play soccer** giocare a calcio, giocare a pallone 6; **soccer field** il campo da calcio 6; **soccer ball** il pallone
sock la calza 7
soft soffice 7
softly piano
sold out esaurito 11
son il figlio 1
son-in-law il genero 3
song la canzone 10
sorry: be sorry dispiacere; **I'm sorry** mi dispiace 2
soul l'anima; **there's not a living soul around** non c'è anima viva 10
soup la minestra, la zuppa 5
south il sud 1
spaceship l'astronave (*f.*) 11
Spanish spagnolo 2
sparkling wine lo spumante 5
speak parlare 1; **speak without thinking** parlare a cuor leggero 12
speak lines recitare 10
speaking of which a proposito 8
special speciale P
specialty la specialità 5
speechless: be speechless essere senza parole 5
speed la velocità 10; **speed limit** il limite di velocità
spend spendere (*p.p.* speso) 2
spend the night pernottare 9
spices le spezie 5
spicy piccante 5
spinach gli spinaci 4
spoon il cucchiaio 5
spring la primavera 1
square la piazza 1
stadium lo stadio 3
stage il palcoscenico 10
staircase la scala 3
stamp il francobollo 3; timbrare
stand la bancarella 4; sopportare; **be unable to stand something/someone** non sopportare qualcosa/qualcuno 10; **I really can't stand him/her/it** non lo/la sopporto proprio 8; **standing** in piedi 3

start cominciare P; **start (to do something)** cominciare a (+ *inf.*)
state lo stato 1
station la stazione 1; **service station** la stazione di servizio 10; **train station** la stazione ferroviaria 9
stationery store la cartoleria 4
stay stare (*p.p.* stato)
steak la bistecca 4
steamship il vaporetto 8
steering wheel il volante 10
step il passo
stereo system l'impianto stereofonico, lo stereo 10
stereotype lo stereotipo 12
stocked fornito 11
stomach lo stomaco 7
stop la fermata; smettere (*p.p.* smesso); **stop it!** piantala! piantatela! 10
stopover lo scalo 9; **make a stopover** fare scalo 9
storm il temporale 3
story la storia 2
stove il forno 3, il fornello 5
straight dritto; **go straight ahead** andare dritto 6
strange strano 3
strawberry la fragola 4
street la via P, la strada 1; **street closed to traffic** l'isola pedonale 6
stressful stressante 6; **cause someone stress** stressare (qualcuno) 10
strike fare sciopero 8; lo sciopero 8
striped a righe 7
stroll fare due (quattro) passi 4; **take a stroll** fare due passi 4; **go for a stroll** fare un giro 6
strong forte
student lo studente, la studentessa 2; (*elementary level*) l'allievo, l'allieva, l'alunno, l'alunna 2
studious studioso 2
study studiare 2
stupid sciocco 6
stylish alla/di moda 7
subject il tema (*pl.* i temi), la materia 1, 2
subscribe abbonarsi 11

subscription l'abbonamento 11
suburbs la periferia; **in the suburbs** in periferia 3
subway la metropolitana, il metrò 8
succeed riuscire a (+ *inf.*) 8
success il successo 10; **be successful** realizzarsi 8
sugar lo zucchero 5
suit l'abito 7
suitcase la valigia 9; **pack a suitcase** fare la valigia 9
summer l'estate (*f.*) 1; **in the summer** durante l'estate 1
sun il sole 1; **it's sunny** c'è il sole 3
sunbathe prendere il sole 6
Sunday domenica 1
sunset il tramonto 6
suntanned abbronzato 6
supplemental charge for fast trains il supplemento rapido 9
support sopportare
surprise la sorpresa 2
surround circondare 1
survey l'indagine (*f.*) 12
sweatsuit la tuta 7
sweater il maglione 7; **cardigan sweater** la maglia 7
sweet dolce 5; **have a sweet tooth** essere goloso 5
swim nuotare 6; **take a swim** fare il bagno 6; **swimming** il nuoto 6; **swimming pool** la piscina 6
symptom il sintomo 7
system il sistema 1

T-shirt la maglietta 7
table (dinner) la tavola 3; **café table** il tavolino 5; **(come) to the table!** a tavola! 5
tablecloth la tovaglia 5
take prendere (*p.p.* preso); **take a break** fare una pausa 8; **take it easy!** con calma! 1; **take someone/something seriously** prendere qualcuno/qualcosa sul serio 10; **I can't take it anymore!** non ne posso più 6
takeoff il decollo, decollare 9
tall alto 2
tape deck il registratore 10; **taped** registrato 11

taste assaggiare; il gusto 4; **in good taste** di buon gusto 7
taxi driver il tassista 8
teach insegnare 1
teacher l'insegnante (*m. or f.*) 2; (*elementary school*) il maestro, la maestra 2
team la squadra 6
tease prendere in giro (qualcuno) 8
teaspoon il cucchiaino 5
telecast la trasmissione 11
telephone il telefono P
television la televisione, la tivù 2, 11; **on television** alla televisione/alla TV; **turn on/turn off the TV** accendere/spegnere la TV 11; **television network** la rete televisiva 11; **television news program** il telegiornale (Tg *pr. : tigì*) 2, 11; **made-for-TV movie** il telefilm 11
television set il televisore 2, 11; **black-and-white television set** il televisore in bianco e nero 11; **color television set** il televisore a colori 1
television viewer il telespettatore 11
tell: to tell the truth a dire il vero 8
temperature la febbre 4; **take one's temperature** misurare la febbre 7
tennis il tennis; **tennis court** il campo da tennis; **tennis racquet** la racchetta da tennis 2
tent la tenda 6
terrace la terrazza 3
terrific benone P
terrifying: how terrifying! che fifa! 11
test interrogare 2; la prova 10
thank goodness meno male! 2
thank you grazie P
that quello
then allora 1
there lì 3; **there is/are** ecco P
therefore così P
thesis la tesi 2
thin magro 2
thing la cosa
think pensare
thirsty: be thirsty avere sete 1

this questo; **now this!** questa poi! 11

thought il pensiero; **give it a little thought** farci un pensierino 12

thousand mille (*pl.* mila) 4

throat la gola 7

through per P

throw buttare 1; **throw pasta into boiling water** buttare la pasta 5

Thursday giovedì 1

thus perciò 1; così P

ticket il biglietto 1; (*fine*) la multa 8; **buy a ticket** fare il biglietto 9; **one-way ticket** il biglietto di sola andata 9; **round-trip ticket** il biglietto di andata e ritorno 9; **validate the ticket** timbrare il biglietto 8

ticket window lo sportello 9

tie pareggiare 6; la cravatta 7

till fino a 4

time l'ora 1, il tempo 2; **be on time** essere in orario 9; **free time** il tempo libero 2; **once upon a time** c'era una volta; **on time** puntuale 2; **what time is it?** che ora è/che ore sono? 2

time (*occurrence*) la volta; **for the first time** per la prima volta 1

timetable l'orario 1

tip la mancia; **leave a tip** lasciare la mancia 5

tired stanco 1

title il titolo 11

to a, ad, in 1

toast il brindisi; brindare 5; **offer a toast** fare un brindisi 5

today oggi 1

tomato il pomodoro 4

tomorrow domani 1; **day after tomorrow** dopodomani 1

tone-deaf stonato 10

tongue la lingua 7

too anche; **me too** anch'io 1; **too many irons in the fire** troppa carne sul fuoco 8; **too much** troppo 5

tooth il dente 7

toothpaste il dentifricio 4

tourist il/la turista 1

toward verso 1

tower la torre 1

town (*small*) il paese 1

traffic il traffico 8

tragedy la tragedia 10

train (*sports*) allenarsi 6

train il treno 9; **direct train** il treno diretto 9; **express train** il treno espresso 9; **Intercity train** il treno IC 9; **local train** il treno locale 9; **miss the train** perdere il treno 9; **rapid train** il treno rapido 9

trainer l'allenatore (*m.*) 6

training l'allenamento 6

travel viaggiare 1

tray il vassoio 5

treasure il tesoro 9

treat: my treat ti offro io 3

tree l'albero 6

trip la gita 2, il viaggio 9

trousers i pantaloni 7

true vero 1

trumpet la tromba 10

try assaggiare 4; **try on** provarsi 7

Tuesday martedì 1

tune intonare 10

tunnel la galleria

turn girare 1; **turn right/left** girare a destra, a sinistra 6

tuxedo lo smoking 7

twin il gemello 1

typical solito

ugly brutto

umbrella l'ombrello 7; **beach umbrella** l'ombrellone 6

uncle lo zio 3

understand capire 2; **not understand at all** non capire un tubo 10; **you understand about, you know a lot about** te ne intendi di... 6

undress spogliarsi 7

unemployed person il disoccupato, la disoccupata 8

unemployment la disoccupazione 8

unfashionable fuori moda 7

unfortunately purtroppo 2

union il sindacato 8

university l'università P

unlikeable antipatico 2

unmarried (*female*) nubile 3; (*male*) celibe 3

until fino a 4; **until next time** alla prossima! P

up there lassù 6

up-to-date aggiornato 11; **keep up to date on** tenersi aggiornato su 11

upon su 1

use: be used for servire a (+ *inf.*) 6; **use the familiar/formal form with each other** darsi del tu/del Lei 9

useful utile 3

usual solito

usually di solito 2

vacation la vacanza 3, 9; trascorrere le vacanze 9; **be on vacation** essere in vacanza 3; **go on vacation** andare in vacanza 6, 9

valley la pianura 1, la valle 6

value il valore 12

veal il vitello 4

vegetable la verdura 4; **vegetable garden** l'orto 3; **vegetable soup** il minestrone 4

vendor il venditore, la venditrice

very molto P; **very pleased to meet you** molto lieto P

videocassette la videocassetta 2; **videocassette recorder (VCR)** il videoregistratore 2, 11

view il panorama 1

vinegar l'aceto 5

violin il violino 10

visit visitare 1

volcano il vulcano 1

volleyball la pallavolo 6

volume il volume 11; **high/low volume** alto/basso volume 10; **turn up the volume** alzare il volume 10; **turn down the volume** abbassare il volume 10

vote votare 12

voter l'elettore, l'elettrice 12

wait for aspettare 1; **I can't wait to** non vedo l'ora di 1; **wait a second!** aspetta un attimo! 11

waiter il cameriere 5

waitress la cameriera 5

wake up svegliarsi 7

walk camminare 1; la passeggiata; **take a walk** passeggiare 6, fare una passeggiata 6, fare due (quattro) passi 4

wall la parete 3
wallet il portafoglio 4
want volere 3, avere voglia di
(+ *inf.*) 3
wash (oneself) lavarsi 7
watch stare attento a 5
water l'acqua; **mineral water**
l'acqua minerale 1; **make one's**
mouth water avere l'acquolina
in bocca 5
wave l'onda 6
way il percorso 6
wear indossare 7
weather il tempo 1; **be**
good/bad weather fare
bello/brutto 3; **be hot/cold**
weather fare caldo/freddo 3;
it's nice weather fa bello 3;
the weather is bad fa brutto
3; **what's the weather like?** che
tempo fa? 3
wedding il matrimonio, le
nozze 3
Wednesday mercoledì 1
week la settimana 1
weekday feriale (*agg.*) 9
weekend il fine settimana 1;
festivo (*agg.*) 9; **long weekend**
il ponte 3
weekly settimanale 11
weigh pesare 4
weight il peso 4
welcome benvenuto 1
well bene P; **not be well** stare
male P; **very well** benissimo
P; **well done** bravo 1

west l'ovest (*m.*) 1
what che 3; **what?** cosa, che
cosa? 3; **what a nuisance!** che
scocciatura! 11; **what's . . . got**
to do with it? cosa
c'entra... ? 10
when quando 3
where dove P; **where is . . . ?**
dov'è? P; **where are you from?**
di dove sei/è? P
which qual/quale P, che 3
while mentre 6
whistle fischiare 10
white bianco 2
who, whom chi 1; **he who, she**
who chi; **whose?** di chi? 3;
who knows? chissà? 6
why? perché?, come mai? 2;
why not? perché no? 3
wife la moglie 2
win vincere (*p.p.* vinto) 6
wind il vento 3
window la finestra 2
window-shop vedere/guardare le
vetrine 6
windy ventoso 3
wine il vino 3
winter l'inverno 1
wish desiderare 1; la voglia
with con 1
within tra, fra 1; **within (a**
week) entro (una
settimana) 9
without senza; **without a doubt**
senz'altro 3; **without thinking**
a cuor leggero 12

wolf il lupo
woman la donna 1
woods il bosco 6
wool la lana 7
word la parola P
work il lavoro 1; lavorare 1,
funzionare 2; **work hard**
lavorare sodo 8
worker (blue-collar) l'operaio,
l'operaia 8
worry preoccuparsi 7; **don't**
worry non ti preoccupare 5
worse peggio, peggiore 7
worst peggio, peggiore 7
worsen peggiorare 8
wow! mamma mia! 2, caspita!
6, cavolo!, cavoli! 10
wrap confezionare 4
write scrivere (*p.p.* scritto) 2
writer lo scrittore, la scrittrice 11
wrong: be wrong avere torto 1

year l'anno 1; **for years** da
anni 6; **school year** l'anno
scolastico 2
yellow giallo 2
yesterday ieri 1
yet ancora 5
young giovane 2; **younger**
minore 3; **young lady** la
signorina P

Index

Credits

Branciforte P-1